LE LIBERTINAGE DEVANT LE PARLEMENT DE PARIS

LE

PROCÈS

DU POÈTE

THÉOPHILE DE VIAU

(11 juillet 1623 — 1er septembre 1625)

Publication intégrale des pièces inédites des Archives nationales

PAR

FRÉDÉRIC LACHÈVRE

TOME SECOND

PARIS
LIBRAIRIE ANCIENNE, HONORÉ CHAMPION, ÉDITEUR
5, QUAI MALAQUAIS, 5

1909

LE LIBERTINAGE DEVANT LE PARLEMENT DE PARIS

LE PROCÈS DU POÈTE THÉOPHILE DE VIAU

Du même Auteur, à la même Librairie

Voltaire mourant, enquête faite en 1778 sur les circonstances de sa dernière maladie, publiée sur le manuscrit inédit et annotée. Suivie de : Le Catéchisme des libertins du XVIIᵉ siècle : Les Quatrains du Déiste ou l'Anti-Bigot. — A propos d'une lettre inédite de l'abbé D'OLIVET : VOLTAIRE et DES BARREAUX ; quel est l'auteur du *sonnet du Pénitent ;* PIERRE et PAUL DU MAY ; les poésies latines de DES BARREAUX, etc. In-8 de XXXIII-180 p., tiré à 500 exemplaires numérotés. 7 fr. 50

Les Satires de Boileau commentées par lui-même et publiées avec des notes. Reproduction du commentaire inédit de Pierre LE VERRIER avec les corrections autographes de Despréaux. 1 vol. grand in-8 de XII et 164 p. 10 fr.

Bibliographie des recueils collectifs de poésies publiés de 1597 à 1700, donnant : 1° La description et le contenu des recueils ; — 2° Les pièces de chaque auteur classées dans l'ordre alphabétique du premier vers, précédées d'une notice bio-bibliographique, etc. ; — 3° Une table générale des pièces anonymes ou signées d'initiales, titre et premier vers, avec l'indication des noms des auteurs pour celles qui ont pu leur être attribuées ; — 4° La reproduction des pièces qui n'ont pas été relevées par les derniers éditeurs des poètes figurant dans les recueils collectifs ; - 5° Une table des noms cités dans le texte et le premier vers des pièces des recueils collectifs. Etc. etc. Cet ouvrage, tiré à 350 exemplaires, dont 300 seulement sont mis dans le commerce, comprend 4 vol. in-4 de LV-2371 p. qui ne se vendent pas séparément. 40 fr.

Prix Brunet de l'Académie des Inscriptions et Belles-Lettres

Le Prince des Libertins du XVIIᵉ siècle. Jacques Vallée Des Barreaux. Sa vie et ses poésies (1599-1673). Frontispice gravé à l'eau-forte par H. Manesse. In-8 de 266 p., tiré à 300 exemplaires numérotés ; frontispice sur hollande. 10 fr.

Le livre d'amour du poète Estienne Durand pour Marie de Fourcy, marquise d'Effiat : **Méditations de E. D.** réimprimées sur l'unique exemplaire connu, s. l. n. d. (vers 1611), précédées de la vie du poète par Guillaume COLLETET et d'une notice par Frédéric LACHÈVRE. Frontispice à l'eau-forte par H. Manesse et titre gravé avec armoiries en couleur. In-8 de LVI-273 p., tiré à 300 exemplaires numérotés. 12 fr.

Poètes et Goinfres du XVIIᵉ siècle. — **La Chronique des Chapons et des Gélinottes du Mans** d'Étienne Martin de Pinchesne, publiée sur le manuscrit original de la Bibliothèque Nationale. Frontispice à l'eau-forte gravé par H. Manesse. In-8 de LXXI-261 pages, tiré à 300 exempl. numérotés. 12 fr.

En collaboration avec M. DURAND-LAPIE. **Deux homonymes du XVIIᵉ siècle.** François Maynard, président au présidial d'Aurillac, membre de l'Académie française et François Ménard, avocat à la Cour de Parlement de Toulouse et au présidial de Nîmes. Etude bibliographique. 1899, in-8. 3 fr.

C'eſt icy le portrait, l'exemple, et le ſomaire
Des plus rares Eſprits;
Mais l'immortel crayon de Virgile, et d'Homere
Se voit dans ſes Eſcrits

LE LIBERTINAGE DEVANT LE PARLEMENT DE PARIS

LE

PROCÈS

DU POÈTE

THÉOPHILE DE VIAU

(11 juillet 1623 — 1er septembre 1625)

Publication intégrale des pièces inédites des Archives nationales

PAR

FRÉDÉRIC LACHÈVRE

TOME SECOND

PARIS

LIBRAIRIE ANCIENNE, HONORÉ CHAMPION, ÉDITEUR

5, QUAI MALAQUAIS, 5

1909

HISTOIRE POSTHUME DE THÉOPHILE

(1626-1909)

Théophile ne fut pas oublié dès le lendemain de sa mort, il a été le sujet de quinze plaquettes dont quatorze au moins célébrèrent ses mérites [1]; quelques-unes mettent en cause le Père Garassus et le Père Coton, mais ce dernier avait précédé Théophile dans le tombeau [2].

Un tel concert d'éloges montre la place importante qu'il occupait et le prestige dont son nom était entouré. Peu de renommées, même des plus grandes, n'ont pas reçu un tel hommage ; cet hommage est en quelque sorte doublé si l'on constate qu'il s'adressait à un banni dont la disparition eut dû normalement passer inaperçue.

Nous allons reproduire les passages intéressants de ces plaquettes, quelquefois même nous les citerons tout entières pour les sauver de l'oubli. Ces témoignages posthumes, si voisins de la disparition du Poète, ont un grand prix à nos yeux, ils font revivre sa physionomie crayonnée par ses contemporains, par ceux qui l'avaient connu et fréquenté.

I

A l'annonce de la maladie de Théophile, un inconnu s'empresse de traduire en vers les sentiments que, depuis

---

(1) Ces opuscules ont paru entre octobre et décembre 1626.

(2) Le Père Coton était mort le 19 mars 1626.

quelques mois, l'on prêtait au Poète; c'est-à-dire qu'il porte à la connaissance du public son changement de vie : le débauché renonce à Satan, à ses pompes et à ses œuvres ! Cette métamorphose n'était pas considérée comme la dernière capucinade de Théophile, mais bien comme l'indice d'une modification profonde de son être moral. L'aggravation soudaine de son état de santé et sa mort obligèrent ce nouvelliste à donner à sa plaquette le titre de : *La dernière lettre du sieur Théophile à son amy Damon, qu'il a faite en sa maladie* [1]:

Mon cher amy, je ne vis plus
Dedans les plaisirs de la vie,
Mes mouvemens sont tous perclus.
Je ne songe plus à Silvie.
Les perfections de Cloris,
Et les délices de Paris
Sont effacez de mes pensées,
Il ne me souvient que de toy,
L'horreur de mes fautes passées
Me faict vivre tout hors de moy.

Bien que je sois hors de prison,
Je suis tousjours dans la souffrance,
Ce qui me reste de raison
Ne parle que de pénitence.
Je ne voy plus ny nuict ny jour,
Je ne sçay plus que c'est d'amour,
Tout le monde est faict pour nuire,
Mon mal m'oste le jugement,
Chascun tasche de me destruire,
Et de m'oster le sentiment.

---

(1) A Paris. Chez Jean Martin. M.DC.XXVI (1626). In-8 de 12 p. chiff. (Bibl. nat., Ye 33816).

Je suis parmy les grands Seigneurs,
Qui me font tout plain de carresse,
Je me voy dedans les honneurs
Chéry de toute la Noblesse.
Tout cela ne me touche pas,
Je ne songe plus qu'au trespas,
Ou à faire une vie austère :
Je croy que dedans peu de temps
Je choisiray un Monastère
Pour rendre mes désirs contens.

Tel qui a mal parlé de moy
Sans raison et sans cognoissance,
Tient maintenant le rang d'un Roy
Dans le creux de ma conscience.
J'ay l'esprit froid, l'âme sans fiel,
Je ne parle plus que du Ciel,
Tous les mouvemens de mon âme
Sont gouvernez par la raison,
Et s'ils bruslent de quelque flame
C'est de celle de l'oraison.

Celuy que je haïssois tant,
Qui avoit juré mon supplice [1],
Sera satisfait et content
Me voyant porter le cilice.
Il ne criera plus contre moy,
Il ne me croyra plus sans foy,
Sans loy, sans raison et sans âme,
Je ne seray plus ce Rimeur
Que l'on tenoit pour un infâme,
Et pour un homme sans honneur.

Le souvenir de la Beauté
Qui me touchoit sans résistance,
Et qui troubloit la liberté
De mon estimable constance,

---

(1) Garassus ou le Père Voisin.

N'est plus l'objet de mes desirs.
Maintenant mes plus grands plaisirs
Sont de prier la Vierge Mère,
Qu'ell' me fasse avoir en horreur
Tout ce qui cà bas en terre,
Et qui est à son deshonneur.

Je ne suis plus porté au mal,
Mon inclination perverse,
Et l'Astre qui m'estoit fatal
Ne me donne plus de traverse.
Je fuis les hommes vicieux,
J'honore tous les vertueux,
Qui font quelque cas de ma Rime,
Et qui ont charitablement
Creu que j'estois exempt du crime
Que l'on m'imposoit faussement.

Les concerts de luths et de voix
Capables de charmer les âmes
De tous les Princes et les Rois,
Et mesmes des plus belles Dames,
Ne touchent plus mes sentimens.
Je n'ay plus de contentemens
Que de prier dans mon estude,
Qu'il plaise à Dieu qu'un de ses jours
Je puisse aimer la solitude
De mesme que j'ay fait l'amour.

Les supplices que j'ay soufferts
Dedans ceste prison plus noire
Que toute celle des Enfers,
Ne sont plus dedans ma mémoire.
Ceux qui me faisoient tant d'horreur,
Et qui vouloient m'oster l'honneur,
Sont maintenant ceux que j'estime ;
Je prie tous les jours pour eux,
Et crois que je ferois un crime
De penser qu'ils sont vicieux.

Je suis si puissamment touché
Des félicitez éternelles,
Que l'object mortel du péché
Qui rend les âmes criminelles,
Me semble plus lourd qu'un Démon.
Mon cher amy, brave Damon,
Quitte tous les biens de la terre,
Et t'en viens vivre avecque moy,
Pour adorer le grand mistère
Qui est incogneu sans la foy.

Lorsque nous serons en ce lieu
Où j'espère finir ma vie,
Nous ne parlerons que de Dieu,
Nous serons exempts de l'envie.
Les bons pères Religieux
Qui suivent le chemin des Cieux,
Nous parleront de la constance,
Ils nous diront qu'il faut souffrir
Et qu'il faut faire pénitence
Une fois avant que mourir.

Nous entendrons soir et matin
Quantité de grands personnages
Qui diront que sainct Augustin
Seul nous peut tous deux rendre sages.
Le souvenir des Courtisans
Qui chérissent les mesdisans,
Ne nous servira que de thème
Pour nous obliger de parler,
De la félicité supprême
Où nous espérons tous aller.

Cher amy, encor' une fois
Je te supplie et te conjure
De venir vivre sous les loix
Du grand Autheur de la Nature,
Qui nous attend à bras ouverts.
Considère bien tous ces vers

Sortis du profond de mon âme,
Et croy que je ne suis espris,
Ny mesme nourry d'autre flame,
Que de celle du Sainct-Esprit.

II

Le *Récit de la mort et pompe funèbre observée aux obsèques du Sr Théophile*[1], dont nous avons déjà cité un paragraphe relatif à sa fin chrétienne[2], est un dithyrambe à l'adresse du Poète ; mais quel est donc l'ennemi de Théophile qu'il met sur la sellette ? Cet ennemi, c'est Malherbe[3] ! L'allusion de l'auteur « à la sage et docte Sybille » qui n'est autre que Mademoiselle de Gournay[4], la fille d'alliance de Montaigne, dont Malherbe s'était moqué, dissipe toute équivoque.

« Il est donc mort cet Apollon de nostre âge, qui maintenoit les Muses en leur honneur, et le Parnasse en sa gloire. Il est mort ce Roy des Esprits, dont le fort et puissant Génie, attiroit par un doux aymant les vrays nourrissons de Minerve à luy rendre un libre et volontaire hommage : Et en mourant il a laissé toute la France dans le regret de sa perte, aussi sensible aux bons et vigoureux esprits, desnuez d'intérest, et de passion, qu'agréable à ces foibles âmes, qui gagnant de la réputation à bon marché, et par des artifices aussi peu séants à d'honnestes gents, qu'ils en portent indignement le titre, vouloient bastir les fondements de leur re-

(1) A Paris, M.DC.XXVI. Petit in-8 de 14 p. chiff.

(2) Voir T. I, pp. 577 et 578.

(3) Sur l'attitude de Malherbe peu sympathique à Théophile, voir T. I, pp. 340 et 341, et p. 476, la lettre de Malherbe à Racan du 13 décembre 1624.

(4) « Malherbe s'estant mocqué de quelques-uns de ses ouvrages, elle, pour se venger, alla regratter la traduction qu'il avoit faitte d'un livre de Tite-Live qu'on trouva en ce temps-là, où il avoit traduit : *Fecere ver sacrum,* par *ils firent l'exécution du printemps sacré* » (*Historiette de Mademoiselle de Gournay,* Tallemant des Réaux, T. II, p. 344).

nommée, et fonder l'establissement de leur monarchie imaginaire, sur les ruynes de son honneur, et la destruction de son Empire : Empire doux et légitime, puisqu'il estoit volontaire, et que les subjets s'y soumettoient sans aucune contrainte, et de leur bonne volonté ; beaucoup différent de celuy dont se donne le titre sans aucune apparence de raison, un certain escroqueur de suffrages, qui se dit seul Empereur des esprits, quoy qu'il n'en ayt guère à commandement, si ce n'est quelques vaines ombres, et abjectes esclaves de sa vanité : Mais si je dy de ces Ministres de Morphée, qui se repaissent de songes, et tirent advantage de leur infirmité : Que s'il se laisse plus emporter à ces extrémitez, il verra prononcer à sa confusion l'oracle de cette sage et docte Sybille, du sçavoir de laquelle la France fait tant d'estime[1], qui pour rabattre son orgueil le déclarera indigne de paroistre parmy ceux dont il veut insolemment s'attribuer l'Empire, et le renvoyera au pays de Lanternois débiter une monnoye de si bas aloy, qu'elle ne peut avoir cours que parmy les ignorans, et ces peuples badins, qui n'entendent que de corne, et ne voyent que par une louche et sombre lumière ; ses viles et basses pensées sont si extravagantes, et pleines de confusion, qu'elles tesmoignent assez le désordre et l'inégalité de cet Esprit fort bien ravalé au-dessous du commun, dont la présomption et l'arrogance (marque ordinaire du deffaut de jugement) est tellement insuportable, mesmes à ceux qu'il contraint d'adorer sa vaine Idole, qu'ils ne peuvent approuver son insolente témérité, et son extresme ingratitude d'avoir osé s'attaquer à son Maistre, Maistre qui publie hautement, n'avoir qu'un seul regret en sa vie, de ce que ses bonnes instructions ont esté si mal reçues de son escolier, qui prenoit de la main gauche ce qu'il lui présentoit de la droicte. Mais son insolence a passé bien plus avant, sa méconoissance a esté si grande, que de se prendre à celuy auquel il devoit l'hommage et la summission : Je veux dire à toy, Théophile, bel ornement de ce siècle, la gloire des bons esprits, dont ce petit avorton de la nuë te vouloit quereller l'Empire, affin comme un nouvel Icare, de signaler son

(1) Mademoiselle de Gournay, Marie de Jars, née à Paris, le 6 septembre 1565, morte le 13 juin 1645, qui venait de publier : *L'Ombre de la damoiselle de Gournay*, 1626, in-8.

dessein par ta cheute, et par une si haute entreprise, tesmoigner au moins le desir d'avoir tant osé ; artifices ordinaires de ce joüeur de passe passe. Mais c'est trop s'amuser sur un sujet qui ne le vaut pas. Je reviens à toy, Théophile, dont le renom porté sur l'aile de tes vers, vole de l'un à l'autre Pôle, et dont le los, malgré les griffes de la médisance, se réserve à l'éternité [1]....

« Tels ont esté les soins de cet Esprit vrayment Angélique, telles ont esté ses dernières pensées à la période de sa vie, telle a esté sa fin glorieuse, qui a triomphé de l'envie et de tous ceux qui voudroient tirer advantage de ses actions du passé ; elle a remply de confusion et d'opprobre ses haineux et mal-veillans, et frustré la longue attente de ceux, qui, comme les vautours d'Esope, attendoient la fin du combat pour déchirer ses entrailles, et tirer la barbe du lyon mort.

« Le bruict véritable d'une si heureuse fin, répandu par toute la France, a fait assembler la trouppe des plus beaux esprits de ce temps, ses volontaires sujets, pour dresser à ses cendres un Monument digne de son rare esprit, afin que la postérité reconnoisse, que ce siècle n'est point ingrat à rendre les honneurs dûs à ceux de son mérite, que la Vertu a eslevé jusques au plus haut throsne de l'Immortalité ».

III

La *Lettre de consolation sur la mort de Théophile à ses bons amis de par de ça. Trouvé au Cabinet de Théophile* [2] rappelle ses relations avec les Grands de la Cour et l'action qu'il exerçait sur une partie de la noblesse ; elle est signée E. D. H., c'est la seule pièce où figurent des initiales pouvant mettre un jour sur la trace du nom de l'auteur.

« ... (il) ne s'est jamais estudié à la recherche des grandeurs et honneurs mondains, auxquels il lui estoit aisé de parvenir puisque les plus Grands de la Cour dont il possédait entièrement

---

(1) Ici se place le paragraphe que nous avons reproduit p. 578.

(2) M.DC.XXVI (1626). Petit in-8 de 7 p. chiff.

les cœurs, luy eussent volontiers basty les degrez pour y monster, mais luy qui fouloit aux pieds ces grandeurs comme choses du monde, et de trop peu de valeur n'a point voulu emprunter d'autre appuy, pour estaier sa fortune, et se faire estimer de tous les hommes, que le lustre et l'esclat de ses vertus éminentes, qui jetta de si vifs rayons de lumière partout l'Univers, qu'elle attira la faveur des plus illustres familles, et de toute la Noblesse, qui de toutes parts l'alloit visiter pour apprendre quelque chose de luy, et s'instruire aux bonnes parties requises à ceux de leur condition, en y recueillant les fruicts de ses discours comme oracles d'une divinité, qui joints à ses mérites l'ont enfin rendu digne, des bonnes grâces non seulement des Gentilshommes, mais des premiers de ce Royaume qui l'ont recherché avec passion, jusques à se servir de luy dans l'administration de leurs plus importantes et sérieuses affaires, qu'ils ont menez à une heureuse fin par son bon conseil et par son bon esprit... ».

IV

Après cet éloge discret vient l'*Apologie pour Théophile avec son épitaphe, ensemble les regrets de Philis sur son tombeau* [1]. Tout en justifiant le titre de cette pièce, l'auteur n'attaque ni Garassus, ni les Jésuites ; n'aurions-nous pas là un échantillon de la réserve du prudent Guillaume Colletet à l'égard de la Société de Jésus ?

Sorty des prisons et des fers
Où t'avoit enchaisné l'envie,
Où le choc de tes maux souffers
N'avoit peu ruiner ta vie,
Désormais ennuyé du jour
Dans la disgrâce de la Cour
Que ton sort t'empesche de suivre,
Tu blasme l'importunité
Du destin qui te faict survivre
Ton honneur et ta liberté !

(1) M.DC.XXVI (1626). Petit in-8 de 13 p. chiff.

Le regret combat ton courage
De mille nouvelles douleurs,
Et dans la vigueur de ton aage
Finist tes jours et tes malheurs :
Enfin les autheurs de tes peines
Après tant de poursuittes vaines
Sont contraincts de te desirer ;
La raison est que leur malice
Ne peut plus te faire endurer
Ny de prison ny de supplice.

Les plus noirs de tes ennemis
Te voyant libre de la gesne
Des tourmens ou t'avoient soubmis
Les artifices de leur haine,
Fâchez qu'un honneste trespas
Ayt faict que tu ne souffres pas,
Oseroient s'en prendre à ta bière,
Et par des extrèmes efforts
Imprimer leur rage meurtrière
Sur la poussière de ton corps.

Cruauté qu'excuse le zèle
De punir l'infidélité
D'une âme envers soy criminelle
Qui nie l'immortalité !
Théophile, à quoy les merveilles
De tant d'ambitieuses veilles
Si tu pensois du tout mourir,
Et pourquoy ta Muse animée
Eust travaillé pour s'acquérir
Une immortelle renommée ?

Mais leurs prétextes sont divers,
Et croy-je qu'il est véritable
Que pour estre faiseur de vers
Seulement on t'a creu coupable ?
Aujourd'huy les plus beaux escrits
Souffrent des injustes descris,

Et la plus grande part de ces âmes
A qui le pouvoir des destins
Espargne ces divines flammes
Nomment les poëtes libertins !

Tout ce qui passe la vizée
D'un esprit superstitieux,
Quand nostre innocente rizée
Charme nos pensers soucieux,
Est pris pour un estrange crime
Souvent à cause d'une rime
Qu'il aura conceu de travers,
Si bien que sans espoir de grâce
Il baniroit de l'Univers
Tous les courtisans de Parnasse !

J'advouë que dedans la Cour
Et les conférences modestes,
Parfois l'on y parle d'amour
Sans toucher les choses célestes :
Mais que jamais l'impiété,
Ayt sur ton cœur empiété
Ce n'est qu'une fraude inventée,
Et ceux-là sont malicieux
Qui nous font un cruel Antée
D'un Théophile ami des Cieux !

Ores sans craincte de danger
Hors des prisons de la nature,
Si tu désires te venger
Des affronts de cette imposture,
Fay leur ressentir mille morts
D'effroy, de rage et de remors ;
Que ton Ombre mal satisfaicte
Les poursuive éternellement,
Et dans leur entière deffaicte
Allège son ressentiment.

Que sur le marbre de ta tombe
Ils accourent aux yeux de tous

Offrir leur sang en hécatombe
Afin d'apaiser ton courroux,
Pour moy que l'injustice offence,
Aux intérests de ta défence
J'engage mon affection,
Et veux que ton nom plein de gloire
Redoive à ma protection
La pureté de sa mémoire !

Cependant va jouyr heureux
Dans les campaignes fortunées,
Parmi les myrthes amoureux
Que cultivent les destinées,
Des plaisirs qu'ont à jamais pris
Mil autres glorieux esprits,
Et raconte à tous nos poëtes
Que leurs escris sont superflus,
Et que les Muses sont muettes,
Théophile ne vivant plus.

L'*Elégie de Philis sur le tombeau de Théophile* [1] qui suit « l'Apologie » a dû réjouir les mânes du Poète, il eut été flatté de ce cri désespéré d'une de ses Cloris :

Tombeau qui me retiens la moitié de ma vie
Qu'un injuste trespas avant l'heure a ravie,
Ouvre-toy, je te prie, et, sensible, rends moy
Ce misérable corps redevable à ma foy,
Que je puisse échauffer la froideur de sa glace,
L'adorer à genoux, l'acoler face à face ;
Que je voye s'il est soubs les cendres un peu
Du brazier allumé par nostre premier feu,
Mes yeux qui t'ont jadis faict vivre dans leurs charmes
Le pourront ranimer à force de mes larmes,

---

(1) Avant cette élégie est une *Epitaphe de Théophile : Si le poinct duquel on le blasme*, et, après, une autre épitaphe : *L'honneur des poëtes de ce temps*, sig. P. L. S. G. (par le sieur G (?) et une petite pièce : *A l'autheur : Ce Théophile que les Dieux*

Mais, hélas, que dis-tu, ce triste monument,
Inflexible à mes cris, n'a point de sentiment !
Orgueilleux, rends-le moy, rends son âme à mon âme !
Quoy, peux-tu résister à mon ardente flame
Capable d'amollir un roc de diamant
A qui ta dureté s'oppose seulement ?
Ah ! c'est trop à ce coup contre toy je m'eslance
Où l'amour ne peut rien, il faut la violence.
Je brise tes liens et de mes foibles bras
Je te réduis en poudre ou tu me le rendras !
C'est à moy de bastir un Temple à mon idole,
Et le cercueil pareil à celuy de Mausole !
Au moins je trouveray dans mon affliction
En moy le cher dépost de mon affection.
Dieu ! comme trop d'amour aveugle mon courage
Inspirant dans mon cœur cette inutile rage,
Pardonne-moy Tombeau, sanctuaire où je veux
Faire brusler l'encens des souspirs et des vœux,
Et toy que le Destin qui ta présence m'oste,
A rendu pour jamais son esclave et son hoste,
Puisque par tes beaux vers l'on a cogneu Philis
Par tout où le François considère les lys,
S'il faut qu'après ta mort à mes ennuys je vive,
Espère néantmoins de m'avoir sur la rive,
Et croy que je veis qu'afin que l'Univers
Apprenne ton malheur et le mien par ces vers !

V

La *Poésie sur la mort de Théophile*[1] est encore dans une note effacée, on y sent le désir de ménager les adversaires du banni, elle a pour auteur le dijonnais Pichou, qui devait mourir en 1630, non sans avoir profondément

(1) 1626. S. l. et s. n. de lib. Petit in-8 de 12 p. Elle ne porte aucune signature. Le médecin grenoblois Isnard a donné quelques détails sur Pichou dans une Préface placée en tête de « La Filis de Scire, comédie pastorale, tirée de l'italien, 1631 », in-8.

remanié sa première version. Cette seconde version [1] a été insérée dans la partie « Autres Œuvres » qui suit sa tragi-comédie « Les Folies de Cardenio » (Paris, Fr. Targa, 1630).

Esprits qui honorez les vers,
Heureux nourrissons de la gloire,
Qui ne vivez dans l'Univers
Que pour obliger la mémoire :
Justes Arbitres du Renom,
Que mérite son louable nom,
Et dont la vertu est suyvie,
Qui bravez la rigueur du sort,
Et sauvez l'honneur de la vie,
Et l'aveugle oubly de la mort [2].

Si jamais, enfant du sçavoir,
Subject d'une équitable plaincte,
A employé vostre pouvoir
En son esmotion dépaincte,
C'est à ce funeste trespas
Que vos escrits ne peuvent pas
Refuser ces lugubres charmes,
Et qu'une éternelle douleur
Doit consacrer toutes vos larmes
A un si sensible malheur [3].

---

(1) Elle n'a plus que 18 strophes au lieu de 20. Nous donnons ici les variantes de 1630.

(2) Var. de 1630 :
Esprits dont j'admire les vers
Et qui conservez vostre gloire
Dans l'estime de l'Univers
Et le respect de la mémoire.
C'est à ce rigoureux trespas
Que vos escrits ne peuvent pas
Nier la douceur de leurs charmes,
Et qu'une éternelle douleur
Doit consacrer toutes vos larmes
A ce déplorable malheur.

(3) Cette strophe supprimée en 1630.

Parmy de semblables desirs,
Quelque respectueux silence,
Qui ordonne à vos desplaisirs
De céder à leur violence [1] :
Suyvez des transports si puissans,
Et forcez vos timides sens
A ces naturelles saillies,
Dont les vives impressions
Ne demeurent ensevelies
Qu'au discours de nos passions [2].

Ainsi vos esprits adoucis
Allègent leur peine soufferte,
Et trompent les cuisans soucis
De ceste déplorable perte :
Le regret permet cest excez [3],
Et de ses généreux accez
Bannist ces tristesses cachées,
Dont les mornes ressentimens [4]
Ne monstrent les âmes touchées
Que de ses plus froids mouvemens.

Invitez au triste devoir
D'une si vertueuse plaincte,
Quelle ardeur vous peut esmouvoir
Qui soit plus loüable et plus saincte ?
Que l'injuste assaut de la mort
A d'un plus malheureux effort

---

(1) Var. de 1630 : Avec de si justes desirs
Quelque respectueux silence
Qui conseille à vos déplaisirs
De céder à leur violence...

(2) *id.* : Qu'au récit de nos passions.

(3) *id.* : Ainsi vos esprits affligez
Après cette injure soufferte
Se verront enfin allégez
Dans le regret de cette perte
La douleur permet cet excès...

(4) *id.* : Dont les foibles ressentimens

Finy une meilleure vie,
Pour mieux exciter vos esprits,
A quelque ambitieuse envie
De vos laborieux escrits [1] ?

Les Muses pleurent ce trespas,
Et d'un impatient martyre
Ont quitté les plus doux appas
Qui flattoient leur divin Empire [2] :
La Mémoire en porte le dueil,
Honteuse qu'un foible cercueil
Retient sa lumière estouffée,
Et Phoebus tout noyé de pleurs
Confesse que la mort d'Orfée
Luy donna de moindres douleurs.

Aussi depuis que ce ruisseau
Qui coule en faveur de nos âmes
Parmy la froideur de son eau
Inspire l'ardeur de ses flames,
Et que nos jugemens ouvers
Au charmant caprice des vers,
Ravis des transports qu'il eslance,
Bravent l'injurieuse erreur [3]
Qui les donne à la violence
De quelque importune fureur.

Jamais les célestes bien-faits
N'ont flatté de mortelles forces
Par de plus sensibles effets
De ces favorables amorces :

---

(1) Cette strophe manque dans 1630.

(2) Var. de 1630 : Les Muses en ce mal récent
Tesmoignent l'ennuy qui les trouble,
Et frappent d'un funeste accent
L'Echo de leur montagne double...

(3) *id.* : Suivent les transports qu'il eslance
Et bravent la commune erreur...

L'Astre que nous pleurons, esteinct,
Sans porter un visage feinct,
Aux communs souspirs de sa fuitte,
A seul mérité ce bon-heur
De veoir sa lumière réduitte
Au comble parfaict de l'honneur [1].

Sa ryme enfante des attraits [2]
Dont la connoissance ravie
N'admire les visibles traits
Que dans le mespris de l'envie :
Les yeux s'y perdent arrestez,
Et de si rares voluptez
Y touchent l'esprit et l'oreille,
Que la voix des divines Sœurs
N'a point de délice pareille
A ses agréables douceurs [3]

Merveilles des siècles passez
Qui malgré les ans et les Parques,
Conservez vos renoms tracez
Au front de tant d'illustres marques [4] :

---

(1) Var. de 1630 : Ces plus sensibles ornemens
D'une occupation si sainte
N'ont paru qu'aux seuls mouvemens
De ce rare objet de ma plainte,
Et tant de miracles descris
Dans la beauté de ses escris
Y touchent l'esprit et l'oreille,
Que la voix des divines Soeurs
N'a point de volupté pareille
A ses agréables douceurs.

Ces quatre derniers vers terminent la strophe 9 qui suit de la plaquette de 1626.

(2) Var. de 1630 : Sa ryme a de divins attraits

(3) *id.* : Si celuy dont la belle voix
Animoit les rocs et les bois
Eust eu ces agréables charmes,
Le destin touché de pitié
Eust donné deux fois à ses larmes
Le cher retour de sa moitié.

(4) Ces quatre premiers vers commencent la strophe 9 de 1630.

Esprits dont les charmes récens
Se font admirer à nos sens,
Et loüer à nos connoissances,
Qui forcez les meilleurs objects
De céder aux douces puissances
De vos ingénieux projects [1].

Non, non, que l'honneur de vos jours,
N'accuse une audace hypocrite,
De ne fournir à mon discours
Qu'une offence à vostre mérite :
Venez avoüer aux autels
Qu'une sainte ardeur des mortels
Consacre à ce docte miracle,
Que rien n'esgale son sçavoir,
Et qu'auprès d'un céleste oracle
Vous n'avez qu'un humain pouvoir [2].

Accordez à la vérité
Forcez d'un respect légitime,
Sans blasmer ma témérité,
Et sans jalouser son estime,
Que tous ceux qu'un si doux mestier,
A veus d'un mouvement premier

---

(1) Cette strophe est différente dans l'édition de 1630 :

Les autres n'ont rien de pareil,
Et comme des nuages sombres
A l'approche de ce Soleil
Ils cachent leurs timides ombres,
Ceux dont les escris glorieux
Dessus le temps victorieux
Ont des loüanges infinies,
Admis à la comparaison
N'ont que des lumières ternies
Et qu'un faible esclat de raison.

(2) Var. de 1630 : Confessez que vous n'avez pas
De si délitieux appas
Que ceux qui sortent de sa veine,
Et qu'esgalez à son sçavoir
Vous n'avez qu'une force humaine
Auprès d'un céleste pouvoir.

Luy voüer leurs divins génies,
Parmy les traits plus esclattans,
De toutes leurs grâces unies,
Ne l'ont devancé que du tems [1].

Mais le sort a d'estranges loix
Toutes ces merveilles esteinctes
Perdent la lumière et la voix
Souz ses rigoureuses atteinctes :
Quelque Astre qui guide nos jours
Rien n'en peut arrester le cours
Ny en desgager la naissance,
Et pour demeurer invaincu
Aux assauts de ceste puissance
Il faut n'avoir jamais vescu [2].

Esclave de ceste rigueur
Dont la violence nous tuë,
Et arrache un peu de vigueur [3]
A nostre foiblesse abbatuë :
En fin en son esclat plus beau
Ce Soleil réduit au tombeau
Espreuve un arrest si sévère,
Qui foule nos justes regrets
Et expose une âme si chère [4]
A ses impérieux décrets.

---

(1) Var. de 1630 : Et sans envier son estime,
Que ce rare honneur des esprits
Remporte un favorable prix
Dessus la gloire de vos plumes,
Et que tant d'attraits esclattans
En vos judicieux volumes
Ne passent les siens que du temps.

(2) *id.* : Il ne peut nous donner secours
C'est un mal qui suit la naissance,
Et cette aveugle déité
N'espargne sa noire puissance
Que sur ceux qui n'ont point esté.

(3) *id.* : Et desrobe un peu de vigueur

(4) *id.* : Exposant une âme si chère

Le malheur suit ainsi nos ans,
Jamais la tempeste et l'orage
N'ont eu de périls plus puissans
Que dans le calme et le rivage[1] :
Deux fois son destin combattu,
A l'approche de sa vertu
Avoit désarmé l'infamie,
Et tousjours d'un semblable front,
Contre une poursuitte ennemie,
Repoussé l'outrage et l'affront.

Hors de l'effroy d'une prison,
Où le sçavoir et l'innocence
Ont fait triompher la raison
Du pouvoir de la médisance :
Sa gloire avoit montré au sort
Que la Muse a tousjours le port[2]
Quelque adversité qui l'irrite,
Et que d'infidelles complots
Ont quelquefois veu le mérite
Trouver des amys dans les flots.

Tout esmeu encor du combat[3],
Il venoit de laisser les armes
Et sortir du funeste esbat
De ces dangereuses allarmes,
Qu'aussitost ravy à nos yeux[4],
Lors que les mortels et les Dieux

---

(1) Var. de 1630 : C'est ainsi que touchant le bort
Ces vaisseaux font souvent naufrage,
Et qu'on en voit mourir au port
Qui s'estoient sauvez de l'orage...

(2) *id.* : Il fit voir qu'un succès heureux
Suit tousjours un cœur généreux,

(3) *id.* : Tout poudreux encor du combat

(4) *id.* : Qui ne lui servoient que d'esbat,
Et qui nous arrachoient des larmes,
Que ravy soudain à nos yeux...

Sembloient conspirer à sa gloire,
On l'a veu quitter ce séjour
Trouver sa mort en sa victoire
Et s'esteindre en son plus beau jour.

Lumière des chantres François,
Dont les glorieuses merveilles
Imposent d'éternelles loix
A la vanité de nos veilles.
Object de la perfection,
Puis qu'icy nostre affection,
Suit le seul penser qui l'attriste,
Et que nos fidelles desirs
Donnent un entretien si triste
A nos légitimes loisirs [1].

Permets, chère Ombre, à mes regrets,
Combien qu'en leur force plus vive
Mes transports paroissent discrets,
Et mon esmotion tardive :
Que j'offre un éternel devoir [2]
Aux loüanges de ton sçavoir,
Ainsi qu'aux douleurs de ta perte,
Et que jamais mon jugement,
Ny ma veine autre part ouverte
Ne le quitte à mon changement [3].

Eschauffé de ce feu nouveau,
En faveur de tes Poësies,

---

(1) Var. de 1630 : Esprit dont les charmes puissans
Se font admirer à nos sens,
Et chérir à nostre mémoire,
Puisqu'il ne reste à mon desir
Que de consacrer à ta gloire
Les marques de mon desplaisir.

(2) *id.* : Que j'offre un fidèle devoir

(3) *id.* : Voyant pour toy ma veine ouverte
Ne l'abandonne au changement

Je jure par ce sainct ruisseau
Qui préside à nos frénésies,
Qu'humble tousjours à tes autels
Je rendray des vœux immortels,
Au respect de ta destinée [1],
Et que mes desirs innocens,
Dedans l'erreur d'un Athénée
Verront avoüer mes encens.

VI

Nous mentionnons pour mémoire les *Plaintes de Thircis sur la mort de son amy Théophile. Avec son tombeau enrichy d'épitaphes* [2]. Les « Plaintes » ont 18 strophes de quatre vers tellement insipides qu'il est impossible d'en rien citer ; le *Tombeau* est à l'avenant.

VII

Le *Testament de Théophile* [3] est également insignifiant. En voici la fin :

« 1. Je donne et lègue à Apollon mon âme.

2. Et mon corps au Parnasse où je veux estre enterré solennellement, et que les Muses, et tous les poëtes de la Cour y assistent et qu'ils me dressent un sépulchre aussi somptueux et magnifique que le Mausolée, et pour récompense je leur lègue et donne la liberté innocente de mon esprit, ma verve et ma veine poétique.

---

(1) Var. de 1630 : Que tes escrits à l'avenir
Conservez dans mon souvenir
Seront chers à ma destinée,

(2) M.DC.XXVI (1626). Petit in-8 de 16 p. chiff.

(3) M.DC.XXVI (1626). Petit in-8 de 15 p. chiff.

3. Je donne et lègue le *Parnasse satyricque* qui m'a esté attribué à la benoiste Compagnie des Jésuites.

4. Je donne au Père Garasse ma plume, afin que doresnavant il n'escrive plus de mensonges, et de tabarinages contre les curieux de ce temps.

5. Je donne mon encre au Père Coton, car le coton sans encre ne peut pas servir, et je lui porteray en l'autre monde, afin qu'il escrive contre ce livre séditieux[1] comme il a promis à la Cour, sans avoir esgard aux équivoques, entretrois retentum de Jésuite.

6. Je donne ma Bibliothèque aux bigots, archi-bigots, estragots, à tous ceux qui portent leurs esprits en escharpe, afin qu'ils apprennent par la lecture de mes livres, à ne plus faire les hypocrites.

7. Je donne et lègue aux Imprimeurs, qui sont de bons beuveurs de renom et vérolez de réputation, tous mes escrits, poésies, et traductions afin qu'ils chantent à jamais

Requiescat in pace. »

VIII

Avec *La Descente de Théophile aux Enfers. Par Polidor*[2] nous entrons dans la série des pièces satyriques mettant en scène le Père Coton et le Père Garassus. Celle-ci n'est pas la moins mordante :

L'esprit de Théophile est aperçu par Caron :

---

(1) Il s'agit ici du livre du P. Antoine Santarelli qui porte comme titre : *Antonii Sanctarelli ex societate Jesu Tractatus moralis de hæresi, schismate, apostasia, sollicitatione in Sacramento pœnitentiæ blasphemia, maledictione, et de potestate Romani Pontificis in his delictis puniendis. Ad Serenissimum Principem Mauritium Cardinalem a Sabaudia, Romæ, apud hæredem Bartholomei Zanetti, Superiorum permissu, 1625*, in-4° qui, mis en vente le 6 février 1626 dans la boutique de Sébastien Cramoisy, attira l'attention du Parlement et fut l'occasion des plus graves ennuis pour la Société de Jésus. Il faut en lire le récit dans les *Mémoires de Garasse* (éd. Nisard), p. 189 et suivantes.

(2) M.DC.XXVI (1626). Petit in-8 de 12 p.

Caron [1]

Que cherche cet Esprit errant le long des bords
De ce fleuve d'oubly où repassent les morts ?
Que vient-il faire icy sur ce bourbeux rivage ?
Une froide sueur me couvre le visage,
Estonné de le veoir au port Ténarien
Il semble menacer l'antre Plutonien,
Qui fait que m'esloignant j'abandonne la rive,
Et mon fresle vaisseau de l'autre bord arrive,
Je veux sçavoir de luy qui le conduit ç'à bas,
Pour m'en rendre certain faut rebrousser mes pas.
Esprit, quel est ton nom, et par quelle infortune
As-tu payé tribut à la mère commune ?
Qui t'a réduit ainsi ? le subject de ta mort ?
Parle, je veux sçavoir la cause de ton sort.
Ainsi parla Caron d'une voix effroyable
A cest Ombre lassé qui gisoit sur le sable,
Lorsqu'il eut repassé le travers de cette eau
Et de son aviron arresté son bateau.

Ombre.

A ce bruict il respond d'une voix tremblotante :
Apprends, vieil Nautonnier, le mal qui me tourmente.
Bien que je fusse aimé des hommes et des Dieux
Avant que devaller dedans ces sombres lieux
Et que, d'un ton hardy, j'aye tout plein de gloire
Sur mille mesdisans remporté la victoire,
Par mes doctes escrits acquis un grand renom,
Et que tout l'Univers aye cogneu mon nom,
Fait paroistre en tous lieux parmy les belles âmes
Qne l'on m'avoit à tort destiné pour les flammes,
Après avoir souffert plus de maux et de peines
Que n'endure Ixion de tortures, de gesnes,
Et avoir esprouvé une longue prison,
O trop cruel destin ! outre toute raison

---

(1) Le titre de départ de cette pièce (p. 3) porte : *La Descente de Théophile aux Enfers, et son Immortalité, en forme de Dialogue.*

La Parque a retranché le filet de ma vie,
Et ses Sœurs desployé contre moy leur envie.

Caron.

Dis-moy? quel est ce nom qui fut tant admiré?

Ombre.

Que servira, vieillard, quand je te le diré.

Caron.

Je dois cognoistre ceux que je passe en ce lieu.

Ombre.

Vivant, j'estois nommé de tous *l'Amy de Dieu*,
Bien venu par mon nom dans les nobles provinces,
Caressé des Seigneurs, des Dames et des Princes,
Si je n'eusse d'Amour pris le soin par mes vers
Il eust abandonné ce siècle si pervers ;
Les grâces, les sousris, ses fidèles compagnes
Au gré des doux zéphyrs errent par les campagnes,
Depuis que la rigueur de la fière Atropos
De ma Muse et de moy a troublé le repos.
Ce Dieu quitta ses traicts, son carquois et sa trousse,
Et presque forcené de despit se courrousse,
Fasché de n'avoir plus un Poëte si parfaict
Pour chanter sa grandeur ainsy comme j'ay faict,
Il n'a que son bandeau pour reste de ses armes,
Qu'il moüille à tous momens au ruisseau de ses larmes,
Trop affligé de veoir que l'on tient à mespris
Les feux et les attraicts de sa mère Cypris.
Et oüyr autres que moy qui vante ses délices ;
Si un Dieu peut souffrir, celuy sont des supplices.

Caron.

Quitte ces vains discours si tu veux t'avancer
Afin qu'en mon esquif je te puisse passer,
Regarde les vieux bois de ceste forest sombre
Là, franc de tout soucy, reposera ton Ombre,

Et sans estre envié dans ces lieux escartez
Tu rediras tes vers doucement concertez ;
Dessous ces Myrthes verts y reposent les âmes
Des fidèles amoureux bruslez de mesmes flammes ;
Mille Esprits divers admirant ton sçavoir
Seront en te voyant bien heureux de te voir :
L'un d'un discours subtil suit la philosophie,
Un autre moins sçavant au bien dire se fie.

Ombre.

Dieux ! se peut-il trouver quelque contentement,
Après avoir souffert tant de maux constamment ?
Approche un peu plus près de ce pont ta nacelle,
Je vois se promenant un Ombre qui chancelle,
Maschant entre ses dents je ne sçay quel discours,
Qui tout saisy de peur appelle du secours,
Je l'ai veu quelquefois et son front plein d'audace
Tesmoigne assez qu'il est compagnon de Garasse.
Depuis combien de mois l'as-tu icy passé [1] ?

Caron.

Peu après qu'un livret par le feu fut passé [1]
Que son Ordre avoit faict contre les bonnes loix,
Pour dire le surplus, Vieil, je manque de voix ;
De honte tout couvert il délaissa le monde
Pour gouster à longs traicts de cet oublieux onde.

Ombre.

Mais quel fut son habit arrivant en ce lieu ?

Caron.

Celuy d'un Espagnol estant feint au milieu,
Portant à son costé un sachet de prières,
Mais je crois que vivant, il ne les disoit guères,

---

(1) Il s'agit du livre du P. Ant. Santarelli dont nous avons déjà parlé, voir p. 29, note 1. L'arrêt du Parlement du 13 mars 1626 décida que ce livre serait lacéré, fustigé et brûlé par la main du bourreau. Le 19 mars suivant mourait le Père Coton.

D'un grand chappeau couvert traînoit un manteau lons,
Si qu'à peine on voyoit le bout de ses talons :
Marchant d'un grave pas, et, de belle prestance,
On l'eust pris au parler pour le Dieu d'Eloquence ;
Sa robbe à haut collet luy joignoit le menton ;
Bref, le veux-tu sçavoir ? c'est le Père Coton.

Ombre.

Ha ! quel plaisant récit, que d'estranges merveilles !

Caron.

Tu vois devant tes yeux le Père aux grand'oreilles,
Qui afin d'éviter le feu ou le licol
S'en est fuy c'à bas en forme d'Espagnol.

Ombre.

Et quoy ! recevez-vous dans ces campagnes sainctes
Ces esprits mesdisans, vrays images des feintes,
Qui pour mettre à couvert leurs pactes séditieux
Se publient par tout vrays compagnons des Dieux ?
Souffriras-tu, Pluton, ceste race maudite
De l'Erèbe sorty, l'excrément du Cocyte ?
Ambitieux de régner, prends garde, bien que Roy,
Car à peine sera en seureté chez toy.
Esloigne de ton Styx ces nations perverses
De malice artisans, de tourmens, de traverses,
Indignes de jouyr du bonheur de la paix,
Ains plustost de porter d'un Siziphe le faix.
A peine eust il parlé, que las de ce voyage
L'avare Nautonnier le descend au rivage,
Où regardant Minos le teinct pasle et deffaict,
Luy demanda pardon du mal qu'il avoit faict.
Prince qui commandez sur l'infernalle bande,
Et qui ne refusez aucun qui vous demande,
Si jamais vostre cœur fut touché de pitié,
Si les Dieux aux mortels portent quelque amitié,
D'un œil doux et bénin regardez favorable
Celuy qui par ses vers se rendit admirable,

Puny injustement sans l'avoir mérité,
Sinon que j'ay commis ceste témérité
D'appeller au combat les Muses sur Parnasse,
Défié Apollon avecques trop d'audace,
Qui fasché de se veoir bravé par son enfant
D'un traict empoisonné mon estomac il fent,
Et, pour mieux se vanger, il glissa dans mes veines
Un feu si violent que je sentois les peines
De ceux qui sont aux feux éternels condamnez,
Et mon mal surpassoit la douleur des damnez.
Je ne pouvois durer renversé sur ma couche,
Un Gibel estoit froid à l'esgal de ma bouche ;
Plusieurs jours j'ay passez dans l'excez de ce mal,
Contrainct, las de fleschir sous le cizeau fatal.
— Mais ainsi qu'il taschoit par son humble prière,
D'amollir ce rocher qui le rejette arrière,
Jupiter tout-voyant apperceut Cupidon,
Qui, outré de douleur. estraignoit son brandon,
Et remplissoit le Ciel de plainte très amère
Criant incessamment, las ! j'ay perdu mon Père.
— Au bruict, ce Dieu touché pour chasser ce malheur
Le céleste Courrier, depesche en sa faveur,
Vers le Palais obscur de cet inhumain Prince
Qui commande des morts l'enfumée Province,
S'adressant à luy seul il luy faict à savoir
De Jupin le désir et l'absolu vouloir,
Que tout présentement il mette en sa puissance
L'Ombre de ce mortel à ce Dieu d'Eloquence.
Depuis que cet Esprit son corps abandonna,
Sinon aux desplaisirs Amour ne s'adonna,
Qu'en ce piteux estat il mesprise son Estre,
Et ne faict que gémir la perte de son Maistre ;
Ny sa mère Vénus ne sçauroit l'appaiser,
Bien qu'en le mignardant luy donne un doux baiser.
Esmeu de ce discours, d'un branlement de teste
Le Roy au Sceptre noir accorda sa requeste,
Commande qu'à l'instant au Messager des Dieux
On dépose l'Esprit pour l'enlever aux Cieux ;

Aussi-tost il fut pris du Dieu qui a des aisles,
Puis ravy dans le Ciel porté sous les essellcs
Où d'abord arrivant mille pleurs il espanche,
Mais son crime expiant, sur luy Jupin se panche,
Aise de recouvrer ce Poëte qui vivant
Sceut adoucir les traicts de ce Dieu triomphant,
Le reçoit d'une main, et de l'autre l'arrose
D'un jus plus odorant beaucoup plus que la rose,
Luy faisant à plaisir savourer la liqueur
Qu'Hébé la verse-vin lui offre de bon cœur,
Et afin qu'aux destins éternels il ne cède
Le breuvage immortel luy baille Ganimède,
Si qu'en ayant gousté soudain il fut changé
En Astre clair-luysant dans le Pôle rangé,
Non content que pour luy les Filles de mémoire
Dans leur Temple ont dressé un Autel à sa gloire !

IX

La Rencontre de Théophile et du Père Coton en l'autre monde[1] traite le même sujet, mais en prose :

« ... Théophile ayant apperçeu le Père Coton s'advance pour lui parler, mais il s'enfuit, et se cache derrière la chaire percée de Proserpine, craignant la rencontre de son ennemy, mais il le suivit. — Ce n'est pas la fin de la Grève (luy dit Théophile) qui m'a contraint de venir icy, ce n'est pas l'impiété dont on m'a injustement calomnié, mais la rigueur d'un destin ordinaire aux mortels ; tes fausses accusations, et les impostures du Père Garasse n'ont point offensé ma renommée, et mon innocence n'a point succombé sous l'effort de leurs passions. J'ay faict voir à la Cour que la liberté d'un poëte ne peut estre qu'honnête quand elle n'offence point les loix de l'Estat et de la Religion : et que la peine qui estoit destinée pour moy, estoit deuë à ceux qui escrivent contre leur Roy et qui s'efforcent à dispenser les subjets du serment de fidélité ; tu as mieux aymé mourir de regret, que de

(1) M.DC.XXVI (1626). Petit in-8 de 14 p. chiff. et 1 ff. bl.

rendre service à celuy dont tu as reçeu tant de bienfaits. La Société (des Jésuites) est tombée en une grande disgrâce et on a recognu leur malice et leurs intentions. Il y a des arrests du Conseil et du Parlement sur ce subject : la *Somme théologique des véritez capitales de la religion chrestienne* a esté censurée par la Sorbonne comme un ouvrage plein d'hérésies et de bouffonneries indignes d'un théologien. Le cardinal de Richelieu [1] possède les faveurs qu'il mérite, aussi est-ce un esprit fort et puissant qui ne fait point l'hermaphrodite pour les grandeurs de la Cour. Il veut que sa fortune relève de son mérite et de sa vertu, je suis contraint en ce lieu (luy réplique le Père Coton) de dire la vérité, l'injure que vous me fistes dans le Louvre [2], a esté la cause de vostre prison, quant au livre [3] qui esté fait contre le Roy, ce n'est qu'une pièce d'ambition et de vanité, et de dessein que la Société a hazardé pour tenter ses forces et pour montrer que sa grandeur ne peut estre ébranlée par les Roys et par les Empereurs... ».

X

L'Examen de Théophile par Rhadamante, Juge des Enfers, sur le Parnasse satyrique [4] essaie de disculper Théophile de toute participation à ce recueil libre et prête un rôle odieux au Père Coton :

« Mercure, Ambassadeur des Dieux, venoit à traicts d'aisles de tous les Royaumes et de toutes les Provinces, avec son Caducée, pour advertir tous les Empereurs et tous les Roys de la Terre, de ce qui s'estoit passé au préjudice des Monarchies par ces Géans qui font la guerre aux Dieux, comme Jupiter l'ayant rencontré au Mont Olympe luy dit :

---

(1) Le cardinal de Richelieu avait demandé au Père Ignace Armand, député procureur de la Province de France, le désaveu du livre de Santarelli.

(2) Cette explication de l'animosité des Jésuites — et du Père Coton en particulier — n'a aucun fondement. Voir p. 40 : *L'Ombre de Théophile apparuë au Père Garasse.*

(3) Le livre de Santarelli.

(4) M.DC.XXVI (1626). Petit in-8 de 16 p.

« La loy du destin est en cela rigoureuse et cruelle, de ce qu'il n'y a point de dispense ny de moyen de s'en garantir ; moy-mesme qui gouverne le Ciel et la Terre, je suis contrainct d'obéir à ses ordonnances, aussi y a-t-il raison, car si on pouvoit gauchir ce coup de la mort, il n'y auroit que de la confusion : la Nature qui se plaist à l'ordre et aux changemens de tant de formes, feroit ses plaintes ; hélas ! si la Parque fléchissoit aux prières, le favori des Muses ne seroit pas mort, une froide lame gravée d'épitaphes ne couvriroit pas son corps, Apollon et les Muses ne porteroient point le deuil pour cet accident : Mais la nécessité, fille du destin, luy a faict ressentir ceste rigueur, et si nous n'avons peu le favoriser en ce subject, nous désirons l'obliger à recongnoistre les faveurs du Ciel, et luy donner une conduite aux Enfers, où l'on l'attend pour l'examiner sur le *Parnasse satyricque* que l'on lui attribue, et de peur que le Père Coton n'ayt donné de mauvaises impressions à Rhadamante, et que son innocence ne succombe soubs l'effort de la calomnie, nous te commandons d'aller avec luy et de l'assister ; tu endormiras le cerbère avec ta verge, tu luy donneras ton éloquence et ta vivacité, pour respondre pertinemment à toutes les objections, et pour fournir de reproches contre ceux qui ont esté subornez, par faveur ou par argent, car nous craignons grandement que ces Ombres équivoques, qui sont en grand nombre en ce païs là, ne trompent l'esprit de Rhadamante, par leurs subtilitez et par leurs artifices.

« Il n'eut pas si tost dit, que Mercure obéïssant à ses commandemens attacha ses ailerons brochez d'or à ses pieds, et s'envola aussi tost qu'un oyseau vers l'océan, en fin il arriva aux Enfers et ne parut qu'à l'Ombre de Théophile et aux Juges de ce lieu, car il espaissit l'air de peur que le Père Coton ne l'apperçeut, car encore que ce Dieu soit le Père des inventions et des artifices, néantmoins il craignoit qu'il ne luy desroba ses aisles, pour l'arrester, ou son caducée qui a tant de pouvoir, qui ouvre et qui ferme les plus secrets cabinets de la nature et de l'art, pensant que s'il perdoit sa verge et ses aisles, qu'il ne seroit plus que le misérable esclave de Pluton ou l'Eunuque de Proserpine. Comme ce Dieu fut entré où les Juges rendent leurs arrests, il leur parla de la sorte :

« Ce n'est pas le ravissement de Proserpine qui m'ameine icy

3

ny le ressentiment de Cérès pour la perte de sa fille, ny la conduite des Ombres, car encore que j'aye cet office, néantmoins je n'ay pas de coustume de passer plus avant que le rivage du Styx et du Cocyte, mais le commandement exprès de Jupiter qui vous fait dire, que vous preniez garde à l'examen d'une âme innocente et aymée d'Apollon et des Muses, que l'on veut calomnier pour la condamner au feu et au souffre. Nous sçavons bien que vous estes incorruptibles, que la faveur ny les présens ne font point d'efforts en vos âmes, estans inflexibles, mais l'on craint, à bon droit, que les Ombres équivocques ne vous préoccupent en vous donnant de mauvaises impressions.

« Comme il eut achevé de parler, il disparut devant les yeux, comme un songe s'envole à celuy qui se resveille d'un profond sommeil, et se couvrit d'un air si espais, qu'il n'y eut que Théophile qui le vit, et l'ayant retiré à l'escart, il luy donna un anneau gravé de figures et de caractères, et aussi une herbe qui avoit une vertu admirable : la Muse (ce luy dit Mercure) a des privilèges et des advantages extraordinaires, le Parnasse esgalle ses favoris aux Dieux du grand Olympe, aussi est-ce la raison que ceux qui donnent l'immortalité aux hommes illustres, jouissent des faveurs des immortels, Jupiter m'envoye icy à la prière d'Apollon pour solliciter pour vous, je vous donne cet anneau qui a la vertu de vous rendre invincible et de vous donner la victoire sur vos ennemis, sa vertu est si grande, qu'il vous sucgérera des responses à toutes les objections que l'on vous fera, qu'il vous fournira des reproches contre les faux tesmoins que l'on aura suborné et si par un grand malheur ou par quelque artifice incongneu, ce que je ne crains pas, on vous mettoit à la question pour tirer de vous quelque confession violente, cette herbe vous garantira du mal, car elle est si froide qu'elle vous assoupira les sens, de sorte que vous n'endurerez les tourmens qu'en songes, estant enseveli dans un profond sommeil, et outre toutes ces précautions, je demeureray icy et me rendray invisible, pour vous secourir en toutes les occasions périlleuses.

« Comme Mercure l'entretenoit sur ses affaires, le Père Coton ne perdit point temps. Et sçachant la mort de Théophile, il alla trouver Rhadamante : Voicy une Ombre impie (luy dit-il) qui sent le feu et le souffre, et qui mérite la poix raisine, et d'endurer la grillade éternelle, il a composé le *Parnasse satyricque*, qui est tout remply de sodomie, il a corrompu toute la jeunesse de la Cour, par sa liberté d'esprit et par ses vers, il a publié par tout qu'il n'y a point de Jupiter, que c'est la fable grecque qui le fait acroire, il a dit en plusieurs lieux que celuy qui craint Jupiter, ne craint rien, comme si un estre vray se pouvoit dire rien de plus contraire que l'un et l'autre, déniant par là qu'il y ait une divinité ; advisez à juger selon ses démérites.

« Comme il fut question de voir ce procès, Mercure prit la ressenblance du huissier de salle et appella tous les Juges, pour vacquer à l'interrogatoire. Estans tous assemblez, on fit venir Théophile ; c'est un grand crime, luy dit Rhadamante, que de nier la divinité, dont on sent en soy-mesme les effects et la puissance, c'est un grand aveuglement que de ne veoir pas le jour ou la lumière du Soleil, c'est un grand assoupissement d'esprit, que de ne sentir pas la vie que l'on tient du Ciel ; on vous accuse du crime d'impiété, d'avoir corrompu la jeunesse, on veut tesmoigner contre vous que vous avez publié qu'il n'y a point de Jupiter, et que vous avez dit en plusieurs lieux, que celuy qui craint Jupiter ne craint rien, et que vous avez composé le *Parnasse satyricque* qui est remply d'amours contre nature, et de poësies de mauvais exemple. Il y a longtemps, répliqua Théophile, que l'on veut me faire jouër l'acte d'un impie, et que l'on veut me perdre ; on dit que je nie la divinité et l'immortalité de l'âme, y a-t-il monstre en la nature si desnaturé, qui peut seulement en son cœur establir cette négative sans frémir ; quant à l'immortalité de l'âme, je ne sçaurais mieux la croire qu'en la prouvant par des raisons solides et nécessaires. Je n'ay point corrompu la jeunesse par mes vers, mais c'est que l'on veut interprester sinistrement la pointe d'un esprit Poëtique que la Muse emporte. Et encore qu'il y eut de la liberté, elle seroit excusable puisque la fureur poëtique nous ravit au delà de nos forces et de nostre jugement, et qu'elle ne tire point de nous de consentement : J'ay peu dire aussy au vray, que celuy qui craint Jupiter ne craint rien, mais il faut m'entendre, car c'est à moy à m'interpréter, je veux dire que celui qui craint la divinité ne doit point craindre la rigueur des ordonnances humaines pour ce que la crainte que l'on a de heurter les lois divines comprend celle des Civiles et Politicques. Quant au *Parnasse satyricque*, je ne l'ay point fait et pour tesmoignage je suis porteur d'une sentence contre ceux qui ont mis mon nom, et qui me l'ont attribué. Il n'eut pas si tost achevé de parler qu'il présenta aux Juges sa sentence, mais il fut bien trompé, car les Ombres équivocques avoient tiré ce papier secrettement et avoient effacé l'escriture et y avoient mis l'arrest de la Cour donné contre luy par contumace; voicy un arrest, dit Rhadamante, qui vous condamne au feu, nous debvons vous juger par vos tesmoignages. La confusion le saisit de sorte qu'il demeura muet, et sans doubte, il eut esté jugé si Mercure ne luy eut promptement sucgéré une nouvelle vigueur d'esprit; c'est icy une supercherie, ce leur dit-il, que l'on m'a faitte, et une fausseté que je vérifie par la diversité de l'escriture et encore que moy-mesme je la produise, on me l'a supposée subtilement... Je demande un petit délay pour donner des moyens de faux et pour avoir des coppies des sentences et des arrests qui sont à mon advantage; il est vray qu'il y a eu un arrest par contumace contre moy mais il est révocqué par un autre donné du despuis, et pour ce sujet envoyez un huissier. Sa requeste fut entérinée. Cependant le Père Coton voulut jouer un traict en corrompant le député, mais il fut bien trompé, car il ne sçavoit pas que c'estoit Mercure, qui avoit pris la ressemblance du héraut, de sorte qu'au retour lui ayant donné les arrests, qu'il croyoit estre contre Théophile, pour les produire, il ne manqua pas à les présenter; vous estes tesmoing irréprochable, ce dit Rhadamante au Père Coton, vous demandez que l'on le juge selon les arrests que vous produisez, ouy, répliqua-t-il, voicy l'Arrest d'absolution, et la sentence du désadveu du *Parnasse* et sur ce, nous l'absolvons des crimes à luy imputez, et l'envoyons aux Champs-Elysées pour faire son séjour en la forest de lauriers ».

XI

L'Ombre de Théophile apparue au Père Garasse [1] apporte une nouvelle explication de l'animosité des Jésuites contre Théophile. Elle parle d'une scène qui se serait passée chez

(1) M.DC.XXVI (1626). Petit in-8 de 16 p. chiff.

un libraire de la rue Saint-Jacques (Toussainct du Bray ?) entre Garassus et le Poète et d'une autre « prise » entre les deux adversaires à laquelle aurait participé le Père Coton[1]; mais Garassus est muet sur ces incidents dans ses *Mémoires,* dans sa *Doctrine curieuse* et dans son *Apologie.* Dans la *Doctrine curieuse* et dans sa lettre à Fr. Ogier du 4 février 1624, il affirme n'avoir jamais rencontré Théophile. On peut le croire !

« ... Tu ne me cognoistras non plus que quand je te rencontray en la ruë Sainct-Jacques chez un libraire où tu calomniois injustement mon innocence (aussi je me ressentis de cette injure) ; ce n'est pas la passion qui me conduict icy ny la vengeance, les esprits en doivent estre dépouillez, mais le desir que j'ay de te faire paroistre la sincérité et l'intégrité de ma vie, pour te monstrer du doigt les erreurs, que la foiblesse de ton esprit reçoit, et pour te dire la vérité, car l'estat où je suis n'est perceptible de mensonge et d'abus ; ce n'est pas le zèle de la religion qui t'a poussé à escrire contre moy, car on sçait bien que la Cabale des Jésuites est politique, ny l'affection de profiter au public en retranchant la liberté des esprits de la Cour, mais la prise que j'eus avec le Père Coton et avec toy depuis ce temps-là ; on a recherché tous les moyens de m'engager dans les pièges que l'on m'avoit préparez, on n'a pas seulement espluché mes actions, mais aussi mes parolles, jusques mesmes à vouloir pénétrer dans mes pensées ; les conférences que j'ai eues avec ceux qui ont des opinions plus relevées que le commun ont esté espiées, pour interpréter sinistrement une pointe d'un esprit Poëtique, que la Muse emporte contre le dessein et contre la volonté de celuy qui le produit ; on m'a suscité des faux tesmoings pour me convaincre, jusques mesme à rompre le sceau de la confession qui oblige estroitement au silence et à la discrétion, on a troublé les consciences foibles par lettres monitoires et excommunications, enfin

(1) La *Rencontre de Théophile et du Père Coton en l'autre monde* parle d'une injure que Théophile aurait faite au Louvre au Père Coton, voir p. 36.

on a creu (non sans impiété) que tous les crimes estoient permis, pourveu que l'on me perdist et le tout pour venger l'injure du P. Coton [1]. La Société voyant que j'estois desjà ébranlé par ma prison, t'a choisi comme pour le plus hardi et le plus extravagant pour escrire contre moy et ayant ceste charge tu as trompé les Pères, car au lieu d'establir des principes et des raisons pour ruiner les mauvaises opinions que l'on m'attribuoit, tu ne fais rien que folastrer en tes escrits, de sorte qu'il est plus dangereux de te lire que le Rabelais ou les postures de l'Arétin, tu as aussi esté trompé, car tu croyois que ta Muse estant hermaphrodite seroit plus belle et plus agréable... ».

XII

Le *Discours remarquable sur la vie et mort de Théophile (A Paris, chez Jean Martin, ruë de la Vieille Bouclerie, à l'Escu de Bretagne)* [2] a précédé *L'Oraison funèbre* et renferme des détails précis sur la fin du Poète :

« Après que le malheur a eu essayé tous ses traicts sur le courage invincible du pauvre Théophile, après l'avoir exilé plusieurs fois, estroitement emprisonné, et assiégé sa vie de mille impostures, après avoir, dis-je, employé si longtemps le premier Parlement de France à sa condamnation, enfin a obtenu de la maladie ce que tous les artifices et machinations ne luy avoient peu octroyer; tous les efforts qui se présentoient contre luy du dehors estoient trop légers pour le vaincre, il ne pouvoit estre emporté que par des attaques intérieures, et comme un ennemy est plustot dompté et vaincu, lors que on va le forcer jusques dedans luy et dessus ses foyers, mesme que de battre aux environs, ainsi une déplorable maladie envoyée dans le corps de Théophile, le destruict plustot que tous les dangers dont il s'est veu environné de la part de ses haineux : Chacun sçait comme il a tousjours vescu

(1) Voir page précédente, note 1.

(2) M.DC.XXVI (1626). Petit in-8 de 15 p. chiff. Nous avons donné un extrait de cette pièce, T. I, p. 576, reproduit dans le *Mercure françois* de 1626.

avec un renom célèbre de science, chéri des Muses et d'Apollon, ainsi que tant d'œuvres qu'il a mises en lumière en font foy, qui sont des plus rares qui ayent jamais paru en France ; il n'y a personne qui ne sçache comme il estoit recherché des plus grands de la Cour et admis volontiers au cabinet du Roy : mais l'envie qui est tousjours opposée à la vertu, et tasche d'esteindre la lueur si tost qu'elle commence à paroistre, lui suscita aussitost des ennemis lesquels je ne veux point nommer pour estre trop cogneus, et dont il n'est pas de merveille qu'il fust inquiété, puis qu'ils sont publics ; il les offençoit de sa veuë, ainsi qu'un homme qui charge de sa pesanteur les ais mis au-dessous de luy, desquels il a surpassé le faiste et surmonté la hauteur, brusle les autres de sa splendeur et esclatante lumière ; ils ne le pouvoient non plus supporter que les hiboux et les chouëttes la lueur du soleil, ce leur estoit comme la fleur de la vigne qui estouffoit la pluspart des serpens de leurs mauvaises conceptions, vous eussiez dit qu'une antipéristase et contrariété mortelle intervint entre luy et eux d'une part, pour la deffence, et le maintien de la vérité et utilité publicque, et de l'autre pour la démolition et perte entière d'icelle ; de là sont venuës les disgrâces que l'on a veu talonner et presque accabler le patient Théophile, pendant qu'il luy a esté permis de respirer le doux air de la vie, et principallement du pouvoir que ses adversaires ont plus grand que l'on ne peut dire, et qui fait voir la vérité de la fable d'Esope, du pot de terre avec le pot de fer, sur tous ceux qui les osent chocquer, en sorte qu'ils semblent estre vrayment le feu de Pythagore, dont il est deffendu de ne le point foüiller avec le fer, ressemblant parfaitement aux frelons qui endommagent fort tous ceux qui les irritent, ou plus tost sont semblables à la Camarine qui blesse aigrement ceux qui l'esmeuvent, c'est de là, dis-je, que Théophile s'est mis en proye à tant d'infortunes qui ont misérablement usé la plus part de ses forces, et comme le lyon ne tire jamais ses ongles que l'effect de son pouvoir ne s'ensuive, le voylà de mesmes circonvenu de la vengeance de ses ennemis qui le traittent à toutes rigueurs et ne luy donnent repos quelque part que ce soit : ils recherchent sa vie et ses œuvres, et meuvent comme on dit toute pierre pour le rendre scélérat et coulpable de mort et estoit desjà mesme en peine de sa vie, si son absence et le temps qui descouvre toutes choses, n'eussent donné loisir de dessiller les yeux et voir à travers les impostures de ses ennemis, la blancheur de son innocence : Ce n'est pas sans raison que les Poëtes attribuent à la Justice des pieds de laine, pour monstrer qu'il ne faut pas estre prompt, ny suivre tousjours le mouvement et les passions de ceux qui intentent les crimes, mais comme le temps meurit les fruicts, il faut laisser venir au jour tout doucement, comme une Aurore qui naist, l'esclat de la vérité, et ainsi l'on compte beaucoup de supercheries, et les Juges tiennent leur conscience à repos de plusieurs crimes, qui autrement les pourroient mettre en peine autant ou plus que ceux lesquels ils condamneroient. Ainsi Théophile avec grande peine et langueur de passion évita le coup mortel que ses ennemis avoient levé sur luy : mais c'est un malheur, que depuis que la Fortune a commencé de traverser un homme, elle ne le laisse jamais sans une dommageable issuë : une infortune ne vient jamais seule, elle en tire tousjours quelque autre avec soy, et qui est bien souvent plus dangereuse que n'estoit la précédente. Il plaist ainsi aux Dieux de miner un sujet depuis qu'ils l'ont une fois entrepris : L'affliction et l'ennuy que Théophile avoit conceu de veoir son innocence affligée, et que pour le service et la trop bonne volonté qu'il avoit voüée au public et à sa patrie, il se mettoit au hazard de sa propre et particulière personne, et non seulement cela, mais encore la solitude affreuse et obscure d'une noire et relante prison que le soleil ne visita jamais, une infinité de souspirs et de larmes dont le temps s'estoit repeu pendant qu'il dévoroit les jours de sa captivité, l'attente d'un jugement dangereux qui avoit peu à peu pitoyablement espuisé le meilleur de sa vie l'affligèrent tellement que, de là, prist naissance une fièvre tierce qui commença de le tourmenter quelque temps après son eslargissement, aussi estoit-ce une chose insupportable que deux contraires peuvent survenir en un mesme sujet sans une notable marque de leur inimitié ; après la prison ne pouvoit pas succéder la liberté, sans que quelque milieu ne se sentist offencé, le grand amas de mélancholie qui s'estoit faict pendant sa retenue, conceut une ardeur de se veoir eslargy, qui luy causa la fièvre, tout de mesme que de la contrariété des deux causes naturelles qui forment le tonnerre sortent les esclairs. En quoy paroist la vérité de ce qu'on dit ordinairement en médecine, que les soudains changemens sont dangereux à cause que les deux contraires ne pouvant demeurer ensemble, et ne pouvant s'en aller aussi sans laisser quelque marque de leur excès, forment comme un tiers et milieu, où ils laissent en despost le venin de leur malignité, d'où s'ensuit bien souvent la perte de ceux qui les supportent. Néantmoins c'estoit peu de chose que ceste fièvre tierce, si l'on y eust apporté les remèdes propres, et que l'on eust suivy le chemin ordinaire de la Médecine frayé par Hippocrate, qui est le plus seur, de mesme qu'il est le premier de cet art, mais le mal a voulu qu'un chimiste ait le premier eu soin de Théophile en ceste maladie ; sur quoy je veux bien que tout le monde sçache que la chimie est droictement opposée à la chaleur de l'homme qui conserve sa vie, qui est une substance séparée des quatre éléments dont il est composé, qui ne servent que de matière en sa structure, et celle-cy y est comme sa forme, qui luy donne l'estre et la vie, procédant immédiatement du Ciel, qui fait comme une cinquiesme essence d'avec les quatre autres éléments mortels et périssables, en sorte que les chimistes ne se servant que de quintessence font beaucoup pâtir celle-là en l'usage de leurs remèdes, et la ruinent quelquesfois du tout, ou la fourvoyent grandement : et c'est ainsy que Théophile s'est dressé un lacet dont il n'a peu eschapper ; en espérant, par le moyen d'une poudre, faire perdre sa fièvre tierce, elle se tourna en quarte laquelle peu de temps après se communiquant au cerveau, le contraignit de se mettre au lict, où après avoir esté trois semaines, la parole luy cessa, ses yeux appesantis ne peurent plus vacquer à leur fonction ordinaire, et les oreilles se fermèrent au son qui nous forme l'ouye : il luy sortoit quelques larmes des yeux, qui n'ont pu adoucir la rigueur de la mort. Voilà le dernier estat de Théophile à la fin de ses jours [1]; le voilà comme par la violence des susdits accidents, il paya le tribut à nature le 25e jour de septembre à dix heures de nuict, expirant si paisiblement le reste de sa vie, qu'il est impossible de partir de ce monde avec plus de douceur ».

---

(1) Le *Mercure françois* de 1626 a copié textuellement, nous venons de le dire, ce récit de la mort de Théophile du *Discours remarquable...*, voir T. I, p. 576.

XIII

La Metemphycose (sic) de Théophile, ou le transport de son Ombre en divers corps[1] n'a guère qu'un passage à relever, celui concernant Garassus :

« Cependant Mégère arrive aux Enfers avec les Furies, et raconte au Père Coton ce qui estoit arrivé au Père Garasse ; c'est une chose estrange, luy dit-elle, que les hommes sont si desreglez qu'ils ne veulent point se réduire à la raison, ny reconnoistre les puissances supérieures. Il y en a un d'entre vous qui a esté si osé et si hardy de publier entre les mortels que je ne puis troubler la sagesse que la Philosophie stoïque a rendue à l'espreuve de tous les accidens et que mes Furies relèvent de ceste prudence, qu'il establit en un degré si éminent qu'il n'y a que le Ciel qui la puisse destruire avec un grand effort et néantmoins, je luy ay faict ressentir les effets de ma grandeur, il court maintenant comme un furieux après son Ombre, croyant poursuivre Théophile...

« L'Ombre de Théophile print résolution de prendre un corps d'air pour passer subtilement en tous les cabinets secretz et pour pénétrer mesmes dans les pensées par conjectures et par ce moyen y descouvrir toutes les amours, toutes les extravagances, désordres, déresglements, intrigues, forfanteries, cocuages, maquerellages, sortilèges de la Cour. En prenant divers corps et diverses figures, il a peu veoir toutes les choses les plus secrètes et les crimes les plus cachez... ».

XIV

L'Oraison funèbre de Théophile avec la deffense des Jésuites[2] a paru après *Le Testament, La Rencontre de Théophile et du Père Coton..., L'Ombre de Théophile apparue au Père Garasse*, le *Discours remarquable...* et *La Métempsy-*

---

(1) M.DC.XXVI (1626). Petit in-8 de 14 p. chiff.

(2) M.DC.XXVI (1626). Petit in-8 de 16 p.

chose..., elle est écrite sur un ton modéré et contraste avec les précédentes. Au moment de sa publication, le Père Garassus n'avait eu que des déboires à essuyer. Sa fameuse *Somme théologique* après avoir été approuvée par ses supérieurs le 30 avril 1625 venait d'être censurée par la Sorbonne le 1er septembre 1626 et son Ordre, dont il ressentait très vivement toutes les tribulations, était en péril :

« Ce n'est pas que je vueille icy troubler le repos des morts, ny deschirer la renommée de ceux qui n'ont plus de deffences, et qui pour n'estre point au nombre des vivants doivent estre exempts pour jamais de leur censure et de leur médisance. Ce n'est pas aussi que je vueille avec passion deffendre la cause de ceux qui, pour avoir de la vertu s'attirent de l'envie, ny soustenir les attaques qu'on fait à la réputation de tout un corps sous ombre de loüer un particulier, il me faudroit avoir plus d'amour et de hayne pour faire l'un et l'autre par excès. Le subjet que j'ay de blasmer est aussy puissant que celuy de deffendre, et comme je ne sçaurois particulièrement me plaindre du deffunct, aussi ne suis-je point obligé de parler pour ceux-là qui ne vivent que par charité chrestienne. Tous les bien-faits que j'ay receus de ceste Compagnie ne seroient que trop récompensez par le moindre remerciement, et les obligations que je luy ay sont si grandes, que je croy les avoir mille fois sur-payées, en saluant seulement le moindre de leurs frères. Je dis cecy pour vous faire cognoistre que n'estant en aucune façon adhérant à leurs opinions ny partisan de leurs desseins, et la cabale qu'on leur impute m'estant encore plus incogneuë que celle des Rabins, je ne suis picqué d'autre intérest en ceste cause que du mérite de la vertu : aussi protestay-je présentement, que si j'y voyois de la dissimulation et de la bigotterie je les détesterois comme des vices contraires à ma franchise et liberté, et si j'avois une cognoissance certaine de tous les crimes qu'on leur impute ou qu'à tout le moins il y eut de l'apparence, je serois le premier à déclamer contr'eux, et à les charger d'injures et de malédictions. Mais, certes, je serois blasmable si je me portois indiscrètement comme font la pluspart dedans la mesdisance, et si je faisois des Satyres sans fondement de vérité, ou que par la relation d'autruy sans autre asseurance que celle du vulgaire, ny d'autre certitude que celle des apparences trompeuses, si j'interprètois en mauvaise part tout ce qui peut recevoir un bon sens, comme font presque tous ceux qui se meslent d'escrire à leur désadvantage, dont les uns sont tellement préoccupez de fausses opinions, les autres si fort animez contre la religion qu'ils professent, quelques autres si picquez de leur propre intérest, et d'autres encores tellement ignorans, qu'il ne faut pas trouver estrange si les uns ou les autres ont toujours quelque chose à dire : Mais bien souvent ils s'en acquittent avec si peu de grâce et de raison, qu'ils semblent n'avoir autre dessein, que de faire gaigner les Imprimeurs, et déclarer à tout le monde leur hayne ou leur impertinence. De ceste classe pourroient estre ceux qui, nouvellement, sur la mort de Théophile ont trouvé matière de s'attaquer aux PP. Coton et Garasse et à toute leur Compagnie qu'ils ont injurieusement voulu calomnier sous prétexte de quelques livres, dont les uns sont supposez et les autres mal entendus. Et véritablement le pauvre Théophile auroit maintenant un juste sujet de se plaindre de ceux qui, pour publier ses loüanges, sont contraints de mesdire d'autruy, comme s'il n'avoit pas assez de mérites et de perfections pour servir de matière, sans qu'il fust nécessaire de recourir aux imperfections imaginaires de ses ennemys. Aussi ne croy-je pas qu'il approuvast non plus que moy tout ce qu'on voit par les ruës, et ce qu'on publie dedans son *Testament,* son *Ombre*, sa *Rencontre* et le *Discours remarquable de sa vie et de sa mort,* il rejetteroit ces inventions, et ces façons d'escrire comme plattes, escolières et pédantesques, il seroit fasché de ce qu'on le fait horriblement parler aux Furies et leur dire que le P. Garasse leur est contraire, qu'il publie la sagesse à leur préjudice et qu'il renverse toute leur grandeur et puissance ; il ne voudroit pas qu'on le fit de la sorte partisan et solliciteur des Démons pour enseigner le vice et s'opposer à la vertu ; il se plaindroit aussi de beaucoup de lieux où on le représente comme un Athée, encore qu'on aye dessein de le louër, peut-être feroit-il conscience de parler en mauvaise part du Père Coton, dont la vie était exemplaire, la piété grande, la douceur admirable, le jugement rare et l'éloquence parfaite, il ne permettroit pas qu'on dit de sa part que les livres du Père Garasse sont plus dangereux que le Rabelais ou les postures de l'Arétin, il ne voudroit pas qu'on mit en parallèle les œuvres dont le sujet est divin avec des impudicitez et boufonneries ; il trouveroit peut être luy mesme des excuses aux fautes qu'on impute à la *Somme théologique* [1], et loüant le zèle de l'auteur, il ne l'accuseroit pas d'avoir à dessein remply la France d'erreurs, de monstres, et de fantaisies, et n'imputeroit pas aux bien-heureux une resjouyssance de la censure de Sorbonne. Mais quoy je me laisse insensiblement emporter dans une Apologie et, comme si j'estois gagé pour cela, je soustiens un party plus puissant que moy pour se deffendre s'il en est de besoin. C'est plaider une cause sans procuration, et faire comme les Chevaliers de nos anciens Romants qui venoient au secours des Dames incogneuës et sans estre appellez, et sortoient de tournoy sans lever la visière. Il vaut bien mieux laisser cette charge à quelque autre qui s'en acquittera plus dignement que moy, et poursuivre le discours et le jugement que nous avons entreprins de faire de Théophile. Son nom, son pays, sa condition, son advancement, la différente vie qu'il a menée, et la diversité des religions qu'il a exercées sont trop cogneuës d'un chacun, pour m'arrester sur une longue et fascheuse description. Je me contenteray d'examiner les parties de son esprit, et d'esplucher le mieux qu'il me sera possible les advantages qu'il avoit par dessus le commun et les deffauts aussi qui lui servoient de contrepoids et l'empeschoient de s'eslever beaucoup. On ne sçauroit nier que des trois facultez de son âme, l'imagination estoit la plus puissante, et que s'il eust eu du jugement à proportion, beaucoup de grands hommes ne l'eussent suivy que de loin ; les œuvres qu'il a faites et la conduite de sa vie sont des preuves fort asseurées de l'une et l'autre de ces deux véritez ; son imagination paroissoit dedans ces belles pointes et conceptions, qu'il mettoit en poësie avec tant de grâce et de naïf-

(1) La || Somme || théologique || des veritez || capitales || de la religion || chrestienne. || Par le R. P. François Garassus, théologien de la || Compagnie de Jésus. || A Paris, || chez Sébastien Chappelet, ruë Sainct || Jacques, au Chapelet. || M.DC.XXV (1625). || Avec approbation et privilège du Roy. || P. 3 à 72 chiff. pour les ff. lim. ; p. 1 à 983 chiff., 24 ff. n. chiff. pour les tables.

Le Privilège est du 14 août 1625. (Bibl. nat., D 237).

veté qu'on y recognoissoit plus de nature que d'artifice, ses paroles estoient si recherchées, les termes si choisis et les pensées si rares qu'on ne pouvoit bien souvent rien adjouster ny diminuer pour la perfection de ses vers. Je ne parle pas de toutes les pièces qu'il a faites ou qu'on a supposées, mais de celles où véritablement il a pris de la peine et que l'on estime excellentes. Et comme son imagination estoit fort belle, il a très heureusement réussi dans les pièces qui ne sont pas de longue haleine, et dans ceste menuë poësie qui ne demande pas beaucoup de jugement. Mais ceux qui le veulent faire passer pour un homme sçavant et judicieux n'ont pas bien pris la peine de considérer que ny sa prose, ny sa poësie, ny son entretien ordinaire, ny la conduite de sa fortune et de sa vie n'en rendent aucun tesmoignage. C'est de là que j'en veux tirer des preuves en peu de mots pour venir promptement à la fin. Ce qu'il a fait de l'Immortalité de l'Ame tesmoigne qu'il n'avoit pas beaucoup de science et de jugement, puisqu'ayant esté chassé de la Cour comme un Athée, il y vouloit r'entrer avec les discours et les raisons d'un Payen, sans se mettre en peyne d'en chercher de meilleures, ses dialogues ne sont que des bastons rompus et des extravagances d'un esprit à qui la Religion, les bonnes mœurs et la piété desplaisent, ses poësies bien souvent ne concluent rien, et de beaucoup de pièces qu'il a faictes, on peut dire que ce sont rimes sans raison ; j'ay veu de bons esprits en peine de l'excuser d'une Ode qu'il a faicte au Prince d'Orange [1], et la pluspart de ses vers ne sont qu'un agencement de paroles et de cadences rimées pour flatter seulement l'oreille sans plaire à la raison ; en son entretien ordinaire il estoit tellement impérieux et superbe qu'il mettoit au dessous du sien tous les meilleurs esprits du monde ; ce qu'il ne pouvoit point comprendre luy tenoit lieu de sottise et d'extravagance ; une fois je l'ay veu blasmer et dire des injures au marquis Spinola [2] parce qu'il ne pouvoit entendre sa devise, comme si le

---

(1) *Un esprit lasche et mercenaire* (Œuvres, 1621).

(2) Ambrosio Spinola, mort en 1630, un des plus célèbres généraux de l'Empereur Ce fut lui qui fit capituler les défenseurs d'Ostende, en 1604, après un siège de trois ans qui avait coûté la vie à 140.000 personnes. Nommé général des armées d'Espagne aux Pays-Bas, il eut pour adversaire Maurice de Nassau. Après l'expiration de la trêve de 1608, il prit Aix-la-Chapelle, Vesel et quelques autres places. En 1620, il combattit dans le Palatinat et obtint de nouveaux succès. En 1621, il fit lever le siège de Juliers et emporta cette place, mais il

jugement de ce grand homme eust esté moindre que le sien. Je ne veux point parler de ses impiétés ny des crimes dont on l'a jusqu'à présent chargé, mais les opinions qu'il a quelquefois soutenuës, et les impressions qu'il a donné de sa créance par vanité, par dessein, ou par complaisance ne font que voir trop clairement, qu'il n'avoit pas assez de raison pour estre homme puisqu'il se comparoit aux bestes, et qu'il n'attendoit pas une seconde vie. Mais peut-on voir de plus grandes fautes de jugement que celles qu'il a commises dans la conduite de sa fortune : il faut véritablement du mérite et beaucoup de bon-heur pour en venir où il estoit allé, mais pour s'y maintenir il ne falloit que de l'art et de la prudence. A-t-il eu l'industrie de se conserver ou gaigner par civilitez ceux qui lui pouvoient aider ou nuire? N'a-t-il pas conversé parmy les Princes et les Seigneurs de la Cour, comme s'il eust été leur compagnon? A-t-il eu l'esprit assez bon pour ne s'approcher de son Maistre de plus près que du feu? A-t-il jamais par son jugement et par sa prévoyance cloué la rouë de fortune pour s'arrester quelque temps en un lieu? Comme on le poursuivoit pour le mettre en prison a-t-il eu l'esprit de fuir? Un repas ne l'arresta-t-il pas sur les bords de la France? A-t-il jamais eu l'intention de fleschir par quelques soumissions feintes ou véritables ses juges ou ses parties? En un mot a-t-il jamais fait quelque action d'où l'on puisse tirer une bonne preuve de jugement? Ses mœurs peuvent-elles estre proposées pour une règle de bien vivre? Et de toutes ses vertus en pourroit-on imiter une sans blasme? Je n'en diray pas d'avantage et laisseray parler l'épitaphe que je donneray ci après [1] ».

XV

La dernière plaquette à citer est sans importance, c'est un acte de contrition de Théophile, sous le titre : *La Première lettre que Théophile a envoyé (sic) de l'autre monde à son amy* [2] :

échoua devant Berg-op-soom. Il venait, en 1625, d'être plus heureux au siège de Bréda.

(1) Cette épitaphe n'est pas dans l'exempl. de la Bibl. nationale.

(2) M.DC.XXVI (1626). Petit in-8 de 15 p. chiff.

Mon amy je ne suis pas mort :
Si tu le crois tu as grand tort,
Mon esprit est tout plain de vie,
Mon âme se trouve ravie,
Je suis malgré les faux Pieux
Reçeu dans le séjour des Dieux.
Tu peux asseurer que mon corps ny mon âme,
Ne brusleront jamais dans l'Eternelle flamme.

Les grands péchez que j'ay commis,
Me sont maintenant tous remis.
Dieu par sa bonté infinie
M'a pardonné ceste manie,
Qui me faisoit dire des vers
A tous ces Courtisans pervers,
Qui contre mon humeur m'ont fait faire des rimes,
Où les Religieux ne trouvoient que des crimes.

Je suis maintenant satisfait,
Je ne vois rien que de parfait,
Tous mes objects sont des miracles,
Je n'entens rien que des Oracles,
Mon corps n'occupe point de lieu
J'adresse tous mes vœux à Dieu,
J'entens les Confesseurs, les Martires, les Anges,
Qui chantent sans cesser mille belles loüanges.

J'ay de mon gré voulu mourir,
J'ay bien mieux aymé voir périr
Mon corps qui n'est que pourriture
Dans une noire sépulture,
Que d'estre plus long temps caché
Dedans l'horreur de mon péché,
Qui m'alloit préparant des peines éternelles,
Si je n'eusse quitté les délices mortelles.

Les plus beaux pays des grands Roys,
Les monts, les maisons et les bois,
Et tout ce qui est sur la terre,
Soit dans la paix, soit dans la guerre,

Ne sont que des objects trompeurs ;
Tous les hommes sont des pipeurs,
Sujects au changement et aux plaisirs infâmes,
Qui perdent à la fin et les corps et les âmes,

Toutes les beautez de la Cour,
Tous les faux plaisirs de l'Amour,
Sont effacez de ma mémoire.
Je n'ay plus ceste vaine gloire
Que j'avois parmy les Mortels
Auxquels je dressois des Autels,
Pour cacher leurs deffauts mille fois plus blâmables,
Que ne furent jamais mes fautes pardonnables.

Les Courtisans, les grands Seigneurs,
Ceux qui possèdent les honneurs,
Et qui sont esclaves d'un Prince
Ou d'un Gouverneur de Province,
Ne sont jamais sans desplaisirs ;
Les limites de leurs désirs
Ont souvent pour object des choses si blâmables,
Que les événements les rendent misérables.

Icy il ne faut point de bien,
Personne ne manque de rien,
Chacun est rengé en sa place,
L'on y est nourry de la grâce
De ce grand Dieu de l'Univers,
Qui m'a pardonné tous les vers
Que j'ay faits contre luy, et contre son Eglise,
Pour contenter tous ceux qui trompoient ma franchise.

Tout ce que les pauvres humains
Tiennent des libéralles mains
Du grand Autheur de la Nature,
N'est la plus part que pourriture,
Qui provient des quatre Eléments[1],
Et qui trompe les sentiments,

(1) Cette théorie des quatre éléments est exposée dans le *Discours remarquable...*, voir p. 43.

De ces foibles esprits qui trouvent des délices,
Aux choses qui ne sont que tourments et supplices.

Je t'ay de l'obligation,
D'avoir escrit l'intention
Que j'avois de ne plus paroistre
Qu'entre les murailles d'un cloistre.
Si le destin me l'eust permis,
Comme je te l'avois promis,
J'allois parler de toy avecque des loüanges,
Qu'on ne donne jamais à personne qu'aux Anges.

Mon amy, ne t'aflige pas,
Si les messagers du trespas
Frappent quelquesfois à ta porte,
Et si ton âme se transporte
Hors des bornes de la raison,
Mets ton esprit en oraison,
Et ne crains point la mort puis que la sépulture
Est le dernier object de l'humaine Nature.

Adieu, cher Amy, sans adieu,
J'attens ta responce en ce lieu,
Ne manque point de me rescrire
Tout ce que tu as oüy dire
Depuis que j'ay quitté Paris,
Et si tu rencontres Cloris
Tu la peux assurer, que mon corps ny mon âme,
Ne brusleront jamais dans l'Eternelle flamme.

*
* *

En même temps que paraissaient ces plaquettes, un éditeur, Claude Hulpeau, profitait de la vogue des poésies de Théophile et du bruit fait autour de sa mort, pour écouler un volume de vers dont le succès était loin de s'affirmer : l' « Ouvrage poétique du sieur de La Charnays [1] ». Il efface ce titre sur la planche du frontispice, et le remplace par le suivant : *Les Vers satyriques et énigmatiques du Nouveau Théophile;* de plus, il enlève les 8 ff. prél. contenant l'épître dédicatoire et l'avis au lecteur. Cette supercherie réussit-elle ? Nous sommes trop éloignés de cette époque pour pouvoir l'affirmer sans témérité.

L'année suivante (1627), Saint-Amant associe dans son souvenir Théophile à Bilot et à Molières d'Essertines :

Théophile, Bilot, Molière
Qui dedans une triste bière
Faites encore vos efforts
De trinquer avecques les morts [2]...

L'édition de *Grenoble* des *Œuvres de Théophile, 1628*, nous apporte une pièce certainement apocryphe : *Dernière requeste de Théophile au Roy*. Elle fournit une quatrième explication du procès intenté au Poète et, celle-là, il la présenterait lui-même ! Cette explication n'a pas plus de fondement que l'amour de Théophile pour la Reine (hypothèse Garrisson [3]), que sa dispute avec Garassus chez un libraire de *l'Ombre de Théophile* et que l'injure au Père Coton de la *Rencontre* [4]...

---

(1) Pierre de Cotignon, sieur de La Charnays. Voir notre *Bibliographie des recueils collectifs de poésies, t. II.*

(2) *La Vigne*, 1627, et *Œuvres de Saint-Amant*, 1629.

(3) Cette hypothèse basée sur l'*Epître d'Actéon à Diane* ne nous paraît pas sérieuse (cette épître a été écrite par Théophile pour M. de Montmorency qui était amoureux de la Reine). On peut, si on veut la soutenir, y rattacher le « Dialogue à une sienne maitresse l'allant visiter dans sa prison », voir t. I, p. 422.

(4) Voir pp. 35, 39 et 40. Voltaire a créé ou adopté cette version, mais son article sur Théophile, comme celui qu'il a fait sur Des Barreaux, est sans aucune valeur historique ou critique, nous le reproduisons à l'Appendice avec commentaires.

Contre ma mauvaise fortune,
Et le destin trop rigoureux,
Qui depuis deux ans m'importune,
Et m'empesche de vivre heureux :
Grand Roy que nul autre devance,
Je reclame vostre puissance,
Et croy (si j'avois raconté
L'inique subjet de ma peine,
(Qui ne procède que de haine)
Que vous en seriez irrité.

De vray cognoissant que l'Envie,
Sollicite peu justement
Mes hayneux à m'oster la vie,
Vous en feriez le chastiment :
Je ne les veux si misérables,
Bien qu'ils soyent inexorables,
Il me suffira de les voir
(Puis qu'ils tâchent à me deffaire)
Par un commandement contraire,
Estre descheu de ce pouvoir.

Ne craignez pas que mon offence,
Après la lettre d'un pardon,
Oblige vostre conscience
A se repentir d'un tel don,
La vérité (Sire) me plège,
Qu'oncques je ne fis sacrilège,
Et que jamais je n'ay tenté
De troubler, du moins que je sçache,
Par aucun acte qui fut lasche
L'aise de vostre Majesté.

Que si ma raison insensée
Permettoit qu'un crime pareil
Vint seulement en ma pensée :
Je souffrirois que le Soleil
Formast dans la nuë une foudre,
Qui réduisit mon corps en poudre,

Qu'un Phalaris, ou son bourreau,
Pour chastier mon maléfice,
Inventast un autre supplice,
Plus inhumain que le Taureau.

Tout mon mal est qu'en la rencontre
D'un mien amy qu'on outrageoit,
De quatre je défis un monstre
Qui sans mon secours l'égorgeoit,
Et que depuis ceste journée
Sa race à me perdre obstinée,
(Bien qu'elle désirast sa mort
Pour la peur de quelque infamie)
M'est une cruelle ennemie
Qui rend déplorable mon sort.

Encor qu'elle soit bien contente
Du trespas de ce garnement,
De qui l'humeur trop violente,
Faisoit craindre journellement,
Qu'au lieu de mourir d'une lame,
Il fut contraint de vomir l'âme
Dessus un honteux échaffaut :
Et par ceste accreust les reproches
Qui diffamoient desjà ses proches,
N'ayant pas vescu comme il faut.

L'inhumaine pourtant ne laisse
Enviant ma vie et mon bien,
De me persécuter sans cesse,
Et de me traverser si bien
Que je suis aussi las de vivre,
Qu'on la voit prompte à me poursuivre,
Et certes mon affliction
A telle extrémité se porte,
Que la voyant en ceste sorte,
Vous en auriez compassion.

Je ne marche jamais qu'en crainte,
Et m'est advis à chaque pas

Qu'autour de moy je voy l'enceinte
De ceux qui brassent mon trespas :
Un juge sans miséricorde
A desja fait filer la corde
Dont il veut mes jours abréger :
Si l'excez d'un pareil martyre,
N'esmeut vostre clémence, Sire,
A me tirer de ce danger.

Tant de mutins, tant d'infidelles
Qui vous espreuvent aussi doux
Qu'ils vous furent jadis rebelles.
Et motifs d'un juste courroux,
Par le pardon de leur audace,
Que vostre cœur si doux efface,
M' asseure qu'un péché commis,
Plus par mal-heur que par malice,
Pour vous sera franc du supplice
Que préparent mes Ennemis.

J'ay mis en vous mon espérance,
Je n'attends que de vostre main
Mon salut et ma délivrance,
Grand Roy, soyez-moy donc humain;
Commandez à vos Secrétaires
De signer à ces Ames noires,
De vengeance et d'extorsions,
Une lettre qui leur deffende
De faire de mon corps offrande
Au démon de leurs passions.

Après vos vertus recogneuës,
Aux quatre coins de l'Univers,
Passeront au delà des nuës
Sur l'aisle de mes plus beaux vers :
Par eux (dis-je) j'ose entreprendre,
Et montre qu'encor qu'Alexandre
Presque tout le monde eut conquis,
Quelque gloire qu'il en possède,
Il faut pourtant que son los cède
A celuy de vos faicts acquis.

Avant Mairet, l'éditeur des *Nouvelles Œuvres* de Théophile, 1641, l'ami le plus fidèle à sa mémoire fut Georges de Scudéry, à qui on devait déjà une ode énergique composée pendant la détention du Poète[1]. Il n'hésita pas en 1632 à revoir ses *Œuvres* et à en publier une nouvelle édition avec une *Préface* d'ailleurs un peu gasconne, mais qui témoigne de la bonté de son cœur et de la sincérité de son affection :

« Je ne sçaurois aprouver cette lasche espèce d'hommes qui mesurent la durée de leur affection à celle de la félicité de leurs amis : Et pour moy, bien loin d'estre d'une humeur si basse, je me picque d'aimer jusques en la prison, et dans le Sépulchre. J'en ay rendu des tesmoignages publics, durant la plus chaude persécution de ce grand et divin Théophile, et j'ay faict voir que parmy l'infidélité du Siècle où nous sommes, il se trouve encore des amitiez assez généreuses pour mespriser tout ce que les autres craignent, mais puis que sa mort m'a ravy le moyen de le servir, je veux donner à sa mémoire les soings que j'avois destinez à sa personne : Et faire voir à la Postérité, que pourveu que l'ignorance des Imprimeurs ne mette point de faute à des ouvrages qui d'eux mesmes n'en ont pas une, elle ne sçauroit rien avoir qui puisse esgaller ce qu'ils vallent. Or de ce grand nombre d'Impressions qu'on a fait par toute la France de ces excellentes Pièces, je n'en ay point remarqué, qui ne doive faire rougir ceux qui s'en sont voulu mesler. Et certes je commençois à désespérer de les voir jamais dans dans leur pureté naturelle, lors qu'un Imprimeur de ceste ville, plus désireux d'acquérir de l'honneur que du bien, sans considérer le temps, la peine, et la despence, s'est offert d'y apporter tout ce que peut un homme de sa profession. J'ay prins ceste occasion au poil, et me servant des manuscripts que la bien-veillance de cet incomparable Autheur a mis jadis entre mes mains, j'en ay corrigé ses espreuves si exactement, que quiconque

(1) Voir, t. I, p. 342. Et peut-être, nous l'avons dit, la belle élégie sur l'arrest Théophile, du 1er septembre 1625, voir t. I, p. 512.

achètera ce digne Livre, sans doubte sera contrainct d'advoüer, que c'est la première fois qu'il a bien leu Théophile. De sorte que je ne fais pas difficulté de publier hautement, que tous les morts ny tous les vivans, n'ont rien qui puisse approcher des forces de ce vigoureux Génie. Et si parmy les derniers, il se rencontre quelque extravagant qui juge que j'offence sa gloire imaginaire, pour luy monstrer que je le craints autant comme je l'estime, je veux qu'il sache que je m'apelle Descudery ».

et d'une nouvelle ode, *Le Tombeau de Théophile :*

Malgré l'avarice et l'orgueil,
Qui vont s'opposant à ta gloire,
Dans le Temple de la mémoire,
Je te veux bastir un cercueil :
Ce Tombeau que je te prépare,
Sans estre de Marbre de Pare,
Durera bien d'autre façon :
Il verra finir la Nature,
Monstrant par son architectnre
Qu'Apollon est Maistre Maçon.

Sans me servir d'aucun métal,
Foulant aux pieds l'Or et la Nacre,
La fine Lacque, et l'Azur d'Acre,
Qui touchent les yeux du brutal :
Je te consacre un Mausolée
D'une beauté plus signallée
Que tous ceux qu'on nous a descrit :
Et dont les raretez sont telles,
Qu'on les doit juger immortelles,
Puis qu'on ne les voit qu'en Esprit.

Les Cèdres exempts du trespas
Que le temps ne met point en poudre,
Et les verds lauriers dont la foudre
En grondant ne s'approche pas,
Serviront à faire les Niches,
Frises, Chapiteaux et Corniches,

Les Colonnes d'ordres divers :
Mais dans ce pompeux Edifice,
Pour monstrer un rare artifice
Je ne dois monstrer que tes vers.

Je veux y mettre ce vallon,
Où tu possédois les neuf Muses,
Et les y peindre aussi confuses
Comme pour la mort d'Apollon :
Là, ce Dieu dont tu fus la cure,
Semblera quereller Mercure,
Et le morguer avec mespris :
Luy reprochant que par envie,
Sa verge t'osta de la vie,
De peur de perdre un plus beau prix.

J'y veux peindre Parnasse encor,
Hipocrène en son onde molle,
Et dessus ce Cheval qui volle,
La Renommée avec son cor :
Qui, monstrant le Globe du Monde
Infiny dans sa forme ronde,
Dira que de mesme aujourd'huy
Ton renom que j'immortalise
Dans ces vers que je veux qu'on lise,
N'aura de fin non plus que luy.

Après, d'un artiste burin,
Enchainez, et la teste basse,
J'y mettray Filin de Garasse,
Et le gaillard Père Guérin :
Dont les trois diverses folies,
Aux plus noires mélancholies
Dérideront le front hideux :
Et certes je commence à craindre,
Qu'un passant au lieu de te plaindre,
Ne s'amuse à se mocquer d'eux.

Dessus ces fantasques Tableaux,
Je mettray ces riches Peintures,

Dont parmy les races futures
Tous les traicts seront trouvez beaux :
Socrate en la fin de sa vie,
Ta belle *Maison de Sylvie*,
Thisbé, *Pirame* en son malheur,
Dont la pitoyable advanture
Estonna si fort la Nature,
Qu'un fruit en changea de couleur,

Du plus hardy traict de nostre art,
Dessus ce monument superbe,
Sera le portraict de *Malherbe*,
Et plus haut celuy de *Ronsard* :
Qui s'ostant chacun la Couronne,
Dont leur docte chef s'environne,
Diront par cette humilité
Qu'on ne peut refuser hommage,
A la grandeur de ton ouvrage,
Sans un excez de vanité.

Bref, enfin ma main te promet,
Sous la faveur d'un bon augure,
D'y placer encore ta Figure,
Que je gardois pour le sommet :
Là, d'un air aussi doux que grave,
Mon dessein veut que je la grave
Toute droicte, eslevant les yeux,
Pour dire aux âmes insensées,
Que tu ne prenois tes pensées,
En aucun lieu que dans les Cieux.

O Dieu, le triste souvenir,
De ta mort, cher Amy, me tuë,
Et fais qu'au bas de ta Statuë
J'escris ces six vers pour finir :
Cy gist un homme incomparable,
Que le sort rendit misérable,
Passant, son los ne périra :
Car son Œuvre n'a que reprendre,

Son Nom, si tu veux l'apprendre :
Tout l'Univers te le dira !

Un an après Scudéry, Alais, sieur de Beaulieu, dans le recueil de ses vers : *Le Divertissement poétique* [1] *(A Paris chez Denis Langloys, au mont Saint-Hilaire, à l'enseigne du Pélican)* dédié au père de Marion de Lorme : Mr de Lorme, conseiller du Roy en ses conseils d'estat et privé, président et trésorier général de France en Champagne, baron de Baye, seigneur de Bannes, Tallus, etc., insère une série de pièces [2] dans lesquelles il fait parler Théophile et ses amis :

Complainte de Marfille (Théophile) à son ami Dartis (Des Barreaux).

Réponse de Tir. (Tircis) à P.

Marfille conjure Dartis de l'aimer nonobstant sa disgrâce.

Marfille au fond d'un noir cachot se représente le contentement que peuvent recevoir ses compagnons et les invite d'avoir compassion de son martyre.

Consolation à Marfille.

Lettre de Marfille où il convie son amy Dartis de le venir voir en son cachot selon sa promesse.

Lettre à Clitiphon par Marfille après sa sortie de prison.

Ode à Dartis sur le contentement qu'il reçoit depuis sa sortie de prison.

Il ne peut exister de doute sur le pseudonyme de Mar-

---

(1) Bibliothèque de l'Arsenal 6789 B. L. Les feuillets liminaires renferment l'épître dédicatoire, une épigramme de Faveris Rigaudt, avocat au Parlement de Bretagne, une épigramme de David, une épigramme de I. F., des vers latins de Poulart, un sonnet de Malherbe, angevin, et une lettre de M. Adumeau à Alais de Beaulieu, datée de Paris, 18 janvier 1634. En tout 9 ff. lim. y compris le titre et 168 p.

(2) Toutes ces pièces sont de la même main, c'est-à-dire d'Alais de Beaulieu. On les trouvera à l'Appendice : Alais de Beaulieu et Théophile. Nous n'indiquons pas ici les pièces faites au nom de Dartis (Des Barreaux).

fille, voici une strophe extraite de la pièce : *Consolation à Marfille*[1] :

Que si l'on tient ta Muse enclose
En ce noir creux de ta prison
C'est qu'on attend qu'elle compose
Un air plus doux pour Alison
Que tu ne fis dedans *Boussères*
Quand tu vivois à ton soulas ;
Car qui ne sçait que plus on serre
La musette dessous le bras,
Plus doucement elle nous chante
Une chanson qui nous enchante.

Alais connut-il Théophile ? Nous croyons qu'il ne l'avait jamais fréquenté et que l'idée lui est venue de faire parler le Poète en rencontrant Des Barreaux chez M. de Lorme dont l'Illustre débauché courtisait la fille (on sait qu'il fut son premier amant). Ce dernier a dû l'entretenir souvent de Théophile prisonnier et de ses relations avec ses amis. Notre hypothèse n'a peut-être aucun fondement, mais cependant Alais a eu un motif particulier de s'occuper de Théophile et de Des Barreaux.

La même année qu'Alais, Claude Cayne, avocat lyonnais, qui versifiait avec facilité, lui consacre huit odes curieuses sous le titre : *L'Apparition de Théophile à un poète de ce temps, sur le désaveu de ses œuvres*[2].

La première ode (11 str.) a pour sujet les libertins :

---

(1) Voici le titre exact de cette pièce : *Certain amy respond à la précédente et fait espérer au Prisonnier la délivrance en bref, le consolant de plusieurs choses remarquables.*

(2) A Paris, chez Cardin Besongne, au Palais, à l'entrée de la petite gallerie des prisonniers, aux roses vermeilles. M.DC.XXXIIII (1634). In-8. Ces huit odes sont dédiées à M. Moiron, baron de S. Trivier, seigneur de Chavagnieu, conseiller du Roy, lieutenant général de la seneschaussée et siège présidial de Lyon.

Esprits, qui faites des mensonges
Les partisans de vos plaisirs,
Et pour object de vos desirs
Ne vous proposez que des songes ;
Vous qui dans la nécessité
D'une vaine fatalité
Cherchez un voile à vostre honte,
Et qui voulez sur les destins
Rejetter la debte et le conte
De vos faits les plus libertins.

Escoutez âmes dépravées,
Et dans l'horreur de ces humeurs
Voyez les fosses que vos mœurs
Vous ont elles-mesmes cavées ;
Le Ciel s'accorde à vous punir,
Et ne pouvant plus retenir
Le juste éclat de sa justice,
S'il tarde à vous lancer ses coups,
C'est qu'il ne sçait point de supplice
Qui ne soit trop humain pour vous.

Celuy dont les sales maximes
Estoient un Ardant à vos yeux,
Qui de ces feux pernicieux
Vous montroit la route des crimes,
Aujourd'huy remply de remort
Obtient dispence de la Mort
De refaire un tour par la France
Pour y réfuter ses escrits,
Et preuver par expérience
L'immortalité des Esprits...

L'object de vos yeux est frivole
Leurs surprises vous piperont ;
Et vos desirs aboutiront
Aux embrassemens d'une Idole ;
De cet infâme accouplement
Dont l'horreur et l'aveuglement

Seront les fauteurs, et les gages,
Il naistra des monstres affreux,
Des Centaures, et des Sauvages,
Dignes fruits de tels amoureux.

L'unique soin que vos pensées
Peuvent fournir à vostre bien,
C'est de dissoudre ce lien
Où vos âmes sont enlassées ;
Les moyens vous en sont ouverts,
Par la lecture de mes vers,
Où le retour de Théophile
Vous fournit de contrepoison
Contre le venin que son stile
A coulé dans vostre raison.

Il ne faut pas que l'ignorance
De mon pays, et de mon nom,
Vous fasse mespriser un don
Qui sert à vostre délivrance ;
Les perles et les diamans
Quoyque nés dans les excrémens
Sont les atours de nostre gloire,
La soye est l'ouvrage des vers,
L'or nous vient d'une terre noire,
Et de rien fut fait l'Univers.

L'ode II (14 str.) est tout à fait dans la note de la *Maison de Silvie,* l'auteur se promène dans un parc qu'il décrit assez heureusement quand tout à coup la terre se met à trembler et un fantôme noir lui apparaît.

L'ode III (12 str.) nous donne le discours de ce fantôme (Théophile) :

Où sont les loix de la Nature,
Quelle envie, et quels ennemis
Après la paix, où j'estois mis
Viennent troubler ma sépulture ?

Faut-il donc que mon mauvais sort
Survive aux cendres de ma mort
Et me face toujours la guerre ?
Ne verray-je point mes douleurs
Jouïr du repos que la terre
Donne aux meurtriers, aux voleurs ?

Pour moy seul la mort a du trouble,
Et mesme dans le monument
Mes maux trouvent un aliment
Qui les nourrit, et les redouble ;
Ce port qu'on voit toujours ouvert
Aux affligez, et à couvert
Des menaces de la tourmente,
A pour moy des vents pleins d'horreur,
Qui ne me laissent que l'attente
De ma perte et de leur fureur.

Les autres morts dessous leurs lames,
Où jamais les rais du Soleil
Ne vont divertir leur sommeil,
N'ont rien qui traverse leurs âmes :
De tous les hostes des Enfers
Je suis seul qui laisse mes fers
Pour retourner à la lumière,
Et qui reviens, outre les bords
Du fleuve, que sur une bière
On fait passer à tous les morts...

L'ode IV (13 str.) donne la suite du discours :

. . . .

Je suis, dit-il, ce Théophile
Qui parmy les foibles esprits,
Ay jadis remporté le pris
Que donne une estude infertile ;
Mon renom, et mes faits pervers,
Qui sur la plume de mes vers

Ont volé par toute la France
Te doivent bien faire juger,
Si dans l'excès de ma souffrance
J'ay du subject de m'affliger.

De retracer ici l'Histoire
De ce que j'ay faict à la Cour,
Outre que le temps est trop court,
Je n'en puis souffrir la mémoire ;
Tant d'actes si fort diffamez,
Et tant de livres imprimez,
Estoient une assez forte enqueste
Pour avancer le Jugement,
Qui devoit immoler ma teste
A la rigueur du Parlement.

Mais comme le traict du tonnerre
Ne fait pas tousjours son débris
Au préjudice des Esprits,
Contre qui les Dieux font la guerre :
Ils se contentent que dans l'air
La menace de son esclair
Jette l'effroy de la justice :
Et satisfaits de la terreur,
La font passer pour le supplice
En l'amendement de l'erreur.

Ainsi ce Corps, qui fut mon Juge,
Pour me chastier doucement
Dans l'arrest d'un bannissement
M'offrit un port et un refuge ;
La Clémence se résolut
De solliciter mon salut,
Et par douceur, et par menace,
Et de chercher quelque milieu
Entre la justice et la grâce
Pour me remettre avecque Dieu.

Là dessus ma mescognoissance
Pour ensevelir ce bien-fait

Le publia comme un effect
Du bon droit de mon innocence :
Ainsi la fin de ma prison,
Qui devoit tirer ma raison
De la captivité du vice,
Ne remit rien en liberté
Sinon ma plume, et l'exercice
De ma première impiété.

La mort, de qui la violence
Tant que je fus entre les mains
D'un corps de Juges trop humains,
N'eust point contre moy de puissance ;
Si tost que par le Jugement
Que fit de moy le Parlement,
Ma cause se vit terminée :
Employa si bien ses efforts,
Qu'à l'adveu de ma destinée
Ell' eust sur moy prise de corps.

Dieu ! que la Fortune est hardie !
Que les Astres duquel le cours
Firent la mesure à nos jours,
Cheminoient bien à l'estourdie !
Le trespas qui dans les langueurs,
Dont me travailloient les rigueurs
D'une prison insupportable,
N'osa toucher à mon destin,
M'entreprit enfin à la table
Dans l'allégresse d'un festin...

Dieu ! que les voluptez sont vaines,
Et que l'appas de leur poison
Fut jadis traistre à ma raison,
De s'obliger à tant de peines ;
Ces plaisirs furent à mes sens,
Ce que sont les fleurs et l'encens,
A ceste victime innocente,
Qui bondit devant un Autel,

Et ne voit pas qu'on lui présente
La pointe d'un cousteau mortel.

Mes prisons, mes cachots funèbres,
Qui m'estiez jadis des Enfers,
Quel mauvais sort rompit mes fers
Qui me tenoient dans vos ténèbres?
Les Députez du Parlement
S'entendoient infailliblement,
Avec la divine Justice ;
Et le Ciel avoit intérest,
Que les Dieux pour punir mon vice
Exécutassent cet Arrest.

Au moins si quelque repentance
Eut disposé ma volonté,
A sortir de l'impiété
Qui décevoit ma conscience,
Et que rendant au nom Chrestien
Les devoirs d'un homme de bien,
J'eusse enfin recogneu mon crime :
La piété m'eust donné la main,
Et m'eust retiré de l'abysme,
Où m'a mis un sort inhumain !

Mais l'aveuglement de ma vie,
Esloignant de moy le remort,
Dont les approches de la mort,
Me devoient donner quelqu'envie :
J'ay terminé mes tristes jours
Par de si funestes discours,
Et des accidens si tragiques
Que cette seule extrémité
Peut faire appreuver les pratiques
De ceux qui m'ont persécuté !

L'ode V (la conscience) a 17 str. ; l'ode VI (preuves de l'existence de Dieu) a 18 str. ; l'ode VII (l'Enfer) a 16 str. ; l'ode VIII (la cour des bienheureux) a 22 str.

Le Père Théophile Raynaud va plus loin que Claude Cayne, il compose, après la mort du duc de Montmorency, décapité à Toulouse le 30 octobre 1632, une épitaphe en latin dans laquelle il désigne le Mécène de Théophile sous le nom de Magnas. L'allusion est transparente, ce Magnas, roué vif le 31 mai 1613, était un agent du duc de Savoie près de la Reine-Mère ; il correspondait avec un autre dauphinois établi à Turin, le baron de La Roche[1]. Ce Jésuite affirme, et en cela il est d'accord avec Garassus, que Théophile est mort comme il avait vécu, sans retour vrai à la foi :

« Théophile Viaud, le porte-étendard des libertins de notre époque et des athées qui se cachent dans l'ombre, s'est rendu coupable de toutes les turpitudes. On l'a accusé de nier l'immortalité de l'âme, ce qui conduit à la négation de Dieu lui-même. Pour se laver de cette tache, Théophile composa sur « L'immortalité de l'âme » un livre si pauvrement écrit qu'il paraît avoir en réalité voulu nous persuader que notre âme est périssable. Son « Parnasse satyrique » dépasse en obscénité les pages les plus nauséabondes du Roman de la Rose, d'Apulée, de Lucien et des autres écrivains du même genre. Forgée sur l'enclume du diable pour détruire la pudeur chez les jeunes gens et pour ruiner tout sentiment de vertu, cette œuvre est la digne production d'un esprit empoisonné. On peut à peine s'imaginer le mal qu'un tel homme a fait à la jeunesse tant par ses ignobles écrits que par ses propos et ses liaisons. J'ai entendu des débauchés, revenus sur le tard à la sagesse, se lamenter sur leur sort et se plaindre d'avoir désappris la piété à l'école de Théophile Viaud, qui les avait initiés aux vices et leur avait enseigné tous les dévergondages et jusqu'à l'athéisme. Le très savant François Garasse, ce brillant défenseur de la foi et de la morale, a composé contre cet impie plus d'un livre, notamment son « Examen d'une curieuse

(1) Voir les Mémoires du Marquis de Cœuvres.

doctrine ». Il a fustigé avec force non seulement Théophile, mais ses complices en apostasie. Théophile eut, en effet, son escorte (son quadrige) de co-apostats, suivant l'expression de Nicétas, parlant d'un autre Théophile qui, devenu l'instrument des turpitudes d'Eudoxie et l'adversaire de saint Ignace, dissimulait toutes les infamies commises par l'eunuque Photius. Il est vrai de dire que saint Ignace fut bien vengé par les maux terribles qui frappèrent les complices de Théophile, tout comme Garasse, par le sort réservé aux compagnons de bouteille de Viaud. Quant à Viaud, son impiété, son rôle de corrupteur de la jeunesse le firent tomber sous le coup d'une accusation capitale et il n'échappa au châtiment des hommes que grâce à l'appui d'un certain Magnas. Mais Dieu ne permet pas qu'on se moque de lui : ce Magnas, accusé peu après du crime de lèse-majesté, eut la tête tranchée. Quant à Viaud, son client, au moment où il s'y attendait le moins, il fut emporté par une mort subite sans avoir été purifié par aucun sacrement et alla recevoir la récompense de sa conduite. Tous ceux qui, sous ses ordres, avaient servi dans l'impiété craignirent d'être surpris à leur tour par une mort également soudaine et imprévue et de tomber ainsi entre les mains de Dieu, qui les avait en aversion et n'attendait que sa vengeance ».

L'année 1641 voit enfin paraître les œuvres posthumes de Théophile éditées par Mairet : *Nouvelles* || *Œuvres* || *de feu Mr* || *Théophile.* || *Composees d'excellentes Lettres* || *Françoises et Latines.* || *Soigneusement recueillies, mises en* || *ordre et corrigées, par* || *Mr Mayret.* || *A Paris,* || *Chez Anthoine de Sommaville, au* || *Palais, dans la Salle des Merciers à* || *l'Ecu de France.* || *M.DC.XLI.* (1641) || *Avec privilège du Roy.* || L'ami du Poète de Boussères avait mis quelque réflexion à publier les lettres de Théophile; il est obligé d'avouer dans son « Advis au lecteur » que, le duc de Montmorency lui ayant confié les originaux (deux livres couverts de vélin blanc avec des rubans rose sèche), il les avait prêtés à un gentilhomme de mérite et de condition nommé Soudeilles. Naturellement, celui-ci oublia de les lui rendre. La négligence de Mairet nous a fait perdre nombre de pièces de Théophile.

L' « Advis au lecteur » invitait les détenteurs de ces deux livres ou de pièces inédites de Théophile à se faire connaître à Anthoine de Sommaville, mais personne n'a répondu à l'appel de Mairet :

« Amy lecteur, outre la raison générale de l'utilité publique, deux autres bien particulières m'obligent encore de faire imprimer ce recueil : la première est une considération de devoir, et la seconde en est une d'amitié ; l'une envisage la réputation d'un rare esprit qui me fut amy, l'autre regarde la mémoire d'un grand homme en toutes façons qui fut nostre maistre commun. Comme je dois à la nourriture qu'il m'a donnée ce que je puis avoir de meilleur pour le monde, et que je hay l'ingratitude et les ingrats sur toutes choses, il m'est impossible de rencontrer une occasion de faire éclater mon ressentiment en sa faveur que je ne l'embrasse avec joye. De là vient qu'encores que les dernières œuvres de Monsieur Théophile ne fussent pas fort excellentes d'elles-mesmes comme elles sont, c'est assez pour me les rendre précieuses que de voir en plusieurs de ses lettres le beau nom de Montmorency. Il y a déjà fort longtemps que le dernier héros de cette illustre maison me fit dépositaire de deux livres, couverts de vélin blanc avec des rubans rose seiche, contenant plusieurs pièces rares de mon autheur, escrites de sa propre main, entre lesquelles il me souvient que j'avois choisi son épistre d'Actéon comme une pièce qui tient beaucoup du caractère de la vraye poésie, à dessein de l'insérer aux œuvres lyriques qui sont en suitte de ma *Silvanire*, selon que peuvent tesmoigner ceux-mesmes qui l'ont distribuée ; mais quelques considérations m'en empeschèrent. Je marque cette circonstance pour faire voir que le trésor que je te donne est véritablement de Théophile, et que je te l'aurois descouvert plustost si je ne l'avois perdu moy-mesme, il y a longtemps, entre les mains d'un gentil-homme de mérite et de condition nommé Soudeilles, à qui je l'avois presté. A la fin, la fortune m'ayant fait esgarer ces manuscripts originaux, j'en ay pour le moins trouvé quelques copies, mais, à la vérité, moins correctes et moins entières que je ne l'eusse souhaité, tant pour ta satisfaction et la mienne que pour la gloire de mon autheur, y trouvant à dire quantité de pièces en prose et en vers que j'avois leues dans les deux livres que feu Monseigneur de Montmorency m'avoit fait l'honneur de me donner, entre autres un *Traité de l'amitié de Cicéron*. C'est pourquoy je conjure icy les honnestes gens entre les mains de qui elles pourroient estre tombées de contribuer avec moy à la réputation de celuy qui les a produites en me donnant advis ou moyen de les recouvrer, afin de les joindre au corps de ses œuvres à la première impression qui s'en fera. J'employe la prière pour tous et l'espoir de la récompense pour ceux qui voudroyent autre chose que des complimens. La boutique du marchand libraire qui vend le présent volume sera tousjours l'adresse des uns et des autres. Au reste, je ferois tort à Monsieur Théophile si, tout mort qu'il est, je ne faisois valoir ces ouvrages-cy par la recommandation de sa renommée plustost que par celle de mon tesmoignage. Je diray seulement à sa loüange qu'on peut remarquer en ses lettres une force d'imagination, une vivacité d'esprit et une beauté de style concis, qui se rencontrent rarement toutes ensemble en un mesme génie, et qui me font dire, pour le loüer beaucoup en peu de mots, que Montagne et luy sont les deux Sénecques de nostre aage et de nostre langue. A Dieu ».

Un original bourguignon, Duverne [1], rimailleur obscur, s'amuse en 106 sixains à mêler et confondre les historiens, les poètes, les moralistes, etc., dont les noms tombent sous sa plume. Voici le sixain concernant Théophile, il date de 1647 :

Que Théophile a de bonne grâce
En ses vers, en sa préface.

(1) *Les veilles curieuses de Duverne,* contenant cinq cents et huict auteurs, etc. Dijon, Guy-Anne Guyot, 1647, in-4°.

Que Pluton nous fait grand tort
D'avoir ravi ce personnage!
Cette merveille de nostre âge
Devait vivre malgré le sort.

Le Recueil de poésies édité par Ch. de Sercy, et dont le tome Ier (sans tomaison) a paru en 1653, renferme une *Satyre de feu Théophile sur les diverses humeurs et fortune des hommes,* mais cette satyre n'est pas du banni de 1625. Elle appartient à Paul Hay, marquis Du Chastelet, qui l'avait écrite avant sa mort arrivée en 1636; ce Paul Hay fut conseiller au Parlement de Bretagne en 1616, avocat général à la même Cour en 1618, maître des requêtes en 1623 et enfin conseiller d'Etat. Richelieu l'avait nommé l'un des premiers membres de l'Académie française. Le pseudonyme qu'il a choisi est tout à fait significatif.

Parmi ces témoignages de la *survivance* de Théophile dans la mémoire de ses contemporains il en est un qui sort de l'ordinaire : Le géographe Pierre Duval dans une carte du duché d'Aiguillon, dédiée à Madame la Duchesse, Paris, 1653, et Amsterdam, 1663, in-folio, marque dans le coin sud-est du duché, au bord de la Garonne : Boussères de Mazères ainsi désigné : *Maison de Théophile.*

Les pièces inédites de Théophile ont continué à jouer de malheur, Mairet en avait perdu une bonne partie, il en restait cependant encore un certain nombre entre les mains de la famille de Viau, des vers gascons de son frère le capitaine et des poésies de sa sœur Marie. Le lieutenant général de Tulle, M. de Fenis, poète lui-même [1], nous

(1) Nous tenons les renseignements sur M. de Fenis de Mr Raymond Toinet qui a bien voulu nous communiquer une lettre de M. René Fage. Elle nous

apprend qu'il avait obtenu le tout en communication dans le but de faire une nouvelle édition très augmentée des *Œuvres de Théophile* ; malheureusement il emporta les feuilles manuscrites à Paris et on n'en a depuis jamais plus entendu parler. Voici la lettre qui contient ces détails :

De Tulle ce 28 novembre 1660.

Monsieur, Je viens enfin de recevoir vostre depeche avec autant de joye que je l'attendois avec impatience, comme d'un costé l'honneur de votre souvenir m'est très cher, je reçois comme un précieux tresor les escrits de feu Mr Théophile qu'il vous a pleu me communiquer. Il me tarde déjà que je ne sois à Paris où je me fais estat d'aller dans un mois pour faire part au public de toutes les belles pièces de ce grand homme qui me sont tombées en mains et particulièrement par votre moyen, ne doutés point qu'elles ne soient toutes fidèlement imprimées, et vous asseurés que les honnêtes gens sauront bien tost par mon avant propos qu'ils vous ont la principale obligation de ce présent. Messieurs les parents de l'auteur que j'honnore beaucoup sans avoir le bonheur de les connoistre, auront aussy place dans la préface suivant les mémoires qu'il vous a plu m'en donner que je souhaiterais mesme avoir plus amples et surtout des noms de baptesme du père, de la mère, des frères et sœurs de feu Monsr Theophile, et s'ils étoient nés dans la ville mesme de Clairac ou au lieu de Boussères. Je compatis beaucoup à l'indisposition dont vous êtes travaillé, et désirerois de tout mon cœur qu'elle vous peut permettre de recouvrer encore quelques pièces de poésie ou de prose, quand ce ne seroit que des lettres qu'il écrivoit à ses parents et amis de Clairac et du voisinage parmy les papiers desquels on les pourroit encore trouver avec un peu de soing. Il n'est pas possible que Madam[lle] Marthe Denis n'ayt quelque pièce

apprend que M. de Fenis a fait imprimer des poésies latines vers le milieu du XVIIe siècle, qu'un autre membre de sa famille Jean Léonard de Fenis, jésuite, a publié un certain nombre d'ouvrages de controverse.

Le dernier représentant des Fenis de Tulle s'est éteint il y a une vingtaine d'années.

de sa façon. Je vous supplie de vouloir faire effort d'en recouvrer comme aussy la poésie gasconne de M. de Viau le capp^{ne} et les meilleurs vers de Madam^{lle} sa sœur. Vous me disiez à Bourdeaux avoir donné autrefois à M. de la Salle de Bruet et à M. de la Tourrasse près Puymeyrol beaucoup de belles pièces que vous pourriez peut-être retirer. Je les insérerais volontiers dans mon travail dont vous aurez les premiers exemplaires. Faites-moi l'honneur s'il vous plaît de me croire, Monsieur, votre très humble et obéissant serviteur

De Fenis.

Les libertins du XVIIe siècle n'avaient jamais cessé de revendiquer Théophile comme l'un des leurs ; le plus célèbre après Des Barreaux, inscrit en tête d'un livre obscène et plein d'impiétés voulues, le pseudonyme de *Théophile le Jeune*. En voici le titre singulièrement expressif: *le B... des Muses, ou les neuf pucelles putains, caprices satyriques de Théophile le jeune divisés en quatre parties. Partie première. Omnia tempus habent. A Leyden, sur le véritable manuscrit de l'auteur fidèlement reveu et mis en ordre par un de ces amis après sa mort*[1] S. d., in-8. Théophile de Viau avait été condamné par contumace à être brûlé pour le *Parnasse satyrique*, Théophile le jeune, ou plutôt *Claude Le Petit* le fut bel et bien le 1er septembre 1662 pour son *B... des Muses*. Ce Claude Le Petit était encore mieux doué que celui dont il faisait son aîné, il eut été un grand poète si ses débauches infâmes n'avaient pas annihilé ses dons naturels. Né vers 1636 ou 1637 à Dampierre proche Beuvreuil, à proximité de Forges-les-Eaux, et élevé par une de ses

(1) Si on veut des renseignements — les plus complets qui aient été publiés sur ce livre et son auteur — consulter notre Bibliographie des recueils collectifs (1597-1700), t. III, p. 408.

tantes (Madame Dubois, née Claude Petit, sa mère certainement), il entra chez les Jésuites où il fit sa philosophie. A sa sortie du collège il se lia avec un frère du couvent des Augustins qu'il tua par surprise d'un coup de poignard. Pour se mettre à l'abri des suites de ce meurtre, Claude Le Petit quitta la France et voyagea en Italie, en Espagne, en Allemagne, en Bohème et en Hollande. De retour à Paris il se fit un moment gazetier et finit comme nous avons dit. Ce malheureux garçon, né d'une fortuite rencontre amoureuse, ne fut vraisemblablement pas baptisé au moment de sa naissance. Sa mère Claude Petit[1] avait épousé en 1637 un sieur Dubois de la paroisse de Cuy-Saint-Fiacre à qui elle dut le présenter plus tard comme son neveu. Cette situation irrégulière cadre bien avec ce que l'on connaît de sa vie d'après les *Mémoires de Jean Rou.*

Quatre ans après l'exécution de Claude Le Petit, en 1666, un émule... laïque du bon évêque de Belley, Alcide de Bonnecaze de Saint-Maurice, évangélise ses contemporains

---

(1) Nous avons voulu nous renseigner aux sources sur le procès de Claude Le Petit et sur le lieu de sa naissance. Les pièces de son procès, et non de son poème comme l'a écrit Tricotel, ont été brûlées avec lui ; il ne reste aux Archives Nationales que son interrogatoire devant le Parlement, ceux d'Eustache et Pierre Rebuffé, les compagnons imprimeurs, et l'arrêt de condamnation. Dans l'interrogatoire il se dit advocat à la Cour, âgé de 23 à 24 ans, natif de Breveuil en Normandie, proche Forges, alors que l'arrêt par une erreur de plume du greffier porte Beuvron. Il ne peut s'agir de Beuvron (Calvados) qui est très éloigné de Forges. Les registres de Beuvreuil, conservés à la mairie de Dampierre, ne contiennent rien ; seul le registre de Dampierre mentionne en 1639 la naissance d'une fille Magdeleine Dubois, fille de Messire Dubois et de Claude Petit, ses père et mère, le parrain Marin Petit de la paroisse de Cuy-Saint-Fiacre. Il est à penser que Claude Le Petit est le fils naturel de Claude Petit, femme Dubois. Il serait donc né hors mariage et n'aurait pas eu d'état civil.

dans un petit volume : *Fleurs, fleurettes et passe-temps, ou les divers caractères de l'amour honnête*[1] (Paris, Jacques Cottin, 1666) et, comme Jean-Pierre Camus, il orne son texte de vers... de Théophile, en ayant soin de ne pas le nommer[2] et en choisissant les vers... les plus libertins, tels que le sonnet : *Si j'estois dans un bois poursuivy d'un lion*, etc., etc. Voilà un hommage indirect qui a dû faire souffrir le farouche *Législateur du Parnasse* à l'instant où il exécutait l'auteur de *Pyrame et Thisbé !*

Est-ce pour se venger de ce même Boileau que Boursault, mis par celui-ci au nombre des froids rimeurs :

Faut-il d'un froid rimeur dépeindre la manie ?
Mes vers comme un torrent coulent sur le papier,
Je rencontre à la fois Perrin et Pelletier,
Bardou, Mauroy, Boursaut, Titreville,
Et pour un que je veux, j'en trouve plus de mille[3]...

---

(1) Les exemplaires invendus de cet ouvrage ont été remis en circulation en 1668 avec un nouveau titre : *Les Fleurs des nouvelles galantes contenans l'Amour traversé, l'Amour escroc, la Lotterie Facétieuse, l'Amour ingénieux, l'Amour furieux, le Mariage de la nature, le Festin des nopces, Récit à la Suisse, l'Amour vangé, l'Amour folet, le Carrousel gothique, l'Amour mal satisfait. Le tout en prose et en vers. A Paris, chez Estienne Loyson, au Palais, à l'entrée de la Galerie des Prisonniers, au nom de Jésus. M.DC.LXVIII. Avec privilège du Roy.* In-12.

(2) Alcide de Saint-Maurice dit bien que les vers ne sont pas de lui, mais qu'ils sont de ses Amis (!) : « Ceux qui me connaissent tant soit peu sçavent que je ne sçay point faire de vers françois, que tout au plus, comme Cicéron, en faisoit en latin. C'est pourquoy ils demeureront sans doute persuadez que ceux que j'ay mis dans ce livre ne sont pas de moy, que c'est l'ouvrage de quelques-uns de mes amis qui ont bien voulu que je disposasse de leur travail... ».

(3) Boileau, satire VII ; après sa réconciliation avec Boursault, le Satirique modifia le vers et mit :

Bonnecorse, Pradon, Colletet, Titreville

Sur Bardou, Testu-Mauroy et les poètes cités par Boileau, voyez notre Bibliographie des recueils collectifs de poésies.

place Théophile [1] et Saint-Amant parmi les auteurs les plus prisés de son temps :

Dans les plus ingrates Saisons
Soit des siècles passez, soit des Temps où nous sommes,
Tous les Autheurs que nous prisons
Ont esté chéris des Grands Hommes.
Durant la splendeur des Romains,
Quoy que Perturbateurs du repos des Humains
Le plus grand des Césars idolastroit Virgile ;
Et ce Roy de ton nom, qui d'un Peuple tranquile
Eut le titre de Juste, et l'eut si justement,
Par un choix équitable estimoit Théophile,
Pendant qu'un Roy du Nort protégeoit S. Amant [2].

Nous ne le pensons pas. Théophile et Saint-Amant conservaient de nombreux admirateurs et les critiques de Boileau n'ont eu nullement sur ses contemporains l'influence qu'on leur attribue. Boileau a été l'oracle du XIXe siècle plus encore que du XVIIIe et pas du tout celui de la seconde moitié du XVIIe.

Charles Jaulnay, en 1668, ne se souvient peut-être pas

(1) Boileau dans sa satire III (le Repas ridicule) avait placé Théophile sur le même rang que Ronsard, l'honneur serait grand aujourd'hui, mais c'était une critique acerbe aux yeux du Législateur du Parnasse :

La tous mes sots enflez d'une nouvelle audace,
Ont jugé des auteurs en maitres du Parnasse :
Mais notre hôte surtout, pour la justesse et l'art,
Elevait jusqu'au ciel Théophile et Ronsard...

En 1668, Boileau corrigeant la satire IX (parue en 1669) est revenu à la charge ; l'éloge de Théophile par Boursault, n'a peut-être pas été étranger à cette seconde attaque contre le Poète de Boussères :

Tous les jours à la Cour, un sot de qualité
Peut juger de travers avec impunité :
A Malherbe, à Racan, préférer Théophile,
Et le clinquant du Tasse, à tout l'or de Virgile...

(2) *Ode au Roy* (de Boursault), *Paris, Michel Brunet, 1667*, in-4° : *Muse qui gardois le silence*... La strophe citée est la troisième.

des poésies de Théophile, mais il a dans la mémoire le procès du Poète et le rôle attribué au Père Garassus et au Frère Guérin, aussi leur donne-t-il à tous trois une place dans son *Enfer burlesque* [1] :

. . . .
Un autre, que deux docteurs mornes
Coiffez d'un panache à trois cornes [2],
Outrageoient de toute façon,
Crioit d'un si terrible ton,
Que jamais beste carnassière
Ne hurla de telle manière.
Bons Dieux ! dis-je tout estonné,
Quel est cet homme infortuné
Qui forme ce cri pitoyable ?
C'est, me dist aussitost un Diable,
Le premier de ces habitans,
Prince des poëtes de son temps,
Que Scudéry, rimeur habile,
Nommait le divin Théophile ;
Or ce miroir des beaux esprits
Pousse ces lamentables cris,
A cause de rudes outrages
Dont ces deux pédans pleins de rages
Qu'on nomme Garasse et Guérin
L'accablent du soir au matin,
En l'accusant de la fabrique
De ce *Parnasse satyrique*,

(1) *L'Enfer burlesque tiré des visions de dom F. de Quevedo par M. C. I. (Mr Ch. Jaulnay)*, s. n. de l. ni de lib., 1668, petit in-12 de 83 p. y compris le titre. Ce poème a été réimprimé en 1671 sous le titre : *Les Horreurs sans horreur, poème comique tiré des visions de dom F. Quevedo, avec plusieurs satyres et pièces galantes par M. Jaulnay. Paris, J. B. Loyson, 1671 ; avec priv. du Roy*, in-12 de 3 ff. 65 et 46 p. Enfin une troisième édition a paru en 1677 : *L'Enfer burlesque, le Mariage de Belphégor, Epitaphes de M. de Molière. A Cologne, chez Jean Le Blanc, M.DC.LXXVII (1677)*, in-12, frontispice, 3 ff. prél. et 112 p. Cette dernière édition a été réimprimée par Gay, 1868, avec une notice de P. Lacroix qui renferme de nombreuses erreurs.

(2) Bonnet de Jésuite.

Qui fit autrefois tant de bruit,
Parce que l'ouvrage de nuit,
Et la conjonction prochaine
Qu'on fait avec la chair humaine
Trouve en ce traité d'union
Une entière approbation.

J'escoutois haranguer ce Diable,
Lorsque ce poëte misérable
Redoubla ses gémissements,
Et vomit mille jurements
Sur ses accusateurs faussaires
Qui lui paroissoient si contraires.
. . . .

Cinquante-huit ans après sa mort, Théophile et le *Parnasse satyrique* étaient toujours inséparables. Un éditeur anonyme fait imprimer en 1684 : *Le Nouveau Parnasse satyrique contenant divers madrigals et épigrammes galants et facétieux, par le Sr Théophile. A Calais, chez Pasquin, 1684,* in-12. Il ne se trouve pas dans cette anthologie, composée de petites pièces très libres, un seul vers du banni de 1625, mais son nom couvrait la marchandise et en assurait le débit !

Dans notre survie de Théophile au XVIIe siècle, nous avons négligé le point de vue exclusivement littéraire pour ne nous attacher qu'au point de vue anecdotique. Les attaques de Boileau, les jugements de Saint-Evremond, de La Bruyère, etc., etc., sont du ressort de la critique des œuvres du Poète et cette critique est tout à fait en dehors de notre travail.

*
* *

Au XVIIIe siècle, la moisson se fait rare,

Un amateur de morceaux choisis (érotiques) insère en 1739 dans une petite brochure in-8 de 48 p. : *Le Porte-feuille nouveau ou mélange choisi en vers et en prose. A Londres M.DCC.XXXIX*, une délicieuse traduction du conte en latin de Théophile : *Larissa* [1].

Même honneur est fait en 1780 par l'ex-jésuite Jean-Marie Borelli à son ode *Le Matin* ; cette fois la transcription est faite du français en vers hexamètres, en vers élégiaques et en vers saphiques latins ! Cette triple adaptation se lit dans un *Recueil de poésies françoises et latines. Avignon, 1780*, in-8.

Le nom de Théophile reparaît en 1788 sur le titre d'un livre de géographie : *Recherches sur le pays de Théophile de Viau suivies d'un précis historique des villes de Clérac, Port Sainte-Marie et d'Aiguillon en Agenais* [2]. *Troyes. Imprimerie Gobelet, 1788.*

*
* *

Le début du XIXe siècle est une revanche de l'oubli ou du dédain du XVIIIe, un épisode de sa vie (sa fuite et son arrestation au Catelet) est porté à la scène par Joseph Pain avec le concours de Dumersan dans une comédie vaudeville en un acte : *Théophile ou les deux Poètes* représentée

(1) On la trouvera à l'Appendice.

(2) In-8 de 64 p. Ce volume paraît manquer à la Bibliothèque Nationale.

pour la première fois sur le théâtre du Vaudeville le 1er messidor an XII (1er de l'Empire). Il ne faut pas chercher dans cette bleuette la vérité historique (Théophile remis en liberté à la suite des démarches du duc de Montmorency épouse la fille du gouverneur du Catelet : de Mesvilliers).

Après le coup de clairon de Théophile Gautier qui sonne dans *Les Grotesques* la réhabilitation de Théophile, nous n'avons plus qu'à signaler la réimpression de ses *Œuvres* faite en 1855, par M. Alleaume (la dernière édition était de 1696 !) et le spirituel discours de Me de Saint-Auban prononcé à l'ouverture de la conférence du Barreau du 30 novembre 1885 imprimé aux frais de l'Ordre des avocats. L'éminent orateur a adopté la thèse courante, Théophile victime des Jésuites.

* * *

Le XXe siècle semble devoir se montrer encore plus libéral envers la mémoire du prisonnier de la Tour de Montgommery. M. Remy de Gourmont dans la *Collection des plus belles pages* publie un choix de ses poésies et M. Henri Roujon a consacré en 1908 à l'*Université des Annales* toute une conférence à Théophile et à sa protectrice Marie Félice des Ursins, conférence qui a eu pour couronnement l'année suivante, dans les jardins de Chantilly, à la fête annuelle de cette Université, les beaux vers de M. Gabriel Nigond qui ont dû faire tressaillir d'aise l'Ombre du Poète de Boussères !

Théophile et Sylvie

Tout à l'heure, ô Vous qui songez,
Au bruit soudain des pas légers
Et des rires sous les feuillées,
Là-bas, au fond du parc chantant,
Dans l'herbe, devant un étang,
Deux Ombres se sont réveillées...

*
* *

Robe blanche, une rose aux seins,
Des yeux de nymphe poursuivie,
L'une est Félice des Ursins
Qui s'immortalise en Sylvie,
Et l'autre, au pied d'un marronnier
Où le vent d'été se faufile,
Celle du pauvre Théophile
Qui fut poète et prisonnier !

*
* *

Théophile ! Rêve et bourrasque !
Jeune, beau, frémissant, fantasque !
Un front pur sous de fiers cheveux,
Croisant ses vers comme des lames,
Têtu !... Sa devise : « Je veux ! »
Son seul amour : toutes les femmes !
Théophile ! Amant et routier,
Ami de tout cabaretier
Pourvu que son vin fût notable,
Ronflant et rimant sous la table,
Rieur ! et pilleur enragé
De routine et de préjugé,
Auteur poursuivi, pris, jugé,
Echappant au feu par magie,
Mais brûlé vif... en effigie ;
Jeté, pantelant, au cachot
Où, glacé, pour se tenir chaud,

6

— Du moins au cœur, pauvre poète ! —
Il lut, en l'humide retraite,
Aux clartés d'un jour clandestin,
Platon avec saint Augustin !
Puis, le cœur gros, l'âme étouffée,
Sitôt son martyre fini,
Effaré, libre, mais banni,
Il s'en fut chez sa bonne fée
Qui le cacha, le recueillit,
Lui disant : « Je t'offre en domaine,
» Pour que ta muse s'y promène,
» Mes ombrages de Chantilly !

***

Ce matin donc, devant l'étang où règne un cygne,
Parmi l'odeur de l'eau, de la terre et des bois,
Les deux Ombres, comme autrefois,
Pêchaient mollement à la ligne.
Sylvie, assise en l'herbe, au bout de son bras nu
Sur l'eau verte allongeait la gaule ;
Théophile, à demi penché sur son épaule,
Rimait perversement un sonnet ingénu.
Solitude. Silence. Ivresse...
Soudain, la pêcheuse se dresse !
— : « Ecoutez ! Tout là-bas, sur le chemin sablé,
» Je crois qu'un carrosse a roulé !
» Un autre !... Un autre encor ! Du côté des charmilles !
» Et ces rires de jeunes filles :
» Des clochettes !... Le joli bruit ! »
— : « Diantre ! on me cherche ! On me poursuit !
» O persécution nouvelle ! »
Dit Théophile. « Trahison !
» On me veut remettre en prison !... »
— : « Apaisez-vous, pauvre cervelle !
» Vîtes-vous jamais, cœur chagrin,
» Des sergents mener si grand train ?
» Venez avec moi, mon poète !
» Ce sont rumeurs de quelque fête,

» Non course de messieurs du guet !
» Donnez-moi la main ! Soyez gai !...
» Oyez ! la folâtre assemblée ! »
— : « Qu'est ceci ? » — : « Le choc argentin
» Des verres ! Ici près, la troupe est attablée !
» Je crois qu'il se donne un festin ! »
— : « Sans doute à des tables fleuries,
» Sous la ramure, au chant perlé des oiselets... »
— : « Point ! Le bruit vient des écuries !...
» Venez ! Poussons la porte !... »
Ils entrent !... Voyez-les !
Ils s'avancent. Surprise. Extase.
Tous deux par la main se sont pris.
La brise, vers le pourpoint gris,
Fait trembler la robe de gaze !
Et Sylvie, entraînant son poète étonné,
Sourit, de sa bouche de fraise,
Cependant que palpitent d'aise
Les ailes de son petit nez !
— : « Voyez, la plaisante ordonnance !
» Que ce festin rustique est galamment compris !
» Gens de lettres ou de finance,
» Ces gens-là sont tous de Paris !
» Devant ces fleurs un peu pâlies
» Qui se ferment comme des yeux,
» Combien ces hommes sont joyeux,
» Combien ces femmes sont jolies !...
» Sur tant de cheveux noirs ou blonds,
» Ces chapeaux, vallonnés comme des paysages,
» Sont pour attirer les frelons,
» Non cloches à couvrir melons,
» Mais coiffes à fleurir visage ;
» Ne vous y trompez point !... Avançons à pas lents,
» Au travers de ces lieux où la gaîté réside,
» Entre ces tables que préside
» Un sourire et des cheveux blancs !...
» Tremblez-vous encore ?... »
— : « Au contraire ! »

Fait Théophile, en l'attirant;
Et son Ombre, très « au courant »,
Interroge plus d'un confrère.
— : « Le théâtre a-t-il succombé?
» Est-il vrai qu'on écrive en prose
» Pour la scène?... J'ai quelque chose
» En mon sac! Mais en vers! C'est *Pyrame et Thisbé.*
» Trouve-t-on toujours sous les cieux
» Des fourbes et des envieux,
» Des fous, des lâches et des bêtes?...
» Brûle-t-on toujours des poètes?... »
Puis, plus bas, clignant son œil clair,
Avançant sa lèvre gourmande,
Avec quelle angoisse! il demande
— : « Jouera-t-on bientôt *Chantecler*?... »

*
* *

... Mais ils sont loin déjà : le lourd Passé les pousse!
Un petit rire tinte. Un peu de vent retrousse
Une robe, au coin d'un bosquet,
Une rose meurt au corsage...
Rien ne reste de leur passage
Que l'écho d'une rime et la fleur d'un bouquet...

*
* *

A cette heure, ô Vous qui songez,
Au seuil des sentiers ombragés
Qu'argentent les sources amies,
Là-bas, au fond du parc chantant,
Dans l'herbe, devant un étang,
Deux Ombres se sont rendormies!...

APPENDICE

1° Le catéchisme des libertins du XVIIe siècle : *Les Quatrains du Déiste ou l'Anti-Bigot* (1622).

2° *Le Parnasse satyrique* (1622) dans l'*Histoire comique de Francion* (1624 ou 1626).

3° Le premier engagement de la querelle des anciens et des modernes : Théophile et Claude Garnier (1623-1624).

4° Balzac et Théophile (1624-1626).

5° Balzac et Garassus (1624-1625).

6° Alais de Beaulieu et Théophile (1634).

7° Voltaire et Théophile.

8° Généalogie de la descendance des frères et sœurs de Théophile. — Acte du 10 mai 1653.

9° Bibliographie des Œuvres de Théophile, des pièces de circonstance publiées pendant son procès, etc, etc.

10° Larissa.

11° Pièces incriminées au procès de Théophile : de ses Œuvres (Ire et IIe parties), etc., du *Parnasse satyrique*, d'auteurs connus, anonymes et inédites, attribuées par les témoins ou saisies dans sa malle au Catelet.

LE CATÉCHISME DES LIBERTINS DU XVIIe SIÈCLE

LES QUATRAINS DU DÉISTE

OU

L'ANTI-BIGOT

(1622)

Les *Quatrains du Déiste* — document unique et inédit[1] dont l'importance ne saurait échapper aux érudits qui s'occupent de l'histoire des variations du sentiment religieux dans notre pays — ne constituent pas un opuscule philosophique accessible seulement à une élite, analogue, par exemple, à un résumé des *Essais* de Montaigne, de la *Sainte Philosophie* de Du Vair, de la *Sagesse* de Charron, de l'*Amphithéâtre* et des *Dialogues des Secrets de la Nature* de Vanini (traités suspects d'athéisme, écrits en latin, que l'auteur paya de sa vie, malgré le privilège royal et l'approbation ecclésiastique), etc., etc., mais bien un petit manuel de combat, présenté sous la forme la plus accessible aux esprits faibles : de simples strophes de quatre vers sur le modèle de celles de Pybrac et de Mathieu[2], manuel des-

---

(1) Les archives poétiques de la libre-pensée en France se réduisent à fort peu de chose au XVIIe siècle : En dehors des Quatrains du Déiste et des sonnets de Des Barreaux, nous ne relevons guère que les traductions du Ier livre de Lucrèce et du chœur du second acte de la *Troade* de Sénèque par D'Hesnault, encore ces deux morceaux n'ont-ils rien d'original, sinon qu'ils font éclater la voix de l'athéisme à une époque où elle était étouffée, de petites pièces de Linières, de Madame Des Houlières, de Saint-Evremond, de l'abbé de Chaulieu, du marquis de La Fare et c'est tout. Nous ne parlons pas des poésies de Théophile de Viau incriminées dans son procès, et d'une scène de l'*Agrippine* de Cyrano de Bergerac.

(2) La liste suivante, très incomplète, donnera une idée de la vogue des quatrains : Pybrac, 50 quatrains (1574), ils ont été portés dans les éditions postérieures jusqu'à 126 ; La Primaudaye : Cent quatrains consolatoires (1582) ; François Perrin : Cent et quatre quatraines de quatrains, contenant plusieurs belles sentences et enseignemens... (1587) ; Jean de La Jessée : La Philosophie morale et civile, 202 quatrains (1595) ; Ant. Favre ou Faure : 100 quatrains (1602) ; Pierre Mathieu : Tablettes de la vie et de la mort, 100 quatrains (1610), portés dans les éditions postérieures à 300 ; Raoul Parent : 150 quatrains (s. d.,

tiné à ruiner par des négations les vérités chrétiennes, ou, si on aime mieux, à déniaiser les intelligences en employant le langage des esprits forts.

Ces *Quatrains du Déiste*, rédigés avec une grande habileté, ont exercé un instant une réelle influence sur une partie de la jeunesse dorée qui entourait le trône de Louis XIII et prenait le mot d'ordre de Théophile de Viau, ils ont suscité de légitimes alarmes. Un savant distingué, le Père Mersenne, de l'Ordre des Minimes [1], a consacré presque la matière de deux gros volumes comprenant 1340 pages à les réfuter, emboîtant le pas à un autre religieux de la Société de Jésus, le Père Garassus [2], qui essayait de terroriser les libertins :

... Il vaut mieux n'en point estre,
C'est un meschant métier qui fait brusler son maistre [3]*!*

Particularité à noter, les deux champions de la foi catholique, tout en poursuivant le même but avec la même énergie, diffèrent sur le choix des moyens à employer pour

---

avant 1612) ; Les quatrains du sieur de Nuysement, sur les distiques de Caton, 142 (s. d.) ; Pierre Enoc : 500 tableaux de la vie et de la mort (1617) ; J. D. Colony, Deux centuries de quatrains (1619) et Jean Claverger, 225 quatrains moraux (1624). Avant Pybrac, nous citerons : Les considérations des quatre mondes à savoir est : Divin, Angélique, Céleste et sensible, comprises en quatre centuries de quatrains, contenant la Cresme de divine et humaine philosophie. Par Guillaume de La Perrière, Tolosan. Lyon, Macé Bonhomme, 1552, in-8°.

(1) Le P. Mersenne (8 septembre 1588, † 1er septembre 1648). Le P. Hilarion de Coste a écrit sa vie.

(2) Le P. Garassus (1585 † 1631). Sur le P. Garassus, voir Nisard : *Les Gladiateurs de la République des lettres* (t. II) et la notice qu'il a mise en tête des *Mémoires* de François Garasse, 1861.

(3) P. 153 de la *Doctrine curieuse*.

l'atteindre : Le Minime cherche à convaincre, il s'apprête par sa dialectique à réduire à merci son adversaire [1], le titre de son livre précise ses intentions : *L'Impiété des Déistes, Athées et Libertins de ce temps combattuë et renversée de point en point par raisons tirées de la Philosophie et de la Théologie* [2] ; le Jésuite apprécie autrement l'humanité, la

---

(1) « ... Ce qui fait que ces confidens (de l'auteur des *Quatrains du Déiste*) mesmes ont horreur de son impiété et de ses blasphèmes tant ils sont énormes : malheureux ! ne crains-tu point que la terre s'entr'ouvre sous tes pieds pour t'engloutir tout vivant, quand tu blasmes si furieusement contre Jésus-Christ, que les plus meschans et les libertins en ont horreur, car tu ne porte respect ny à Dieu, ny aux hommes, et fais trophée de tes impiétez.

« Souvienne toy que la justice divine prendra la vengeance des injures que tu vomis contre le fils de Dieu, contre sa mère, contre ses Saincts, et contre ceux qui luy font hommage, et le recognoissans pour vray Dieu l'adorent, luy servent, et l'ayment de tout leur cœur, lesquels néantmoins tu appelles *Bigots, superstitieus, oysons*, etc. C'est à quoy tendent la dialectique que tu leur enseigne, les vers que tu compose, et les fantaisies que tu roule continuellement dans ton esprit : c'est là où tu mène tes escoliers, et c'est là ce qui te fera brusler par les mains de la justice, si tost que quelqu'un de tes familiers t'aura déféré aus Magistrats. Pour moy je ne desire rien davantage que ta conversion et ta pénitence, de laquelle pleust à Dieu que je fusse le fidelle tesmoing, et que je te peusse voir aussi zélé à pourchasser l'honneur de Dieu, et de la religion Chrestienne, comme tu l'es à tes railleries, et tes boufonneries, par lesquelles tu rabaisse, et destruis tant que tu peus l'authorité de l'Escriture saincte, et te mocques du respect que nous luy portons, et des véritez qu'elle contient, et qu'elle nous propose » (Le Père Mersenne : *L'Impiété des Déistes*, première partie, préface au lecteur).

(2) Voici le titre du premier volume :

L'Impiété || des Déistes, Athées, || et Libertins de ce || temps, combattüe, et renversée de || point en point par raisons tirées de || la Philosophie et de la Théologie. || Ensemble la réfutation du Poëme des Déistes. || Œuvre dédié à Monseigneur le Cardinal de || Richelieu, Par F. Marin || Mersenne, de l'ordre des || PP. Minimes. || In multiplicatione impiorum multiplicabuntur scelera : || et justi ruinas eorum videbunt. Proverb. 29. || A Paris || Chez Pierre Bilaine, ruë sainct || Jacques, à la bonne Foy || M.DC.XXIV. (1624) || Avec Privilège du Roy. || In-8 de 26 ff., 834 p., 5 ff. n. chiff. et un ff. blanc. (Bibl. Nat., D, 21572.)

Et du second :

L'Impiété des || Déistes, et des plus || subtils Libertins découverte, et réfu- || tée par raisons de Théologie, et de || Philosophie || Avec un poëme qui renverse le poëme du Déiste || de point en point || Ensemble la réfutation des Dialogues de || Jordan Brun, dans lesquels il a voulu esta- || blir une infinité de mondes, et l'âme uni- || verselle de l'Univers. || Avec plusieurs difficultez des Mathéma-

peur du bûcher, à ses yeux, a plus d'efficacité que le raisonnement : *La Doctrine curieuse des beaux esprits de ce temps, ou prétendus tels, combattuë et renversée* [1] est une attaque virulente contre les « jeunes veaux » [2], un véritable appel au bras sécutier. Morte la bête, mort le venin, la bête en vue c'était Théophile, l'éducateur de Des Barreaux [3]. Il ne suffit pas au Père Garassus de le pourfendre de sa plume, il prend une part active avec un autre jésuite, le Père Voisin [4], au procès du pauvre Poète. Ses Mémoires [5] sont un témoignage éloquent de son activité combattive.

Ne jugeons pas trop sévèrement les Pères Garassus et Voisin [6] tout en réservant nos sympathies au Père Mer-

---

tiques qui sont expliquées dans cet œuvre. || Le tout dédié à Monseigneur le Procureur || Général du Roy, par F. Marin Mer- || senne, de l'ordre des P.P. Minimes. || Injusti autem disperibunt simul et reliquiæ impierum || interibunt. Psalmo 36. || Seconde partie. || A Paris chez Pierre Billaine, ruë sainct-Jacques, à la bonne Foy || . M.DC.XXIV (1624) || Avec privilège du Roy. || In-8 de 18 ff., 506 p., 27 ff. n. chiff. et 1 blanc.

(1) Nous avons reproduit le titre de cet ouvrage, t. I, p. 147.

(2) *Doctrine curieuse...*, p. 62. Section dixiesme. Preuve de la sottise de nos jeunes veaux.

(3) Des Barreaux (Jacques Vallée), 1599, † 1673. Voir sur lui : Le Prince des Libertins du xviie siècle. *Sa Vie et ses Poésies*. Paris, Leclerc, 1907, in-8.

(4) Le Père André Voisin, mort en mars ou avril 1626, quelques mois après avoir quitté la Compagnie de Jésus ; il avait été exilé de France après le bannissement de Théophile.

(5) Les *Mémoires* du P. Garasse ont été publiés d'abord par M. Nisard : *Mémoires* de Garasse (François) de la Compagnie de Jésus, publiés pour la première fois... avec une notice et des notes par Ch. Nisard. Paris, 1861, in-8, et ensuite par le Père Carayon : *Histoire des Jésuites de Paris pendant trois années*, 1624-1626, écrite par le P. François Garasse. Paris, 1864, in-8.

(6) Voici comment un jésuite du xixe siècle, le Père Carayon, juge ses confrères du xviie (*Histoire des Jésuites de Paris*, 1864 [B. N. Ld^39 904]) : « La génération contemporaine élevée, comme on dit, dans les grands principes de 89, aurait peine à juger équitablement le P. Voisin, si elle consentait à considérer son fait au point de vue religieux et avec les idées de son époque. Le P. Voisin — pourquoi ne le dirions-nous pas ? — a trop écouté son zèle et

senne : Garassus était d'une parfaite loyauté ; une conviction profonde a dicté sa ligne de conduite ; nulle animosité personnelle. Il estimait qu'en sacrifiant le berger, il sauvait le troupeau. Le Père Voisin était loin d'être aussi désintéressé, il haïssait Théophile pour des propos inconsidérés qu'il avait tenus sur ses mœurs.

Il n'est pas moins vrai que l'auteur des *Quatrains du Déiste* a eu le bonheur d'être distingué par l'ami de Descartes, non seulement le Père Mersenne ne l'a pas nommé, mais il s'est abstenu de donner aucun renseignement sur

---

point assez la prudence. Cet excès de zèle et ce défaut de prudence ont, comme on le voit dans le récit du P. Garasse, sauvé la vie à celui dont les crimes ne faisaient doute pour personne.

« On a très amèrement reproché au P. Voisin d'avoir poursuivi le poète Théophile comme insigne professeur de blasphèmes et d'immoralité.

« Ces crimes, condamnés par la loi divine et la législation de tous les peuples chrétiens, auraient ramené au bûcher, où il avait déjà été brûlé en effigie, ce Théophile, ce corrupteur de la jeunesse, s'il eût été simple manant ou bourgeois, et son supplice aurait fait oublier ses exemples et ses leçons. Mais Théophile était le poète et le professeur d'immoralité de la jeunesse dorée de l'époque.

« Malgré la sévérité et l'honnêteté de mœurs admirée dans Louis XIII, sa Cour était remplie de jeunes débauchés affectant de blasphémer ou *renier Dieu*, comme le dit Garasse : usque ad horripilationem, et de tenir des conversations à faire honte aux vulgaires habitués des mauvais lieux. Le professeur de cette jeunesse corrompue dès avant l'âge de la majorité, c'était ce Théophile, maître et modèle de ces jeunes seigneurs destinés à remplir un jour les plus importantes charges de l'État.

« A la vue de ces scandales le zèle du P. Voisin et celui du P. Garasse ne purent se contenir : le premier dénonça Théophile et le second écrivit sa : *Doctrine curieuse des beaux esprits de ce temps*. Ce réquisitoire de plus de mille pages in-4° est plein de belles choses et de trivialités : il attaque *ces jeunes veaux*, comme il les appelle, avec une verve et un style de tout point inimitables.

« Ces *jeunes veaux* nommés plus tard *roués* et *aimables vauriens*, corrompaient le cœur de la France, pour en faire, comme parle Garasse, un pays d'*athéistes*. Ces élégants vauriens, couverts des plus beaux noms du royaume, intimidaient la justice humaine, mais ne pouvaient arrêter la plume sacerdotale de Garasse : il écriv.t, il prêcha sans relâche contre ces illustres polissons vêtus de satin et porteurs d'épées... Rien ne l'arrête, sa plume est un fouet, et ce fouet ne se lasse jamais de fustiger ; son style est parfois admirable et son courage l'est toujours ».

son compte. Dans un de ses précédents ouvrages, il en avait fait un « maître en philosophie[1] ».

A quelle époque ont paru les *Quatrains du Déiste?* Il est difficile de le préciser. M. Strowski croit qu'ils couraient le monde vers 1622 et 1623, ils doivent être antérieurs. Ils ont circulé longtemps avant d'arriver au Père Mersenne. Les adeptes du libertinage se les passaient sous la forme de copies manuscrites et ils ne s'en dessaisissaient pas sans prendre leurs sûretés : « Nous ne les com-« muniquons à personne que nous ne cognoissions bien « auparavant, et que nous ne sçachions s'il en fera son « profit, quittant les erreurs populaires », dit le Déiste au Théologien[2]. Une telle réserve, de si minutieuses précautions assurent longtemps le secret, et ce secret les détenteurs de l'*Anti-Bigot* ou plutôt de l'*Anti-Chrétien* avaient tout intérêt à le garder, il leur évitait de sentir de trop près les flammes du bûcher. De 1600 à 1623, toutes les licences de la plume étaient supportées, les livres les plus

(1) *Quæstiones celeberrimæ in Genesim.* Paris, 1623, in-folio, *Præfatio.* M. Perrens a dit que le nom de Théophile figurait au frontispice des Quatrains du Déiste, c'est une erreur puisque ces quatrains n'ont jamais été imprimés, ils ne sont pas d'ailleurs de Théophile. — Le *Maître en philosophie*, auteur des *Quatrains du Déiste*, ne serait-il pas Belurget, régent de rhétorique au collège de Navarre que Naudé, son ancien élève, prisait « supra modum » si on on en croit Guy-Patin (Lettre 451, s. d., II, 478). Toujours d'après Guy-Patin, ce maître bourguignon se moquait ouvertement des Saintes-Ecritures, du purgatoire, de Moïse, des prophètes, des miracles, des visions, de la révélation, disant que les plus sots livres du monde étaient *la Genèse* et la *Vie des Saints,* que le Ciel empirée était une pure fiction..., etc., etc. (Lettres 351, 816, III. 478, 758).

(2) P. 257 de l'*Impiété des Déistes* (Ire partie) du Père Mersenne.

obscènes obtenaient un privilège royal [3], à la condition de ne renfermer aucune attaque contre le Favori en place, le Roi, et la Religion. Ces trois puissances étaient bien armées et savaient se défendre. Les *Quatrains du Déiste* avaient donc tout l'attrait des choses interdites et surtout le mérite, aux yeux des libertins, de saper les dogmes de l'Eglise, c'est-à-dire de frapper celle-ci au cœur, en dépit de la nombreuse armée, clergé et laïcs, qui l'entourait d'un rempart vivant.

Il est d'ailleurs facile de renverser les idées reçues en se contentant de leur opposer le néant, l'esprit n'a pour admettre les conclusions ni embarras ni fatigue.

Rejetant la conception d'un Dieu juste, punissant les méchants et récompensant les bons, le Déiste affirme que le Créateur est sans pouvoir contre l'humanité ; celle-ci, participant à sa divine essence, ne peut contrevenir à sa volonté. Dieu ne connaît ni la colère, ni la vengeance ; il n'intervient pas dans les affaires de ce monde. L'Enfer est une invention des religions, dont se servent, parlant comme l'*Anti-Bigot*, les « Taupetiers » et les « Pipeniais » pour effrayer les simples. En résumé, le Déiste jouit d'une entière liberté, seul il est raisonnable et heureux ; il pratique la vertu par amour de la vertu et sans espoir de récompense.

Le fond de la doctrine des Déistes, c'est le Panthéisme que Spinoza [1], cinquante ans plus tard, revêtira d'un habit

---

(3) Voir t. I, p. XXV à XXVIII, la liste des recueils libres publiés de 1598 à 1625.

(1) Baruch Spinoza, né le 24 novembre 1632 à Amsterdam, mort le 23 février 1677 à La Haye; *La Clef du Sanctuaire* (ou l'*Ethique*) a paru en 1678 à Leyde, Amsterdam et Cologne.

magnifique. Le triomphe de l'esprit sur la chair, l'idéal de la perfection morale, apanage du christianisme, suffisait alors comme aujourd'hui à le rendre odieux à tous ceux, et ils sont légion, qui ne voient dans l'existence terrestre que la satisfaction de leurs appétits. Depuis l'origine du monde la bête humaine cherche à se libérer de toute contrainte, les *Quatrains du Déiste* sont l'écho d'une tentative de ce genre après tant d'autres et la préface française du *Voltairianisme*. Le grand démolisseur, tout en frappant avec plus d'esprit, est de la suite de Théophile et du « maître en philosophie » du XVIIe siècle !

*
* *

En dehors des ordres religieux, Minimes et Jésuites, comment les Déistes étaient-il jugés en 1624 ? Les poésies insérées dans les feuillets préliminaires des deux volumes de *l'Impiété des Déistes* nous apportent à cet égard de curieuses indications. Quatre sont signées par deux amis de Nicolas Frenicle et de Guillaume Colletet qui venaient d'être compromis dans le procès du *Parnasse satyrique*. L'arrêt du 18 août 1623, condamnant par contumace Théophile et Berthelot à être brûlés vifs, ordonnait une information contre Frenicle et infligeait à Colletet neuf années de bannissement. L'opinion de Louis Mauduit, parisien, et de I. César de Villeneuve ne peut donc être suspectée de parti-pris, peut-être a-t-elle été un peu dictée par un sentiment de crainte, par le désir de ne pas se voir confondus avec les athéistes-libertins ?

La Ire partie de *l'Impiété des Déistes* est précédée des deux pièces suivantes qui sont les plus caractéristiques :

Au Déiste

Ignorant, et meschant Déiste
Que l'on peut nommer aujourd'huy
Le tiercelet de l'Athéiste,
Voire quasi pire que luy ;
Lis ce livr', abhorre ton vice,
Evite la double Justice
Qui tient tousjours le glaive en main
Plus près de frapper qu'on ne pense,
Et minutt' une repentance
Plustost aujourd'huy que demain

Chancelant à la poësie
Autant comm' au sçavoir divin,
Quelle Mus' aurois-tu choisie
Autre que la fureur du vin ?
Suivant ton erreur coustumière,
Pour Apollon porte-lumière
Tu pris le Démon Lucifer,
Car la veine de ton poëme,
Qui n'est qu'un continu blasphème
Ne peut sortir que de l'Enfer.

Tu méritois mieux des supplices
Après les obscures prisons,
Que ces chétifs vers tes complices
Respond' à leurs folles raisons ;
Mais la pitié de ta misère
A fait résoudre ce bon Père
A tracer ces doctes escris,
Pour retirer d'entre les flames
Toy si tu veux, et puis les âmes
De ceux que ta pest' a surpris.

Je n'ay pas pourtant cett' envie,
Chrestien d'effet comme de nom,
De voir aux despens de ta vie,
Qu'une prompte poudr' à canon
Tes deux flancs, et ton ventre crève
Dans un feu brûlant à la Grève
Pour la foy que l'Enfer t'apprit :
Mais que ton âme détestable
Ressente l'ardeur charitable
De la flame du sainct Esprit.

L. M. P.

Au Déiste

Déiste malheureux plein de déloyauté,
De qui l'esprit brutal cherchant la Volupté
S'establit une loy selon sa fantaisie ;
Jett' un petit les yeux sur les doctes discours
Dont ce bon Père veut guérir ta frénésie
Et redonner encor du repos à tes jours.

Quoy que tu sois troublé de ta contagion,
Tu peux y remarquer que sans religion
La raison est un corps séparé de son âme ;
Sans elle la raison n'a point de fondement,
C'est, comme les ardans, une légère flamme
Qui parmy les esprits voltig' incessamment.

C'est la Religion, où tant de beaux esprits
Bruslez d'un sainct amour aux mortels ont appris
A souffrir constamment la rigueur du martyre ;
Non pas celle qu'un peuple au gré de ses fureurs
Establit depuis peu dans le François Empire :
La raison ne peut estre où règne tant d'erreurs.

Déiste sans vertu, sans foy, sans jugement,
N'est-ce pas un effet de ton aveuglement
De vouloir désarmer ton Dieu de sa Justice ?
Quel homme après cela craindroit de l'offencer ?
Comment donneroit-il aux meschans le supplice ?
Et comment pourroit-il les bons récompenser ?

Si parmy ces Payens qui furent autresfois,
Quelque esprit Hérétique aux idolâtres loix
Eut voulu désarmer Jupiter du tonnerre,
Quel tourment rigoureux n'eust-il point mérité ?
Eut-il bien peu trouver un azile sur terre
Contre les chastimens de sa témérité ?

Toy de qui le péché mérite le trespas,
Si la terre et le ciel ne te punissent pas,
Admire de ton Dieu l'excessive clémence,
Repend toy justement de ton crime infiny,
Et ne retarde plus d'en faire pénitence :
Pour cela seulement tu demeure impuny.

Que ton impiété ne cause point ta mort,
Mersenne en ses escrits t'enseigne le vray port
Où tu peux éviter seurement le naufrage :
Si tu veux destourner le cours de tes malheurs
Vien-t'en avec nous sur le Chrestien rivage
Effacer ton péché dans les eaux de tes pleurs.

I. VILLENEUVE.

*
* *

Une copie des *Quatrains du Déiste* est tombée entre les mains du Père Mersenne, il l'a communiquée à son confrère le Père Nicolas Girault avec mission de les combattre en vers, se réservant de les mettre en prose. Mersenne a reproduit les deux premiers, les 52 et 53, les 84, 85, 86, 87 et 88 et les deux derniers, soit onze quatrains sur cent six [1]. Le Père Girault en a cité un bien plus grand

(1) « ... Or je laisse quelques autres raisons, pour lesquelles je n'ay pas mis les quatrains avec leurs rimes, excepté les deux premiers, les deux du milieu et les deux derniers, que j'ay rapportez, à ce qu'un chacun vist la teste, le ventre, et la queuë du Dragon que ce Déiste (monstre horrible de nostre France) a produit, et que de ces trois échantillons on jugeast de toute la pièce.
« De plus, j'ay mis cinq quatrains qui combattent les pénitences, et macérations que les Chrestiens embrassent, à ce que ces impies ne pensent pas que

nombre mais il les a masqués de telle sorte, en les noyant dans sa prosodie, qu'il est à peu près impossible de les reconstituer ; le bon Religieux n'a pas dû le regretter !

M. Fortunat Strowski, sur le texte du Père Mersenne, leur a consacré des pages intéressantes. Plus favorisé que lui, nous les avons récemment retrouvés en cherchant les poésies latines de Des Barreaux, dans un manuscrit de la Bibliothèque Nationale, fonds latin n° 10329 (ff. 279) où personne n'aurait pu supposer leur existence.

Ils sont donc imprimés intégralement ici pour la seconde fois [1], les sonnets de Des Barreaux les complètent ; ce sont, avec les poésies de Théophile incriminées dans son procès, les seuls documents en vers exposant les théories du libertinage au XVIIe siècle pour la période qui s'étend de 1600 à 1660. Si la doctrine est identique, combien l'expression en est différente ! Il n'y a pas ombre de talent dans l'*Anti-Bigot*, les sonnets de Des Barreaux, au contraire, sont d'une langue admirable et d'une intense poésie, ils approchent de la perfection par la netteté dans le contour, la fermeté dans l'expression et la sûreté dans l'exécution. Ils mériteraient de figurer dans les anthologies s'ils n'étaient l'écho d'une si triste et si décevante philosophie.

---

nous craignions d'éventer leurs impiétez, comme s'ils avoient des raisons qu'on ne peust réfuter ; ce qu'ils voudroient bien faire à croire à ceux qui ont l'esprit foible, et qui n'ont pas approfondi les sciences, car ils n'osent pas découvrir leurs folies à ceux qui sçavent, et qui ont un bon jugement.

« Ces quatrains sont le 84, 85, 86, 87 et 88, comme vous verrez à la suite du discours dans le 23e chapitre qui ruine tout ce qu'ils mettent en avant... » (Le Père Mersenne : L'*Impiété des Déistes* (première partie), préface au lecteur).

(1) Nous en avons donné le texte à la suite de notre « Voltaire mourant... » Paris, 1908.

Ils resteront, grâce à la beauté de la forme. Les *Quatrains du Déiste*, malgré leur infériorité manifeste, auraient eu une action beaucoup plus profonde que celle des sonnets du Prince des Libertins et des pièces de son maître Théophile, ils étaient, en effet, mieux à la portée de la masse des intelligences à conquérir au Panthéisme !

Voici ces 106 quatrains, nous avons mis en note la prose du Père Mersenne[1] :

L'ANTI-BIGOT

OU LE FAUX DÉVOTIEUX

I

Puisque l'Estre éternel est éternellement
très heureux, et parfait en toute suffisance,
qu'il est la bonté mesme, et sage infiniment
sur tout ce qu'en conçoit l'humaine intelligence,

2

Le Superstitieux est il pas insensé
de se le figurer constant, et variable,
embrazé de vangeance, et d'un rien offensé,
ennemy des tyrans, et plus qu'eux redoutable ?

3

L'est-il pas de rechef de se l'imaginer
de tout cet Univers la guide souveraine,

(1) « ... Pour tout ce qui regarde tous les autres quatrains, je me suis contenté d'en rapporter le sens et n'en ay retranché que la rime, et les dictions superfluës ou mal séantes, me servant des propres termes de l'autheur du poëme, et retenant toute la force, et la vigueur des raisons que ce Poëte a mis en avant contre la religion Chrestienne, comme pourront tesmoigner quelques signalez personnages qui respondront de ma fidélité sur ce sujet, auxquels j'ay communiqué ce poëme, et la prose qui y respond... » (Le Père Mersenne : L'*Impiété des Déistes* (première partie), préface au lecteur). —

Les deux premiers quatrains ont été reproduits par le P. Mersenne.

3. Est-il pas insensé de penser et de s'imaginer qu'il est le souverain

et croire ensemblement qu'il se laisse mener
selon les passions, et la nature humaine ?

4

Guidé de mesme esprit est-il pas effronté
d'exalter son amour, et puis tout au contraire
le dépeindre envers nous de pire volonté
qu'un barbare à l'endroit de son pire adversaire ?

5

Si luy ne voudroit pas engendrer des enfans,
s'il pensoit que leur fin deust estre misérable,
Dieu de qui la bonté se voit à tous momens
pourroit-il aux humains se monstrer dissemblable ?

6

L'Eternel nous estant infiniment meilleur
que n'est à ses enfans une soigneuse mère,
nous peut-il imposer un infiny malheur
pour le contentement d'une feinte colère ?

7

Si le Bigot ne peut voir son pire ennemy
souffrir durant un mois un extrême supplice,
comment veut-il que Dieu du supplice infiny
de l'œuvre de ses mains repaisse sa Justice ?

---

gouverneur de ce monde, et néantmoins qu'il se laisse conduire selon nos passions humaines.

4. Est-il pas effronté d'exalter son amour et puis de le dépeindre pire envers nous que n'est un barbare envers son pire ennemy ?

5. Et quoy ? il ne voudroit pas engendrer des enfans, s'il croyoit qu'ils deussent estre misérables, comment est-ce que Dieu qui est infiniment bon, pourroit nous mettre au monde s'il sçavoit que nous deussions estre perdus ?

6. Il est certain que Dieu nous ayme beaucoup plus, et nous est meilleur que la meilleure mère du monde à ses enfans, et par conséquent il ne nous peut imposer un malheur infiny pour satisfaire une colère feinte.

7. Puis que le Bigot ne voudroit, ny ne pourroit voir ses pires ennemis au milieu d'un extrême supplice durant un mois, comment est-il possible qu'il veuille que Dieu repaisse sa justice chastiant l'œuvre de ses mains d'un supplice infiny ?

8

Car sa Justice estant sa pire volonté
et son divin amour toute une mesme chose,
sçauroit-on proposer à nostre infirmité
un appuy autre part où mieux elle repose ?

9

Et quant à sa bonté qui s'en pourroit servir
d'exemple à l'imiter pour aux ennemis rendre
le bienfait pour le mal, si nous devons tenir
que d'elle en cet endroit il ne faut rien attendre ?

10

Tout Sage pourroit-il inspirer les humains
à se rendre envers tous au besoin secourables,
et monstrer quant à luy que les plus inhumains
en nulle cruauté ne luy sont comparables ?

11

Estant tout juste et bon, nous peut-il commander
d'aymer nos ennemis, et les hayr luy-mesme ?
chétifs les pourrons-nous en leur misère ayder,
et luy les voir souffrir une immortelle peine ?

12

Se peut-il concevoir un infiny tourment
pour plaire à l'Eternel, et contenter son ire,
sans le présupposer cruel infiniment,
et pire en nostre endroit que des tyrans le pire ?

---

8. Nostre infirmité peut-elle trouver un appuy autre part, où elle se repose mieux que sur la justice divine, puis qu'elle est une mesme chose avec sa volonté, et son divin amour ?

9. Si nous pensons qu'il ne faut rien attendre de la bonté divine, comment nous en pouvons-nous servir d'exemple pour rendre le bien pour le mal à nos ennemis ?

10. Dieu pourroit-il nous inspirer de donner secours à tout le monde, s'il estoit plus cruel que nul autre ?

11. Peut-il nous commander d'aymer nos ennemis, s'il les hayt luy-mesme veu qu'il est tout juste, et tout bon ; quelle apparence que nous les puissions ayder en leur misère, s'il les voit souffrir une peine immortelle ?

12. On ne peut pas concevoir un tourment infiny pour contenter l'ire de

13

Encor si le Bigot l'estimoit comme luy
capable d'assouvir une extrême vengeance
d'un tourment limité, il n'y auroit celuy
qui enfin n'excusast une telle ignorance.

14

Mais de vouloir que Dieu punisse infiniment
l'Homme pour ses défauts sur peine d'injustice,
est-ce pas accuser calomnieusement
l'éternelle bonté d'éternelle malice ?

15

Ne luy sert d'alléguer pour couvrir son erreur
que Dieu ne peut quitter sa justice immortelle,
et qu'estant infinie la divine fureur
ne se peut assouvir d'une peine mortelle.

16

Car bien que sa divine et saincte Majesté
soit un estre infiny d'essence invariable,
si ne s'ensuit-il pas qu'un meffait limité
d'un supplice infiny soit enfin punissable ?

Dieu, si ce n'est qu'on dit qu'il est infiniment cruel, et qu'il nous traite plus mal que le plus grand tyran du monde.

13. Si le Bigot se contentoit de l'estimer tel comme luy, c'est-à-dire qu'il assouvist sa vengeance de quelque supplice limité, on pourroit excuser une telle ignorance.

14. Mais de dire que Dieu punit l'homme d'une peine infinie pour ses défauts sur peine d'injustice, c'est accuser la bonté divine d'une malice immortelle.

15. Je sçay qu'il respondra pour s'excuser, que Dieu ne peut quitter son éternelle justice, et qu'il faut qu'il assouvisse sa fureur d'une peine immortelle, puisqu'il est infiny.

16. Mais il ne s'ensuit pas qu'un meffait limité doive estre puny d'une peine infinie, bien que sa divine Majesté ait un estre infiny, et invariable.

17

Quant à l'objection qu'on fait en cet endroit :
que le bonheur des uns ne peut sans la misère
des autres subsister, et que Dieu ne sçauroit
aymer tous ses enfans sans estre injuste père,

18

Est-ce pas concevoir que si Dieu n'est cruel,
il ne peut estre juste, et luy vouloir prescrire
la façon de régir son Empire actuel
et à nos jugemens sa volonté réduire ?

19

D'autre part veu qu'en Dieu amour est action
Dont luy seul est l'object, et la cause immuable,
est-ce pas s'impliquer en contradiction
de la croire envers nous mortelle, et périssable ?

20

Si mesme cet amour ne se peut diviser
en aucune façon de l'immortelle essence,
pourquoy veut le Bigot le corporaliser
et la rendre sujette à l'humaine inconstance ?

21

Est-il pas insensé de croire que celuy
Dont tout pouvoir dépend soit capable d'offense,
que tout sage il ait peu nous armer contre luy
et pour nous se donner de la peine, et souffrance ?

---

17. Ils font icy une objection : sçavoir est que le bonheur des uns ne peut estre sans la misère des autres, et que Dieu seroit un père injuste, s'il aymoit tous ses enfans.

18. Mais cela ne se peut dire sans faire Dieu cruel, afin qu'il soit juste ; et puis c'est luy prescrire la façon de gouverner le monde.

19. D'abondant puis que l'amour de Dieu est une action, de laquelle il est le seul object, et la cause invariable, est-ce pas s'embroüiller d'une contradiction de croire que cet amour divin puisse cesser envers nous ?

20. Et quoy, si cet amour ne peut en aucune façon se diviser de l'essence divine, pourquoy est-ce que le Bigot le corporalise, la rendant sujette à l'inconstance humaine ?

21. N'est-il pas insensé lorsqu'il croit que Dieu est capable d'offense, puis

22

Pourroit-il endurer que l'on le surmontast
de luy-mesme assisté pour ravir son ouvrage,
puis pour le racheter que l'on exécutast
contre sa volonté toute sorte de rage ?

23

Si Dieu estoit espris de cette ambition
d'ostenter contre nous sa force et sa puissance,
quel seroit son désir ? qu'une imperfection,
cette imperfection qu'une pure indigence.

24

Tout estant par luy-mesme entièrement sousmis
à ce divin vouloir, peut-il estre croyable
Que jamais il ait peu faire des ennemis
capables d'empescher ses desseins immuables ?

25

Si Dieu gouverne tout d'un absolu pouvoir
réciproque et pareil à son intelligence,
qui pourroit empescher l'effet de son vouloir
et malgré qu'il en eust y faire résistance ?

---

que tout pouvoir dépend de luy ? et qu'il ait peu nous mettre les armes en main contre luy, et qu'il se soit donné de la peine et de la souffrance pour nous, veu qu'il est tout sage ?

22. Pourroit-il donner son assistance pour estre surmonté, et afin qu'on lui ravist son ouvrage, et puis endurer qu'on exécutast toute sorte de rage contre sa volonté pour racheter le susdit ouvrage ?

23. Si Dieu avoit cette ambition de monstrer sa force, et sa puissance contre nous, son désir ne seroit-il pas une grande imperfection, et une pure indigence.

24. Peut-il estre croyable qu'il ait peu faire quelques ennemis, lesquels ayent esté capables d'empescher ses desseins immuables, puisqu'il a soumis toutes choses à sa volonté ?

25. Si Dieu gouverne toutes choses d'un pouvoir absolu, qui soit égal et réciproque à son intelligence, qui est-ce qui pourroit empescher l'effect de sa volonté malgré qu'il en eust, il n'y auroit pas moyen de lui résister.

26

Est-il quelque pouvoir lequel puisse servir
contre celuy auquel tout pouvoir fait hommage ?
Dieu mesme pourroit-il aux hommes s'asservir
et régler son vouloir selon leur arbitrage ?

27

Si à l'Estre infiny rien ne peut estre osté
ny soustrait du ressort de sa toute puissance,
comment a-t-il pu perdre, et depuis racheté,
ce qui jamais ne fut qu'à sa divine essence ?

28

Combien que le Bigot ne die ouvertement
qu'envers ses ennemis il est plus charitable
que Dieu n'est envers nous, qui ne voit clairement
en ses opinions cette suitte exécrable ?

29

Mais pour luy faire voir par démonstration
visible, et fondemens de son escole mesme,
qu'au delà du trespas toute punition
répugne évidemment à l'équité suprême.

30

Jettons-le dans le choix de ces deux questions,
ou que tous mouvemens fuyent la cognoissance
du moteur éternel, ou que les actions
de nostre volonté suivent son ordonnance.

---

26. Y a-t-il quelque pouvoir qui puisse servir contre celuy auquel tout pouvoir fait hommage ; Dieu mesme se pourroit-il asservir aux hommes, et prendre leur arbitrage pour règle de son vouloir ?

27. Si on ne peut rien oster, ny distraire du ressort de la toute puissance de l'estre infiny, comment peut-il avoir perdu, et puis racheté ce qui n'a jamais esté à d'autre qu'à son essence divine ?

28. Bien que le Bigot n'ose pas dire clairement qu'il est plus charitable envers ses ennemis, que Dieu n'est envers nous, néantmoins cette conséquence exécrable se tire manifestement de ses opinions.

29. Je lui veux démonstrer par les propres fondemens de son escole, que toute punition cesse après le trespas, et qu'elle répugne à l'équité suprême.

30. Qu'il me responde à cet argument, par lequel je luy donne le choix

31

S'il dit en premier lieu que chaque mouvement
suit le sçavoir divin, avec quelle impudence
ose-t-il opposer contradictoirement
son vouloir aux objects de sa toute science ?

32

Car si quelques objects de son divin sçavoir
sont à sa volonté répugnans et adverses,
s'en ensuivra-t-il pas que conoistre et vouloir
luy seront comme à nous choses du tout diverses ?

33

Que si tout est essence en la Divinité
et tous ses attributs y ont leurs différences,
serons-nous pas réduits à cette absurdité
de confesser en elle autant de subsistances ?

34

Dieu estant un pur acte en son éternité
qui précède en tout sens les choses temporelles,
est-ce pas desnier sa très saincte Unité
que de les supposer avant les éternelles ?

---

entre ces deux questions : tous mouvemens suivent la cognoissance de Dieu, ou les actions de nostre volonté suivent son ordonnance.

31. S'il choisit le premier, accordant que tous mouvemens suivent le sçavoir divin, est-il pas impudent d'opposer le vouloir divin aux objects de sa cognoissance, et rendre le vouloir et le sçavoir de Dieu contradictoires ?

32. Car si quelques objects de la science de Dieu sont répugnans à sa volonté, faudra-t-il pas confesser que la cognoissance, et la volonté divine seront diverses, comme sont nostre cognoissance, et nostre volonté ?

33. De plus, si tout ce qui est en l'essence divine est essence, et si ces attributs y gardent leur différence, ne serons-nous pas contraints de confesser autant de subsistances dans l'essence divine, comme il y aura d'attributs, ce qui est une grande absurdité !

34. Puis que Dieu est un pur acte lequel précède les choses temporelles de toute éternité, celuy-là ne nie-t-il pas sa très simple unité, qui dit que les choses temporelles sont avant les éternelles ?

35

Si la science ensuit nos contingens effects
et ses effects en tems ont pris estre et naissance,
ne sera-t-elle pas ainsy que ses objects
temporelle et finie et luy de mesme essence ?

36

Si en quelques desseins Dieu se peut décevoir,
l'issuë en arrivant contre son espérance,
quel sera son propos ? qu'un infirme vouloir
accompagné d'erreur, de doute, et d'ignorance.

37

Estimer outre plus que Dieu soit en suspens
de ce que nous ferons pour bien ou mal nous faire,
qu'il dépende de nous, et des lieux et du tems,
et que de son vouloir on se puisse distraire.

38

Est-ce pas le réduire à l'imbécillité
de celuy qui pensant s'unir à la rencontre
de ce qu'il espéroit, se trouve mesconté
par l'accident fatal de quelque malencontre ?

39

Est-ce pas mesurer le souverain agent
qui fait tout ce qu'il veut, à l'humaine puissance,
comme si quelque objet le rendoit indigent
pour atteindre à la fin de son intelligence ?

---

35. Si son sçavoir suit nos effects contingens, et que ces effects ayent pris leur estre, et leur naissance en temps, la science de Dieu ne sera-t-elle pas temporelle et finie aussi bien que ses objects, et par conséquent Dieu ne sera-t-il pas de mesme essence ?

36. Si Dieu pouvoit être déceu, et qu'il arrivast contre ce qu'il auroit proposé, son propos et son vouloir seroient infirmes, et accompagnez de doute, d'erreur et d'ignorance.

37. Il n'y a pas d'apparence que Dieu dépende de nous, et des lieux, et du temps pour nous faire bien ou mal, et qu'on se puisse distraire de son vouloir.

38. Autrement ce seroit le réduire à l'estat de celuy qui, pensant parvenir à ce qu'il espéroit, se trouve mesconté et malheureux.

39. C'est dire que Dieu soit indigent comme l'homme, et qu'il a besoin de quelque object pour venir à la fin de son intelligence.

40

Est-ce pas le vouloir à l'homme assujettir,
comme un potier de terre à son débile ouvrage,
que l'on voit de son but souvent se divertir
bien que prédestiné à quelque bon usage ?

41

Si en soy l'Eternel voit tout présentement
ce qui nous est futur, est-il imaginable
qu'il nous ait défendu ce qu'infailliblement
il sçait par son vouloir nous estre inévitable ?

42

Nous peut-il commander de faire ce qu'il sçait
que nous ne ferons point, ou par insuffisance
retenir son vouloir sur le bien ou mal fait
venant de nostre choix et pure contingence ?

43

Bref si le mesme Dieu sçait actuellement
Toute chose en soy-mesme, avec quelle ignorance
le croirons-nous autheur d'une loy qui dément
les effects descoulans de sa préconnoissance ?

44

Que si des loix du monde il luy plaît se servir
pour guider les humains selon sa Providence,
pourquoy veut-il celuy aux siennes asservir
les autres nations de diverses créances ?

---

40. C'est l'assujettir à l'homme comme le pot au potier, qui se divertit souvent de son but et de l'usage auquel il avoit esté prédestiné.

41. Si Dieu voit tout ce qui est futur, quelle apparence y a-t-il qu'il ait deffendu ce qu'il sçait nous estre inévitable par son vouloir ?

42. Quelle apparence y a-t-il qu'il nous commande ce qu'il sçait que nous ne ferons point, ou que par insuffisance, il retienne sa volonté sur le bien ou le mal qui vient de nostre choix ?

43. S'il sçait tout, comment peut-il avoir donné une loy laquelle est contre les effects de sa prescience.

44. Si Dieu veut se servir de loix pour nous guider selon sa Providence, pourquoy voulez-vous nous assujettir à vostre religion ?

45

Car puisqu'un mesme Dieu est père de nous tous
qui désirons joüir d'un bien intelligible,
que nous peut importer qu'il y guide eux et nous
par les divers chemins de ce monde insensible ?

46

Nous distinguons icy en un certain respect
ce que dit simplement est en bonne logique
une déception : d'autant qu'un mesme effect
toujours loüable en Dieu peut estre en nous inique.

47

Car comme nous devons par la diversité
des causes, recevons ès effects différence,
aussy bien voulons-nous fuyr l'Identité
afin d'y prévenir l'injuste conséquence.

48

C'est pourquoy nous disons que les effects divers,
lesquels nous condamnons en leur cause prochaine,
servent loüablement au bien de l'Univers
par leur vouloir divin leur cause souveraine.

49

Par toutes ces raisons on peut voir clairement
que la peur d'un Enfer n'est qu'une fantasie
et foiblesse d'esprit, consécutivement
que tout chastiment cesse en cette humaine vie.

---

45. Qu'importe qu'il nous guide tous à un mesme bien intelligible par divers chemins ?

46. Ce que nous appellons distinctions, est dit déception en bonne logique, parce que le mesme effect qui est loüable en Dieu peut estre inique en nous.

47. Car si les causes produisent des effects différens, il faut en fuyr l'identité, afin que l'injuste conséquence soit prévenuë.

48. Par conséquent les différens effects condamnez dans leur cause prochaine, servent au bien de l'Univers selon la volonté de Dieu.

49. De toutes ces raisons il conclud qu'il n'y a point d'enfer, ny aucun chastiment après ceste vie, et que tout cela n'est que fantasie, et foiblesse d'esprit.

50

Vie en laquelle ainsi qu'en chaque région
chacun prend le surnom du lieu de sa naissance,
de mesme le Bigot suit la religion
dont il est allaicté dès sa première enfance.

51

Vie encor où l'on voit que de chaque costé
le vulgaire ignorant croit comme indubitable,
ce que ses devanciers ont jadis inventé
avoir esté receu de l'essence ineffable.

52

Utile invention pour brider les esprits
des hommes insolens qui pervers de nature
mettent les magistrats et leurs loix à mespris
pour vivre à l'abandon sans reigle, ny mesure.

53

A quoy semblent aussy viser finalement
les merveilleux effects qu'on voit au monde naistre,
dont les Pipeniais ombragent finement
leurs contes fabuleux pour les simples repaistre.

54

S'il dit en second lieu que tout événement
suit l'absolu vouloir de la divine essence,
n'est-il pas obligé de nous monstrer comment
Dieu peut de ce qu'il veut recevoir de l'offense ?

---

50. Le Bigot suit la religion qu'il a succée à la mammelle.

51. Et le vulgaire ignorant croit ce que ses devanciers luy ont dit, avoir esté receu de Dieu.

52. Ce quatrain a été reproduit textuellement.

53. *Id.*

54. Secondement, si les événemens suivent la volonté de Dieu, il faut donc qu'on nous monstre qu'il peut recevoir de l'offense de ce qu'il veut.

55

De distinguer que Dieu détermine en secret
et veut ce qu'en ses loix il nous défend de faire,
est-ce pas le dépeindre hypocrite, indiscret,
et à sa volonté répugnant et contraire?

56

Se peut-il concevoir plus grande impiété
que celle du Bigot qui veut que Dieu punisse
ceux dont les actions suivent sa volonté,
pour démonstrer sur eux sa divine justice ?

57

Dieu peut-il condamner ceux lesquels il conduit
en tous leurs mouvemens sans accuser luy-mesme ?
sçauroit-on imposer quelque justice en luy
sans en luy concevoir une malice extrême ?

58

Pourroit-il de nos maux sa justice exalter
et de nostre misère enrichir son essence ?
sçauroit-on faire pis que de luy adapter
l'office de bourreau pour vanger nos offenses ?

59

Il n'est pas moins mauvais de nier simplement
une Divinité, que de la croire telle
qu'elle tire de l'heur et du contentement
à nous faire souffrir une peine immortelle.

---

55. Car ce seroit le faire hypocrite et contraire à sa volonté, si on disoit qu'il détermine en secret, ce qu'il deffend par ses loix.

56. C'est une grande impiété de vouloir que Dieu punisse ceux qui suivent sa volonté, afin qu'il monstre sa justice.

57. Dieu ne sçauroit condamner ceux qu'il conduit en tous leurs mouvemens, autrement il seroit injuste et malicieux.

58. Dieu pourroit-il exalter sa justice, et enrichir son essence de nos maux et de nostre misère ? Est-ce pas le pis qu'on puisse faire que de luy adapter l'office de bourreau envers nous ?

59. Voudroit-il pas mieux nier Dieu que de croire qu'il tire de l'heur, et prend plaisir à nous punir d'une peine immortelle ?

60

Qui est l'homme bigot lequel n'aymast trop mieux
estre nié des siens par leur ingratitude,
que d'en estre avoüé et dépeint furieux,
cruel, impitoyable, et plein d'inquiétude ?

61

Si Dieu est esloigné de toute passion
comme il est manifeste à toute intelligence,
est-ce pas ignorance et superstition
de le croire agité de colère, et vengeance ?

62

S'il le faut estimer plein d'ire, et furieux,
lors que les mandemens de Moyse on délaisse,
quel moyen de le croire autre que malheureux
puisque le genre humain les viole sans cesse ?

63

Ainsi le Souverain n'est jamais courroucé
si à nos maux communs la beste communique,
le Superstitieux est-il pas insensé
de flatter son vouloir d'un chastiment inique ?

64

C'est gazouiller en vain que tous ces attributs
sont énoncez de Dieu pour figurer nos crimes,
et qu'on entend par eux d'ineffables vertus
de qui tant seulement les effects on exprime.

---

60. Le Bigot aymeroit mieux estre nié des siens par leur ingratitude, que d'en estre advoüé furieux, cruel, impitoyable et plein de trouble.

61. Si Dieu est exempt de passion, comme croyent tous les bons esprits, n'est-ce pas estre ignorant et superstitieux de penser qu'il soit agité de colère et de vengeance ?

62. Si vous dites que Dieu est furieux, quand on n'observe pas les commandements de Moyse, vous le faites malheureux, puis que les hommes les violent sans cesse.

63. Mais s'il n'est jamais en colère, et si la beste communique à nos maux, le superstitieux est-il pas insensé de flatter sa volonté d'un chastiment inique ?

64. Il ne sert de rien de dire que ces attributs ne sont énoncez de Dieu que

65

Car puisque ces effects ont leur relation
nécessaire à leur cause, il est indubitable
ou que Dieu est suject à perturbation,
ou que telle doctrine est une pure fable.

66

Mais feignons comme luy l'Immuable irrité
contre les plus meschans addonnez à tout vice,
s'ensuit-il de cela que la Divinité
les doit punir enfin d'un infiny supplice ?

67

Le Bigot n'est-il pas cruel infiniment
de vouloir exiger une peine infinie
d'un meffait limité ? veut-il pas sottement
esgaler à toujours l'instant de nostre vie ?

68

Veut-il pas que Dieu soit vainement punisseur,
l'impunité n'estant nullement dommageable,
qu'il soit loisible à nous de suivre la douceur,
injuste à l'Eternel de faire le semblable ?

69

Veut-il pas de rechef que la punition
au delà du trespas soit inutile et vaine,
car ne s'en ensuivant nulle correction,
quel bien en peut tirer l'équité souveraine ?

---

pour figurer nos crimes, et que par iceux on entend quelques vertus infinies en exprimant leurs effects.

65. Car puis que ces effects se rapportent nécessairement à leur cause, Dieu est sujet à perturbation, ou cette doctrine est une fable.

66. Bien que nous disions que Dieu fust irrité contre les meschants, il ne s'ensuit pas qu'il les doive punir d'un supplice éternel.

67. Le Bigot est infiniment cruel de désirer qu'un meffait limité soit puny d'un infiny tourment, car c'est esgaler l'instant de nostre vie au tousjours.

68. Dieu puniroit vainement, l'impunité des damnez n'estant point dommageable ; et puis quelle apparence y a-t-il qu'il nous soit loisible de suivre la douceur, si c'est injustice à Dieu de faire le semblable.

69. Ceste punition éternelle ne seroit-elle pas inutile après le trespas ? car quel bien Dieu peut-il en tirer, si les damnez ne se corrigent point ?

70

S'y plaire simplement, est-ce pas cruauté ?
y chercher de la gloire ainsy qu'en la défaite
d'une chose de néant, est-ce pas vanité
où la Divinité ne peut estre sujette ?

71

Que si d'un grand Monarque on se moque en prisant
contre un foible rival l'effort de sa victoire,
le Bigot n'est-il pas phrénétique en disant
qu'à perdre les humains Dieu treuve de la gloire ?

72

Si donc le but final d'un juste chastiment
est la correction que de l'exemple on tire,
qu'est-ce l'Enfer ? qu'un masqué, et supposé tourment,
dont les religions maintiennent leur Empire.

73

D'ailleurs veu que le but d'un sage entendement
est de tous ses desseins l'intention première,
faut-il pas avoüer que déterminément
Dieu nous a tous formez à quelque fin dernière ?

74

Que si l'homme bigot ne se peut proposer
que de bien faire à ceux desquels il est le père,
le Père de ce tout auroit-il peu viser
pour nous à quelque fin d'immortelle misère ?

---

70. C'est cruauté, et vanité que de plaire, et de chercher de la gloire en punissant les meschans, ou Dieu n'est suject ny à cruauté, ny à vanité.

71. On se mocqueroit d'un Monarque, si on faisoit estat de la victoire qu'il auroit emportée sur un goujat, donc le Bigot est phrénétique quand il dit que Dieu treuve de la gloire à perdre les hommes.

72. Si le chastiment ne sert que pour l'exemple qu'on en tire, qu'est-ce que l'Enfer ? qu'un tourment supposé, par lequel les religions s'entretiennent.

73. Dieu ne nous a-t-il pas tous formez pour quelque fin dernière, puis que le but d'un sage entendement est la première intention de ses desseins ?

74. Dieu pourroit-il avoir visé pour nous à quelque fin d'immortelle misère, puis que le Bigot mesme ne se peut proposer que de bien faire à ses enfans ?

75

De là s'ensuit-il pas si la Divinité
pour un malheur sans fin n'a peu nous faire naistre,
que nous parviendrons tous au repos limité
par son divin amour pour notre meilleur estre ?

76

Bref tout bon pourroit-il de nous se désunir
et sage abandonner son principal ouvrage ?
immuable en conseil, pouvons-nous parvenir
qu'au but où sa bonté visa devant tout aage ?

77

Et quand bien Dieu voudroit qu'à l'ancien chaos
nous fussions tous réduits, n'est-ce pas un blasphème
de le vouloir taxer de nous mettre au repos
où nous estions sans naistre en ce principe mesme ?

78

Icy les Taupetiers et Ventres paresseux
despitez du mespris de leur pantalonisme,
nous feront des discours et contes fabuleux
pour nous faire quitter les plus claires maximes.

79

Et ne douteront point de nous mettre en avant
que les effects divins nous sont impénétrables,
que nos sens et raison nous déçoivent souvent
et que rien n'est certain que leurs songes et fables.

---

75. D'où je conclus que puis que Dieu ne nous a peu faire naistre pour un malheur sans fin, que nous parviendrons tous au repos que l'amour divin nous a limité pour nostre meilleur estre.

76. En fin pourroit-il nous quitter, puis que nous sommes son principal ouvrage ? pourrions-nous parvenir qu'au but où sa bonté a visé devant tout aage.

77. Bien que Dieu nous voulust réduire dans l'ancien chaos, est-ce pas blasphémer de le taxer de nous mettre au repos où nous estions, avant que d'estre, en ce principe mesme ?

78. Je sçay qu'on nous fera icy des contes fabuleux pour nous faire quitter les maximes les plus évidentes.

79. Et qu'on nous dira que les effects divins nous sont impénétrables, et que

80

Et comme un Ulespiègle estoit injurieux
à ceux qui descouvroient ses couleurs et peintures,
de mesme ces caffars, comme luy vicieux,
contre nos argumens vomiront des injures.

81

Celuy-là voulant faire approuver ses tableaux
disoit qu'aux seuls bastards ils estoient invisibles,
ceux-ci pour nous ranger à leurs brides à veaux
veulent que nous soyons des souches insensibles.

82

Et comme une nourrice effraye ses petits,
ces freslons nous voudront espouvanter de mesme,
celle-là pour reigler leurs jeunes appétits,
ceux-ci pour nous ranger dessous leur diadesme.

83

Mais toutes leurs raisons n'ont point d'autre pouvoir
que d'effrayer les sots dont l'aveugle ignorance,
compagne de l'erreur, ayde à les décevoir
pour les embéguiner d'une fausse créance.

84

Quant à ceux que l'on voit se battre et tourmenter
afin de se punir des défauts de leur vie,
où trouvent-ils que Dieu se puisse délecter
en l'agitation d'une telle folie ?

---

nos sens, et nos raisons nous trompent souvent, comme s'il n'y avoit rien de certain que leurs songes, et leurs fables.

80. De plus, ils vomiront des injures contre nous comme faisoit Ulespiègle contre ceux qui découvroient ses couleurs, et ses peintures.

81. Car ils veulent que nous soyons des souches insensibles pour nous ranger à leurs opinions.

82. Et nous espouvanter comme une nourrice laquelle effraye ses petits pour reigler leurs jeunes appétits, à ce qu'ils nous puissent ranger sous leur diadesme.

83. Mais tout ce qu'ils nous sçauroient dire n'est que pour effrayer les sots, qui se laissent décevoir à l'ignorance, laquelle les embéguine d'une fausse créance.

84. Reproduit textuellement par le P. Mersenne.

85

Si par devant un juge un voleur ne sçauroit
se purger de son crime en punissant soy-mesme,
pourquoy veut le Bigot que Dieu en cet endroit
donne ce privilège à la sottise humaine ?

86

Se mocqueroit-on pas de voir un malfaicteur
de juge et de partie entreprenant la charge,
de sa propre sentence estre l'exécuteur
et en représenter l'acte, et le personnage ?

87

Avons-nous pas assez de naturels malheurs
sans nous en inventer ? est-il rien plus inique
que de nous procurer de nouvelles douleurs,
ny qui ressente plus une âme phrénétique ?

88

Si Dieu veut envers nous user de chastiment
par des esprits malins bourreaux de sa justice,
pourquoy veulent ceux-ci usurper follement
de Dieu l'authorité, et de ceux-là l'office ?

89

Sont-ils pas hors du sens de se feindre et masquer,
et de la piété faire une comédie,
de nous masquer Dieu mesme, et entr'eux se moquer
de nostre aveuglement à leur hypocrisie ?

90

Qui est celuy d'entr'eux qui voulust faire estat
d'un respect controuvé par l'aveugle ignorance,
qui du leur envers Dieu plustost ne s'offençast,
que d'y constituer aucune récompense ?

---

85. 86. 87. 88. Reproduits textuellement par le P. Mersenne.

89. Ils sont hors du sens de se feindre la piété, et d'en faire une comédie, de nous masquer Dieu et de se moquer de nostre aveuglement.

90. Puis qu'ils se moqueroient d'un respect controuvé par les ignorans, pourquoi ferons-nous compte du leur envers Dieu ?

91

Les yeux tournez au ciel, et le cœur en tout lieu,
enflez de vanité où leur vertu se fonde,
sont-ils pas impudens d'oser parler de Dieu
plus irrévéremment que du moindre du monde ?

92

Qu'importe à l'Éternel qu'ils quittent les faveurs
desquelles sa bonté leur présente l'usage,
pour en oysiveté pratiquer les douceurs
où leur propre appétit les porte davantage.

93

Celuy qui au banquet d'un Grand refuseroit
pour luy estre agréable une viande exquise,
que libéralement il luy présenteroit,
seroit-il à loüer d'une telle sottise ?

94

Qui d'un million d'or nous voudroit étreiner,
pourroit-il envers nous estre court d'une obole ?
si d'un règne infiny Dieu nous veut couronner,
nous peut-il plaindre au prix d'une chose frivole ?

95

S'il nous faut espérer qu'au delà du trespas
des délices du Ciel nous aurons jouissance,
pourquoy ne prendrons-nous de celles d'icy-bas
attendant celles-là, l'usage et connoissance ?

---

91. Ils tournent les yeux au Ciel enflez de vanité, sur laquelle leur vertu est fondée, et sont si impudens qu'ils parlent plus irrévéremment de Dieu, que du moindre du monde.

92. N'importe point à Dieu qu'ils quittent les faveurs qu'il leur fait, car ils font cela pour user en oysiveté des douceurs, auxquelles leur appétit les porte davantage.

93. Celuy-là seroit-il loüable qui refuseroit une viande exquise de la main d'un Grand qui l'auroit appelé à sa table ?

94. Celuy-là nous refuseroit-il une obole, qui nous voudroit étreiner d'un million d'or ? Dieu nous pourroit-il plaindre d'une chose frivole, s'il nous veut donner un règne infiny ?

95. S'il faut espérer que nous jouyrons du Paradis après ceste vie, ne devons-nous pas user des délices de ceste vie en attendant celles de l'autre ?

96

Si pour conclusion Dieu nous permet d'user
des sensibles effects de sa bénéficence,
pourquoy les voulons-nous de sa main refuser
et luy en desnier nostre recognoissance ?

97

De tout ce que dessus on peut sommairement
distinguer le Bigot d'avec le Déiste,
pour fuir du premier l'impie enseignement
et de l'autre imiter la bienheureuse piste.

98

Le Bigot ignorant ne fait rien sans espoir
de quelque récompense, et s'il fuit quelque vice
ce n'est pas qu'à bien faire il ait un bon vouloir,
mais c'est pour éviter du meffait le supplice.

99

Plein de trouble en son âme il s'effraye de Dieu
ainsy que les enfans d'un monstre espouvantable,
et tel l'imaginant il le blasme en tout lieu
sous ombre d'exalter sa justice ineffable.

100

Aussy est le Bigot entre les ignorans
seul ennemy juré de sa propre lumière,
pour ne voir les erreurs enfantez par les ans
dans lesquelles il détient son âme prisonnière.

---

96. Bref si Dieu permet que nous usions des sensibles effects de sa bénéficence, pourquoy les refuserons-nous et luy en dénierons nostre recognoissance ?

97. Vous voyez donc de tout ce que dessus, qu'il faut fuyr l'impie enseignement du Bigot, et imiter la piste bien-heureuse du Déiste.

98. Le Bigot ne fait rien que sous espérance d'estre récompensé, et ne fuit pas le vice si ce n'est pour éviter le supplice deu à son meffait.

99. Et s'effraye de Dieu, comme les enfans d'un monstre épouvantable, et le blasme par tout sous prétexte de loüer sa justice ineffable.

100. Il est le seul ennemy juré de sa propre lumière entre les ignorans, ne voyant pas les erreurs que les ans ont enfantez, et qui détiennent son âme prisonnière.

101

Le Déiste en repos agit tant seulement
pour l'amour du bien mesme, et non pour le salaire
proposé par les loix, sçachant asseurément
que la vertu n'est point servile, et mercenaire.

102

Vertu qui nous instruit que souverainement
nous devons adorer une cause première,
aymant nostre prochain en elle seulement
sans luy faire dommage en aucune manière.

103

Ennemy conjuré de l'irréligion,
il vit paisiblement avecques tout le monde,
et seul observateur de la religion
il adore l'Autheur de la terre et de l'onde.

104

Mesme tout simplement il ayme l'Eternel
et en luy ce qui est, ce qui vit et respire,
envers tous les humains se monstrant estre tel
que mutuellement il souhaite et desire.

105

Au regard de l'Athée, encor qu'ingratement
il nie l'Eternel, et sa saincte police,
si n'en parle-t-il pas si injurieusement,
comme fait le Bigot traitant de sa justice.

106

Ainsy l'Athée seul nie la Divinité ;
Le Bigot, pirement, meilleur que Dieu s'estime ;
Le Déiste entre tous l'adore en vérité,
attendant qu'il parvienne où son but se termine.

---

101. Le Déiste n'agit que pour le bien mesme, et non pour le salaire que les loix proposent, d'autant qu'il sçait bien que la vertu n'est point servile.

102. Par laquelle nous sçavons qu'il faut adorer une première cause, et aymer en elle nostre prochain sans luy faire aucun tort.

103. Il observe tout seul la religion, et adore celuy qui a fait le Ciel, et la terre, hayssant entièrement l'irréligion.

104. Il ayme Dieu, et en luy tout ce qui vit et qui respire, se monstrant estre tel envers chacun, qu'il souhaite naturellement qu'on soit envers luy.

105. 106. Reproduits textuellement par le P. Mersenne.

LE PARNASSE SATYRIQUE

DANS

L'HISTOIRE COMIQUE DE FRANCION

(1624 ou 1626)

Comment étaient appréciés, à la veille ou pendant le procès de Théophile, les recueils libres et particulièrement le *Parnasse des Poëtes satyriques, 1622,* le plus libre et le dernier en date ? La réponse à cette question se trouve dans la seconde édition [1] (1624 ou 1626) du premier roman de mœurs publié en France : l'*Histoire comique de Francion* [2]... On y lit un passage relatif au *Parnasse satyrique* qui n'est pas dans l'édition originale de 1623 [3].

---

(1) M. E. Roy dans sa thèse : La vie et les œuvres de Charles Sorel, sieur de Souvigny, Paris, Hachette, 1891, s'exprime ainsi sur cette seconde édition, 1624 : « A ce moment (1624) Sorel ajoute à son roman quatre livres, où il développe sa propre histoire, attaque Balzac, et marie son héros en promettant de ne pas le perdre de vue. En 1633, pour ajouter un douzième livre, il supprime deux pages de la conclusion précédente et recule le mariage de Francion par de nouveaux incidents... Ainsi allongé à deux reprises le texte du Francion n'a été revu et corrigé qu'une fois, en 1624. Les expressions archaïques, les jurons trop expressifs ont disparu dans la seconde édition ; quelques longueurs, quelques pages grossières ont été supprimées, mais il en reste ; les moralités, au commencement et à la fin de chaque livre, ont reçu plus de développements et l'ordre de quelques passages a été interverti ; en somme, rien à relever que des minuties. Telles sont, à peu de chose près, tous les changements que le Francion a subis dans la forme et dans le fond ; tous y ont été introduits par Sorel lui-même en 1624 et en 1633 et seulement à ces deux dates. » Mais si nous nous reportons à l'*Appendice*, p. 404, M. Roy n'en cite aucun exemplaire. Il ne l'a donc pas vue et en parle seulement sur la mention qu'en a faite le *Ménagiana*, t. III, p. 65 (éd. de 1715). Ajoutons qu'une édition de Billaine sous la date de 1626 porte *Seconde édition*. Celle-ci renferme le passage relatif au *Parnasse satyrique*.

(2) Voici le titre de l'édition originale : *Histoire comique de Francion en laquelle sont découvertes les plus subtiles finesses et trompeuses inventions, tant des hommes que des femmes, de toutes sortes de conditions et d'âges, non moins profitable pour s'en garder que plaisante à la lecture, à Paris, chez Pierre Billaine, rue Saint-Jacques, à la Bonne foi, avec privilège du Roi.*

(3) C'est grâce à l'amabilité de M. E. Picot, qui possède l'exemplaire peut-être unique de cette édition, qu'il nous a été possible d'isoler le passage ajouté dans l'édition de 1624 (?) ou 1626 et de donner quelques variantes de l'édition de 1623.

Le passage ajouté est en italique :

« Quelques dames qui avoient encore gardé leur pudeur la laissèrent échapper, se conformant aux autres qu'elles se donnoient pour exemple ; si bien qu'elles ne s'en retournèrent pas aussi chastes qu'elles étoient venues. Raymond avoit cessé le combat du verre, il y avoit longtemps, pour aller folâtrer avec les femmes, et, en les entretenant, il leur disoit des mots fort sales, que je ne puis autrement exprimer qu'en usant des termes du vulgaire, c'est à sçavoir qu'il leur parloit tout à droit. Ce que Francion entendant, il lui dit : Comte, ma foi, je vous blâme, et tous ceux qui ont ces mots à la bouche. Pourquoi, mon brave ? dit Raymond ; y a-t-il mal à prendre la hardiesse de parler des choses que nous prenons bien la hardiesse de faire [1] ? Croyez-vous que cette chose soit si sacrée et si vénérable, que l'on n'en doive pas parler à tout propos ? Ce n'est point cela, répondit Francion, il vous est permis d'en discourir et de nommer tout sans scandale ; mais je voudrois que ce fût par des noms plus beaux et moins communs [2] que les vôtres. Il y a bien de l'apparence que les plus braves hommes, quand ils veulent témoigner leur galanterie [3] usent, en cette matière-ci, la plus excellente de toutes, des propres termes qui sortent à chaque moment de la bouche des crocheteurs [4], des laquais et de tous les coquins du monde, lesquels n'ont point de paroles plus à commandement. Pour moy, j'enrage quand je vois quelquefois qu'un bon poète pense avoir fait un bon sonnet, quand il a mis dedans ces vilains mots [5]. *La plupart de ceux qui ont mis des vers dans le nouveau recueil de la poésie françoise en sont là logés, et outre qu'ils ont fait imprimer de sottes chansons que les garçons de cabaret et les volontaires du Louvre sçavent, ils font voir à tout le monde des vers infâmes qu'ils ont composés, où il n'y a rien de remarquable, sinon qu'ils y nomment partout les parties et les actions naturelles.* Voilà, pensez-vous, des embellissemens bien plus grands que s'ils

(1) Texte de 1623 à la suite : Me voulez-vous dire que ces Dames ayment mieux que l'on le leur fasse par le bas du ventre que par les oreilles ou bien...

(2) *Id.* : que vous leur baillez...

(3) Var. de 1623 : galentise...

(4) *Id.* des crocheteux.

(5) Var. de 1623 : ces mots de foutre, de vit et de con.

avoient[1] parlé de bras, de pieds, de cuisses et de manger. Néanmoins les esprits idiots sont émus à rire, dès qu'ils entendent ceci[2]. Je désirerois que les hommes comme nous parlassent d'une autre façon, pour se rendre différens du vulgaire, et qu'ils inventassent quelques noms mignards pour les donner aux choses dont ils se plaisent si souvent à discourir. Ma foi, vous avez bonne raison, dit Raymond ; ne faisons-nous pas l'amour tout de même que les paysans? pourquoi aurions-nous d'autres termes qu'eux? Vous vous trompez, Raymond, reprit Francion, nous le faisons bien en autre manière ; nous usons bien de plus de caresses qu'eux, qui n'ont point d'autre envie que de soûler leur appétit stupide, qui ne diffère en rien de celui des brutes : ils ne font l'amour que du corps, et nous le faisons du corps et de l'âme tout ensemble, puisque faire y a. Ecoutez comment je philosophe sur ce point. Toutes les postures et toutes les caresses ne servent de rien, me direz-vous, nous tendons tous à même fin. Je vous l'avoue, car il n'est rien de si véritable. J'ai donc gagné, me répliquerez-vous, et par conséquent il nous faut parler de même qu'eux de cette chose-là. Voici ce que je vous dis là dessus, reprit Francion : Puisque les mêmes parties de notre corps que celles du leur se joignent ensemble, nous devons aussi remuer la langue, ouvrir la bouche et desserrer les dents comme eux, quand nous en voudrons discourir ; mais tout comme en leur copulation, qu'ils font de même façon que nous, ils n'apportent pas néanmoins les mêmes mignardises et les mêmes transports d'esprit : ainsi en discourant de ce jeu-là, bien que notre corps fasse la même action qu'eux, pour en parler, notre esprit doit faire paroître sa gentillesse, et il nous faut avoir d'autres termes que les leurs : de cela, l'on peut apprendre aussi que nous avons quelque chose de divin et de céleste, mais que, quant à eux, ils sont tout terrestres et brutaux.

« Chacun admira le subtil argument de Francion, qui n'a guère son pareil au monde, n'en déplaise à tous les logiciens. Les femmes principalement approuvèrent ses raisons, parce qu'elles

(1) Var. de 1623 : que s'il avoit parlé.

(2) Var. de 1623 : dès qu'ils les entendent, et le bouffon d'une comédie auroit beau avoir des traits non pareils, il seroit estimé ignorant de son art s'il n'avoit toujours de tels mots. Je désirerois... Ce bouffon d'une comédie ne désignerait-il pas Théophile ?

eussent été bien aises qu'il y eût eu des mots nouveaux pour exprimer les choses qu'elles aimoient le mieux, afin que laissant les anciens qui, suivant les fantaisies du commun, ne sont pas honnêtes en leur bouche, elles parlassent librement de tout sans crainte d'en être blâmées, vu que la malice du monde n'auroit pas sitôt rendu ce langage odieux.

« Francion fut donc supplié de donner des noms de son invention à toutes les choses qu'il ne trouveroit pas bien nommées, et l'on lui dit pour l'y convier, que cela feroit voler son nom par toute la France encore davantage qu'il ne faisoit, à cause que chacun seroit fort aise de sçavoir l'auteur de ces nouveautés, desquelles on ne parleroit jamais sans parler de lui. Francion s'en excusa pour l'heure, et dit que possible, en quelque grande assemblée de braves qu'il seroit, il seroit entièrement résolu de cela. En outre il jura que, dès qu'il en auroit le loisir, il composeroit un livre de la pratique des plus mignards jeux de l'amour... ».

LE PREMIER ENGAGEMENT DE LA QUERELLE DES ANCIENS ET DES MODERNES

THÉOPHILE ET CLAUDE GARNIER

(Juin 1623 — mars 1624)

Tel fut Garnier, qui malgré l'Ignorance
Remit en vogue en la fleur de ses mois
La douce Lyre au chantre Vandomois,
Et ramena les neuf Muses en France

M. Petit de Julleville dans son *Histoire de la langue et de la littérature française* (T. IV, XVIIe siècle) a dit de Théophile : «... on devrait le nommer le premier dans une histoire de cette fameuse querelle des anciens et des modernes. Elle commence non pas avec Boisrobert ou Desmarets, comme on l'a cru, mais avec Théophile [1]... »

L'attaque du Poète de Boussères, qui était en fait un véritable manifeste littéraire, paraissait dans la seconde quinzaine de juin 1623 en tête de la « Seconde partie » de ses Œuvres (Paris, Pierre Billaine ou Jacques Quesnel [2]) sous le titre de « Premier chapitre des Fragments d'une histoire comique ». Ces fragments ne sont autre chose que des pages détachées de ses Mémoires malheureusement inachevés [3].

Voici ce chapitre :

« L'élégance ordinaire de nos Escrivains est à plus près selon ces termes :

« L'Aurore, toute d'or et d'azur, brodée de perles et de rubis, paroissoit aux portes de l'Orient ; les Estoilles esbloüies d'une

---

(1) M. Emile Roy (*la Vie et les Œuvres de Charles Sorel, sieur de Souvigny, 1602-1674)* date cette querelle de 1627 avec le *Berger extravagant ;* mais ni M. Petit de Julleville ni M. Roy n'ont connu la réponse de Claude Garnier que nous publions aujourd'hui.

Sur cette querelle des anciens et des modernes, nous renvoyons à l'ouvrage remarquable de M. Hippolyte Rigault : *Histoire de la querelle des anciens et des modernes. Paris, Hachette, 1856.*

(2) Voir sur la publication de cette *Seconde partie*, à la veille du procès de Théophile, T. I, p. 125.

(3) Théophile avait eu l'intention d'écrire son autobiographie, c'est-à-dire de compléter les *Fragments d'une histoire comique,* voir T. I, p. 555, ses lettres à M. de La Pigeonnière, octobre ou novembre 1625, et à M. de Candale, janvier 1626. Dans cette dernière, il annonce que ce travail est presque terminé.

plus vive clarté, laissoient effacer leur blancheur, et devenoient peu à peu de la couleur du Ciel ; les bestes de la queste revenoient aux bois, et les hommes à leur travail ; le silence faisoit place ne bruit, et les ténèbres à la lumière.

« Et tout le reste que la vanité des faiseurs de Livres fait esclatter à la faveur de l'ignorance publique.

« Il faut que le discours soit ferme, que le sens y soit naturel et facile, le langage exprès, et signifiant ; les affèteries ne sont que mollesse, et qu'artifice qui ne se trouve jamais sans effort, et sans confusion [1]. Ces larcins, qu'on appelle imitation des Autheurs anciens, se doivent dire des ornements qui ne sont point à nostre mode. Il faut escrire à la moderne ; Démosthène et Virgile n'ont point escript en nostre temps, et nous ne sçaurions escrire en leur siècle ; leurs livres quand ils les firent estoient nouveaux, et nous en faisons tous les jours de vieux. L'invocation des Muses à l'exemple de ces Payens est profane pour nous et ridicule. Ronsard, pour la vigueur de l'esprit, et la nuë imagination, a mille choses comparables à la magnificence des anciens Grecs et Latins, et a mieux réüssi à leur ressembler qu'alors qu'il les a voulu traduire, et qu'il a pris plaisir à les contrefaire, comme en ce Cytherean, Patarean, par qui le trépied Tymbrean. Il semble qu'il se vueille rendre incognu pour paroistre docte, et qu'il affecte une fausse réputation de nouveau, et hardy Escrivain. Dans ces termes estrangers, il n'est point intelligible pour François ; ces extravagances ne font que desgouster les sçavants, et estourdir les foibles. On appelle ceste façon d'usurper des termes obscurs et impropres, les uns barbarie, et rudesse d'esprit, les autres pédanterie et suffisance. Pour moy, je croy que c'est un respect et une passion que Ronsard avoit pour ces anciens à trouver excellent tout ce qui venoit d'eux, et chercher de la gloire à les imiter par tout. Je sçay qu'un Prélat, homme de bien, est imitable à tout le monde. Il faut estre chaste, comme luy charitable, et sçavant qui peut. Mais un courtisan, pour imiter sa vertu, n'a que faire de prendre ny le

---

(1) M. Alleaume a très justement fait remarquer que cette critique du style prétentieux s'applique aux romans du temps. Le sieur Auger de Mauléon, dans l'avertissement de son *Amphytrite, pièce de nouvelle invention, en V actes et en vers* (1630, Paris, Vve Guillemot), reconnaît devoir beaucoup aux conseils de T. (Théophile).

vivre, ny les habillemens à sa sorte. Il faut comme Homère faire bien une description, mais non point par ses termes ny par ses Epithètes. Il faut escrire comme il a escrit, mais non pas ce qu'il a escrit. C'est une dévotion loüable et digne d'une belle âme que d'invoquer au commencement d'une œuvre des puissances souveraines ; mais les Chrestiens n'ont que faire d'Apollon ny des Muses, et nos Vers d'aujourd'huy, qui ne se chantent point sur la Lire, ne se doivent point nommer liriques, non plus que les autres héroïques, puis que nous ne sommes plus au temps des Héros, et toutes ces singeries ne sont ny du plaisir ny du profit d'un bon entendement. Il est vray que le desgout de ces superfluitez nous a fait naistre un autre vice, car les esprits foibles que l'amorce du pillage avoit jettez dans le mestier des Poëtes, de la discrétion qu'ils ont euë d'éviter les extrêmes redictes, desjà rebattuës par tant de siècles, se sont trouvez dans une grande stérilité, et n'estans pas d'eux-mesmes assez vigoureux ou assez adroits pour se servir des objects qui se présentent à l'imagination, ont creu qu'il n'y avoit plus rien dans la poësie que matière de prose, et se sont persuadez que les figures n'en estoient point, et qu'une métaphore estoit une extravagance. Mais, comme j'avois dit, il estoit jour. Or ces digressions me plaisent, je me laisse aller à ma fantaisie, et quelque pensée qui se présente, je n'en destourne point la plume ; je fais icy une conversation diverse et interrompuë, et non pas des leçons exactes, ny des oraisons avec ordre : je ne suis ny assez docte ny assez ambitieux pour l'entreprendre. Mon livre ne prétend point d'obliger le Lecteur, car son dessein n'est pas de le lire pour m'obliger, et, puis qu'il luy est permis de me blasmer, qu'il me soit permis de luy déplaire ».

Ce manifeste si net et si catégorique se produisait au moment où Philippe Galand, principal du collège de Boncourt, et le poète lyrique Claude Garnier venaient de publier la splendide édition des « Œuvres de Ronsard » de 1623 en deux volumes in-folio [1], véritable monument

(1) Particularité curieuse et signalée par M. Pierre Louÿs, voir t. I, p. XVI, le magnifique frontispice de cette édition reproduit celui de Léonard Gaultier

élevé à la gloire du Prince des poètes français. Il est tout naturel que Claude Garnier, commentateur pour cette édition du « Discours des Misères de ce temps » et des pièces qui lui font suite, qui se disait hautement le disciple respectueux de Ronsard, se soit cru obligé de relever le gant et de venger son illustre Maître, tout en satisfaisant sa rancune personnelle à l'égard du chef de la nouvelle école poétique (Garnier ne cessait depuis 1602 de s'élever contre les critiques acerbes dont ses vers étaient l'objet[1]). Nous nous demandons seulement pourquoi il n'a pas riposté de suite, pourquoi il a attendu huit mois[2] avant de rédiger l' « Ateinte (sic) contre les impertinences de Théophile, ennemy des bons esprits » et enfin pourquoi il n'a pas signé ce pamphlet ? L'hypothèse la plus plausible est que Claude Garnier, craignant la verve cinglante de Théophile, a saisi l'instant où le Poète de Boussères, déprimé par près de six mois de détention dans la Tour de Montgommery, ne devait pas être d'humeur à répondre à une attaque anonyme. Théophile cepen-

---

de l'édition de 1609 avec cette différence que la Naïade est voilée par ses cheveux, alors qu'en 1609 elle avait les attributs de son sexe. Le procès de Théophile allait commencer, il y avait déjà quelque chose de changé dans l'atmosphère morale du temps !

(1) Nous n'avons pu retrouver les attaques dont se plaint Claude Garnier, elles étaient plutôt verbales qu'écrites, à peine avons-nous relevé un vers de la *Satyre du temps* de Nic. Besançon de 1623 :

Que Garnier sent le grain reclus...

Tallemant des Réaux parle à deux reprises de Bezançon dans ses Historiettes (*Gaston d'Orléans* et l'*Archevêque de Bordeaux*) : « il assista à la mort de Lesdiguières et passa au service du cardinal de Richelieu. C'était, paraît-il, un homme caustique, poète à ses heures et très entendu aux affaires ».

(2) M.DC.XXIIII. In-8 de 11 p. chiff. *L'Atteinte* n'a paru qu'après le *Theophilus in carcere,* l'*Apologie* de Théophile et la *Prière aux poètes de ce temps* qui est du commencement de mars 1624, car Garnier les cite.

dant n'eut pas été homme, une fois en liberté, à laisser ce pamphlet impuni ; mais l'attitude de Claude Garnier, mis en cause dans son procès par la déposition du libraire Vitré (11 mai 1624) et qui n'avait pas témoigné contre lui (interrogatoire du 15 juin 1624) a dû le disposer à l'indulgence... et à l'oubli. Il est évident pour nous que Théophile n'a jamais ignoré le nom de l'auteur de l' « Atteinte » bien qu'il ait déclaré ne connaître comme poète que Robert Garnier [1] le tragique ; son silence a certainement été volontaire.

Atteinte contre les impertinences de Théophile, ennemy des bons esprits

« Mais quelle niaiserie ! que le monde est sot ! il n'est bruict icy que d'un Théophile, d'un certain oiseau de cage et de trébuchet, et comme s'il estoit quelque chose : on en fait une merveille dans l'esprit de nos hommes, qui jadis n'admiroient que les choses plus qu'admirables. Voilà que cest, en la maison des aveugles et des tortus, les borgnes et les voutez ont le premier rang : ainsi dans Paris, ou la science est presque anéantie, on fait triomphe d'un petit discoureur, d'un petit rimeur de Clérac, présomptueux, orgueilleux, qui pour avoir de l'applaudissement de quelques cerveaux légers, veut mettre soubs la fange de ses pieds les Homères, les Ronsarts, les Pétrarques, et les Virgiles.

« Qu'il ne devienne point tant glorieux du bruict qu'il se donne par la vanité de son caquet ; nos Pères disent que l'on parloit ainsi de Robin, de qui l'on fit la chanson, que l'on devisoit ainsi de la Mule Ferrée, et du Moyne Bourry de leur temps, et que du vivant de leurs ayeux il n'estoit bruit que du Poëte Villon. Que l'on aille au Pont-Neuf, on n'aura les oreilles batuës que du Tyrsis

---

(1) Voir le préambule du 6e interrogatoire (15 juin 1624), T. I, p. 445.

de Théophile [1], et de son Coridon [2] : Que l'on retrograde au Pont S. Michel, on ne s'abreuvera que de ses requestes, de ses apologies, de ses recommendations aux Poëtes de son goust [3], et de son latin de Meusnier [4], car on dit que Plaute le fut. Que l'on traverse le Pont aux Doubles, son fantosme est la Paranymphe, bien autant que celuy de Marcomire, et des fables du Mans : et partant, l'on asseure qu'il est venu des manans de Village à Paris, qui demandoient S. Théophile pour guarir leurs vignes de la gelée, tant son bruict va loing.

« Mais considérons un peu quel il est d'esprit et de corps, pour en faire tant de mine ; et de quelle trempe est ce bel homme : je ne le veis jamais [5], trop bien ay-je ouy dire que c'est un gros tout rond, qui n'a pas tant de quoy leurrer les belles filles, comme il dit : qu'il est de la Ville de Clérac, où l'on parle assez mal françois, et veut toutesfois se mesler d'estre juge de la pureté du langage, en defférant, par une sotte complaisance, l'illustration et la réforme au sieur de Malherbe, qui ne s'estant pas assujetty par humeur à de si longues veilles, n'advouëroit jamais d'ajamber sur la gloire de tant de laborieux ouvrages du présent, et du passé, ny de taxer de barbarie Amiot, Ronsart, du Vair, du Perron, des Portes, Bertaud, Coiffeteau, des Yveteaux, Garnier [6], Racan, Molinier, et tant de bons autheurs, qui feroient vergogne à l'Empire d'Auguste, si la palme estoit donnée en ce temps aux bons escrits, et ravie aux monstrueux caprices de l'ignorance, de qui l'on fait trop de cas par un aveuglement. Or voyons un peu les cautelles de ce renard de Théophile, qui ne pouvant mordre les raisins, dit qu'ils ne sont pas meurs, et qui n'ayant point de queuë, des-honore celle des autres.

---

(1) Plainte de Théophile à un sien amy pendant son absence, T. I, p. 191 ; Rép. de Tircis à la plainte de Théophile prisonnier, *id.*, p. 223.

(2) Remerciement de Théophile à Coridon (M. de Liancourt), T. I, p. 329.

(3) Requeste au Roy, t. I, p. 257, Apologie, *id.*, p. 309, Prière de Théophile aux poëtes de ce temps, *id.*, p. 335.

(4) Theophilus in carcere, t. I, p. 300.

(5) Cette affirmation de C. Garnier détruit le témoignage du libraire Vitré, voir T. I, p. 421 et 467.

(6) Claude Garnier entend-il parler de lui ? C'est probable, s'il s'agissait de Robert Garnier le tragique, il l'aurait placé avant ou après Desportes et non après Des Yveteaux.

« L'élégance de nos Escrivains est en leurs descriptions (dit-il) au préambule du 2e tome de ses œuvres, parlant des Poëtes de la brigue de Ronsart, la vraye et la parfaite, en despit qu'il en ait : et continuë ainsi donnant quelque exemple de telles descriptions : *Et tout le reste que la vanité des faiseurs de livres faict éclater à la faveur de l'ignorance publique* [1].

« Ainsi nomme-t'il les inventions de tous les Grecs, Latins, Italiens, François, et de quelques bons Autheurs Espagnols, comme de Monte-major, soit d'Amour, de Guerre, de Bergerie, et de Loüange. Il dit que les imitations des ouvrages des anciens (qu'il baptise du nom de larcin par injure) ne sont point à la mode. Il appelle de là tous ornemens Poëtiques (buse qu'il est) affetterie et molesse, et tient qu'ils ne vont jamais sans confusion.

« Voilà comme les singes ne trouvent jamais rien de beau que leurs enfans, ny rien d'agréable. Il faut, dit ce Rimeur de taverne, escrire à la moderne :

« Et par quelles gens authorisée, seigneur Théophile? par combien de siècles et d'Empires ? sur quels modelles je te prie ?

« Démosthène et Virgile (poursuit-il) n'ont point escrit en nostre temps, et ne debvons escrire au leur, comme s'il vouloit dire : le premier bled ne fut point semé de nostre temps, et la première grappe foulée de nostre aage, partant nous ne debvons ny boire ny manger : Et les premiers lieux de joye et de liberté furent devant nos jours : Qu'eust-il donc fait, luy qui n'a Dieu ny souverain bien que Priape et Bacchus, en la société desquels les pures et divines inspirations luy tombent dans l'esprit comme aloüettes roties, car il est homme de bien, pieux, et dévot, blasmant la profane invocation des Muses, peur d'estre argué d'invoquer une plus sombre déïté [2].

« Mais quelle impertinence, et quelle bestise, il appelle simples et nües les merveilleuses conceptions du grand Poëte Ronsart : Et nottez, après en avoir blasmé les enrichissements de Ronsart, de qui l'on parle avec honneur en toutes les nations de la terre, où les œuvres de ce pauvre Théophile, et des Escrivains de sa caballe seroient baffoüées comme petites sornettes de Village et de bou-

(1) Texte de Théophile.

(2) On voit que Garnier a lu la *Doctrine curieuse !*

tique, faites voirement à la moderne toutes d'une cadance et d'une mesure, comme les chansons des Vielleurs.

« Quant il fait de l'entendu sur le desgoust de ces noms, Cytherean, Patharean, que ne disoit-il Cyrrhenean, car Amour est autre chose qu'Apollon, c'est comme il n'entend pas le jargon de la Muse, et comme il en parle en sansonnet ; et void-on bien de là, qu'il n'est pas du nombre de ceux qui ont beu dans la source d'Hypocrène, et dans sa claire eau, mais de ceux qui ont puisé les fangeux bourbiers de Clérac. Après il dit (car il n'en faut rien laisser perdre) que nostre Poëte, auquel il en veut tant, s'est acquis un faux bruict avec des paroles extravagantes, obscures, et non françoises (il en juge en homme de son pays), que ses termes sont impropres et barbares, qu'il avoit l'esprit rude, et bref qu'il tenoit du Pédant : ce que j'advouëray. mais qu'il luy plaise donner des raisons pour faire croire asseurément que les troys Princes, enfans du Père des lettres, et François premier, desquels il avoit esté nourry successivement Page, estoient des Escoliers estudiants et que Charles de Valoys, qui se l'estoit rendu familier, estoit un grand maistre de Collège.

« En fin le sire Théophile nomme, pour avoir fait plustost, et sans jugement, ou malicieusement s'il en avoit, toutes les deppendances de la Poësie des singeries, qui ne font (dit-il) ny de plaisir, ny de profit, en quoy touchant le dernier point, il tesmoigne qu'il est homme sans Poësie, veu qu'il doroit tous les chemins de pistolles durant sa fuitte, ce qui n'arrive guières souvent aux Poëtes, mais bien aux rimeurs comme luy [1].

« Telles badineries, dont parfois il se desdit, et ressouvient, comme une girouëtte, le font ainsi desgoiser : Et non content de vouloir faire tenir pour obscurité l'intelligence mesme, et ne pou-

(1) Ils (les archers) doutoient si je n'estois pas
Un faiseur de fausse monnoye :
Ils m'interrogeoient sur le prix
Des quadruples qu'on m'avoit pris
Qui n'estoient point du coin de France...
Ils ne pouvoient s'imaginer
Sans soupçon de beaucoup de crimes,
Qu'on trouvast tant à butiner
Sur un simple faiseur de rimes...

(Requeste au Roy, décembre 1623).

vant monstrer à Ronsart que les dents, il vomit contre luy (sans le nommer) en l'une de ses folles requestes [1], le mesme poison que ses ministreaux vomirent jadis, l'accusant d'idôlatrie et d'athéisme, en réveillant la malitieuse explication du festin d'Hercueil [2], où l'on en peut voir la deffence et le garend, en la responce à frère Zamariel, et dans l'esclaircissement dont le Pape remercia par escrit nostre Poëte, affin d'honnorer son mérite, et sa foy. Raisons si je ne me trompe, de la haine de Théophile, plus que de tout, et voudroit le calomniant ainsi, mettre à couvert ses fautes et ses crimes, faisant oublier les uns par le souvenir des autres. Chose tolérable de n'espargner les hommes, puis qu'il est chargé de n'avoir espargné Dieu.

« L'on dit que

Le Potier hayt le Potier,
Le Fèvre le Charpentier,
Le Poëte tout ainsi
Hayt celuy qui l'est aussi.

« Mais veu que Théophile n'est Poëte, à quoy faire hayt-il le grand Ronsart, veu qu'il n'est rien qu'un petit versificateur, ses vers estans si mal cousus, si rudes, si bruyans, si peu fleuris, si mal disposez, et si mal rangez, qu'un esprit bien net, et mal fait, n'a plus de goust en les oyant, et n'auroient une moindre parcelle du faux renom qu'ils ont, non plus qu'en la saison du commerce de la feüille de ses œuvres pour un quart d'escu, si l'on ne préféroit aujourd'huy les excez et les desbordements au reiglement

---

(1) Voici la strophe de la Requeste au Roy à laquelle Claude Garnier fait allusion :

Que c'est un procédé nouveau,
Dont Ignace estoit incapable,
De fouiller, l'air, la terre et l'eau,
Pour rendre un innocent coulpable ;
Qu'autrefois on a pardonné
Ce carnaval désordonné
De quelques-uns de nos poëtes
Qui se trouvèrent convaincus
D'avoir sacrifié des bestes
Devant l'idole de Bachus...

(2) Le voyage d'Ercueil (ou d'Hercueil), Gayetez, éd. des œuvres de Ronsard de 1609, p. 1030.

que l'on doibt tenir, et l'ignorance, et le peu de mérite à la gloire du sçavoir.

« Ha ! Noblesse qui devez estre la planche et l'asyle des Vertus et des bons Génies, par la gentillesse et par l'authorité que la naissance vous donne ! perdriez-vous ce nom, favorisant plustost des Escrivains de loüanges, des faiseurs de chansons, et de Vaux de Vire, que ceux dont la voix conduiroit vos dignes labeurs à l'immortalité par de bons escrits tels qu'il faut ? Auriez-vous plus à gré des oyseaux pelerins, que ceux de leurre, appris à revenir sur le poing quand ils sont reclamez ? Par les armes et par les dignes plumes, il est en vous de ne mourir point quand vous mourrez : ne dégénérez point de l'usage des unes, de grâce, et ne rejettez aussi la gloire qui provient des autres. Et vous Théophile, et vos pareils, qui sous une illusion chimérique abusez et charmez les esprits du temps, modérez-vous, sans blasonner le renom mérité, pour avoir celuy que vous ne méritez pas ; bien que le fait de la médiocrité soit digne de pitié, demeurez y plustost : Et si vous le désirez, et le pouvez, laissez-vous instruire pour estre ce que vous n'estes point. Si vous joüyssez entre vous de quelques pointes, et de quelques vigueurs d'esprit, ce qui vous peut arriver comme à d'autres, si vous estes nays à de la disposition, faites-les valoir, et croyez ; l'on faict prendre à la cire les formes que l'on veut, petites ou grandes. Si Virgile a tenu le haut du pavé, toutesfois Horace a monté jusques à nous, et Martial et Catulle : visez-là, sans vouloir introduire au préjudice de la Muse, et de la Gloire, une barbarie, une façon d'escrire de vers et de prose, qui n'eust jamais icy de lieu, dès la première assise du temple de Calliope : et si l'on vous en applaudit, en ne demandant que besogne faite, et recherchant plustost des niaiseries, meilleures pour resjoüyr le vulgaire, que pour rassasier les belles âmes : Ne vous fiez là, toutes réformes superstitieuses ne durent pas, bien qu'elles semblent avoir un temps la palme de leur désir. La fausse Religion de maintenant en donne foy, laquelle a premièrement fait mine de vaincre la bonne, en résistant à la puissance des Fleurs de Lys, comme vous résisterez aux fleurs dont les Muses se couronnent.

« Je finiray par ceste vérité de Pindare (bien que vous le congnoissiez peu) ou que vous ne le vouliez cognoistre ou recognoistre : Que la vérité porte un si vif esclat, une si haute lumière, que les choses plus résistantes ne la sçauroient empescher de luire tost ou tard. Il faut que tout revienne à son point, ce qui s'absente ne se perd pas ».

Il n'existe, à nos yeux, aucun doute sur l'attribution de l' « Atteinte » à Claude Garnier, lui seul était en situation de la penser et de l'écrire, mais, pour couper court à toute contradiction, nous allons dire quelques mots de la vie de ce fervent de Ronsard et exposer les preuves sur lesquelles s'appuie notre opinion.

*
* *

En 1623 les poètes ronsardisants sont plutôt rares, nous n'en connaissons que deux ou trois. François Maynard [1] ou Ménard, l'homonyme du Président d'Aurillac, ses poésies, publiées en 1613, à Paris, chez Jacquin, étaient dédiées au maréchal d'Ancre, et il pourrait bien être également le véritable auteur du « Philandre » édité à Tournon en 1619 (réimprimé à Lyon en 1620 et 1621, et à Paris cette même année 1623) qu'on attribue à tort au futur académicien, l'élève de Malherbe [2]. Citerons-nous aussi Colletet, fanatique de Ronsard :

---

(1) Voir : Deux homonymes du xviie siècle : François Maynard, président au Présidial d'Aurillac, membre de l'Académie française, et François Ménard, avocat à la Cour de Parlement de Toulouse et au Présidial de Nîmes, 1899.

(2) M. G. Clavelier dans sa brochure : François Maynard, sa vie, ses œuvres, son temps, 1907, a indiqué le premier que le *Philandre* devait être retranché des Œuvres du Président d'Aurillac ; M. Martinon dans la *Revue d'histoire littéraire de la France* (juillet-septembre 1908) a justifié, par des preuves décisives, l'opinion émise par M. Clavelier.

Aux mânes de Monsieur de Ronsard

SONNET

A fin de tesmoigner à la postérité
Que je fus en mon tems partisan de ta gloire,
Malgré ces ignorans de qui la bouche noire
Blasphème impudemment contre ta Déité :

Je viens rendre à ton nom ce qu'il a mérité,
Belle âme de Ronsard, dont la saincte mémoire
Obtenant sur le tems une heureuse victoire
Ne bornera son cours que de l'Eternité.

Attendant que le Ciel mes desseins favorise,
Que je te puisse voir dans les plaines d'Elyse,
Ne t'ayant jamais veu qu'en tes doctes escrits :

Belle âme, qu'Apollon ses faveurs me refuse,
Si marchant sur les pas des plus rares esprits
Je n'adore tousjours les fureurs de ta Muse [1].

mais plus en paroles qu'en actes ; les préférences littéraires du bon Guillaume ne l'auraient jamais amené jusqu'à injurier son ami Théophile, son confrère du « Parnasse satyrique » ! Il ne reste, en dehors d'eux, que Claude Garnier, l'auteur de la belle ode pindarique à Ronsard insérée dans l'édition in-folio de 1609 des Œuvres du Chef de la Pléiade :

A genous Poëtes de France,
Adorez l'immortelle vois,
L'immortelle vois d'excellence
Du grand Homère des François

(1) Ce sonnet figure dans le *Tombeau de P. de Ronsard* de l'édition de 1623, 2 vol. in-folio.

A genous (ô troupe d'élite)
Rendez hommage à son mérite,
Avoüant par ces vrays honneurs,
Et le triomfe et la victoire
Qui s'éternizent dans la gloire
Du plus cher mignon des neufs Seurs [1].

Mais Claude Garnier était-il capable de prendre fait et cause pour Ronsard avec la virulence de « l'Atteinte » et en s'attaquant plus encore à la personne de son détracteur qu'aux doctrines ? Ses Œuvres, en nous fournissant quelques détails sur sa vie à peu près inconnue et sur son caractère, nous permettront de répondre à cette question.

I

Claude Garnier, si on l'en croit, était gentilhomme parisien [2]. Comme René Bordier, son rival, il se qualifiait volontiers de *Poète royal* [3]. Sa devise en grec qui figure sur nombre de ses pièces de circonstance manque un peu de modestie : « Petit dans les petites choses et grand dans les grandes ».

---

(1) Cette ode a subi de profondes modifications dans l'édition de 1623 ; voici les variantes de la première strophe citée qui, en 1609, est imprimée avec l'orthographe de Garnier et, en 1623, avec l'orthographe ordinaire :

1 *A genoux, avortons de France*
4 *De la trompette des Valois*
5 *A genoux et que sans redite*
6 *On rende*
14 *Du parfait mignon*

(2) Il fait souvent suivre son nom des initiales G. P. ; quelquefois il ne se contente pas des initiales, il traduit « gentilhomme parisien ».

(3) Il existe aux Archives nationales un curieux document émanant de René Bordier, c'est une donation sous certaines conditions de diverses sommes, meubles et ustensiles à l'hôpital de la Charité de Paris où il a l'intention de se retirer (12 juillet 1647).

Nous passerons sur la plupart de ses ouvrages (on en trouvera la bibliographie aussi complète que possible à la suite de cette notice), nous ne nous arrêterons qu'à ceux qui nous fourniront quelques indications utiles.

Sa première pièce est de 1602 : « Les Atomes, dédiées à Madame de Vigenère ». La seconde, de la même année. a un titre emprunté à Ronsard : « Poème des misères de ce temps ». L'épître dédicatoire à Monsieur de Sainte-Foix, évêque de Nevers, nous renseigne sur deux points : En 1602, Garnier était jeune : « Le cours du tems m'ayant enfermé deus ou trois jours à l'étude, j'ay fait naître ce petit labeur, et bien que ce ne fut ma délibération de pousser ma première carière en cette lice, la nécessité néanmoins m'y a contreinct en me séparant de mon premier dessein... », et sa famille était liée avec l'évêque de Nevers : « ... afin de vous choisir (M. de Sainte-Foix) pour guide en ce chemin non préveu, y étant attiré d'ailleurs par l'objet de l'amitié que vous daigniez porter à feu mon père, et du service qu'il avoit voüé à vôtre mérite... ».

L'avis au lecteur est d'un ton tout à fait extraordinaire chez un adolescent :

« D'autant que certains petits éplucheurs d'Atomes (plus habiles au trein des Parthes qu'au jugement des ouvrages d'autruy) ne manqueront, comme je m'asseure, à roder à l'acoutumée sur mes labeurs, je te prie (amy Lecteur) d'affectionner la raison tant qu'il te sera possible, afin qu'animé d'une si juste force, tu acules telles Harpyes dans les Strophades, de crainte qu'elles ne te laissent une désagréable saveur de ce que je sçay faire : et te prie semblablement que si tu rencontres en mes vers quelque défectuosité, tu l'imposes plutost à oubliance qu'à autre imperfection dont l'envieus me pourroit arguer :

Envieus, qui tousjours picque, et repicque, afin
Qu'on le picque, repicque, et repicque sans fin.

Le caractère de Garnier apparaît déjà dans ses premières pièces pointilleux et difficile.

En disciple respectueux du Vendômois, il publie en 1604, le « Livre de la Franciade à la suite de celle de Ronsard ». L'unique exemplaire connu est à la Bibliothèque nationale. Cette « Suite » a été imprimée à ses frais et pour ses amis. Malgré cette réserve volontaire, on lit au verso du titre la note suivante :

« Je ne m'amuseray point icy à discourir sur le dessein de ce livre, je suis las de mettre des considérations en avant, et de rendre conte de mes inventions à des personnes qui n'ont point d'authorité sur moy, ny n'en doivent avoir. Cela passe leur esprit qui se devroit mieus appliquer à ce qui est de leur proportion. Ceus de qui la volonté est bonne et le jugement sain ne me désavouëront non plus que je ne voudrois désavouër de satisfaire à leur contentement, mais sur tout à celuy des Princes qui décorent mon ouvrage de leurs noms : car ce'st le but principal de mon entreprise ».

L'année 1609 voit naître son œuvre maîtresse: « L'Amour victorieus ». Il défend dans l'avant-propos l'orthographe qui lui est propre et que ses éditeurs reproduisaient ou ne reproduisaient pas suivant les circonstances; le ton est déjà celui de l' « Atteinte » :

« On dit qu'il vaut mieus donner envie que pitié : j'ayme ce proverbe d'autant qu'il m'et favorable. Je dis cecy pource que mes ouvrages m'ont des-ancré si tôt, que la tampaîte de l'Envie ne se soit bandée à l'encontre, et si vivemant que ma gloire aloit à fons si je n'ûsse esté vù de bon œil des Muzes. Je m'en étonnois en premier, et ne sçavoy qu'en dire, me ressantant d'une humeur contraire à ce qui pouvoit faire naître le sujet d'une telle disgrâce, mais ayant depuis considéré que le vice est concurrant de la vertu, je me suis remis, rézolu de franchir carière, sans avoir égard a ce qui fezoit mine d'aréter mon cours, le succez en donne preuve ce qu'ores je mets au jour en faveur de deus grandes Princesses, toutes deus Nièces du premier Roy du Monde, c'et *L'Amour victorieus*, que je fay marcher à la manière qu'Homère faizoit marcher les Princes Grecs, Virgile les Empereurs Romains, et Ronsard les Roys de France (j'excepte la mezure et cadance des vers à qui j'ay donné moins de gravité au plaizir d'Amour, auquel les vergers et les fontaines sont plus agréables que les forais et les rivières) je me suis délibéré de les ensuivre, et d'afecter leur stile en mes écris. tant je suis ami de l'Antiquité, sans m'aréter à la vulgaire opinion, qu'il se faut ranger au tans et régler ses conceptions à la volonté des uns et des autres, comme si le monde étoit les Muzes et que nous l'ûssions jour et nuit à commandemant pour nous inspirer, mais quoy, c'ét la Cabale du jourdhuy, et l'expédiant de nos Diogenes mal emplumez, qui, pour authorizer leurs mercenaires conceptions, rejettent ce qu'ilz admirent, tantôt l'on cherit une mauvaize ortografe, tantôt l'on uze trop de redites, maintenant l'on est trop copieus ou trop figuré, maintenant l'on se vante, et mile samblables reprehansions, au lieu d'avoir à gré les peines et les veilles d'autruy. Quant à l'ortografe je ne la pratique sans authorité, Ronsard la demande telle en son Art poëtique, du Bellay s'y range et l'ay vùë assez de fois aprouver à Des-Portes, qui devoit en parler s'il eût vécu : puis qu'elle se lit elle est reçevable, et puis qu'elle sépare les fleurs d'avec les chardons; quant au reste, j'ay mon garant dans les Autheurs de toutes langues. Jà je prans aveù de mon dire, et non de ces nouveaux Rabins, hérétiques en Poëzie, qui pour avancer leurs erreurs voudroient abolir (s'ils pouvoient) l'ancienne constitution du Temple des Muzes, et réduire à néant leurs sacrez mistères, qui ont par tant et tant de siècles fleuri par les Cours des Princes avec tant de respect et d'honneur. La médizance est leur but, et, quand ils ne sçavent plus où mordre, ils s'atachent à des pointilles comme à des ronces;

maintenant une virgule et maintenant un titre les aréte, puis une rime, puis un trait que, pour n'avoir là qu'en françois, ils jugeront uzurpé d'un auteur de méme langaje. Et puis, venant du Civil au Criminel, tantôt vous serez trop particulier ou trop superbe, ores vous aurez trop de caprice, ores vous parlerez trop souvant des vôtres et de leur rang. et s'en émerveilleront, comme si la noblesse n'étant fondée qu'en la pompe, une riche montre de suite et d'habis étoit la seule marque du Gentilhomme, et que le Soleil ne fut point Soleil quand il est couvert de nuages. C'ét l'entretien de ces Marfores, de ces rosses de versificateurs qui triomphent de médire, je n'aime tel ébat, mais s'ils m'échaufent je les marqueray d'une ancre si noire qu'il y paroîtra, sans oublier nos faizeurs de Bachanales, nos avortons instruis à la milice des Parthes. Et puis qu'ils dient pour ressentimant que j'ofance le général, tant s'en faut, d'autant que je deteste leur barbarie, j'honnore les invantions d'une infinité de beaus espris qui sont à la Cour et ailleurs, au moindre desquels je cederay volontiers et les serviray. Je m'assure, et ne m'en dédiront pas eus mémes, que s'ils pouvoient sainemant juger de la peine que l'on a de bien écrire, et sur tout de tanter un Poëme Héroïque, où mile diversitez se doivent raporter sans confuzion ni des-ordre, où les descriptions bien rangées, les fictions, les augures, les comparaizons, les devis, les figures de toutes couleurs doivent reluire, et que s'ils imaginoient encore l'artifice et l'exacte recherche dont j'use en mes vers, afin de les randre amis de l'oreille, qu'au lieu de me blâmer ils me feroient honneur, et confesseroient que si les Poëtes avoient autant la fortune pour eus que les financiers, la France auroit des Virgiles. Vous diriez avec leurs plates chansons et leurs froides Stances, qu'ils ont desservi tous les rameaus du Parnasse, vous croiriez à les ouyr reciter qu'ils sont des oracles (ce que j'avoüe, puis qu'on ne les entand point) bref c'ét merveille que de ces Aristarques, principalemant quand on leur fait ce bien d'écouter leurs divines inspirations poëtiques au bout de quelque table garnie, entre les plas et les verres, déchirant, par entremets, la gloire de ceus que la postérité revere, et qui ne relevent de la mort ny de l'oubliance. O Muzes! belles Déesses! que faittes vous ce pandant si vôtre nom se perd, et si l'Ignorance uzurpe vôtre domaine! quel anéantissemant vous commande? soufrirez vous telle infamie? nenny, cela repugne à vos

Grandeurs et contrevient au rang que vous tenez. Sus donc, Reyne des beaus espris, sus Filles de Jupiter, empoignez l'arc et le débandez à l'encontre de ces temeraires, afin que le siecle de Henry devance autant celuy d'Auguste en lettres qu'il fait en armes ».

Dans ce même volume un sonnet de ses « Amours » nous renseignera sur son âge [1] :

L'an dix et huit de mon age, arété,
J'écri ces vers acueilli de tristesse,
En la prizon d'une jeune Métresse,
Cruelle et fière à ma captivité.

Mais quoy ! le pris de sa rare beauté,
Qui rand sans pris la plus belle Déesse,
Et tant d'esprit en si tandre jeunesse,
Me font chérir mon infélicité.

Celuy vraymant a les graces d'un Ange
Qui meurt pour elle, épris de sa loüange,
Bien que de glace elle couvre ses feus :

Qui la regarde il regarde en sa vuë
Tous les efets de nature et des Cieus,
Et toute choze à son œil est connuë.

En admettant que ce sonnet date de sa première jeunesse, soit de 1600, il ferait remonter la naissance de Garnier à l'année 1583 environ, au lieu de 1545 donnée par les biographes [2].

Un orgueil démesuré était son défaut dominant. L'ode

(1) L'ode pindarique de l'*Echantillon des couches royales...* (1604) : *L'or dessur les richesses luit* est précédée de quelques lignes adressées à M. l'abbé de Thyron (Desportes) : « Il y a quelques années (à peine sortois-je de l'enfence) que je vous donné cette ode... ».

(2) M. Jacques Madeleine a publié une intéressante notice sur Claude Garnier dans son ouvrage : *Quelques poètes français des* XVIe *et* XVIIe *siècles à Fontainebleau, 1900, in-8.*

à M. Théodore Marcil, la dernière pièce de « L'Amour victorieus », forme le digne pendant de l'Avant-propos :

Comme un Cygne qui vole entre mile corneilles,
Pressé de leurs rumeurs,
Je vay parmy la France, acomply de merveilles,
Entre mile Rimeurs.
De bec, d'aile, de grife et de vois continuë
Ces monstres jour et nuit
Combatent ma loüange en tout lieu reconnuë,
En dépit de leur bruit
Au Palais, à la ville, au cabinet des Princes,
Même en celuy du Roy,
Ces jalous, mal voulus de toutes les Provinces,
Font des contes de moy.
L'un m'appelle vautour, l'autre impute à ma lyre
Nulle confuzion ;
L'autre ignorant me juge, et ne trouve en son dire
Nulle concluzion.
L'autre accuze le nombre et les amples murmures
De mes écris divers :
Et l'autre impudamant condamne les figures
Dont j'embéli mes vers.
L'autre (pour s'honorer et pour être en estime)
Oze aboyer mon pris,
Attaquant mon sçavoir, par une foible rime,
Digne de ses écris.
Toutesfois en leur ame étonnez ils m'adorent,
Leur stile en est témoin,
Leur stile que du mien finemant ils décorent
Avecque tant de soin.
Tels furent jadis ceux qui, rebours au mérite
Du Cymne Vendomois,
Aprouvèrent Melin, pour être leur conduite,
Au siecle des Valois.
Je suis comme une roche au milieu des orages
Contre leur vain discours,

Et tel qu'un beau Soleil entouré de nuages,
Quand il refait son cours.
» *Tant que luiront les jours et tant que la nuit brune*
» *Epandra ses horreurs,*
» *La terre enfantera, d'une suite commune,*
» *Des chardons et des fleurs.*
Ils ont beau forcener, ils ont beau mettre en vante
Leur mensonge éfronté,
» *La vérité demeure et la gloire est vivante*
» *A la postérité.*
Les chantres de la Grèce, en dépit des Zoïles,
Sont passez jusqu'à nous,
Et les Romains encore au pourpris de nos viles
Sont admirez de tous.
Que leur bouche devienne un foudre, une tampaîte,
Mile horreurs, mile mors ;
J'afermiray le pas, et leveray la taîte,
Invincible en éfors,
Je dédaigne leur fougue et ris de leur audace
J'ay les Muzes pour moy ;
J'ay ceus qui, par aveù, sur le mont de Parnasse
Ont dormy comme toy.
Comme toy (grand Marcil) dont la riche faconde
Vole de tous côtez :
Soit en libres discours, soit d'un vers qui seconde
Les vers les mieus chantez.
En si chere conduite, à mes veus favorable,
Je ne redout'ray pas
Ni l'ardante Chimere aus humains éfroyable,
Ny le monstre à cent bras.
Fléchirois-je aus corbeaus avoüé par les Cygnes ?
Le Chantre des Lys d'or
A des Chantres communs, entre le peuple insignes,
Fléchiroit-il encor ?
Non, non, je veus leur blâme, et ne veus d'autre gloire
En faveur de mon art,
Pour être un jour assis au Temple de Mémoire,
Compagnon de Ronsard.

Car si de leur aboy j'ai ressanti l'ateinte,
Cet Homere françois
A toute heure, à tous cous voit sa loüange teinte
Au poizon de leur vois.
Et tous ces beaus esprits de la sainte Pleyade,
Qui brave de renom,
Celebra comme un Dieu, pour une bonne œillade,
Henry second du nom.
Que fait un Jupiter qu'il ne darde son foudre
Maintenant sur leur chef ?
Et qu'il ne les renverse étandus sur la poudre,
Acablez de mechef ?
Ils vivent cependant, et les forais épreuvent
La colere d'enhaut.
Et les mons abatus injustemant se treuvent
Culbutez d'un grand saut.
O bien-heureus le monde, et plus heureus encore
Mile fois si les Dieus,
Si les Dieus mal vueillans n'ûssent conduit Pandore
Jamais en ses bas lieus !
Soudain qu'elle eut ouvert la grand'boite fatale
Qu'elle avoit en ses mains,
Aussitôt les malheurs d'une étreinte inégale,
Saizirent les humains.
La rancune, l'envie et la fraude et la haine
I gaignerent le pris,
Et, comme gens de guerre après leur Capitaine,
Conquirent leurs espris
Qui depuis, infectez par une acoutumance,
Font preuve tous les jours
Que leur inimitié, l'inimitié devance
Des Tigres et des Ours.

En 1620, il s'adresse au Roi en ces termes :

Sire : Le premier de tous vos poëtes (celui qui tousjours à tous subjects, vous à celébré dez vostre naissance) vous présente les vers qu'il a faicts en divers temps pour Monsieur de Luynes... »

Les deux « pleintes » à M. de Luynes qui suivent cette épître mettent la gloire de Garnier à sa vraie place :

SONNET

Après avoir chantez, avec assez de peine,
Les honneurs de Louys tousjours depuis seize ans
Pour affranchir son nom des injures du temps,
Il ne m'est rien escheu qu'une espérance vaine.

J'ay semé dans les airs, et basti sur l'areine,
Me fiant, non retif, aux promesses des Grands,
Tandis faisant sortir les beaux Lys de leurs rangs,
La palme on a donnée aux chantres de la Penne.

Les dons, les pensions, les advances de prix
Ont engressé leurs mains, aussi dans leurs escrits
Ils en ont dit merveille : ô Luynes, quelle honte !

S'il est vray que tu sois le bien aymé du Roy,
Qu'il ayme ta grandeur, fait de la sienne conte,
Et la Muse fera quelque chose pour toy.

SONNET

Luynes, tu m'as peu voir entrer assez de fois
A lieu de Sainct-Germain, pour aller rendre hommage
A l'Héritier d'un Roy le premier de tout âge,
Quand il estoit Dauphin de l'Empire François.

J'estois lors en l'Avril de mes plus jeunes mois,
Beau, dispost, eslevé d'espoir et de courage
Par son Royal accueil, et par son bon visage,
Qui l'ont faict jusqu'icy resplandir sur ma vois.

Est-ce donc la raison que les plumes dernières,
Et du temps et d'effect, devançent les premières ?
De l'or ou de l'airain qui doibt mieux esclatter ?

Les flageols bruiront-ils par dessur les trompettes ?
Mais, pour dire en un mot, et sans nous exhalter
Les Rimeurs seront-ils plus grands que les Poëtes ?

Nous arrivons à 1623, l'année de la grande édition de Ronsard. Garnier avait perdu récemment sa mère et se trouvait dans la nécessité de poursuivre un faussaire qui « de haute lutte tendait à lui ravir le reste des avantages de la maison dont il était sorti [1] » ; il donne cependant le « Te Deum contre les Athéistes libertins », pièce où, malgré le titre, il n'est nullement question de Théophile. En 1624, il publie successivement le « Bouquet du Lys et de la Rose » sur le mariage de Henriette de France et de Charles Ier, roi d'Angleterre ; le « Frelon du temps [2] », petite satire mordante où il répond à ceux qui s'étaient moqués de la pièce précédente, tout en renouvelant l'expression de son culte pour Ronsard :

Ronsard, l'ornement du langage,
Et de la pure gravité,
Par les avortons de son âge
Fut aussi durement traitté...

Mais quand vous deschirez le style
Et de Pétrarque, et de Ronsard,
Et d'un Homère, et d'un Virgile,
En aurois-je meilleure part ?

Quand vous et la bande moderne,
Qui rime en prose, et rien de plus,
En rit de taverne en taverne
En les nommant des superflus.

et « La Muse infortunée contre les froids amis du temps » à M. Des Yveteaux, poésie qu'il exhume de ses papiers et

(1) Ces détails sont dans les dernières lignes de son commentaire de l'édition de Ronsard 1623, p. 1404, du t. II in-folio.

(2) Cette pièce a été attribuée par Viollet le Duc à Théophile, voir le n° 29 de la Bibliographie de Claude Garnier, p. 166.

qui doit dater de 1611 ; elle était probablement toujours de circonstance.

La dernière pièce connue de Cl. Garnier : le « Panégyrique sur la promotion de Mgr le Président Seguier à la dignité de garde des sceaux » est datée de 1633. Il a dû mourir peu de temps après.

Est-il besoin d'insister sur les textes cités dans cette notice et de les rapprocher de l' « Atteinte » ? N'établissent-ils pas suffisamment le caractère entier et vindicatif de Claude Garnier et son enthousiasme pour Ronsard, double clef du style et des arguments de ce pamphlet contre Théophile ?

Un dernier mot sur sa valeur littéraire, il n'est pas un poète méprisable, et un fin lettré qui a eu le courage de lire une partie de ses œuvres, M. Raymond Toinet, de Tulle, en a porté le jugement suivant :

« Claude Garnier ne me paraît pas être un poète banal, pour peu connu et étudié qu'il soit. Poète de cour avant tout, il a cependant écrit de bons vers dont quelques-uns méritent de survivre aux circonstances qui les ont inspirés. Disciple passionné de Ronsard, il n'a jamais rougi de son maître, dont il n'a cessé de glorifier le nom, le rééditant et lui consacrant une belle ode. Il aima les Lettres qui le consolèrent des déboires du métier de courtisan, et sa fidélité aux Muses fut récompensée, car les vers de sa maturité valent infiniment mieux que ceux de sa jeunesse ; ils se sont éclaircis et allégés tout en gardant les qualités d'imagination et de sonorité qui le rattachent heureusement à la grande lignée poétique de l'âge précédent ».

Bibliographie des œuvres de Claude Garnier

1) *Les Atomes, à Mad. de Vigenère*[1], 1602.

2) *Eglogue pastorale sur la naissance de Madame, le 22 novembre 1602, à sept personnages.*

3) *Poeme* || *des Miseres de* || *ce tems,* || *exhortant les François a* || *se maintenir en l'obeissance* || *de sa Majesté,* || *dedié* || *A Monseigneur de Sainte-Foy Evesque* || *de Nevers.* || *Par Claude Garnier, Parisien.* || *A Paris,* || *Par Loïs Sevestre Imprimeur demeurant ruë du* || *Meurier, au jeu de paume sainct Loys,* || *pres la porte S. Victor.* || *1602* || *Avec privilege.* || In-4° de 18 ff. (Bibl. nat., Ye 2905).
Au verso du titre : Un avis « Au Lecteur ». Après l'épître dédicatoire un huitain (en latin) sig. Fed. Morel.

Le poème se termine par les vers suivants :

Car de porter en la Cour mon ouvrage,
Il ne se peut, j'ignore un tel voyage,
Il ne se peut que sous un mandement
Ou l'on pourroit m'accuser autrement
(Contre mon gré) d'estre de la cabale
De ceus qui vont comme au fons d'une hale

---

(1) L'*Echantillon des couches royales* (1603), voir n° 5, renferme, immédiatement après le titre, un sonnet qui a trait à ce petit poème paru l'année précédente :

Les Atômes l'autre an coulèrent en etreine
Sur les ners de mon Luth compagnon de ma vois :
Ores j'y fay marcher les Princes, et les Rois,
En-nobly des faveurs d'une moins basse peine.

Rien n'est si petit, ny d'essence plus vaine,
Rien n'est moins prisé qu'un Atôme en son pois :
Et rien n'est de si grand, ny de plus digne chois
Qu'un Prince couronné de gloire souveraine.

En tel accroissement bon augure je pren,
J'étois un Philosophe, et je suis courtizan,
Peut-estre que l'autre an nous serons des finances,

Et que nous chanterons comme Ronsard encor'
(En faveur de quelqu'un) le bel hymne de l'or.
Les Cieux auroyent-ils bien de telles influences ?

Vendre leur rime, et leurs vagues chansons
Faites en pointe, à guise d'hameçons,
Conteurs, farceurs, dont l'encre trop commune
Et les petis, et les grans importune.

Au ff. 17, se lit une ode saphique : *O grand Dieu qui tiens asservi devant toy* et au ff. 19 A Monsieur Garnier, ode (n. s.) : *Garnier alors que tu fis bruire* || *Les atomes sur la lyre* || Cette ode nous apprend que le premier ouvrage de Garnier est une poésie sur les « Atomes » qui a été réimprimée dans « L'Amour victorieus », voir N° 13.

Garnier a mis en pratique dans ce « Poème » sa nouvelle « ortografe » qui élimine les lettres parasites en suivant la prononciation.

4) *L'Adieu aux Muses, 1603.* S. l. In-8° de 4 ff. n. chiff. (Cat. Lignerolles, II° p., n° 1016).

5) *L'Echantillon* || *des couches* || *royales, tiré des* || *Bucoliques de* || *Virgile, et de Sannazar.* || *Dédié* || *A Monsieur l'abbé de* || *Thiron, Philippes* || *Des-Portes en* || *Etrennes.* || *(Devise en grec de Garnier : Petit dans les petites choses et grand dans les grandes).* || *A Paris,* || *par la veufve Mamert-Patisson,* || *Imprimeur ordinaire du Roy.* || *CIↃ IↃC III.* || In-8° de 30 p., et 1 ff. n. chiff. contenant une pièce en vers « Au Lecteur » (Cabinet de M. R. Toinet, Tulle).

Cette plaquette contient un sonnet : *Les Atômes l'autre an coulèrent en etreine,* une épître en prose à M. l'abbé de Thiron, signée C. Garnier, des stanses (sic) A M. Garnier (n. s.) : *Puis que tes vers aggrée à la Pallas de France ;* Echantillon des couches royales..... : *Muses dont la Sicile honore les chansons* (reprod. dans l'édit. de 1604) ; *Dessur les bords délicatement vers* (id.) ; A M. l'abbé de Thiron (prose) ; Ode pindarique : *L'or dessur les richesses luit ;* Ode saphique : *Muse aux beaux yeus, aux mignardes chansons ;* Au lecteur : *J'ay mis ces vers en évidence.*

6) *Livre de la* || *Franciade.* || *à la suite de* || *celle de Ronsard.* || *Dédié à Monseigneur le Dauphin,* || *Par Claude Garnier, Parisien.* || *M. DC. IIII.* || In-8° de 48 p. (Bibl. nat., Ye 7561).

Au verso du titre : un avis et une petite pièce latine sig. Fed. Morel sur la Franciade de Ronsard et de Garnier ; p. 3, ode à Mgr le Dauphin : *Ton pris je fis luire naguère* ; p. 4. Livre de la Franciade (en vers de 10 pieds) : *Hyante ainsi d'une prophette vois.*

7) *Les* || *royales couches* || *ou les naissances de* || *Monsieur le Dauphin* || *et de Madame.* || *Composées en vers François par Claude* || *Garnier, Parisien.* || *Et dédiées en Etrennes à leurs Majestez, par F.* || *Jacques de Turicella, confesseur et* || *Prédicateur ordinaire de la Royne.* || *A Paris,* || *Chez Abel l'Angelier, en sa boutique au* || *premier pillier de la grand'salle* || *du Palais.* || *1604.* || *Avec Privilege du Roy.* || In-8° de 10 ff. et 226 p. chiff. (Bibl. nat.).

Au verso du titre : Sonnet de l'autheur à son vers : *Sus avant, sus mon vers, annonce ta carrière*, — Epître dédicatoire en italien : Ad Christianissimo Re, sig. : Il confessor della Regina ; l'Imprimeur au Lecteur, l'Extraict du privilège du Roy daté du 24 janvier 1604 avec achevé d'imprimer du 30 janvier 1604 par Louys Sevestre, imprimeur, pièce latine en vers sig. Fed. Morel, Imitation d'une ode d'Horace : *O Vierges, de Francette ores l'honneur chantez* et le Discours au Roy : *Quand le nocher qui par l'onde voyage.* — Pp. 1 à 70 pour l'ode pindarique sur la naissance de Monseigneur le Dauphin par Claude Garnier ; 1 ff. n. chiff. pour l'épître en italien : à Madame la Regina, sig. : Il confessore ; — pp. 71 à 76 pour l'ode pindarique à la Royne ; p. 77 les personnages de l'Eglogue ; pp. 78 à 203 : Eglogue pastorale sur la naissance de Madame, par Claude Garnier ; p. 204 : ode de l'autheur à Calliope ; p. 206 : Elégie à la Royne sortant de Paris pour aller faire ses secondes couches à Fontainebleau ; à la suite : ode pindarique à Lucine pour les secondes couches de la Royne ; pp. 213 à 226 : Chant de réjouissance en la neuviesme année de la réduction de Paris sous l'obéissance du Roy Henri IIII ou le Printems... ».

8) *Triomphe* || *de Monseigneur* || *le Dauphin.* || *M. DC. IIII.* || In-12 de 4 ff. n. chiff. (Bibl, nat., Ye 23052).

Cette plaquette en vers est dédiée au sieur de Bellemont. Au ff. 4 verso : Epigr. latine sig. Th. Marcile.

9) *La* || *Réception* || *de la Reyne* || *Marguerite par* || *Leurs Majestez.* || *A Monsieur Des Portes, Abbé de* || *Tyron.* || *A Paris,* || *Chez François Huby, ruë S. Jacques, au* || *Soufflet vert. Et en sa boutique au Palais* || *devant la porte de la saincte Chapelle.* || *M. DCV* || In-12 de 7 p. (Bibl. nat., Ye 23048).

Au verso du titre, un avis sig. R. P. ; p. 3, Sur la réception. Elégie : *Desportes (qui ravis extrême en biendizance,* sig. Cl. Garnier. Par. (parisien).

10) *Discours* || *à Monsieur le* || *Baron de Champier* || *Sur l'accident de S. Germain.* || *M. DC. VI* || In-12 de 8 p. (Bibl. nat., Ye 23035).

Verso du titre : pièce latine sig. Fed. Morel. — P. 3, Discours... (en vers) sig. Cl. Garnier. Par. ; p. 8, 2 épigr. latines, la dernière sig. N. Borbonius.

11) *Discours* || *au Roy sur la* || *guerre de Sedan,* || *presenté à Monseigneur le Dauphin.* || *A Paris,* || *Par Toussainct Boutillier,* || *demeurant ruë S. Nicolas* || *du Chardonneret.* || *1606* ||. In-8 de 8 p. (Bibl. nat., Ye 23036).

P. 3 (n. chiff.), Epître à Mgr le Daufin, sig. Cl. Garnier ; p. 5, Discours au Roy... (en vers) sig. C. Garnier.

12) *Eglogue pastorale. Sur le Bataime de Monseigneur le Daufin Louys. En faveur de Messeigneurs d'Espernon. A Paris, 1607.* Petit in-8 de 24 p. (Cité par M. Madeleine).

13) *L'Amour* || *victorieus* || *de Cl. Garnier* || *G.* (*Gentihomme*) *Paris.* (*parisien*) || *divizé en quatre livres.* || *A Tres Augustes Princesses* || *Mesdames Loyze de Loraine* || *Princesse de Conty, et Cathe-* || *rine de Gonzagues Duchesse de* || *Longueville.* || *Plus quelques poëzies tirées des œuvres* || *de l'Autheur.* || (*devise grecque de l'auteur*). || *A Paris,* || *Chez Gilles Robinot, tenant sa* || *boutique au Palais en la gallerie* || *des Prisonniers.* || *M. DCIX* [1] ||. In-12 (Bibl. nat.).

8 ff. n. chiff. pour le titre (au verso : Le contenu du prezant (sic) Livre, et une épigr. : *Ronsard, Virgile, Homère et ceux-là de Florance,* sig. P. D. P.), l'Avant-propos, l'Avertissement touchant les fautes de l'impression, une pièce en vers latins de Guil. Barclay, une autre de N. Bourbon, une autre de Theodore Marcil, une pièce grecque de Fed. Morel, un distique grec, un sixain grec de H. S. P. P., une pièce latine en vers de Leonor d'Estampes de Vallançay, abbé

(1) M. Jacques Madeleine a donné une intéressante analyse de cet ouvrage et de la plaquette qui précède dans : Quelques poètes français des XVIe et XVIIe siècles à Fontainebleau, 1900, in-8.

de Bingolio, des vers français à Monseigneur le Dauphin en faveur de son poëte : *Cher fleuron des François, belle Aurore du monde,* sig. Lescapolier de Brunel, gentilhomme de la maison de la Reyne Marguerite, un quatrain à M. Garnier : *Au talon seul on peut blesser* ; un autre : *De l'Amour à bon droit tu descris la victoire*, sig. de Grieu ; vers d'une jeune Damoizelle : *Orphée un jour charma les Euménides Seurs,* un quatrain : *Les flèches, les atraits et l'amour et sa flame,* sig. l'Escalopier de Brunel, et 13 vers : L'Autheur à son livre : *Partez mon livre assurément.* — Ff. 1 à 121 pour les quatre livres de l'*Amour victorieus ;* ff. 122, épître dédicatoire : A très illustre Princesse Madame la Duchesse de Guize, sig. Garnier (au verso, A M. Garnier, ode : *Garnier, si l'amoureuse flame*, sig. P. Du Perray, G. Angevin ; ff. 123, Sonnets tirez de l'*Harmonie* de l'Autheur (200 sonnets, 1 ode, 6 chansons, 1 pleinte, 1 élégie) ; au verso du ff. 207 : Pièces tirées des poësies de l'Autheur. Ode à Mgr le Daufin luy prézantant un livre fait à la suite de la Franciade de Ronsard : *Ton pris je fis luire naguère*, etc., etc. (1 distique, 2 sonnets, 4 épigr., 1 ode, 1 chant pastoral sur le baptême du Daufin, 1 cartel) ; au verso du ff. 214 une pièce latine sig. F. Morel, un quatrain à l'auteur : *Voyant ce portrait merveilleux*, sig. G. ; ff. 215 (n. chiff.) : Le Portrait de Mgr le Daufin en son enfance (vers) ; ff. 222, des vers sur la naissance du duc d'Anjou ; ff. 223, ode au duc de Longueville, 1608, et Chant royal sur la naissance de Jésus-Christ ; ff. 225 : Version du Ps. Super flumina Babylonis ; ff. 227 à 246 : Petit recueil de Poëzies. A Monsieur de Nangis (au verso, épître dédic. à M. de Nangis, sig. Garnier) ; pièces adressées à Desportes, etc., etc., et le poème des Atomes, 1602.

L'exemplaire de la Bibl. de l'Arsenal (B. L. 6694) renferme au 1er livre un supplément : ff. 26 à 28, contenant 167 vers ; l'exemplaire de la Bibl. nat. porte cependant « fin » au bas du ff. 25 ; de plus le ff. 25 de la Bibl. Arsenal a 13 vers qui le complètent, soit en tout 180 vers.

14) *Tombeau* ‖ *de très haut, très-* ‖ *auguste et très-invin-* ‖ *cible prince Henry le* ‖ *Grand Roy de France* ‖ *et de Navarre.* ‖ *Dédié au Roy.* ‖ *A Paris,* ‖ *Chez Jean Libert, demeurant ruë Sainct-* ‖ *Jean de Latran, près le college* ‖ *de Cambray.* ‖ *M.DC.X.* ‖ In-8 de 2 ff. lim. et 40 p. (Bibl. nat., Ye 23051).

ff. 2. Epître dédic. Au Roy, sig. C. Garnier ; p. 25 : Hymne triomfal qui a été fait pour l'entrée de..... Princesse Marie de Médicis... ; p. 37, ode sur le retour de Mgr le Prince : *Quand le beau jour en s'élevant*, sig. C. Garnier.

15) *Mausolée du très grand Roy Henri IV. Paris, de Bordeaulx, 1611*. In-12.

16) *Epitaphe du Roy Henry le Grand. A Monsieur de Souvré, gouverneur de Sa Majesté. Ode.*

17) *Mausolée* || *du grand* || *Roy,* || *dédié au Très chrestien Louys* || *XIII, son fiz.* || *Par C. Garnier. G. P. (gentilhomme parisien)* || *Reveu, et augmenté de plus de mille vers, et* || *imprimé par le commandement du Roy.* || *et de la Reyne-mere Régente.* || *A Paris, chez Jean de Bordeaulx, Impri-* || *meur et Libraire, tenant sa boutique au* || *bas de la grande Salle du Palais.* || *M.DC.XI.* || *Avec privilège du Roy.* || In-12. Titre, 70 p. et 1 ff. n. chiff. (Bibl. Arsenal, 11731 B. L.)

Au verso de la p. 70 : Epitaphe du Roy Henry le Grand : *Tout à son principe retourne* ; le ff. n. chiff. contient : A Monsieur de Souvré, gouverneur de Sa Majesté. Ode : *L'eau qui distille a vau les Cieus.*

18) *Portrait* || *du* || *très-chrestien* || *roy de France,* || *Louys XIII.* || *A la Très Chrestienne Reyne Anne* || *d'Autriche, Infante d'Espagne.* || *Par Cl. Garnier G. P.* || *Traduit de rime Françoise en prose Espagnole,* || *par Cesar Oudin, Secret. Interpr. de Sa M.* || *ès langues Ital. Esp. et Germ.* || *A Paris, Chez Pierre Durand, au mont* || *S. Hilaire devant le puits-Certain, à l'image de S. Sebastien.* || *M.DC.XII.* || *Avec permission.* || In-12 de 48 p. (Bibl. nat., Ye 23045).

Au verso du titre. Epître dédic. A la Reyne (texte esp. en regard), sig. Cl. Garnier. A la fin pièce espagnole de C. Oudin, pièces latines sig. Fed. Morel et Théod. Marcil.

19) *A la Reyne Mère du Roy* (titre courant). Plaquette de 8 p. contenant : Epître de 9 lignes en prose suivie de trois Hymnes en vers et un sonnet : Pange lingua : *Madame, il ne se faut pas taire ;* Vexilla regis : *Du Roy du Firmanent l'Enseigne on void paroistre ;* Stabat mater : *Pleurante et soupirante, en regardant la Croix ;*

Sonnet en la loüange de la Reyne-Mère : *Chacun pour vous loüer un Soleil vous appelle.*

20) *Chant pastoral* || *sur le trespas* || *de feu Monseigneur* || *le Chevalier de Guise* || *Paris de Loraine.* || *Dédié à la Maiesté du Sérénissime Roy de la* || *grande Bretaigne.* || *Propheta in sua patria honorem non habet. Joha. Cap. 4.* || *A Paris* || *Par Claude Percheron, demeurant ruë* || *Galande aux trois Chappellets* || *M.DC.XV.* || In-8 de 66 p. (Bibl. Arsenal, 6897 B. L.).

P. 3, épître dédic. sig. Garnier, A Paris, au quartier de S. Victor, 1615, suivie de sa devise en grec.

21) *Discours* || *a* || *Messieurs de* || *Soissons.* || *Sur l'arrivée du Roy* || *en leur ville.* || *Garnier.* || *A Paris,* || *Chez Nicolas Alexandre, ruë des* || *Mathurins.* || *M.DC.XVIII.* || In-12 de 16 p. (en prose) (Bibl. nat., Lb^{36} 1147).

22) *Triomphe* || *du Roy,* || *M.DC.XVIII.* || In-12 de 16 p. (en prose) (Bibl. nat., Lb^{36} 1152).

Au verso du titre : Epig. *Voicy la raison manifeste;* p. 16, un avis (s. t.).

23) Titre de départ : *Au Roy, Sire,* Le premier de tous vos poëtes (Celuy qui tousjours à tous subjetz, vous a célébré dès vostre naissance) vous présente les vers qu'il a faicts en divers temps pour Monsieur de Luynes..... sig. Garnier. : 1 épig. au Roy, 2 sonnets à M. de Luynes... ; 1 sonnet sur le duel de M. de Brantes... ; 6 sonnets à M. de Luynes ; 2 pleintes à M. de Luynes ; 1 pièce sur le pouvoir des Muses ; en tout 8 p.

24) *Parallelle* || *de Louys le* || *Victorieux* || *et* || *d'Alexandre* || *le Grand.* || *A Paris* || *M.DC.XXI.* || In-12. Titre et 7 p. (Bibl. nat.).

L'épître dédic. à M. le Baron de Monpouillan est sig. Garnier.

25) *Le* || *Trophée* || *de la* || *Guerre* || *A Monseigneur,* || *frère de Sa Majesté.* || *A Paris,* || *M.DC.XXII.* || 13 p. en prose (Bibl. nat., Lb^{36} 1944).

26) *Le* || *Te Deum,* || *contre les Athéistes* || *Libertins.* || *Dixit insipiens in corde suo non est Deus. Psal.* || *A Paris,* || *de l'Imprimerie de Daniel Guillemot,* || *demeurant ruë des Cordiers, près la porte Sainct Jacques. M.DC.XXIII.* || In-8 de 8 ff. n. chiff. (Bibl. Arsenal, 8229 B. L.).

L'épître dédic. est adressée à M. le Marquis de la Viéville. Il y a de plus un Advertissement de l'imprimeur.

27) *Ateinte* || *contre les* || *impertinences* || *de Théophile,* || *Ennemy des bons Esprits.* || *M.DC.XXIIII.* || In-8 de 11 p. (Bibl. nat., Ln[27] 20344).

Pièce non signée, mais qui est incontestablement de Cl. Garnier.

28) *Le* || *Bouquet* || *du Lys,* || *et de la Rose,* || *Au nom de l'alliance de France,* || *et d'Angleterre.* || *Dédié à Monseigneur* || *le Prince de la Grand'Bretaigne,* || *A Paris, M.DC.XXIV.* || In-12 de 16 p. (*id.*, Ye 2303).

Au verso du titre : A Monseigneur le duc de Boquingham. Sonnet : *Ayant à passer une mer ;* p. 3, épître dédic. à Mgr le Prince de la Grand'Bretaigne, sig. à Paris, au quartier S. Victor, 1624, Garnier ; p. 5, autre épître : A Madame, sig. Garnier ; p. 7, le Bouquet...... ; p. 16, sur le Portraict de Madame. Sonnet : *Un œil brun qui ternit le flambeau radieux.*

29) *Le Frelon* || *du Temps.* || *M.DC.XXIV.* || In-8 de 16 p. (Bibl. nat., Ye 22846).

Pièce que Viollet le Duc a attribuée à Théophile [1], mais qui est de Claude Garnier.

Les deux premières strophes font allusion à la pièce précédente :

Frelon, qui passez le murmure
Des moulins par vostre caquet,
Rongeur de fleurs et de verdure,
Honnirez-vous donc mon Bouquet ?

Ny de mes Lys, *ny de ma* Rose
Les parfums ne sont destinez
Pour vostre goust de peu de chose,
Et ne sont faicts pour vostre nez...

30) *La Muse infortunée contre les froids amis du temps. M.DC.XXIIII.* In-8 (Bibl. nat.).

A M. Des Yveteaux, précepteur du Roy. Ode : *Hé quoy ! Des*

---

(1) M. Jules Andrieu dans son étude sur Théophile de Viau, 1889, partage l'opinion de Viollet-le-Duc ; l'allusion des deux premières strophes à la pièce précédente dissipe toute incertitude sur le nom de l'auteur.

Yveteaux, n'est-ce pas un grand fait. A la suite : A Monsieur de Belin, escuyer de la Reyne Marguerite (Sonnet) : *O Belin, quels effects ! en quels temps sommes-nous.*

La dédicace de cette pièce à Des Yveteaux, *précepteur du Roy*, prouve qu'elle a été composée en 1610, Garnier l'a trouvée de circonstance en 1624 !

Réimprimée par Ed. Fournier dans le T. II de ses Variétés historiques et littéraires.

31) *La Chasse et l'Amour, à Lysidor. M.DC.XXVII.* In-8 de 15 p. (Réimprimée par Ed. Fournier, mais anonyme, dans le T. I de ses Variétés historiques et littéraires).

L'Amoureuse Chasse, à Lysidor : *Lysidor, voicy le Printemps.* — Eslection d'une maistresse : *Pour faire une belle maistresse.* Sonnet de l'infortune des bons vers : *Si les carmes jadis (on nomme ainsi les vers).*

M. Raymond Toinet a le premier attribué cette plaquette à Claude Garnier, son opinion nous semble très fondée.

32) Titre de départ : *Le May* || *de la Paix* || *A Monseigneur* || *Frère du Roy.* || *Ode* || In-8 de 8 p. (Bibl. nat., Ye 27520).

A la p. 8, Sonnet faict sur la naissance de Monseigneur frère du Roy : *Deux Dieux, Amour et Mars, arrivez en la France.* Cette pièce serait de 1632.

33) *Panégyrique* || *sur la promotion* || *de Monseigneur le* || *Président Seguier* || *à la dignité de Garde des* || *Seaux (sic)* || *Dédié au Roy.* || *A Paris,* || *chez Henry Dauplet, devant* || *le Pont de Bois, à la Nativité.* || *M.DC.XXXIII* || Avec permission. || In-12 de 16 p. (Bibl. nat., X 18837).

En prose, à la p. 16 un sonnet : *Le mesme esprit divin qui suscita d'en haut,* sig. Garnier.

A ces pièces ou à ces ouvrages édités séparément, il convient d'ajouter les poésies de Garnier des recueils collectifs publiés dans la première moitié du XVIIe siècle (voir notre *Bibliographie des recueils collectifs de poésies publiés de 1597 à 1700*, t. I, p. 195), les deux quatrains sous les portraits de Ronsard et de Cassandre, le sonnet : *Voicy les deux Amants qui renomment la France* et l'ode pindarique en mémoire de feu Pierre de Ronsard, gentilhomme vendômois : *A genoux, Poètes de la France* [1] de la grande édition de Ronsard, 1609. De plus, Garnier a revu, nous l'avons dit, l'édition (en 2 vol. in-folio) de 1623 et l'a enrichie d'un commentaire du *Discours des Misères de ce temps* et des pièces qui y font suite. Enfin il avait écrit une « Institution du Prince [2] » dans le genre de celles de Jean Antoine de Baïf et de Des Yveteaux qui paraît perdue [3].

*
* *

Claude Garnier n'a pas eu de chance après sa mort. Son portrait a été donné comme étant celui de Robert Garnier le tragique. M. Henri Chardon [4] a le premier signalé cette méprise.

Il existe trois portraits de Claude Garnier :

1° Celui de C. de Mallery, d'après Rabel, avec ce quatrain [5] :

---

(1) Cette ode se retrouve dans l'édition des Œuvres de Ronsard in-folio (en 2 vol.) 1623, mais profondément modifiée.

(2) Voir sa note à l'*Institution de Charles IX* (édit. de Ronsard, 1623).

(3) M. de Veyrières, dans sa Monographie du sonnet (1869), t. II, p. 62, indique quatre sonnets de Claude Garnier qui se lisaient dans les Ms. des deux Colletet qui ont été brûlés en 1871 dans l'incendie de la Bibliothèque du Louvre.

Le ms. fr. 14368 de la Bibl. Nat., Annales de l'Abbaye de Saint-Victor, renferme en tête un sonnet de Claude Garnier avec sa devise.

(4) Robert Garnier, sa vie et ses poésies inédites. Paris, Champion, 1905.

(5) C'est le portrait que nous avons reproduit p. 134.

Tel fut Garnier qui malgré l'ignorance
Remit en vogue en la fleur de ses mois,
La douce lyre au chantre vendomois,
Et ramena les neuf Muses en France.

2° Celui de Desrochers qui porte Robert Garnier et dont on a modifié intentionnellement le quatrain.

3° Celui de Michel Lasne qui porte Garnier seulement.

BALZAC ET THÉOPHILE

(Juin 1624 — janvier 1626)

Cést ce diuin parleur, dont le fameux merite
A trouué chés les Roys plus d'honneur que d'appuy:
Bien que dépuis vint ans tout le monde l'imite,
Il n'est point de mortel qui parle comme luy

A quel mobile Balzac a-t-il obéi en écrivant d'abord et en insérant ensuite dans les : « Lettres du Sieur de Balzac (A Paris, chez Toussainct Du Bray, rüe S. Jacques aux Espics Meurs, M.DC.XXIIII. Avec privilège du Roy) » ses deux lettres à Boisrobert (lettre XI du 12 septembre) et à Sébastien Bouthillier, évêque d'Aire (lettre IX du 20 septembre 1623). Tout simplement peut-être à un sentiment vil et bas, celui de frapper un vaincu et de se poser en adversaire du libertinage, alors que sa vie et ses mœurs l'auraient plutôt classé jusque là parmi les disciples de Théophile. Si notre hypothèse est exacte, il serait bien inutile de chercher dans ses relations antérieures avec le Poète de Boussères les causes qui l'auraient amené à prendre cette odieuse attitude. Quoiqu'il en soit, la publication de ces lettres au moment où Théophile était prisonnier depuis plus de neuf mois dans la tour de Montgommery apparaît comme une insigne lâcheté.

A Boisrobert.

« Quoy que je n'apprenne point de vos nouvelles et que celles de Paris soient générallement mauvaises, néantmoins j'ay une telle opinion de la bonté de vostre corps, que je ne sçaurois croire qu'il puisse estre offensé par le mauvais air. Si toute la foudre de l'Automne ne tomboit sur vous, ou que la cheute d'une montaigne ne vous renversast, vous estes fait d'une si forte matière que les autres accidens ne sont pas capables de l'altérer : aussi plustost que de m'imaginer que vous vous estes laissé emporter à la foule de ceux qui meurent, je veux croire que Dieu vous réserve pour faire l'épitaphe du monde, et les dernières chansons qui doivent finir la joye des hommes. Toutesfois devant que d'en venir là, souvenez-vous de vostre parolle, et envoyez-moi quelque chose qui m'oste la migraine que j'ay prise à lire les sottises de ce temps. Je ne sçaurois vous le dissimuler, j'ay le mesme goust pour les vers que pour les melons ; et si ces deux sortes de fruicts ne sont en un degré de bonté qui soit fort proche des choses parfaites, je ne les loüerois pas sur la table du Roy ny dans les œuvres d'Homère ; Au moins quoy que vous faciez, ne permettés rien à vostre esprit qui blesse vostre réputation, et sur tout, je vous prie que ce ne soit point vous à qui on reproche d'avoir violé la chasteté de nostre langue, et appris aux François des vices estrangers, et inconnus à leurs pères. La poësie que Dieu a choisie quelquesfois pour rendre les Oracles, et pour expliquer ses secrets aux hommes, à tout le moins veut estre employée à un usage qui soit honneste, et ce n'est pas moins pécher de s'en servir à des choses sales que de desbaucher une religieuse : Je vous dis cecy sur le subject de nostre amy dont j'ay peur que la fin ne sera pas naturelle, s'il ne meurt bientost de sa quatriesme vérolle. Voicy desjà la seconde fois qu'il est sorty de Paris par une bresche et qu'il s'est sauvé d'un aussi grand embrasement que celuy de Troye. Pour moy, je ne puis comprendre quel est son dessein, car de faire la guerre au Ciel, outre qu'il seroit mal accompagné en cette entreprise, et qu'il n'a pas cent mains comme les Géans, il doit avoir appris que c'est une action qui ne leur réüssit pas ; et qu'en Sicile il y a des montaignes qui fument encore de leur supplice : Nous ne sommes pas venus au monde pour faire des loix, mais pour obéir à celles que nous avons trouvées, et nous contenter de la sagesse de nos pères, comme de leur terre et de leur Soleil. Et certes puisque mesmes aux choses indifférentes la nouveauté est blasmée, et que les Roys ne quitent point les lys pour prendre des Tulipes en leurs armes, à combien meilleur droit devons-nous conserver les anciens fondemens de la Religion, qui est d'autant plus pure que par sa vieillesse elle s'approche davantage de l'origine des choses, et qu'entre elle et le principe de tout bien il y a moins de temps qui l'ayt peu corrompre ? A n'en point mentir, il n'y auroit pas grande apparence que despuis le commencement du monde la vérité eust attendu Théophile pour se venir descouvrir à luy au bordel et à la taverne, et sortir par une bouche qui n'est pas si sobre que celle d'un Suysse : Je ne veux pas entreprendre sur la Cour de Parlement, ny prévenir ses Arrests par mon opinion ; aussi bien de penser rendre cet homme là plus coupable qu'il s'est fait luy mesme, ce seroit jetter de l'encre sur le visage d'un More ; et je doy cela à la mémoire du temps passé, de le plaindre plustost comme un malade, que de le traiter comme un ennemy ; Il est vray qu'il a des qualitez qui ne sont pas absolument mauvaises, et je ne nye pas que je n'aye pris plaisir à sa liberté lors qu'elle ne se proposoit que les hommes pour object, et qu'elle pardonnoit aux choses sainctes ; Mais si tost que j'ouys dire qu'il avoit passé les bornes du monde, et qu'il s'attaquoit à ce qui est au dessus du Ciel, dès l'heure mesme je rompis nostre commerce, et creus que je ne pouvois faire autre chose que de prier Dieu de luy renvoyer son bon sens, et d'avoir pitié de luy comme il en avoit eu des Juifs qui le crucifioient. Une autre fois je me donnerai bien garde de vous entretenir si long-temps, et de me lasser en vous ennuyant. Mais sans mentir j'ay creu que je n'en pouvois faire moins après trois ans de silence, et que ce n'estoit pas trop pour un homme qui vous paye si tard de toutes les lettres qu'il vous doit : Encore ne puis-je finir celle-cy, sans vous dire quelque chose du lieu de ma demeure, et des occupations que j'y ai. Premièrement il ne passe jour que je ne voye lever et coucher le Soleil, et que durant ce temps-là je ne me sépare de la compagnie des hommes, pour aller joüir de la pureté de sa lumière, et voilà l'estat où je suis, toute la Cour que je fais, et la seule sujétion que je m'oblige de rendre. Quand je veux prendre l'air aux autres heures du jour, véritablement les objects de mes yeux ne sont pas si vastes que la Mer et les Apennins ; et je ne voy pas Rome sous mes pieds comme je faisois il y a deux ans : Néantmoins je descouvre de tous costez une veuë si agréable qu'encore qu'elle ne remplisse pas mon esprit tant que l'autre, elle le contente davantage : les peintres viennent de quatre journées pour estudier en ma chambre ; et si la nature fait paroistre sa grandeur au fonds des abysmes, et des précipices, elle a mis toute sa beauté sous mes fenestres. Au reste je suis en l'abondance jusques aux yeux, mais tout mon bien est attaché aux branches des arbres ; et comme l'esté m'a fait riche, l'hyver me rendra ma première pauvreté : Cependant je fais des festins de figues et de melons, et des muscats que je mange il en sortiroit de quoy enyvrer la moitié de l'Angleterre ; et ce qui vous donnera peut estre de l'estonnement, c'est que je mets tout cela dans un corps qui se porte assez mal pour estre celuy d'un Pape, et qui à l'âge de vingt-six ans n'est pas moins ruiné que le chasteau de Bissestre. J'ay trouvé le moyen d'accorder les excès avec que les médecines, et en mesme jour j'essaye le plaisir et la douleur, et je nourris ma fièvre de fruict, et la purge de rubarbe ; Quoy qu'il en soit, je ne sçaurois hazarder ma santé en des desbauches plus innocentes, puisque je les fais sans troubler le repos de la terre, ny de l'air, et sans oster la vie à personne : Les premiers hommes parvenoient à une extrême vieillesse avec des viandes pures comme les miennes, et de toutes celles qui sont sanglantes, ils usoient seulement des meures et des cerises. Aussi en ce temps-là la simplicité de leur vie estoit accompagnée d'un parfait repos ; la Nature estant encore vierge de toutes sortes de monstres, on ne parloit ny de Géryon, ny de Minotaure, ny de Théophile. L'Inquisition et le Parlement estoient encore en l'idée des choses, et des deux parties de la justice, il n'y en avoit de connuë que celle qui donne les récompenses.

Balzac

A Balzac, le 12 septembre 1623 [1] ».

A Monsieur l'evesque d'Ayre [2].

« Monsieur, Puisque vous avez autant de soing de mon salut que si j'estois vostre diocèse, et que si vous vous sauviez sans moy vous trouveriez quelque chose à dire parmy les félicitez du Ciel, je feray ce qu'il me sera possible afin que vous m'y meniez en triomphe, et que vous ne perdiez pas le fruit d'une victoire que vous préférez à toutes celles du Prince d'Aurange. Il est vray qu'il y a si long-temps que je fais du mal, que je n'ay plus de mémoire de mon innocence, et que j'aurois besoin d'un jubilé qui ne fût que pour moy seul : et de l'autre costé les bons mouvemens que

(1) Cette lettre ne porte pas l'indication du mois, mais seulement l'année dans l'édition originale des Lettres de Balzac, 1624 (lettre xi) ; elle est datée du 12 septembre dans les Œuvres de M. de Balzac, divisées en deux tomes, Paris, Louis Billaine, 1665, in-folio. (Lettre 7 du livre III).

(2) Aire, aujourd'hui dans le département des Landes, arr^t de Saint-Sever.

j'ay sont si foibles, que du feu que les premiers Chrestiens ont enduré à grand peine supporterois-je la fumée; Néantmoins en cet Estat-là j'attends un miracle de celuy qui des pierres se peut faire des enfans, et je ne veux pas croire que sa miséricorde ayt achevé tout ce qu'elle doit faire pour le bien des hommes : Puis qu'il a donné des ports aux mers les plus dangereuses, et de la clarté aux plus noires nuicts; peut-estre qu'il y a encore quelque chose pour moy dans les secrets de sa providence, et que si jusques icy je me suis esloigné du bon chemin, il permettra que je m'esgare où que je me lasse en celuy du vice. Et c'est icy qu'il faut que je vous advouë la vérité quoy qu'elle me soit honteuse. Avec trois gouttes de meschant sang qui me reste, j'ay toutes les passions de ceux qui se portent bien et les Tyrans qui bruslent les villes au premier mouvement de leur colère, et qui se permettent tout ce qui est deffendu par les loix, ne font rien plus que moy que de joüir des choses que je desire, et d'exécuter les desseins qui me demeurent en la volonté, à cause que leur puissance me manque. Ny la fièvre, ny la sciatique, ny la gravelle n'ont pu encore vaincre mon esprit et le rendre capable de discipline : et si le temps avoit adjousté la vieillesse à mes autres maux, je croys que je voudrois voir les objects sales avec des lunettes, et me faire porter aux lieux où je ne pourrois pas aller de moi-mesme : De sorte, Monsieur, que comme vous avez veu des peintures qu'il faudroit effacer pour en oster les deffaux, aussi j'ai peur qu'il n'y ait que la mort qui puisse finir mes péchez, si par vostre moyen je ne commence une seconde vie qui soit meilleure que la première; pour cet effect quand vous mettriez tout vostre Clergé en prières, et que vous ordonneriez un jeusne public de la mesme sorte que si vous aviez à demander au Ciel la conversion du grand Turc, ou du Roy de Perse, en cela vous ne feriez rien de trop, quoy que vous fissiez quelque chose d'extraordinaire. Véritablement mes iniquitez ont monté si haut qu'elles sont desjà proches du Throsne de Dieu d'où elles n'attendent que sa vengeance, et fors un désir imparfait que j'ay de me repentir, et quelque petite résistance que je fais au commencement du mal, il n'y a point de différence entre moy et le plus grand pécheur qui soit sur la terre. Mais ne prenez pas ce que je vous escris pour une marque de mon humilité, car vous ne leustes jamais de plus véritabte histoire; et ce que

S. Paul disoit en la personne du genre humain, et s'accusant des fautes des autres, c'est ma déposition que je fais entre les mains de la Justice divine. Je m'en veux mal à moy-mesme : Mais il est certain que je sens tant de froideur aux actions de piété, qu'il semble que mon esprit entre en prison quand mon devoir m'appelle à l'Eglise, et lors que j'y suis, j'y cherche plustost des divertissemens et des tentations, que de l'instruction et du profit : La prière mesme de la pensée qui est un sacrifice de toutes les heures du jour qui se peut faire sans brusler d'encens ny tuer de bestes, et dont la fin est si proche du commencement, m'est une aussi grande corvée que seroit à un autre le voyage du Mont-serrat, ou de Notre-Dame de Lorette. Que si quelquefois il me vient de petits rayons de dévotion, ils durent si peu, que tout cela n'estant qu'accident et hazard, ne mérite pas d'estre appellé bien, et ce seroit faire tort à la vertu de la vouloir mettre au nombre des choses fortuites. Il faut donc de nécessité que vous travailliez à une conversion que je ne sçaurois opérer de mes propres forces, et que je vous serve de matière de laquelle vous faciez un homme de bien. S'il y a des saincts que nous devons aux larmes et à l'intercession des autres, et si les Martyrs ont fait quelque-fois de leurs bourreaux des compagnons de leur gloire, je puis bien espérer que vous me sauverez avecque vous, et qu'un jour peut estre je seray mis au nombre de vos miracles. Je sçay, Monsieur, que vous vivez aussi purement que si vous n'aviez point de corps, et que vous n'aymastes jamais que la beauté dont toutes les autres sont venuës ; et partant il n'y a point de doute qu'une si rare vertu ne sçauroit estre refusée de Dieu quelque demande qu'elle luy face, et que pour elle il n'a point donné à sa Bonté d'autres bornes que celles de sa Puissance. A tout le moins vous trouverez en moy de l'obéissance et de la docilité, si je n'ay acquis de plus fortes habitudes, et dans la corruption de ce siècle, où presque tous les esprits se révoltent de la Foy, vous aurez à faire à un homme qui ne veut rien croire de plus véritable que ce qu'il a appris de sa mère et de sa nourrice. En ce qui ne regarde pas mesme la religion, si j'ay eu autrefois quelques sentimens particuliers, je les quitte de bon cœur afin de me réconcilier avecque le peuple, et ne paroistre pas ennemy de ma patrie pour un petit mot, ou une chose de peu d'importance. Si Théophile eust suivi cette maxime, il vivroit en sureté parmy les hommes et ne seroit pas poursuivy à outrance comme la plus farouche de toutes les bestes; mais il a mieux aymé finir par une tragédie que d'attendre une mort qui fut inconnue au monde, et ne faire rien que des choses ordinaires : à ce que j'apprends, et si le bruit qui court est véritable, il s'est imaginé qu'il pouvoit estre ce dernier faux prophète dont la vieillesse de l'Eglise est menassée; et quoy qu'il soit nay pauvre, et qu'il eust peu de fortune, il a esté si présomptueux que de se prendre pour celuy-là qui doit venir avec des armées troubler la paix des consciences, et à qui les Démons gardent tous les thrésors qui sont cachez sous la terre. Du temps qu'il se contentoit de faire des fautes purement humaines, et qu'il escrivoit avec des mains qui n'estoient pas encore coupables, je luy ay souvent monstré qu'il faisoit de mauvais vers, et qu'il s'estimoit injustement habile homme; Mais voyant que les reigles que je lui proposois de faire mieux estoient trop sévères, et qu'il n'avoit point d'espérance de parvenir où je le voulois mener, il a jugé, peut-estre, qu'il devoit chercher un autre chemin pour se mettre en crédit à la Cour, et que de Poète médiocre il pouvoit devenir grand Législateur : si bien qu'on dict partout qu'après avoir renversé quantité de foibles esprits, et paru longtemps au milieu d'un multitude ignorante, il a fait à la fin comme un homme qui se jetteroit dans un précipice pour acquérir la réputation de bien sauter. Vous sçaurez, Monsieur, ce que nous avons dit autresfois de cette sorte de gens, et la faiblesse que vous m'avez monstrée aux principes de leur mauvaise doctrine : Et véritablement quelque desbauché qu'ayt esté mon esprit, je l'ay tousjours sousmis à l'authorité de l'Eglise, et au consentement des peuples : Et comme j'ay creu qu'une goutte d'eau se pouvoit beaucoup plus aisément corrompre que toute la mer, aussi j'ay pensé que toutes les opinions particulières ne sçauroient jamais être si saines que les générales. Un pauvre homme qui ne se cognoist que par le rapport d'autruy, qui perd l'esprit dans la considération des moindres ouvrages de la nature, qui despuis tant de siècles n'a peu trouver la cause de desbordement d'une rivière, ny des intervalles de la fièvre tierce, comment peut-il parler hardiment de ceste Majesté infinie devant laquelle les Anges se couvrent la face de leurs aisles, et le Ciel s'abaisse jusques aux abysmes? Il ne nous reste que la seule gloire de l'humilité et de l'obéissance, dans laquelle nous devons nous conserver ; et puisqu'il est certain que la raison des hommes ne s'estend pas si loin que la vérité des choses, au lieu de plaider les points de la Religion, il nous doit suffire d'en adorer les mystères ; Autrement certes si nous voulons aller plus avant et chercher une chose qui a esté inconnuë à toute la Philosophie, et qui s'est cachée aux sages du monde, nous ne remporterons rien d'une si prophane curiosité que l'esblouissement de nos yeux et la confusion de nostre esprit. Dieu nous a descouvert par la lumière de son Evangile beaucoup de véritez que nous ignorions, mais il nous en réserve beaucoup davantage que nous n'apprendrons qu'au Royaume qu'il prépare à ses Esleus, et par la vision de sa seule face. Cependant afin de rendre le mérite de nostre foy plus grand, et nostre piété plus parfaite, il veut que les Chrestiens soient comme des aveugles amoureux, et qu'ils n'ayent des desirs ny de l'espérance que pour des choses qui sont esloignées de leurs sens, et qu'ils ne peuvent comprendre par leur raison naturelle. Si tost que le terme que vous m'avez donné sera venu, et que les premières fleurs nous auront amené les beaux jours, je m'en vais vous escouter sur ces graves et importantes matières, et me rendre homme de bien par l'ouyë, puisque c'est le sens qui est destiné à recevoir les vertus chrestiennes, et par lequel le fils de Dieu a esté conceu, et son Royaume estably entre les hommes. Mais il n'est pas besoin que vous cherchiez de l'artifice, ny que vous me représentiez le lieu de vostre demeure avec tant de belles couleurs pour me convier d'y aller ; car quand vous prescheriez au désert, et que vous seriez caché en une partie du monde où le Soleil n'esclairast que du sable et des rochers, vous sçavez bien que j'y serois heureux avecque vous, et que vous portez mon contentement par tout où vous estes : Vostre compagnie, qui me rendroit la prison et le bannissement agréable, et dans laquelle je trouve le Louvre et toute la Cour, adjoustera à la description que vous m'avez faite d'Aire, des beautez que les Géographes n'y ont point remarquées, et qui sont plus grandes que les autres, quoy qu'elles soyent plus secrettes. Ces montaignes qui ne veulent pas que la France et l'Espagne soient à un seul, et au dessous desquelles la pluye et le tonnerre se forment, me paroistront plus grandes qu'elles ne firent la première fois que je les vis : Vos eaux qui guérissoient auparavant les malades, ressusciteteront les morts si vous les avez bénïes ; et je m'asseure que ce peuple dont on compose les armées, et qui comme le fer et le feu n'est destiné qu'à l'usage de la guerre, aura desjà adoucy son humeur par la modération de vostre conduite. Moy mesme, Monsieur, je fais estat de m'aller changer entre vos mains, et de recevoir de vous une nouvelle naissance. Et certes, ce seroit une belle chose, si la santé qui sortoit des habillemens et de l'ombre des Apostres, pouvoit venir de vostre vertu, et si estant vostre ouvrage, et le fils de vostre esprit, je ressemblois tout d'un coup à un père qui a toutes les qualités qui me manquent.

A Balzac, le 20 septembre 1623 [1] ». BALZAC.

Théophile eut-il connaissance des dites lettres dans son cachot ou seulement après l'arrêt du 1er septembre 1625 le condamnant au bannissement? Nous l'ignorons. Le seul fait certain c'est que sa cruelle réponse à Balzac, imprimée en 1629 à Rouen chez Jean de la Mare dans l'édition de ses Œuvres, a été composée après l'exil du Père Voisin (septembre 1625) et peu de temps après la publication de son « Apologie au Roy » (novembre), soit vers janvier 1626. Réimprimée au moins vingt fois pendant la vie du grand épistolier, elle l'a marqué d'une flétrissure dont il n'a pu se laver et qui pèsera toujours sur sa mémoire. Le silence de Balzac a été l'aveu de sa mauvaise action.

Lettre à Balzac [2]

« Combien que vous soyez coupable, il y a de la conscience à vous punir, d'autant que vos maux vous tiennent tousjours en l'estat de

(1) Lettre 9 de l'édition originale des Lettres de Balzac, 1624 ; Lettre 14 du livre I de l'édition des Œuvres de M. de Balzac, divisées en deux tomes, Paris, Louis Billaine, 1665, in-folio.

(2) Advertissement au lecteur touchant la lettre du Sieur Theophile contre le sieur Balzac (Ed. des Œuvres, Rouen, Jean de la Mare, 1629) :

mériter des consolations de tout le monde : ces fièvres et ces gravelles dont vous infectez les Lecteurs donnent dispense à vostre chagrin, et excusent en quelque sorte l'aigreur que vous avez contre ceux qui se portent bien. M'ayant promis autrefois une amitié que j'avois si bien méritée, il faut que vostre tempérament soit bien altéré de m'estre venu quereller dans un cachot et vous joüer à l'envy de mes ennemis à qui mieux braveroit mon affliction. Dans la vanité que vous avez d'exceller aux lettres humaines, vous avez fait des inhumanitez qui ont quelque chose de la brutalité ou de la fièvre chaude ; mais afin de vous persuader que je ne m'en picque point, je m'en vay vous dire par où je me défends et vous répliquer : c'est que je recognois que, disant mal de moy, vous en avez souffert beaucoup. Vos missives diffamatoires sont composées avec tant de peine que vous vous chastiez en mal faisant, et vostre supplice est si conjoint à vostre crime que vous attirez tout ensemble et la colère et la pitié, et qu'on ne se peut

---

« Amy lecteur, je te donne aujourd'hui une lettre de Theophile contre « Balsac ; elle avoit esté mise dans l'oubly de ses ennemis, tu la jugeras digne « d'estre r'imprimée dans ses œuvres pour le contentement des curieux qui « font profession de l'éloquence françoise ».

« Le Paladin Javersac à n'a (sic) bien fait son profit contre Narcisse et Phi- « larque dont il a reçeu une honneste récompense de son travail, il est comme « les laquais derrière leur Maistre, son livre n'a point esté imprimé à Roüen « comme il le met au frontispice, c'a esté à ses despens qu'il a esté imprimé, lis « et juge ceste lettre. Ton serviteur Théophile de l'autre monde ».

A la page suivante : « Il envoye la lettre de Théophile contre Balsac à Eudoxe ».

On remarquera que cet « Advertissement » dit que la lettre de Théophile a été *r'imprimée*, ce qui laisse supposer une impression antérieure dont on ne trouve plus trace et qui aurait été supprimée par Balzac et ses amis.

Le second paragraphe de « l'Advertissement ci-dessus n'a pas été reproduit dans les éditions suivantes.

Nicolas Bernard, sieur de Javerzac, avait fait un petit livre contre Balzac : *Discours d'Aristarque à Nicandre, sur le jugement des esprits de ce temps et sur les fautes de Phillarque, 1628.* Phillarque n'était autre que le Père Goulu, général des Feuillants, auteur des *Lettres de Phyllarque à Ariste, où il est traité de l'Eloquence françoise* dans lequel il avait attaqué le style des lettres de Balzac. Pour se venger de Javerzac, Jean-Louis Guez le fit bâtonner dans sa propre chambre au saut du lit, par un gentilhomme de ses amis nommé Moulin Robert et après, dit Tallemant, il fit imprimer une espèce de nouvelle intitulée : *La desfaitte du paladin Javerzac par les alliez et confédérez du Prince des feuilles* (le Père Goulu). Enfin Javerzac, après son malheur, écrivit un *Discours d'Aristarque à Calidoxe, sur ce qui s'est passé entre luy et Balzac.* Voir sur Javerzac, notre Bibliographie des recueils collectifs de poésies publiés de 1597 à 1700. T. II et IV.

fascher contre vous sans vous plaindre. Cet exercice de calomnies, vous l'appellez le divertissement d'un malade. Il est vray que si vous estiez bien sain, vous feriez tout autre chose. Soyez plus modéré en ce travail, car il entretient vostre indisposition ; et si vous continuez d'escrire vous ne vivrez pas long-temps. Je sçay que vostre esprit n'est pas fertille : cela vous picque injustement contre moy. Si la nature vous a mal traicté, je n'en suis pas cause : elle vous vend chèrement ce qu'elle donne à beaucoup d'autres ; encor vous est-il advantageux qu'estant nay pour estre ignorant, vos soins et vos veilles, qui vous ont donné tant de fièvres, vous ont acquis aussi quelque teinture des bonnes lettres. Vous sçavez la grammaire françoise, et le peuple pour le moins croit que vous avez fait un livre. Les sçavans disent que vous pillez aux particuliers ce que vous donnez au public et que vous n'escrivez que ce que vous avez leu. Ce n'est pas estre sçavant que de sçavoir lire. S'il y a de bonnes choses dans vos escrits ; ceux qui ne les cognoissent pas ne vous en peuvent point loüer, et ceux qui les cognoissent sçavent qu'elles ne sont pas à vous. Les anciens n'ont mérité que pour eux. Tout ce que vous avez du leur est bon, mais tout ce que vous avez du vostre est contre vous. Vostre stile a des flatteries d'esclave pour quelques grands, et des flatteries [1] de bouffon pour d'autres. Vous traictez d'esgal avec des cardinaux et mareschaux de France. En cela vous oubliez d'où vous estes nay [2] : c'est une faute de mémoire qui a besoin d'un peu de jugement. Corrigez vostre humeur et vous guarissez, s'il est possible. Quand vous tenez quelque pensée de Senèque ou de César, il vous semble que vous estes censeur ou empereur romain. Dans les vanitez que vous faites de vos maisons et de vos valets, qui feroit l'éloge de vos prédécesseurs vous rendroit un mauvais office. Vostre visage et vostre mauvais naturel retiennent quelque chose de leur première pauvreté et du vice qui luy est ordinaire. Je ne parle point du pillage des autheurs. Le gendre du docteur Baudius vous accuse d'une autre sorte de larcin [3]. En cet endroit j'ayme

(1) Dans les éditions postérieures : railleries.

(2) « Balzac se nomme Jean Louys Guez. Il est fils d'un homme d'Angoulesme qui avoit du bien, mais M. de Montauzier dit que cet homme a esté valet du duc d'Espernon. Balsac est une terre... ». (Tallemant des Réaux)

(3) Voir T. I, p. 10 et, pour le pillage des auteurs, T. II, p. 197.

mieux paroistre obscur que vindicatif. S'il se fust trouvé quelque chose de semblable en mon procez, j'en fusse mort, et vous n'eussiez jamais eu la peur que vous fait ma délivrance. J'attendois en ma captivité quelque ressentiment de l'obligation que vous m'avez depuis ce voyage ; mais je trouve que vous m'avez voulu nuire d'autant que vous me deviez servir, et que vous me haïssez à cause que vous m'avez offencé. Si vous eussiez esté assez honneste pour vous en excuser, j'estois assez généreux pour vous pardonner. Je suis bon et obligeant, et vous estes lasche et malin, et je croy que vous suivrez tousjours vos inclinations, et non les miennes. Je ne me repens pas d'avoir pris autrefois l'espée pour vous venger du baston. Il ne tint pas à moy que vostre affront ne fust effacé. C'est peut-estre alors que vous ne me creustes pas assez bon poète parce que vous me vistes trop bon soldat. Je n'allègue point cecy par aucune gloire militaire, ny pour aucun reproche de vostre poltronerie, mais pour vous monstrer que vous deviez vous taire de mes défauts, puis que j'avois tousjours caché les vostres. Je vous advoüe que je ne suis ny poète ny orateur, et sur tout que je ne vous dispute point l'éloquence de vostre pays. Vous estes nai plus proche de Paris que moy. Je suis Gascon, et vous d'Angoulesme ; je n'ai eu pour régents que des Escoliers escossois, et vous des docteurs jésuites [1]. Je suis [2] sans art, je parle simplement, et ne sçay rien que bien vivre. Ce qui m'acquiert des amis et des envieux, ce n'est que la facilité de mes mœurs, une fidélité incorruptible et une profession ouverte que je fais d'aymer parfaitement ceux qui sont sans fraude et sans lascheté. C'est par où nous avons esté incompatibles, vous et moy, et d'où naissent les accusations orgueilleuses dont vous avez inconsidérément persécuté mon innocence, sur les fausses conjectures de ma ruine et sur la foy du Père Voisin. Soyez plus discret en vostre inimitié. Vous ne deviez point faire gloire de ma disgrâce. C'est peut-estre une marque de mon mérite. Si vous n'avez esté ny prisonnier, ny banny, ce n'est pas que vous n'ayez assez de crimes pour estre

(1) Cette phrase a été supprimée par Scudéry dans le texte de cette lettre de l'édition des Œuvres de Théophile, 1632. Quel est le motif qui lui a fait supprimer cette phrase? Est-ce l'allusion aux Jésuites? Ce n'est guère probable, quelques lignes plus loin Garassus et Voisin étant fort maltraités.

(2) Var. des éditions postérieures : J'escris...

convaincu, mais vous n'avez pas assez de vertu pour estre recherché. Vostre bassesse est vostre seureté. Je ne tire point vanité de mon malheur et n'accuse point la Cour d'injustice ; je me console seulement de voir que ma personne est encore très chère à ceux qui m'ont condamné, et que ma réputation ait donné un arrest politique aux crieries de vostre Régent [1] et de celuy qui est allé se faire absoudre à Rome du crime de m'avoir calomnié [2]. J'ay esté malheureux et vous estes coupable. Mais quoy ! la fortune s'irrite continuellement de quelques grâces qu'il a pleu à Dieu me départir ; si suis-je satisfait de ma condition, et je trouveray tousjours parmy les bons assez d'honneur et d'amitié pour ne me picquer jamais du mespris et de la haine de vos semblables. Si je voulois verser quelque goute d'encre sur vos actions, je noircirois toute vostre vie. Vous m'advisez du mal que donnent les garces : priez Dieu que les chirurgiens ne descouvrent jamais la cause qui vous fit éviter celuy-là pour vous en donner un pire. On dit que vous estes un étrange masle : je l'entens au rebours, et je ne m'estonne pas si vous estes si médisant contre les dames. Vous sçavez que, depuis quatorze ans de nostre cognoissance, je n'ay point eu d'autre maladie que l'horreur des vostres. Mes desportemens ne laissent point en mon corps quelque marque d'indisposition honteuse, non plus que vos outrages en ma réputation, et, après une très exacte recherche de ma vie, il se trouvera que mon adventure la plus ignonimieuse est la fréquentation de Balzac. THÉOPHILE ».

---

(1) Garassus.

(2) Le P. Voisin, voir T. I, pp. 506 et 521. Cette allusion au voyage forcé du Père Voisin à Rome précise bien que la lettre de Théophile a été écrite après septembre 1625, c'est-à-dire après l'arrêt du Parlement. Il est également certain que Théophile n'a pas eu le loisir en octobre et novembre de s'occuper de Balzac, son « Apologie au Roy » était beaucoup plus urgente, on peut donc la dater, comme nous l'avons fait, de janvier 1626.

BALZAC ET GARASSUS

(Juin 1624 — mars 1625)

IL N'EXISTE PAS, A NOTRE CONNAISSANCE, DE PORTRAIT

DU PÈRE FRANÇOIS GARASSUS

Si Balzac eut dû se taire sur le compte de son ex-ami Théophile, il n'était pas tenu à la même réserve à l'égard de la « Doctrine curieuse » de son ancien maître Garassus. Le style de cet énorme pamphlet et les arguments qui y étaient développés donnaient matière à des critiques très justifiées. Balzac s'en fait l'écho dans la lettre XIV à Hydaspe [1] (son frère) :

Lettre à Hydaspe.

« Je vous l'ay dit mille fois : je me contente que le serein me face mal aux yeux, sans qu'il faille que j'aille voir des laides et que je lise des sottises : Et néantmoins pour m'obliger fort, vous m'avez condamné à passer dix jours sur vostre gros volume, dont je n'ay jamais pensé trouvé la fin quoy que je la souhaitasse comme le port après la tempeste. A n'en point mentir, j'estime bien plus le silence des Chartreux que l'éloquence de cette sorte de gens, et il me semble qu'hors du service de l'Eglise, et la nécessité du commerce, le Pape et le Roy leur devroient deffendre le latin et le françois, dont ils veulent faire deux langues barbares. Je sçay bien que les esprits de France sont ennemis de toutes sortes de chaînes, et que douze cens ans de Monarchie ne leur ont peu faire perdre la liberté qui leur est aussi naturelle que la vie : Toutesfois quelques vilains portraicts qu'on se fasse de l'Inquisition, et quelque pleine de Tygres et de serpens qu'on se la figure, je trouve qu'elle seroit très nécessaire en ce Royaume : Outre qu'elle feroit, comme en Espagne et en Italie, que les meschans ressembleroient en quelque façon aux gens de bien, et que le vice n'offenseroit jamais les yeux du peuple, elle empescheroit

(1) Lettres du sieur de Balzac. Paris, Toussainct du Bray, ruë S. Jacques, aux Espics meurs, M.DC.XX.IIII (1624). Avec privilège du Roy.

encore que les fols ne remplissent le monde de leurs mauvais livres, et que les fautes des Maistres d'escole ne fussent aussi publiques que celles des Magistrats et des Généraux d'armée. Véritablement c'est une honte qu'il y ait des loix contre ceux qui altèrent la monnoye, et qui falsifient les marchandises, et qu'on permette impunément de corrompre la Philosophie et l'Eloquence, et de violer des choses qui sont si sainctes : La peste de dernièrement estoit une petite maladie à comparaison de cette-cy qui prend tout le monde au bout des doigts ; et certes si on n'y apporte bien-tost du remède, il se fera de nos Autheurs une bibliothèque aussi grande que Paris, où il n'y aura pas un bon mot, ny une seule pensée raisonnable. Voilà les fruicts qui naissent de l'oysiveté mal réglée, et le troisiesme fléau de la paix qui est venu affliger ce pauvre Royaume avecque les Duels, et la chicane. En effect il n'y a plus personne qui se contente d'avoir de faux secrets, et de pécher sans tesmoins, mais ils sont tous si amoureux de leurs sottises, qu'ils les voudroient graver dans les marbres, et le bronze, afin d'en laisser une mémoire perpétuelle, et de ne s'en pouvòir jamais dédire. Or pour revenir à celuy dont vous me demandez particulièrement mon opinion, et qui est le premier fondement de cette lettre, il faut que je vous advouë franchement qu'après la bière et les médecines je n'ay jamais rien trouvé de si mauvais que ses œuvres. Presque par tout, il manque de la Logique naturelle, et de la partie qui fait les hommes : En trois mots il en dit quatre qui ne sont pas bons, et comme il est tousjours absent du subject qu'il traite, aussi d'ordinaire il parle en langue inconnuë, quoy qu'il ait dessein de parler François. Outre cela, la glace n'est point si froide que ses rencontres, et quand il veut faire le plaisant (ce qu'il veut faire quasi tousjours) il faudroit qu'il payast des gens pour rire, comme aux enterremens de Paris on trouve des pleureurs pour de l'argent. Il n'y a point de doute que la vérité ne fust beaucoup plus forte toute seule et désarmée, qu'elle n'est avec l'assistance que ce pauvre homme luy veut donner, et que ce ne soit abandonner la cause de Dieu de la laisser soustenir à des mains si foibles, et si mauvaises. Les Renégats n'ont point fait tant de mal à la Chrestienté que ceux qui ne se sont pas bien deffendus contre le Turc, et qui faute de conduite et de science, quoy qu'ils ne manquassent ny de zèle ny d'affection, ont laissé prendre sur eux les advantages qu'ils avoient sur les ennemis. Certainement l'empire des meschans se maintient, bien plus par nostre lascheté que par sa force ; et ce qui fait que la vertu est si mal suivie, c'est qu'elle n'est pas bien persuadée. Il seroit besoin qu'un homme sage, qui eust esté en ce païs où l'on se querelle tousjours, et où il n'y a jamais ny paix ny tresves, qui s'appelle la Sorbonne, et qui d'ailleurs sçeust l'art de rendre les bonnes choses agréables, et de donner de la douceur aux remèdes, vint nettoyer la Cour des opinions estrangères qui s'y sont jettées. et guérir les âmes malades au lieu de leur dire des injures. C'estoit ce grand Cardinal qui a triomphé de tous les esprits du monde et duquel la mémoire sera saincte tant qu'il y aura des autels et qu'on fera des sacrifices sur la terre ; c'estoit, dis-je, le cardinal du Perron, qui pouvoit faire voir à Epicure mesmes quelque chose au delà de cette vie, et rendre capable son âme de chair des plus grands secrets de la Religion chrestienne. Encore qu'il eust l'esprit aussi haut que celuy des Conquérans et des Monarques, toutesfois en ce qui estoit de la Religion, il l'avoit aussi humble que celuy des vieilles et des enfans ; et avec ces deux différentes qualitez combien de fois l'a-t-on veu imposer silence à toute la Philosophie, et parler des choses divines avec autant de lumière et de certitude que s'il eut esté desjà dans le Ciel, et qu'il eust veu la vérité toute nuë de laquelle nous n'avons icy bas que des sentimens confus, et une connoissance imparfaitte ? Pour ne vous desguiser point ce qui en est, sans les ouvrages de cet homme divin, que j'estime autant que les victoires du feu Roy son Maistre, et sur lesquels je voudrois laisser les yeux quand il faut que j'en laisse la lecture, j'eusse eu bien de la peine à me tirer du livre que vous m'avez envoyé. Le mal passe si aisément jusques à moy quand je m'en approche, que je ne sçaurois regarder un pauvre sans prendre la gale, et mon imagination est si délicate, qu'elle reçoit de la douleur de tous les objects qui ne sont pas beaux : Néantmoins, grâces à Dieu et au contre-poison que je prenois d'heure à autre, je me suis à la fin sauvé de la conspiration que vous aviez faite contre moy, et la vie m'est demeurée de reste après avoir esté entre les mains d'un fol plus longtemps que je n'eusse desiré. Mais à ce que je voy, il ne laisse pas d'estre estimé au lieu où vous estes, et de trouver assez de gens qui le suivent pour estre chef d'un mauvais party. A cela je ne vous sçaurois rien respondre, si ce n'est qu'entre cy et les monts Pyrénées les bons esprits s'esloignent quelquesfois du sens commun comme d'une chose trop populaire, et prennent souvent les fausses vertus, et ce qui ne ressemble pas mesme au bien, pour les choses véritables et parfaites. Mais quand je considère qu'il n'y a point eu de bestes qui n'ayent esté autrefois adorées, ny de maladie du corps et de l'esprit à qui l'Antiquité n'ayt basti des Temples, je ne m'estonne point qu'on face estat de quelques-uns qui ne le méritent pas, et que les hommes donnent de la réputation à des sots, puisqu'ils ont fait des vœux, et bruslé de l'encens à des Crocodiles et à des Singes. Tout ce qui me fasche en cecy c'est, qu'il faille que vous et moy ayons quelque sorte d'obligation à l'Autheur de vostre Livre, et que j'aye reçeu du dernier de tous les hommes les commencemens de mes estudes, et la première teinture des lettres. Mais quant à moy je proteste devant tout le monde, que pour cela je ne suis point coupable des sottises qu'il fera, ny de celles qu'il a faites, et qu'ayant eu beaucoup de peine à purifier mon esprit des ordures du Collège, et à me deffaire d'une mauvaise science, je ne prétens pas que des choses que je n'ay plus me puissent jamais estre reprochées. Quoy qu'il en soit, je ne laisserois pas d'estre chaste encore que ma nourrice fust morte de la vérolle, et il se peut bien faire qu'un mauvais masson ait mis quelque pierre à la structure du Louvre, et au Palais de la Reyne-Mère. BALZAC ».

Mais Garassus n'était pas homme à supporter une leçon même méritée, aussi feignit-il de se méprendre sur le nom d'Hydaspe afin de se créer une occasion de répondre. Il désigne, dans cette réplique, sa « Doctrine curieuse », sous son véritable titre « L'Anti-Théophile [1] » :

---

(1) Ce titre *Anti-Théophile* devait se retrouver en octobre 1625 sur une plaquette d'un gentilhomme soissonnais : *Le Poëtique Anti Théophile composé avec quelques autres pièces conformes à ceste première. Par Pyrristhée, gentilhomme soissonnois. Pour ouvrage avant coureur d'un plus ample livre de Poësies qui est sur le poinct d'être achevé, pour estre mis au jour par le même autheur.* Voir T. I, p. 541.

Response du sieur Hydaspe au sieur de Balzac, sous le nom de Sacrator, touchant l'Anti-Theophile et ses escrits. Æneid. X. (Cædicus Alcathoum obtruncat, Sacrator Hydaspen), *1624, in-4 de 31 pages.*

« Monsieur mon cher amy, je vous donneray le nom de Sacrator, puis qu'il vous a pleu me donner celuy d'Hydaspe [1], et vous jureray sainctement par toutes les choses que vous estimez sacrées que j'ay pris plus de divertissement à la lecture de vos lettres que vous ne receustes d'affliction cet automne passé à celle du gros livre dont vous me parlés d'un desgoust presqu'aussi incurable que le reste de vos maux. Je les ay leues avec une inesgalité de passion pareille à l'inesgalité de vos pensées, car j'y ay trouvé des lettres si différentes que, si elles n'estoient toutes advouées et auctorisées de vostre nom, on en prendroit les unes pour des grotesques ou griffonnemens de vitrier, et d'autres pour des originaux de Tempesta. Celuy que vous appelliez autrefois le petit Grégoire de Nazianze reconnut aux lettres de Julian l'Apostat (ce que vous surnommiez le grand empereur) les fougues enragées de son esprit furieux ; et permettez-moy de vous dire que j'ay découvert à la lecture des vostres la trempe très-aygre de vostre âme un peu farouche. Les ferrons ont coustume de dire que, quand la guze sort de la fournaise avec trop de bouillons, le fer en est aigre, brusque et intraictable, et on reconnoist par deçà à la première saillie de vos escrits bouillans et demy forcenez que vostre humeur n'est pas des plus douces et traictables du monde.

« Vous m'escrivez qu'à mesure qu'on s'approche des Pyrénées, on y void tarir notablement la bonté du sens et du jugement, et je pense par mesme règle que, tant plus on s'approche des montagnes de Provence, on y acquiert une humeur chaude et bouillante qui ressent l'aspreté de la marine. Vous m'escrivez franchement et en amy les défauts prétendus du gros livre, lequel, à votre instance et prière redoublée, je vous envoyay pour dix jours ou environ. Vous m'avez obligé en ce faisant, et par vostre exemple, non seulement conseillé, mais aussi presque commandé de vous

(1) C'est à son frère que Balzac donne le nom d'Hydaspe. Garassus feint de se méprendre, nous le répétons, pour avoir occasion de répondre. Cette lettre a été publiée par M. Alleaume.

escrire les remarques qu'on a faict par deçà sur vos lettres. Je suis comme l'écho du public, qui vous rendray fidellement ce que j'ay entendu, sans y ajouter mes passions en qualité de postilles ou commentaires, et, pour vostre satisfaction entière, adjousteray mon advis, conforme à celuy du commun, touchant ce personnage, autheur du gros livre, qui fait le vray sujet de vostre lettre imaginaire.

« Pour ce qui vous touche, on remarque par deçà quelques notables défauts qui font l'âme de tout vostre volume. Le premier est en vostre façon d'escrire, dissipée, vagabonde, arrogante, imprudente et sauvage. Toutes vos lettres ne sont qu'un pressis d'une mélancholie noire et d'une gloire magnifique, qui approche de bien près du phrénétique. Vous avez tort de protester, comme vous faictes en l'une de vos lettres, que vous ne reconnoissez autre sang que celuy des cerizes et des meures : il est trop refrigératif pour avoir de la sympathie avec le vostre, qui est chaud, bilieux et adulte. Il y a plus dans vos escrits du sang de dragon et de celuy des centaures que de celuy des cerizes. Vos périodes sont des périodes lunatiques ; vos locutions sont des ampoules ; vos virgules sont des rodomontades ; vos interponctuations sont des menaces : le tout cimenté, lié, composé avec des grimaces de muhamedis, qui sont comme la quintessence de vos œuvres ; vos contours de teste, vos agitations de bras, vos roulemens des yeux, vostre enfleure de bouche, vostre horiblement de voix, vos démarches inesgales, vos palpitations. Vous faites une fièvre de vostre estude. et, quand vous composez, on peut dire que vous estes ou dans le frisson, ou dans la chaleur, jamais dans l'égalité ny dans le tempérament d'un homme sain. Enfin vous seriez propre à crier du noir à noircir et à composer un soldat gascon.

« La seconde tare de vos lettres gist en un trop grand amour de vous-mesme ; vostre esprit n'est remply que de soy-mesme ; vous ne parlez que de vos plaisirs, de vos voluptez, de vos occupations, et vous imaginez que les presses seront aussi glorieuses de suer soubz vos fantaisies que vous estiez soigneux de ne suer pas dans les ardeurs de Rome.

« Vous aviez tort de laisser quatre robustes valets à vous faire du vent dans vostre chambre, car vous en avez dans la teste plus que les quatre vents cardinaux et les bouches enflées des aquilons frénétiques n'en sçauroient faire de tout un hyver ; vous en avez pour remplir les voiles d'un navire hollandois et pour en prester à Ulysse ou pour enfler ses outres. Vous estes aussi rodomont en plaisirs que lasche en courage, car vous escrivez par une nouvelle façon de bravade, qui ne seroit que tolérable à un Héliogabale, que vous mangez les odeurs des cassolettes, que vous faites noircir la neige sous les melons, que vous vous couchez dans un pré de tulipes, que vous avez peur de faire naufrage dans un Euripe d'eaux de senteur, et semblables roulades qui ne peuvent sortir que d'un jeune bavard ou d'un vieux épicurien.

« Prenez garde qu'un jour vous ne soyez réduit à manger du pain d'angoisse au lieu de manger les senteurs, à ne sentir l'ardeur des flammes du purgatoire pour la fraischeur de vos neiges, à ne vous coucher sur des chardons au lieu de vos tulipes ondoyantes, à ne faire baigner vostre pavé de larmes au lieu de vos eaux d'ange. Si ces délicatesses estoient véritables, vous seriez grandement criminel, et le plus pardonnable péché que vous commettiez en ceci, c'est la vaine jactance de vous-mesme. Faire mal est assez mauvais de soy-mesme sans se vanter de le faire ; mais se vanter de faire le mal qu'on ne fait pas est une malicieuse jactance. Dieu vous garde d'estre véritable en ce que vous dites, et vous fasse la grâce d'estre trouvé mensonger, car vous en serez moins criminel ! Voyez à quel poinct vos bravades délicieuses vous réduisent, qu'il faille que la fièvre vous serve de remède et le mensonge de défense !

« La troisiesme faute de vos lettres est un dédain insupportable de tout ce qui n'est pas vous-mesme. Vous faites si peu d'estat des hommes de vostre païs que si c'estoient des sauterelles ; vous eussiez esté propre pour faire la descouverte de la terre promise au lieu de Sammua et de Saphat, car vous eussiez bien sceu tenir vostre morgue et vous estimer autant que ces géans. Vous escrivez à un de vos amis que pour parler à un homme il faut aller à cinquante lieues de là, en quoy vous faictes tort à vostre père, qui n'est pas si loin de vous, ou que vous n'estimez pas homme. Toute cette province est-elle si despourveue de bons esprits qu'il ne s'en trouve pas un seul digne de vostre entretien ? Ce fut ainsi que Bellérophon, frappé de vostre humeur, alla chercher un homme à cinquante ou soixante lieues, et trouva des loups garrous. Je crains que un jour fatalement vous ne preniez une lanterne à la main pour chercher un homme en vostre païs, où tous les vivans et tous les enfans d'Adam, à vostre dire, sont des bestes, excepté vous.

« La quatriesme, qui est comme vostre humeur prédominant, git en un air de libertinage qui anime toutes vos épistres. Vous avez vescu à Amsterdam en compagnie de Théophile, et à Rome en compagnie de braves et sçavants prélats : en quelque sens qu'on vous cherche, et quelque chemin qu'on tienne, vous estes tousjours vous-mesme, tel qu'on a prédict il y a quinze ou seize ans. Ceux qui reviennent de Rome nous le tesmoignent par des marques de dévotion ou de doctrine, et nous sçavons que vous avez esté à Rome par le nom des Clorindes et courtisanes, que vous y avez beu des senteurs, que vous y avés mangé des eaues naffes, que vous y avés épanché des neiges, que vous avez noircy sous vos melons des douces haleines que vous faisiez faire à vos laquais. Telles sont les reliques qu'un homme prétendant à l'estat ecclésiastique a cherché dans Rome ; telles sont les bénédictions et les pastes sacrées que Sacrator a porté de la ville saincte. Où est maintenant Senèque pour dire : *Romæ sic vivitur?* Employer le nom et l'auctorité des prélats pour descrire les voluptés secrettes qui ne devroient estre ny en nature, ny en pensée, ny en papier, et beaucoup moins sous le nom des évesques !

« Quant à ce personnage duquel vous m'escrivez avec des paroles teintes dans le sang et des termes qui passent au delà du desdain, je vous respondray seulement que par deçà tous ne sont pas de vostre advis, nommément les cardinaux et prélats auxquels vous adressés vos lettres, et plusieurs autres de mesme qualité qui luy font l'honneur de croire de luy ce que vous en avez creu toute vostre vie devant qu'il se bandast contre Théophile. Il n'y a cardinal en France qui ne s'honore de sa cognoissance, ny presque évesque et personne de mérite qui ne l'estime aussi capable d'estre vostre maistre maintenant et à tout jamais qu'il l'estoit lorsque vous faisiés imprimer en cette ville ses poësies sous vostre nom pour vous acquérir de la vogue. Vous m'escrivez de luy six ou sept particularités auxquelles j'ay procuration de respondre. La première est que la lecture de son livre vous a cuidé faire mourir, tant elle est ennuyeuse et assomante. Je vous diray que je m'estonne de cet accident, car ce n'est pas de maintenant que vous estes accoustumé à la lecture de ses escrits. Il y a 15 ans que vous avez coppié de vostre main une partie de ses remarques sur les autheurs anciens, grecs et latins, dont je voy des lambeaux tous crus et mal digérez dans vos lettres. C'est la vieille finesse des plagiaires et larrons domestiques de descrier tant qu'ils peuvent les livres dont ils tirent les meilleures lippées. Je vous sçay bon gré jusques là : on ne sçauroit pas qu'il vous a obligé si vous ne disiez mal de luy pour estouffer les obligations par vostre ingratitude.

« La seconde, que vous desireriez qu'il y eust une inquisition en France pour empescher le cours et l'impression des mauvais livres tel que le sien. Je suis de vostre advis, et adjouste que, s'il y avoit une inquisition en France pour les livres, vos lettres seroient encores dans vostre grenier empaquetées en liasses, car jamais l'inquisition n'eut passé tous vos libertinages et la comparaison que vous faictes d'un de vos serviteurs trop cérémonieux avec le Vieux Testament, rapport qui ressent l'air d'Amsterdam et de celuy qui vous y enseigna de profaner les cérémonies de la Bible, les comparant aux complimens de vos amis.

« La troisiesme, que c'est le plus sot, le plus estourdy, le plus indigne de tous ceux qui ont de nos jours mis la main à la plume, qui gaste le françois, qui ne sçait pas le latin, qui n'a pas les principes de logique. Je ne sçay qui vous l'a dit, car, quand vous parlez de logique ou de philosophie, c'est un pays où vous ne fustes jamais. Vous pouvez avantageusement dire avec Socrate : *Je ne sçay que cela seulement que je ne sçay rien pour tout*, car, n'ayant jamais estudié ny en philosophie, ny en droict, ny en théologie, ny en quelque science foncière que ce soit, ayant pour tout vostre sçavoir les seuls restes de celuy que vous mesprisez tant, ayant fait un saut périlleux de la rhétorique jusques au libertinage, qui est quasi le saut de l'alleman ; n'ayant pris qu'à pièces et lopins quelque légère cognoissance des choses esgarées et sans suitte, je ne sçay pas avec quelle hardiesse vous pouvez parler de la logique et de la théologie. C'est comme si je parlois des Topinambous, où je ne fus jamais.

« La quatriesme, que ce personnage est si despourveu de sens qu'en trois mots il en dit quatre mauvais. A ce que je voy, vostre dessein est de faire des rencontres et des pointes partout. C'est bien fait, pourveu qu'elles soient accompagnées de jugement, qui ne se trouve pas dans vos lettres. Sçachez que les chardons piquent par tout, et si ne servent que de nourriture aux asnes; les lauriers ne piquent point, et si servent de couronnes aux empereurs. Je vous demande si en ces trois mots il y en a quatre de mauvais? Mais en quelle logique avez-vous appris qu'en trois mots on en puisse dire quatre, sinon en l'escole venteuse de ces quatre puissans valets qui vous faisoient du vent à ronfler tout debout? Je ne suis pas si injurieux envers vous, ny si mauvais juge de vos lettres; car je dis que vostre livre est semblable à nos lambris planchez: il y a autant plein que vuide, autant d'impertinences que de bons mots.

« La cinquiesme, que ce personnage qui donna jadis les commencements à vostre profondissime érudition est le dernier de tous les hommes. Je vous dis, comme si j'avois procuration de sa part, qu'il acceptera cette place, à condition que vous disiez franchement si vous n'estimez pas estre le premier de tous les hommes. Vous qui ne lisez le Testament que pour en tirer des comparaisons profanes, avez-vous pas veu les paroles de Jésus-Christ, qui disoit que le disciple n'est par dessus le maistre? S'il est le dernier de tous les hommes. où serez-vous logé, brave secrétaire et gentil copiste, et que deviendront vos rodomontades orgueilleuses? Vous aviez si grand desir de faire une rencontre et d'estre pointilleux que vous avez fait comme la mouche à miel, qui ne pique jamais qu'elle n'y laisse la vie. Vous ne picquez jamais que vous ne laissiez le jugement et les marques de vostre peu de sens.

« La sixiesme, que vous taschez d'oublier tout ce que vous avez appris de luy et vous deffaire des ordures du collége. J'espère tant en la bonté de vostre esprit que vous viendrez enfin à bout de vos desseins, et qu'oubliant tout ce que vous avez appris de luy, vous retournerez à vostre première ignorance, et serez comme les enfans des vieux Romains, qui alloient à Athènes pour des-apprendre, et revenoient à Rome maistres ignorans après cinq ou six ans d'estude; et vous, revenu de Rome, oublirez tout le bon suc que vous aviez pris sous son instruction, pour retenir seulement les maximes d'Amsterdam et de vostre second maistre.

« La septiesme, que vous n'avez retenu aucun de ses vices, et que, s'il vous a donné le laict de la première érudition, vous l'avez converty maintenant en vostre propre substance, et que vous ne laisserez pas d'estre chaste encore que vostre nourrice fust morte de la vérole ; voilà des rencontres aussi froides que vostre neige, et plus insipides que vos melons. Or, quoy que ce soit de vostre chasteté et de vos Clorindes, je vous promets que, si vous vivez comme celuy qne vous appellez vostre nourrice, vous ne mourrez jamais de la vérole.

« En somme, pour n'estouffer pas tout à faict le sentiment des obligations que vous avez à ce personnage, vous vous consolez par une belle considération, en ce que le plus chétif maçon du monde, tel qu'il est, peut bien avoir posé quelque pierre au bastiment du Louvre, tel que vous estes. Nous voyons par expérience que les fébricitans ne parlent que de vin, les gravereux de pierre, et les hypocondriaques de grotesques ou sombres imaginations, comme sont des prairies de tulipes, des Euripes d'eaux de senteurs, des montagnes de perles et autres chimères qui font le tissu de vos lettres.

« Vous n'estes pas heureux en vos comparaisons, car vous estes, quoy qu'en la fleur de vos ans, ruyneux comme Bissestre, crevassé comme la vieille monnoye, cassé comme un idole ; et vous vous comparez au Louvre ! Sacrator, mon amy, croyez-moy, pensez à vous, humectez vostre cervelle, prenez le frais, ne vivez pas tousjours dans les ardeurs de la canicule, espargnez vos esprits, qui ne sont pas de durée, ne rongez pas vos pattes comme un ours pour produire en six mois une lettre de trois pages. De vostre village, que vous descrivez comme un Canope, n'en faites pas une zone torride. Apprenez que tout le monde n'est pas beste ; adoucissez vos humeurs, revenez dans le chemin commun. Ne traictez pas tellement avec les grands que vous ne vous souveniez qui vous estes ; ne vous enflez pas si fort du vent que vous font vos quatre puissans valets que vous en creviez comme la grenouille d'Æsope ; ne vous perdez pas si profondément dans vos tulipes et vos fleurs que vous ne vous souveniez de Narcisse ; ne vous abysmez pas si avant dans les ondes de vos eaux alambiquées, que vostre esprit s'allambique avec elles ; ne vous nourrissez pas tellenent d'odeurs que vous en deveniez insensible ou punais, comme les habitans de Salbée. En somme, si vous avez perdu la piété, faictes pour le moins qu'elle ne soit pas accompagnée de la perte de vostre sens.

« L'article qui m'intéresse le plus en vostre lettre est celuy par lequel vous respondez pour moy, et, m'enveloppant dans vos sentimens, dites que vous estes marry que vous et moy ayons quelque obligation à cet homme, et qu'il faille qu'il se puisse vanter d'avoir esté vostre maistre. Thersite, qui fut quelques jours avec Achille sous la discipline de Chiron, se pouvoit repentir comme vous, pour ce qu'il avoit de sympathie avec vos humeurs; mais il ne monta jamais en l'esprit d'Achille d'avoir de l'affliction ou de la repentance de ce qui luy servoit d'ornement. Parlez pour vous, repentez-vous se bon vous semble, et croyez que, si dans le cours de vostre vie vous n'avez autre sujet de repentance, il ne faudra point attendre vostre mort pour vous canoniser. Pour mon particulier sentiment, je me repentirois d'avoir eu ceste repentance, n'ayant appris ny par la hantise ny par les escrits de ce personnage chose quelconque qui me puisse donner quelque suject de repentance.

« Et, pour vous dire mon advis, je croy que, s'il estoit homme à s'affliger aisément des évènemens passez, il se repentiroit plus de vous avoir eu pour disciple, que vous de l'avoir eu pour maistre. Vous sçavez que la chèvre qui allaitoit jadis un jeune loup le faisoit en souspirant et prévoyant le malheur qui luy devoit arriver d'une si mauvaise géniture. Il vous a jadis allaité plus charitablement que vous ne méritiez, *nec se pignit præbere bibendum*. Il a eu des reproches pour avoir trop soigneusement communiqué le secret de ses estudes : il ne pouvoit se persuader que vous deussiez devenir un loup ravissant, quoy que tout le monde l'en menaçast ; il estoit bien aise de se tromper volontairement et vous abismer dans les obligations. Vostre mauvais naturel a surmonté sa culture ; le temps, qui sert pour adoucir les esprits effarouche le vostre, et si maintenant, par excez d'ingratitude, la mémoire des bienfaicts receus vous est odieuse, le temps viendra auquel, par excez de vos présomptions maniaques, vous serez odieux à tout le monde et à vous-mesme.

« Bref, s'il vous plaist que par advance je vous die l'advis de tous ceux qui se servent de vos lettres comme d'un purgatif pour descharger leurs poulmons aux despens de vos accez mélancoliques, je glaneray devant la moisson de ceux qui feront cy-après des gerbes de vostre yvraye.

« On dit par deçà que vous avez bon esprit, et le diable aussi.

« On dit que vous estes tousjours dans le zénit de la noblesse imaginaire et des souveraines grandeurs, quoy qu'il ne soit pas texte d'Evangile, ny d'histoire, qu'avec toutes vos tulipes vous soyez du tout aussi noble que les nobles à la rose.

« On dit que, parlant de vous, vous permettez, conseillez, commandez à vos flatteurs de vous appeller *el senor Balzac l'unico eloquente*. Que si cela est, que deviendront nos chaires et nostre Palais, si toute l'éloquence est confinée dans le village de Balzac ? Serons-nous contraints de nous rendre les bergers ou les porchers de vostre ferme, comme des enfans prodigues, pour ranger les caloffes et les restes de vostre *éloquence divine ?*

« On dit que vous ne parlez jamais que de palais, de Louvres, de chasteaux, et cependant on marque par deçà les PETITES MAISONS pour loger vous et vostre train à vostre arrivée.

« On dit que vous manquez au jugement d'escrire à des cardinaux l'estat de vos voluptez secrettes, et les conditions particulières que vous desirez en vos impudicitez et aux caresses de vos Clorindes.

« On dict que vous estes plus sensuel qu'un limaçon, et que vous n'escumez que la bave de vos plaisirs deshonnestes jusques dans l'escarlatte des cardinaux et dans le rochet des évesques, qui est vomir dans le sanctuaire.

« On dit que, parlant des trois plus grands princes de l'Europe, le roy de France, le roy d'Espagne et le duc de Lorraine, vous en tenez des discours qui ne sont pardonnables qu'à Brusquet, à maistre Guillaume ou *al senor Balzac*.

« On dit qu'après avoir appellé Theophile *vostre amy commun*, vous avez mauvaise grâce de faire du prescheur suranné et de le condamner à une quatriesme vérole, luy qui se glorifie d'en avoir eu une douzaine. On vous récuse en ce jugement, puisque le criminel desire pour faveur ce que vous luy souhaittez pour chastiment.

« On dit que vous flattez les grands en esclave, que vous mordez les escrivains en vipère, et que vous estes bien marry de ne pouvoir croire et juger ce que vous en dictes.

« On dit que vos jeunesses sont furieuses, et que, si vous venez aussi vieux que Cerbère, vos morsures seront enragées.

« On dit que vous estes plus bravache en matière de vos voluptez que Thersite au sujet de ses vaillances, et que, si vos rodomontades de gueule sont choses feintes, comme il y a de l'apparence, vous estes aussi glorieux en poésie que mensonger en prose.

« Bref, on dit que vous n'estes pas sage, et que, si, par hazard, vous devenez un jour ce que vous n'estes pas, vous aurez pour vos deux ennemis mortels ceux qui ont imprimé vos lettres et forgé leurs préfaces à reculons [1]. Adieu ».

Un ami commun, le poète Le Roy de Gomberville [2] tenta avec succès un rapprochement entre Garassus et Balzac, il s'en explique dans l'avis suivant :

Advis de Monsieur Le Roy.

« Voyant la mauvaise intelligence, qui par le malheur du siècle s'estoit glissée entre Monsieur de Balzac et l'Autheur de ce livre (la *Somme théologique*) j'ay participé aux mescontentemens de plusieurs gens d'honneur, et jugeant qu'il n'estoit pas raisonnable que deux personnes, desquelles le public reçoit journellement de bons services et doit attendre à l'avenir quelque chose de mieux, fussent séparez de volontez et d'esprit, ay tasché de dissiper ces nuages par l'esclaircissement de la vérité. La chose ne m'a pas esté fort mal aisée, ayant à faire d'un costé à un homme Religieux, qui par l'obligation de sa Reigle faict gloire de se despouiller de ses intérests, et de rechercher l'amitié de tout le monde, d'autre part à un homme de franc, et de noble courage, qui a sceu sagement poser de la différence entre les fautes des personnes, et les malheurs du siècle.

« D'ailleurs il n'a fallu que renouer ce qui s'estoit lasché par accident ; il est d'ordinaire plus aisé de rappeller les anciennes amitiez, que d'en faire de nouvelles. Ayant donc heureusement achevé cette affaire, j'ay estimé que les bons esprits, qui sont

---

(1) La préface des Lettres de Balzac, par La Motte Aigron, est à la fin du volume.

(2) Sur Gomberville, voyez notre Bibliographie de recueils collectifs de poésies publiés de 1597 à 1700. T. I. Cette pièce et les suivantes se lisent dans les ff. prél. de « La Somme théologique » du Père François Garassus, 1625, in-folio.

tousjours portez à la douceur de la paix, recevroient volontiers des tesmoignages authentiques de leur bonne intelligence, et pour cet effect, ay retiré de leurs mains les Lettres mutuelles, qui font foy de la sincérité de leur cœur, pour en faire un présent au public, lequel ne sçauroit estre désagréable, qu'à ceux qui ne se plaisent que dans les désordres de la guerre ».

Cet avis est suivi d'une lettre latine de Garassus adressée à Balzac, lettre qui accompagne une longue et élogieuse pièce en vers latins. Nous donnons seulement la traduction de la lettre :

A Jean Louis de Balzac.

« Vous ne vous étonnerez plus que je vous écrive, si vous voulez vous rappeler le respect et l'affection que j'ai pour vous. Vous reconnaîtrez sans peine, je pense, les sentiments qui inspirent ma lettre et vous oublierez tout le passé.

« Pendant longtemps il y a eu entre nous un peu de froid : la faute en est au siècle plus qu'à nous. Voilà sept ans, je l'avoüe, qu'a cessé tout échange de lettres : au silence a succédé la torpeur, à la torpeur la glace. Permettez-moi de vous dire, en empruntant les termes mêmes du plus sage docteur des Hébreux : « L'eau s'est changée en glace ». Mais vous savez ce qu'est la glace : sa fragilité en fait le prix. Brisons-la ou, si elle résiste, soumettons-la à l'action d'une tiédeur bienfaisante. Tout nous favorise : les circonstances, les vœux de nos amis communs, mon propre désir surtout. Je ne veux point évoquer des souvenirs pénibles, les causes de nos disputes et les raisons qui en attisèrent le feu ; tout fut l'œuvre de la fatalité et tout conspira à briser notre amitié. Il n'y a pas de termes aux procès, car

Toujours sur un procès s'en greffent de nouveaux.

Je vous envoie des vers improvisés et sans art ; mais je m'adresse à un homme qui sait mes occupations et qui connaît la beauté d'une lettre en vers. Du vers épique elle garde seulement les pieds, que la fourmi possède en commun avec l'homme ; et ces pieds sont d'autant moins bons qu'ils sont en plus grand nombre. A vous à peu près seul il a été donné de composer en vers des lettres sérieuses : Ovide a fait ses Héroïdes, Balzac ses Héroïques. Je ne m'étends pas davantage : je craindrais que la franchise de mon jugement passât pour flatterie aux yeux de quiconque ne sait pas à quel point je suis étranger, hostile même à toute adulation. Je vous parlerai du reste de vive voix, plus longuement et plus tendrement. Vous connaissez la parole du sage : « Laissez aller le sage, et ne lui dites rien ». Nous avons trouvé un royal intermédiaire, ce mot là dit tout.

« Adieu ! et aimez moi, GARASSUS. 5 mars 1625.

De notre honorable demeure de Saint-Germain ».

Balzac avait répondu immédiatement à Garassus scellant leur réconciliation :

Lettre de Monsieur de Balzac au R. P. Garassus
de la Compagnie de Jésus.

« Mon Père, Vous avez trouvé l'endroit par où je confesse que je suis foible, et pour m'obliger de me rendre, vostre courtoisie n'a rien laissé à faire à vostre courage. Puis que vous employez toutes vos Muses pour me demander mon amitié, et que vous l'avez des-jà payée de la vostre, je ne puis plus me la retenir que comme le bien d'autruy. Mais quand cela ne seroit pas, mes ressentimens ne sont point si chers, que je ne les donne souvent à de moindres raisons que celles qui les ont fait naistre. Et mes passions ne vont point si avant, quelles ne demeurent tousjours en la puissance de la Religion, et de la Philosophie. Jusques icy j'ay peu deffendre une cause juste : Mais apportant davantage de résistance à ce que vous désirez, je ferois que le bon droict mesme auroit tort s'il estoit de mon costé, et de la simple inimitié qui a esté permise en quelques Républiques, je passerois jusqu'à la Tyrannie qui est odieuse à tout le monde. Puis que nous durons si peu, il n'est pas raisonnable que nos passions soient immortelles, ny que ceux-là se soulent de la vengeance, à qui Dieu en a deffendu aussi bien l'usage que l'excez. C'est une chose qu'il s'est réservée toute pour soy, et à cause qu'il n'y a que luy seul qui sçache bien user de cette partie de la Justice, il ne l'a pas voulu mettre entre les mains des hommes, non plus que la foudre, et les tempestes. Arrestons-nous donc dans nos premiers mouvemens, car c'est desjà trop d'avoir commencé : N'appelons point courage la dureté de nostre cœur, et si vous m'avez prévenu en l'ouverture de la paix que nous traictons, ne vous repentez pas de m'avoir osté par là tout l'honneur qu'il y avoit à y acquérir. Autrefois la magnanimité, et l'humilité pouvoient estre deux choses contraires, mais depuis que les principes de la morale ont esté changés par les maximes de l'Evangile, et que les vices des Payens sont devenus des vertus chrestiennes, il y a des laschetez qu'un homme de courage doit faire, et ce n'est pas à ceux qui ont triomphé des Innocens, que la véritable gloire appartient, mais c'est aux martyrs qu'ils ont faits, et aux personnes qu'ils ont opprimées. Que s'il faut passer des considérations généralles à ce qui est de particulier entre vous et moy, comme il n'y auroit point d'apparence qu'un Religieux voulut troubler le repos de ses pensées, et quitter la compagnie de Dieu et des Anges, pour venir se mesler parmy les meschans, et faire une partie de nos désordres, j'aurois encores moins de raison d'aller chercher un ennemy hors du monde, dans lequel il y a tant de huguenots à haïr, et tant de rebelles à combattre. Aussi, mon Père, quelque opinion que vous ayez euë, et quoy que j'aye dit au commencement de cette lettre, mon dessein ne fut jamais de vous faire une véritable guerre : Je n'ay point senty l'esmotion que j'ay tesmoignée et toute ma colère estoit artificielle, lorsque quelques unes de mes parolles ne vous estoient pas advantageuses ; si bien que je consens librement que ce qui a esté escrit à Hydaspe, passe pour un jeu de mon esprit, et non pas pour une preuve de ma créance, et qu'on pense que j'ay seulement voulu faire voir que je pouvois estre plus fort que la vérité, si je ne voulois pas estre pour elle. Cette science qui a bien osé entreprendre de persuader aux malades que la fièvre quarte estoit meilleure que la santé, la Rhétorique, dis-je, qui a trouvé des loüanges pour Busyris, qui a fait une Apologie pour Néron, et obligé tout le peuple Romain de douter si la justice estoit une chose bonne ou mauvaise, peut bien encore aujourd'huy s'exercer sur des subjects qui sont éloignez des communes opinions, et par des feintes agréables exciter plustost de l'admiration en l'esprit des hommes, qu'y gaigner de la créance. Elle se fait des phantosmes pour les deffaire, elle a du fard et des desguisemens pour altérer la pureté de toutes les choses du monde, elle change de party sans légèreté, elle accuse l'innocence sans calomnie. Et certes les Peintres et les Acteurs ne sont point coulpables des meurtres que nous voyons dans les tableaux et sur les théâtres mais en cela celuy qui est le plus cruel, est celuy qui est le plus juste : On ne peut pas convaincre de fausseté ceux qui font des miroirs qui représentent un objet pour un autre, et l'erreur est quelquesfois plus belle que la vérité. En un mot la vie des sages mesme n'est pas toute sérieuse, toutes leurs parolles ne sont pas des sermens, et tout ce qu'ils escrivent ce n'est pas leur testament, ny leur confession de foy. Que faut-il que je vous die davantage ? Pensez-vous que je sois assez délicat pour condamner le goust de cette grande multitude qui vous va escouter tous les matins ? Vous imaginez-vous que moy et le peuple ne puissions jamais estre de mesme advis, et que je vueille m'opposer à la créance des gens de bien, à l'approbation des Docteurs, et à l'authorité de ceux qui sont au-dessus des autres ? Non, mon Père, je ne donne pas tant de liberté à mon esprit : asseurez-vous que je vous estime comme je doy, je louë vostre zèle et vostre doctrine, et quoy qu'il soit plus vray qu'il ne fût jamais, que c'est faire de grands péchez que de faire de grands livres, néantmoins si vous m'obligez de juger du vostre, par ce que vous m'en avez envoyé, je dis hardiment qu'il est très excellent en son genre, et qu'il ne tiendra pas à Monsieur de Malherbe [1] ny à moy que vous n'ayez rang parmy les Pères des derniers siècles. Mais ce n'est pas nostre tesmoignage qui fera le fruict de vostre travail, je desire de bon cœur que ce soit la conversion des impies et des infidèles, et il me semble que toute la gloire du monde doit estre contée pour rien par ceux qui ne cherchent que l'avancement de celle de Dieu. Je n'ay donc garde de m'estendre davantage sur ce subject, ny de faire tort aux choses sainctes par des loüanges profanes. Mon intention est seulement de vous tesmoigner que je ne prends pas si peu de part aux intérests de l'Eglise, que je ne sçache très bon gré à ceux qui luy rendent du service, et que je suis fort aise qu'outre les raisons que j'ay d'estimer vostre amitié, une si puissante que celle de la Religion, m'y oblige encore davantage. BALZAC ».

---

(1) La *Somme théologique* du Père Garassus était précédée de vers élogieux de Malherbe et de Racan.

ALAIS DE BEAULIEU ET THÉOPHILE

(1634)

Nous avons donné de nombreuses preuves de la persistance du souvenir du procès de Théophile dans la mémoire de ses contemporains, la moins curieuse n'est pas celle qui nous est apportée par Alais, sieur de Beaulieu, dans son « Divertissement poétique » (Paris, Denys Langlois, M.DC.XXXIV) qui est dédié à M. De Lorme, père de la célèbre Marion ; on sait que la belle courtisane eut pour premier amant le bien-aimé de Théophile, Jacques Vallée, sieur Des Barreaux. Sont-ce les relations d'Alais et de ce dernier au château de Baye qui lui ont donné l'idée de mettre en scène le Prisonnier de 1623 et l'Illustre débauché dans des pièces où il les fait parler tour à tour ?

Malheureusement Alais n'était doué d'aucun talent poétique ; quelques membres de sa famille ont cultivé l'art d'écrire mais simplement entendu dans le sens de calligraphie. En effet, en 1680, paraissait : « L'Art d'écrire, par Alais. A Paris, chez l'auteur, au coin de la rüe de Harlay », magnifique in-folio orné de superbes planches gravées de modèles d'écriture. Le privilège du 21 novembre 1680 est accordé à J. B. Alais de Beaulieu, expert et maistre écrivain juré de la ville de Paris, et il y est fait mention des « pièces d'écriture » de Jean Alais son père et de Jacques Alais, son oncle. L'atavisme n'étant pas un vain mot, Alais, s'il n'a pas été bon rimeur, a dû néanmoins bien écrire ses vers, et faire *la joie des impri-*

meurs à défaut de celle des lettrés. Il y a beaucoup d'auteurs d'un mérite égal à celui d'Alais dont on ne pourrait faire pareil éloge !

Complainte de Marfille (Théophile) sur les incommoditez qu'il reçoit dans la prison, adressée à son amy Dartis (Des Barreaux)

L'Enfer pour les malices
N'a point tant de supplices
Comme en souffre mon corps
Dans ce lieu misérable
Plus infect qu'un' étable
Là où l'on met des porcs.

Ces âmes dont l'offence
Trébuche la balance
Du grand Dieu tout puissant
Vivent, si j'ose dire,
Avec moins de martyre
Que mon corps languissant.

Sans feu et sans lumière
Je suis en ma tanière
Chargé de pesans fers
Qui me font tant de peine,
Que bien souvent je treine
Mon corps comme les vers.

Ce cachot est si sombre
Que l'ombre de mon ombre
N'est point encor si noir :
Icy l'odeur puante
D'une parois gluante
Fait horreur sans la voir.

Mon pauvre corps entonne
Le boire qu'on me donne
Tout ainsi qu'un poison
Et Tantale auroit peine

D'en raffraichir sa veine
Là-bas dans sa prison.

Tout le pain que je mange
N'a goust non plus que fange ;
Aussi j'en prends bien peu :
Et jamais solitaire
N'a vescu si austère
Pour estre ainsi repeu.

Voy, Dartis, je te prie,
Si l'Enfer en furie
Peut vomir plus de maux
Sur nostre humaine race,
Qu'en ce lieu de disgrâce
J'endure de travaux.

Icy languist ma vie
A toute heure suivie
De crapaux et serpens,
Qui souvent dans ma couche
Viennent toucher ma bouche
De leurs ventres rampans.

Pour toute couverture,
O cruauté trop dure !
Je n'ay qu'un vieux plancher,
Dont l'eau souvent dégoutte
Et tombe goutte à goutte
Dans mon boire et manger.

O changement étrange !
O démon ! ô mon Ange !
Mourrons-nous donc icy,
Sans qu'aucune personne
Du malheur qui m'étonne
Prenne quelque soucy ?

Ah ! Dartis, tu m'oublie
Cependant qu'on me lie

Icy dans les Enfers,
Où est ta diligence
A m'oster de souffrance
Et à briser mes fers ?

Pieds et mains à l'entrave,
Traitté comme un esclave,
Je puis avec raison
Douter si dans le monde
Un tourment surabonde
A ceux de ma prison.

Je nepuis pas comprendre
Qu'on t'aie fait entendre
Mon destin malheureux,
Sans que tu mettes peine
A dissoudre la chaîne
Qui me tient langoureux.

Je jure en conscience
Qu'icy ma patience
Se rit de me voir pris,
Et rien ne m'est nuisible
Sinon lors que visible
J'apperçoy ton mespris.

Ah ! que ce coup m'afflige
Au trépas il m'oblige
Plus que mes ennemis :
Que c'est chose cruelle
Quand un mal nous bourrelle
Causé par nos amis.

Me tiens-tu si coupable
Pour n'estre secourable
A pas un de mes maux ?
Croy qu'ainsi soit, n'importe,
Mais du moins voy la porte
Qui enclost mes travaux.

Quoy? ta crainte postpose
Mon bien à peu de chose,
A un peu de faux bruit?
Pourtant mon innocence
Avec ta diligence
Me servit un grand fruit.

Dy, veux-tu que l'on sçache
Qu'aujourd'huy tu es lasche
A me prester la main,
N'ayant soin si je tombe
Sous une infâme tombe
Par un sort inhumain?

Non, j'ayme mieux me feindre,
Que justement me plaindre
Que tu m'as délaissé,
Cachant sous un silence
La rude violence
D'un sainct amour blessé.

Au moins le populaire
A qui je ne veux plaire
Ne t'accusera point
D'estre d'humeur fragile
Oubliant ton Marfille
En un si pressant point.

De rechef, ô mon Ange,
Seray-je dans la fange
Encore icy longtemps?
Hé! dittes moy de grâce
Quand c'est que ma disgrâce
Me promet un beau temps.

Et toy, Tyrcis fidelle,
Mais plustost infidelle,
Quand me viendras-tu voir?
Fais-tu la sourde oreille

Quand mon cœur te réveille
Pour faire ton debvoir.

Il n'y a point de doute que, dans la pensée d'Alais, cette Plainte de Théophile ne s'adresse à Dartis-Tircis c'est-à-dire à Des Barreaux, elle fait allusion à *la Plainte de Théophile à son ami Tircis* ou plutôt elle en est une seconde édition diminuée.

Responce de Tir(cis) à P.

Que peut-on proposer
Qui soit si difficile,
Que je ne vueille oser
Pour toy, mon cher Marfile?
Le plus rude tourment
Pour ton contentement
Ne me seroit funeste,
Et mon sang le plus cher
Je voudrois épancher
Pour toy, je le proteste.

Les forçats sur les flots
Ont cent fois moins de peine
Que je n'ay de repos
Pour le mal qui te gesne,
Tout me choque et me nuict,
Je n'ay ny jour, ny nuict,
Car sans cesse j'endure,
Et mourois dès demain
Si je n'estois certain
Que ton amour me dure.

Dez que le poinct du jour
Ouvre les yeux au monde,
Que la nuict à son tour
Va se cacher souz l'onde,
Je me lève, et m'en vois
Aux lieux où tu soulois

Entretenir ta veine :
Et là je pleure tant
Que mon œil dégouttant
Epuise sa fontaine.

Je regarde par tout,
Et ne croy pas encore
Que tu ne sois au bout
De ce parc qui décore
Ce superbe chasteau
De Fontainebeleau [1] :
Et croyant que ma veuë
T'y doit trouver aussi,
Je sens que mon soucy
Peu à peu diminuë.

Mais ne t'y trouvant pas,
Alors je me tourmente,
J'invocque le trespas,
Je pleure, je lamente :
Et n'estant satisfaict,
Du chemin que j'ay faict,
Les yeux fichez en terre,
D'un amoureux devoir
Je tasche encore à voir
Les marques de ton erre.

Ainsi marchant tousjours,
Je rumine en ta peine,
Je fay mille détours
D'une marche incertaine :
Tantost à pas contez,
Tantost à pas hastez
Ce beau jardin j'arpente,
Et en ce poinct réduict
Où le pied me conduit,
Tousjours je me lamente.

(1) Fontainebleau est mis ici pour Chantilly.

A la fin esgaré
Par les eaux de mes larmes,
Mon cœur tout préparé
A nouvelles alarmes
Se rencontre en ce bois,
Que tu mis autrefois
En si bonne peinture,
Qu'on doutoit que ce fust
Sur du papier qu'il fust
Ou sa mesme nature.

Alors tous mes hauts cris
Vont redoublant leur force,
Quand je voy tes escrits
Gravez sur leur escorce.
O Dieu, que de douleur,
Jusqu'à là ton malheur
Ne m'estoit qu'une feinte :
Mes souspirs et mes pleurs
N'estoyent que des fleurs
Et qu'une angoisse peinte.

Maintenant ce sont vents
Qui combattent les chesnes,
Et mes pleurs bien souvent
Vont inondant les plaines
Au seul resouvenir
Que tu soulois venir
Dans ce lieu solitaire,
Pour libre à ton plaisir
Déclarant ton desir,
Y parler, ou te taire.

En ce parc les oiseaux
Ont perdu leur ramage,
Icy le cours des eaux
Soupire ton outrage,
Tout m'apprend ton malheur
Et si jamais douleur

Pouvoist m'oster la vie,
Celle que je ressens
Courir par tous mes sens
Me l'auroit jà ravie.

Icy le Rossignol
Qui nuict et jour sans cesse
Souloit de son cajol
Charmer nostre tristesse,
N'a plus que des accens
Plaintifs et languissans :
Qui se rendent funèbres
Afin de tesmoigner
Que l'on devroit soigner
A t'oster des ténèbres.

Ces grands arbres tous verds
Qui bordent ses allées,
Sont maintenant couvers
De frimats et gelées :
Il semble sans mentir
Qu'ils vueillent ressentir
Ton injuste souffrance :
Et témoigner au jour
Qu'on tient dans une tour
L'Apollon de la France.

Il ne faut plus parler
De revoir la Linotte
Dans ce jardin voller
Y chantant une notte :
Son gosier est fermé
En voyant enfermé
Celuy quy fit paroistre
Son chant dans ses écrits
Qui n'ont point eu de prix,
Tant ils sont d'un bon maistre.

Mais qu'est-il de besoin
De plaindre ta disgrâce,

Puisque le Ciel prend soin
De la peindre en sa face,
Faisant voir son soleil
De beaucoup moins vermeil
Qu'il ne souloit paroistre ?
Les rochers et les bois
Prennent mesme des voix
Pour la faire cognoistre.

Certe on ne peut rien voir,
Tant soit-il insensible,
Qui ne semble vouloir
Plaindre ton mal sensible.
Icy l'esclat des fleurs
A perdu ses couleurs,
Et la terre est lassée
De produire des fruits
Tant qu'elle entend les bruits
De ta prison forcée.

Moy donc seul je serois
Insensible à tes peines,
Et d'un œil sec verrois
Tes tourmens et tes gesnes ?
Non, non, ne le crois pas,
J'en suis pis qu'au trespas :
Ne viens donc plus me dire
Que je n'ay nul soucy
Dans ce chasteau icy
De ton cruel martyre.

Si tu sçavois le poinct
Où me met ta souffrance,
Tu ne me dirois point
Que je n'ay souvenance
De tes maux ny de toy,
Je te jure ma foy
Et mon affliction,

Sans consolation
Me rend comme une idole [1].

Malgré tous les faux bruits
D'une envieuse rage
Je produiray les fruicts
D'un amour non volage.
Amy, tous mes désirs
Ne sont que tes plaisirs,
Et jure en conscience
Que j'ay dedans le sein
Tout un autre dessein
Que celuy que tu pense.

Que le Ciel dessus moy
Tous les démons deslie
Si je manque de foy
Ou bien si je t'oublie,
Que l'Enfer en courroux
En ouvrant ses verroux
M'attire dans sa flame,
Si ton affliction
D'un tourment d'Ixion
Ne martyre mon âme,

Cette prétendue réponse de Des Barreaux ne cadre guère avec sa *Lettre à Théophile* [2] prisonnier, mais d'Alais arrange les choses comme il lui convient.

Marfille conjure Dartis de l'aimer nonobstant sa disgrâce

Toy, Dartis, qui sçais mieux ma vie que moy-mesme,
A qui jamais mon cœur n'a rien eu de secret,
Voyant tous mes malheurs à leur degré suprême
Peux-tu vivre content et sans quelque regret ?

---

(1) Il manque le vers correspondant à cette rime.

(2) Response de Tircis à Théophile prisonnier, voir t. I, p. 223.

Que fais-tu maintenant ce pendant que l'orage
Me presse d'un malheur qui talonne mes pas,
Et que mes ennemis d'une envieuse rage
Veulent mon innocence envoyer au trespas ?

Où est ton souvenir, et toutes tes promesses ?
Où peut estre ton cœur maintenant retiré ?
Où sont tant de discours, où sont tant de caresses
Qui manquent au besoin me voyant martyré ?

Hé ! si le sort me rend affligé de la sorte,
Est-ce à dire pourtant que je le sois tousjours,
Et que ton amitié ne me preste main forte,
Faisant tout ton pouvoir à me donner secours ?

Souviens-toy, cher Dartis, jadis qu'une mesme âme
Animoit nos deux corps tant la nuict que le jour,
Que l'un ayant du mal, l'autre estoit son dictame,
Et que tous nos deux cœurs n'avoyent qu'un mesme amour.

Si nous avons esté au temps de la bonace
Conjoints ensemblement d'un lien si estroit,
Pourquoy donc maintenant au temps de ma disgrâce
Veux-tu m'abandonner en un si fort détroit ?

Tu sçais bien que je suis dans ce noir purgatoire
Affligé, délaissé, sans consolation.:
Qu'on doit l'un de ces jours me conduire au prétoire
Afin d'avoir ma grâce, ou ma punition.

Et toutefois, ingrat, une lasche paresse
Tient tes pas attachez avec peu de soucy
De sçavoir si je vis encor en la tristesse,
Ou bien si mes amis m'ont tiré hors d'icy.

Tout ainsi que l'or fin par le moyen des flames
Se void purifié, et meilleur que devant :
De mesme en un malheur nous connoissons des âmes
L'éclat faux d'un amour qui nous va descevant.

O que j'avois d'amis remplis de bienveillance
Avant cet accident où je n'ay point péché :
Mais hélas ! ces amis n'estoient qu'en apparence ;
Car ils tournent le dos me voyant empesché.

Sitost que le malheur a choqué ma fortune
Ils ont creu que j'estois très digne du trespas,
Et n'ont point eu d'horreur d'aider à l'infortune
Qui lentement creusoit mon tombeau sous mes pas.

Ne veux-tu pas, amy, te tirer de ce nombre ?
Que dira-t-on de toy qui soulois tant m'aimer,
N'ayant nul sentiment de mon mortel encombre :
Hé ! du moins fay semblant qu'autrefois tu m'aimois.

Quel crève-cœur j'aurois s'il me falloit entendre,
Dartis, ton bon amy, ne ne te reconnoit plus :
Que la terre sous moy plustost je veisse fendre,
Que ton cœur vers le mien commist un tel abus.

Tous mes malheurs n'ont point encor eu tant d'audace,
Que de mordre mon cœur, ma constance et ma foy.
Mais las ! s'il me falloit encourir ta disgrâce
Je la craindrois autant que l'Enfer plein d'effroy.

Quoy donc, aurois-tu bien l'âme si infidele,
Qu'on te vist maintenant ton Marfille trahir ?
Ha ! ce ne seroit pas un' amour mutuelle ;
Je t'aime trop, amy, me voudrais-tu hayr ?

La crainte d'un tel mal tant seulement me pâme,
Une personne, hélas ! que j'aime plus que tous,
Qui tient le lieu de père, et patrie en mon âme,
Seroit-il contre moy sans su, et en courroux ?

Non, non, il ne faut pas que mon esprit s'amuse
A de tels pensemens, il n'en est rien du tout :
Tant que Dartis vivra il chérira sa Muse,
Et luy tesmoignera son amitié par tout.

Mais ce n'est pas assez de vivre en innocence,
La vertu a besoin de se monstrer par fois.
Veux-tu fermer la bouche à tant de médisance ?
Haste-toy de venir, quelque part que tu sois.

Marfille au fond d'un noir cachot se représente le contentement que peuvent recevoir ses compagnons et les invite d'avoir compassion de son martyre.

Amys qui regorgez des plaisirs de la vie,
Qui n'estes point le but d'une cruelle envie,
Pour Dieu prenez pitié de l'estat où je suis.
Las ! hélas, cependant que vous passez les nuits,
Les jours, les mois, les ans dans la réjoüissance,
Puisqu'il plaist à mon Dieu, je fay ma pénitence
Chargé de gros chaînons qui m'entrent dans les os.
Il n'est en mon pouvoir de prendre aucun repos,
Couché sur un fumier au profond d'une cave,
Piés et poings enchainés comme un chétif esclave
Je passe ainsi le temps, mais plustost je languis
Tousjours en des tourmens, tousjours en des ennuis,
Icy point d'escabeaux, de fenestre, ny table,
Ce n'est rien qu'un vieux trou plus vilain qu'une estable,
Repaire des serpens, des souris, des crapaux,
C'est un lieu où l'on met ceux qui ont faict des maux
Qui méritent le feu, le soulfre et les tenailles,
Et que quatre chevaux emportent leurs entrailles ;
C'est un lieu où jamais on ne dresse de lit :
Icy la terre sert de table et de chaslit,
De forme et d'escabeaux là où je me repose
Attendant qu'autrement de moy le sort dispose.
Je ne vous parle point quels sont tous mes repas,
J'en ay horreur moy-mesme, hélas ! je ne veux pas,
Cela dégousteroit vos appétits superbes,
Qui se font des ragousts avec cent sortes d'herbes,
Qui n'aiment que perdrix, poulets, levraux, chapons,
Et ne daignent gouster à la chair des moutons,
Tant ils ont à foison des mets de toute sorte,
Au lieu qu'en un seul plat tous les miens on apporte.

Ne croyez pas, amis, que je mente en cecy,
Certes comme je vis je vous l'escris icy.
Du foin, du pain, de l'eau, une escuelle de terre
Sont mes draps, mes repas, et mon boire, et mon verre :
Et quand l'ennuy m'abbat tâchant de sommeiller,
Les vers en me piquant viennent me réveiller,
Et lors ne pouvant plus résister aux alarmes
Que me livre mon sort, je n'ay recours qu'aux larmes,
Pleurant amèrement, en voyant que les vers
Me rongent tout en vie et la chair, et les nerfs :
Pour les faire tomber, sur mes piez je me lève,
Tenant de mes deux mains un cordeau qui souslève
Le lourd poids de mes fers, et secouant mes bras,
Ces vers quittent leur prise, et puis tombent à bas.
Mais ce qui plus m'afflige en ma dure souffrance,
C'est de quoy je n'ay pas seulement jouïssance
(Tant je suis misérable en cette sombre tour) [1]
De la moindre clarté un quart d'heure le jour.
Je ne sçay quand la nuict donne repos au monde,
Ou bien quand le Soleil se mire dedans l'onde.
Je n'entens rien icy non plus qu'en un tombeau,
Je n'y voy ny Soleil, ny Lune, ny flambeau.
Hélas, je vis toujours dans l'horreur des ténèbres
Et ce que je puis voir sont tous objets funèbres
Qui me glacent le sang, redoublant mes ennuis,
Voyant le triste estat où maintenant je suis.
Beaux pourmenoirs jadis mes plus chères délices,
Ah ! que vous me causez de peines et de supplices,
Jardins si bien ornez où tant de belles fleurs
Estalloyent à l'envy mille et mille couleurs,
Combien hélas ! combien me causez-vous de larmes ;
Et toy, chère Cloris, le vray séjour des charmes,
T'offenceray-je point si dans ce lieu fascheux
J'ose bien faire entrer ton objet par mes yeux
Que pense-tu de moy ? te souvient-il encore
De ton pauvre Marfile à qui l'ennuy dévore

(1) La tour de Montgommery.

Et la vie et le sang impitoyablement ;
Non, non, n'y pense plus que charitablement :
Car aussi bien je vay mettre fin à ma vie :
Et si après ma mort nostre amour te convie
De penser au malheur qui m'envoie au trépas :
Dy moy tant seulement un *De profundis* bas.
Et pour Dieu s'il advient que dans ta compagnie
Quelque maladvisé la vérité dénie,
Parlant de mon malheur, prens, prens ma cause en main,
Dy luy fort franchement que c'est un inhumain
D'estre mon ennemy vivant et dans la tombe,
Et qu'il garde qu'un mal plus grand sur luy ne tombe :
Monstre luy comme quoy je vivois innocent,
Dis luy qu'il a grand tort de blasmer un absent.
Que si mes ennemis m'eussent trouvé coupable,
Ils n'auroient à mon bien le cœur si charitable
Que de m'avoir laissé l'espace de deux ans
A la mercy du sort et des plus mesdisans ;
Qu'ils m'eussent immolé à leur barbare envie,
Et se fussent gorgez du pur sang de ma vie.
Mais le Ciel qui connoist les bons et les mauvais
Malgré tous les faux bruicts a monstré que j'avais
Une âme qui n'avoit jamais commis les crimes
Dont certains envieux m'accusoient dans des rimes.
Je ne m'advisse pas que ma chandelle faut,
Cloris, excuse moy si mon discours défaut,
Car je n'escris icy qu'autant que ma lumière
Me donne la clarté dans ma triste tasnière.

Certain amy respond à la précédente, et fait espérer à ce prisonnier la délivrance en bref, le consolant de plusieurs choses remarquables.

Toy d'Apollon la lire et la muse,
Toy le luth des plus grands Roys,
Voy l'envieux va prendre excuse
De t'avoir mis où tu te vois :
Et si l'on bande un peu ta corde,
Et si l'on pince un peu tes nerfs,

C'est pour que mieux ta voix s'accorde
Aux doux accens de tes beaux vers :
Prens donc courage, en espérance
De voir bien tost ta délivrance.

Desjà ta voix ravit le monde,
Et si encor un air ou deux
Tu fais sortir de ta faconde,
Chacun aura pour toy des vœux :
Car tes beaux vers ont tant d'amorce,
Que l'on seroit sans sentiment
Si l'on résistoit à leur force
Sans te donner allègement.
Haste toy donc de nous redire
Un air nouveau dessus ta lyre.

Que, si l'on tient ta muse enclose
En ce noir creux de ta prison,
C'est qu'on attend qu'elle compose
Un air plus doux pour Alison
Que tu ne fis dedans Bousserre
Quand tu vivois à ton soulas ;
Car qui ne sçait que plus on serre
La musette dessous le bras,
Plus doucement elle nous chante
Une chanson qui nous enchante.

Ne sçais-tu pas que sans la hache
Qui fait mourir tant de beaux bois,
Cet instrument qui nous attache
L'oreille au doux son de sa voix
N'auroit point eu jamais l'usage
Et n'eut causé tant de plaisir
S'il n'eut senti un peu d'outrage
De celuy qui l'alla choisir
Sur les hauts monts durant sa vie,
Et s'il ne luy avoit ravie.

Or si l'on veut ce luth entendre
Bien résonner ses plus doux airs,

Il faut qu'un Roy le fasse prendre,
Et puis qu'on tende un peu ses nerfs
Qui haut, qui bas en plusieurs sortes
Pressant son corps en le pinçant,
Et peur du bruit fermer les portes,
Alors un air va ravissant
Le cœur du Roy par son oreille
Tant ce bon luth chante merveille,

Ne voy-tu pas que dans ce monde
Le vice règne estrangement,
Que la vertu presque inféconde
N'enfante que bien rarement ;
Que la terre la plus fertile
Sans un grand soing du laboureur
Rendroit Cerès comme infertile,
Et nos guérets sans nul honneur,
Si le soc n'escorchoit la plaine,
Et si l'homme n'y prenoit peine.

Las ! il est vray pour l'ordinaire
Fort peu d'hommes sont vertueux
De leur naissance, ains au contraire
Ils ne sont que trop vicieux,
Et le cœur le plus magnanime
Seroit souvent comme abbattu,
Et se rendroit pusilanime
Aux beaux effects de la vertu,
Sans le mortel enuy de l'homme
Qui sa fétardise consomme,

C'est ce que veut dire Plutarque,
Parlant de son bannissement,
Que s'il n'eut jamais vu la barque
Qui passe au mescontentement,
Que jamais il n'eut gousté d'aise :
Et ce qui causa son malheur,
Au lieu de le rendre en mal-aise
Cela mesme fut son bonheur,

Tant quelquefois est nécessaire
Que nous ayons un adversaire.

Ainsi je dis que la licence
Que l'on permet aux envieux
A molester ton innocence
Te va rendant plus glorieux ;
Car en quel coin de nostre terre
Ne sçait-on point ton accident,
Par le doux bruit de ton tonnerre
Qui va pleignant ton incident,
Avec tant d'appas et de grâce,
Qu'on te chérit sans voir ta face ?

Fay donc, o des luths l'excellence,
Passer ta main sur des accords
Qui raviront toute la France,
Ressuscitant mesme les morts,
Touche un accord qui charme l'âme
De ce grand Roy par sa douceur,
Et tu verras que ton dictame
Se trouvera dans ton malheur,
Sus, pince donc, le Roy t'escoute,
Toute la France est à l'escoute.

Courage, amy, je te supplie,
Ne te rends pas à ton malheur,
Mais voy que c'est luy qui te lie
Aux dures loix du deshonneur,
Fay que ton âme se contente
En voyant pâlir ta vertu,
Ferme au désespoir toute attente
De voir ton courage abbattu
Se fondre en deux torrens de larmes,
Et ne résister aux alarmes.

Ainsi qu'un rocher dedans l'onde
Se rit de l'orage et des flots,
Soit que Théthys escume et gronde,
Ou qu'il soit doux aux matelots :

Tout de mesme, o mon cher Marfile,
Soit en tous tes malheurs constant :
Il est vray qu'il est difficile
De pâtir et d'estre contant,
Mais le Ciel s'acquiert par souffrance,
Et l'on est martyr par constance.

Nul ne peut avoir la victoire
Devant que d'avoir combattu :
Ton innocence est trop notoire
Pour faire tort à ta vertu :
Et les Dieux sont trop équitables
Pour condamner un innocent :
Bien est vray qu'ils sont redoutables
Aux yeux de celuy qui ressent
Avoir commis quelque grand crime
Qui nuict et jour son âme opprime.

Lettre de Marfille, où il convie son amy Dartis (Des Barreaux) de le venir voir en son cachot selon sa promesse.

En ce lieu plein d'obscurité
Qu'un innocent n'a mérité
Mon âme vit assez contente ;
Et sans mentir si je ressens
Le moindre ennuy, tu y consens,
Car c'est, Dartis, en ton attente.

L'humidité d'un mur puant
Qui quand il pleut est tout suant,
Sert de lambris où je repose :
Un peu de pain à mes repas,
Du foin mouillé me sert de draps,
Cela n'est rien, ce me sont roses.

Mais quand deux jours se sont passez
Sans que mes jours soyent caressez
De la faveur de ta présence
Pour lors, Dartis, je n'en puis plus,

Et comme si j'estois perclus
Je vis sans pouls et sans puissance.

Que m'as-tu faict pour t'aimer tant ?
Que t'ais-je faict, ô inconstant
Pour me fausser ainsy promesse ?
Tu me devois tant visiter,
Et tu ne fais que m'attrister ;
Car je me voy sans ta carresse

Tout autre pourroit bien mourir
Des maux que l'on me void souffrir,
Et toutefois j'ay la constance
D'endurer tout patiemment,
Ne me pleignant aucunement
Sinon, Dartis, de ton absence.

Il semble à ouïr chacun parler,
Qu'on a desjà pour me brusler
Dressé le bois dedans la Grève :
De toute part on y accourt,
Mais pour te le faire plus court,
Croy moy, cela point ne me grève.

Je ne puis plus à quoy penser,
Je crains si fort de t'offenser
Par un excez de bienveillance,
Que bien souvent en ta faveur
Je vay trouvant goust et saveur
En l'absynthe de ton absence.

Pour Dieu, Dartis, reviens me voir,
Fay qu'aujourd'huy je puisse avoir
Encor le bien de ta présence :
Car en l'estat où mon malheur
Me met icy pis qu'un voleur,
Rien ne m'est dur que ton absence.

Hé ! quoy ! faut-il tant te prier ?
Je suis lassé de tant crier

Soir et matin même langage :
Dartis, reviens, reviens me voir :
Voilà, Dartis, tout le sçavoir
Que sçait une muse en ceste cage.

Marsille à Dartis.

Un avare vilain
Parle tousjours sans cesse
Ou de perte, ou de gain,
Ou bien de sa richesse,
Et un fébricitant
Ne parle que de boire,
Et croit qu'il boiroit tant
Qu'il tariroit la Loire :
Chacun prend son plaisir
Où butte son désir.

Un mortel envieux
N'a nul repos en l'âme
Que son cœur ou ses yeux
N'ait causé quelque blasme :
Et le pauvre artisan
Parle de son ouvrage :
Ainsi en courtisan
Donne au vent du langage,
Et se plaist à parler
Comme un aigle à voler.

Un forçat gémissant
Souz le faix de sa chaîne
D'un accent languissant
Fait cognoistre sa peine,
Quoy qu'au partir de là
Il n'est pas pour cela
Délivré de misère,
Mais quoy, il ne peut pas
Souffrir tant de trespas,
Et néantmoins se taire.

Ne t'estonne donc point
Si je n'ay dans la bouche
Que cris, que pleurs, au poinct
Où le malheur me touche :
Si je parle de fers
De tourmens à toute heure :
Car je tiens les Enfers
Où je fais ma demeure ;
Et si tu ne m'en crois
Porte un bout de ma croix.

Lettre à Clitiphon [1] *par Marfille après sa sortie de prison.*

Amy, excuse moy, de grâce,
Si je ne t'ay plus tost escrit,
Hélas ! c'est que mon pauvre esprit
Naguère sorty de disgrâce,
Est si plein d'estonnement,
Que je confesse ingénument
Avoir perdu la souvenance
De la pluspart de mes amis :
Et dans le lieu où l'on m'a mis
Je n'ay soin que de pénitence.

J'ai tellement perdu l'usage
De mes plus doux contentemens,
Que je les tiens enchantemens
Quand ils s'offrent à mon courage.
Ces prez rians, ces verds costeaux,
Et ces valons pleins de ruisseaux
Ne sont, ne sont plus mes délices.
Ce qu'à présent j'aime le plus
C'est de me voir tout seul reclus
Loing du monde et de ses malices.

---

(1) Nous ignorons quel est le personnage, ami de Théophile, qu'Alais de Beaulieu a désigné sous le nom de Clitiphon.

Les choses les plus agréables
Maintenant font mal à mes yeux,
Les mets les plus délicieux
Sont à mon goust fort peu sortables :
Il n'est pas jusques à Cloris
Dont mon cœur ne fasse mespris :
Tant il hait les plaisirs du monde :
Moy mesme, je luy fais horreur
Quand je pense à ma folle erreur
Qui me rendort au monde immonde.

Ouy, je me déplais et m'outrage
D'avoir esté par le passé
Si vain, si fol, si insensé
Que d'employer tout mon jeune âge
A contenter des courtisans
Par des discours trop complaisans
Pour le salut de ma pauvre âme,
Dont mon corps a passé pâtir
Sans autre bien qu'un repentir
Qui nuict et jour mon cœur entame.

Ne me crois plus d'humeur profane,
Car j'ai quitté ses vains plaisirs ;
Et le seul but de mes désirs
Est d'observer la loy Chrestienne,
Est de prier soir et matin,
Est de lire sainct Augustin [1] :
D'examiner ma conscience,
Et de penser à tout moment
En ce grand jour du jugement
Où Dieu punira l'insolence.

Je n'aime plus que la lecture
Des mystères de nostre Foy

---

(1) Ces vers et les strophes qui suivent confirment bien ce que l'on sait de la vie de Théophile après l'arrest de bannissement, il observait ostensiblement les pratiques de la religion catholique... tout en continuant à vivre en épicurien.

Et nul plaisir je ne reçoy
Qu'en lisant la Saincte-Escriture.
Amy, je te proteste icy
Que maintenant tout mon soucy
Est de plaire à mon Dieu, mon maistre,
Et d'accomplir ses volontez
En détestant mes libertez
Qui me l'ont fait tant méconnoistre.

Cent fois le jour dessus la terre
Caché tout plat, bras estendus
Je vay pleurant mes jours perdus
Pour des plaisirs qui sont de verre,
Et puis criant à Dieu mercy
Je vay disant d'un cœur transy
Mon Dieu, que veux-tu que je fasse?
Pour t'obéir j'iray par tout
D'un bout du monde à l'autre bout,
Tant je souhaite avoir ta grâce.

Non, je n'ay plus pour tout de hayne
Mes ennemis sont mes amis,
Et mes plaisirs de moy démis
Font de ma liberté, ma chaîne :
J'ay tout à faict changé d'humeur,
Je ne vay plus chercher l'honneur,
Que j'aimois tant dedans le monde
Qui m'a cuidé donné la mort,
Et qui m'a conduit jusqu'au port
D'un lieu où tout malheur abonde :

Mais grâce à Dieu et à la Vierge
J'ay évité ce glissant pas
Qui m'eust faict tomber au trespas
Au sortir de chez mon concierge.
Dieu, ce bon Dieu me tint la main,
Et malgré mon sort inhumain
De qui j'estois comme la proye,
Et qui ne cherchoit que ma mort.

En fin suis arrivé au port
D'un heur qui me comble de joye.

Non, non, je me reprens te dire
Que mon sort fut bandé contre moy,
C'est luy qui m'as tiré d'esmoy,
Et d'un malheur peut estre pire,
Que si maintenant mes deux yeux
Se guindent souvent dans les cieux
Pensant à Dieu et à sa mère,
Je doibs ce bien à ces esprits
Qui ont syndiqué mes escrits
Et m'ont causé douleur amère.

Car sans eux jamais ma pauvre âme
N'eut abhorré tous les plaisirs
Où se portoyent tous mes désirs
Qui nourrissoyent toujours ma flame,
Flame vraiment je croy d'enfer
Qui me rendoit le cœur de fer,
Insensible aux douceurs divines,
Et qui n'avoit autre déduit
Que de gouster ce que produit
L'excez des voluptez malignes.

Ode à Dartis (Des Barreaux) sur le contentement qu'il reçoit depuis sa sortie de prison.

Maintenant que le sort
A changé ma fortune,
Que l'horreur de la mort
Ne m'est plus importune :
Que je voy le Soleil
M'esclairer de son œil
Doucement dans le monde
Je n'ay point de desirs
Bornez par les plaisirs
De la terre ou de l'onde.

Il semble que le Ciel
Ne m'a monstré sa hayne
Qu'en me donnant le miel
D'une amitié certaine,
Car je voy qu'au retour
De cette sombre tour
Où m'avoit mis l'envie,
Chacun prend son plaisir
Une heure à son loisir
D'entretenir ma vie.

Les Princes et Seigneurs
Me font maintes caresses,
Qui voyans mes langueurs
Blasment fort mes tristesses :
Et faschez contre moy,
Me demandent pourquoy
Je n'ay l'âme contente,
Veu qu'ils m'aiment si fort,
Et que j'arrive au port
D'une plus douce attente.

L'un m'offre le plaisir
De courir à la chasse,
N'ayant autre desir
Que mon ennuy je chasse :
L'autre avec passion
M'offre une pension
Le reste de ma vie :
Et dit qu'il ne veut pas
Que je fasse aucun pas
Que dans sa compagnie.

Quoy? peut-on souhaiter
Plus heureuse fortune?
Doy-je donc m'attrister
D'avoir veu l'infortune
Chercher tant mon malheur?
Mais plus tot mon bonheur,

Puisque, malgré l'envie,
Je voy deux grands Seigneurs [1]
Me combler des honneurs
Les plus doux de la vie.

Toy seul de mes amis
Qui n'as perdu courage,
Pour voir mes ennemis
Conspirer mon naufrage,
Toy de qui l'amitié
A pris tousjours pitié
De ma dure souffrance
Sçache que mon ennuy
Est noyé dans celuy
De la réjoüissance.

---

(1) Le duc de Montmorency et le comte de Béthune.

VOLTAIRE ET THÉOPHILE DE VIAU

En matière historique, du moment que sa passion irréligieuse est en jeu, Voltaire n'est plus de bonne foi, il l'a dit expressément : « Le mensonge n'est un vice que quand il fait du mal, c'est une très grande vertu quand il fait du bien. Soyez donc plus vertueux que jamais. Il faut mentir comme un diable, non pas timidement, non pas pour un temps, mais hardiment, et toujours. Mentez, mes amis, mentez ; je vous le rendrai à l'occasion[1] ». Voltaire altère donc les faits, les transforme au besoin, en invente de nouveaux pour arriver à la conclusion à laquelle il s'est arrêté avant même d'avoir commencé à écrire. Nous avons donné un spécimen de sa manière, en analysant son article « Des Barreaux » de la Lettre sur les Français[2], aujourd'hui nous allons passer au même crible sa notice sur Théophile de la dite Lettre et le résultat sera identique. Le procédé est vraiment pratique, il dispense de scrupules et évite toute recherche.

*
* *

A propos de Bonaventure Des Périers, Voltaire termine ainsi son article : « On ne crie plus à l'impiété, on crie à l'ennui et

---

(1) Lettre de Voltaire à Thiriot du 21 octobre 1736.

(2) Cette *Lettre sur les Français* fait partie des *Lettres à Son Altesse Monseigneur le prince de *** (Brunswick) sur Rabelais et sur d'autres auteurs accusés d'avoir mal parlé de la religion chrétienne. Amsterdam, Marc-Michel Rey* (Genève), *1767*, in-8 de 2 ff. et 144 p. Deux autres éditions ont paru en 1768 in-12 avec des titres différents.

on n'en parle plus... ». Il s'occupe ensuite de Théophile [1] :

« Il en a été de même de Théophile, très célèbre dans son temps : c'était un jeune homme de bonne compagnie, faisant très facilement des vers médiocres [2], mais qui eurent de la réputation : très instruit dans les belles-lettres, écrivant purement le latin, homme de table autant que de cabinet, bienvenu chez les jeunes seigneurs qui se picquaient d'esprit, et surtout chez cet illustre et malheureux duc de Montmorency, qui, après avoir gagné des batailles, mourut sur un échafaud.

« *S'étant trouvé un jour avec deux jésuites, et la conversation étant tombée sur quelques points de la malheureuse philosophie de son temps, la dispute s'aigrit. Les jésuites substituèrent les injures aux raisons. Théophile était poète et gascon* genus irritabile vatum et Vasconum [3]. *Il fit une petite pièce de vers où les jésuites n'étaient pas trop bien traités : en voici trois qui coururent toute la France :*

---

(1) Le texte imprimé en italique est celui où nous prenons Voltaire en flagrant délit d'inexactitude..... volontaire. On s'en rendra compte par les notes.

(2) Voltaire est bien sévère. — Les vers de Théophile sur les Jésuites sont infiniment meilleurs que ceux du Patriarche de Ferney lorsqu'il entend malmener Garassus et consorts :

Je pourrais t'amener, enchaînés sur mes traces
Nos Zoïles honteux, successeurs des Garasses.
Minos entre eux et moi va bientôt prononcer
Des serpents d'Alecton nous les verrons fesser :
Mais je veux avec toi baiser dans l'Elysée
La main qui nous peignit l'épouse de Thésée
J'embrasserai Quinault, en dusses-tu crever... ;

(Epître à Boileau).

(3) Cette explication de Voltaire ne soutient pas la discussion. Jamais Théophile n'a fait allusion à cette dispute ; son *Apologie 1624* et *l'Apologie au Roy 1625* qui résument tous ses griefs contre les Jésuites sont absolument muettes à cet égard. Garassus affirme dans son *Apologie 1624* n'avoir jamais rencontré le Poète : « Je n'ai jamais vu Théophile Viaud que je sçache, et si, je ne m'en estime pas mal-heureux, mais ses propositions je ne les ai que trop vues et sérieusement examinées ». Il est non moins affirmatif dans sa lettre à Fr. Ogier du 4 février 1624 : « Nous sommes en cela semblables, car j'ai rendu grâce à Dieu mille fois de ne l'avoir jamais veu tant pour faire veoir au monde que je n'escris contre luy pour aucun intérest personnel, ainsi que quelques foibles esprits se sont persuadez, comme aussi pour ce que j'estime la veuë de semblables personnes du naturel de celle du Basilic. *Ab his*, dit Tertullian, *vel*

Cette grande et noire machine
Dont le souple et le vaste corps
Etend ses bras jusqu'à la Chine.

Théophile même les rappelle dans une épître en vers écrite de sa prison au Roi Louis XIII[1]. Tous les Jésuites se déchaînèrent contre lui. Les deux plus furieux, Garasse et Guérin, deshonorèrent la chaire et violèrent les lois en le nommant dans leurs sermons, en le traitant d'athée et d'homme abominable, en excitant contre lui toutes leurs dévotes,

« Un jésuite plus dangereux, nommé Voisin, qui n'écrivait *ni ne prêchait*[2] *mais qui avait un grand crédit auprès du cardinal de La Rochefoucauld, intenta un procès criminel à Théophile*[3], et suborna contre lui un jeune débauché nommé Sajeot, *qui avait été son écolier*[4], et qui passait pour avoir servi à ses plaisirs infâmes, ce que l'accusé lui reprocha à la confrontation. Enfin le jésuite Voisin

---

videri invisum est. » Il est vrai que *L'Ombre de Théophile apparue au Père Garasse, 1626,* parle d'une scène qui se serait passée entre Théophile et Garassus chez un libraire de la rue Saint-Jacques, (voir p. 41) et *la Rencontre de Théophile et du Père Coton en l'autre monde*, d'une autre « prise » des deux adversaires et du Père Coton que le Poète aurait injurié au Louvre (voir p. 36), mais Voltaire a-t-il connu ces deux plaquettes ? Nous ne le croyons pas, il a inventé cette explication de la haine des Jésuites contre Théophile comme il a rêvé ou fabriqué la fameuse lettre de l'abbé de Lavau dans laquelle ce dernier se serait déclaré l'auteur du *sonnet du Président* et cela pour enlever ce sonnet chrétien à Des Barreaux. Si nous ne nous trompons, le sens critique de Voltaire ne pouvait s'arrêter sur une allégation dénuée de preuves et même de vraisemblance. Un personnage de l'importance du Père Coton n'aurait pas entamé au Louvre une discussion avec Théophile sur le terrain religieux et celui-ci aurait couru trop de risques s'il s'était laissé aller à l'injurier !

(1) Où Voltaire a-t-il puisé son renseignement sur la petite pièce de vers qui aurait couru par toute la France ? C'est certainement dans son imagination ! Comme les vers cités n'ont paru que dans la *Requeste au Roy*, de décembre 1623, ils sont complètement étrangers à la campagne de Garassus.

(2) Voisin prêchait, Garassus le dit formellement : « Il est vrai qu'il (le Père Voisin) devait prêcher les Avents de la même année (1625) dans l'église de Saint-Paul ». (Mémoires, éd. Nisard, p. 91) Voir également T. I, note 1, p. 521.

(3) D'après Garassus, le Père Voisin « n'avait aucune entrée en la maison de mon dit seigneur le cardinal de La Rochefoucault » (Mémoires, p. 74). — Voisin intentant un procès à Théophile !!! Voltaire ignorait-il l'existence de Mathieu Molé ?

(4) Sagcot, protestant, a-t-il été l'écolier du Père Voisin ? Rien n'est moins certain, nous croyons qu'il a été attaché comme domestique au collège de La Flèche. Ce drôle était d'ailleurs un ennemi de Théophile.

obtint, *par la faveur du jésuite Caussin, confesseur du Roi* [1], *un decret de prise de corps contre Théophile sur l'accusation d'impiété et d'athéisme* [2]. Le malheureux prit la fuite, on lui fit son procès par contumace, il fut brûlé en effigie en 1621 [3]. Qui croirait que la rage des Jésuites n'était pas encore assouvie ? Voisin paya un lieutenant de la connétablie, nommé Le Blanc, pour l'arrêter dans le lieu de sa retraite en Picardie. On l'enferma chargé de fers dans un cachot, aux acclamations de la populace *à qui Le Blanc criait : « c'est un athée que nous allons brûler* [4]. » De là on le mena à Paris, à la Conciergerie, où il fut mis dans le cachot de Ravaillac. *Il y resta une année entière* [5], pendant laquelle les Jésuites prolongèrent son procès pour chercher contre lui des preuves.

« *Pendant qu'il était dans les fers, Garasse publiait sa Doctrine curieuse* [6] dans laquelle il dit que Pasquier, le cardinal Wolsey, Scaliger, Luther, Calvin, Bèze, le roi d'Angleterre, le landgrave de Hesse et Théophile, sont des bélitres d'athéistes et de carpocratiens. Ce Garasse écrivait dans son temps comme le misérable ex-jésuite Nonotte écrit dans le sien : la différence est que l'insolence de Garasse était fondée sur le crédit qu'avaient alors les Jésuites, et que la fureur de l'absurde Nonotte est le fruit de l'horreur et du mépris où les Jésuites sont tombés dans l'Europe ; c'est le serpent qui veut mordre encore quand il a été coupé en tronçons. *Théophile fut surtout interrogé sur le « Parnasse sati-*

(1) Le Père Caussin n'a rien eu à faire avec Théophile, il n'était pas alors confesseur du Roi. Cette charge était remplie par le Père de Séguiran plutôt bien disposé envers le Poète qui a invoqué son témoignage défavorable à la *Doctrine curieuse*.

(2) C'est le décret du 11 juillet 1623 pris par le Parlement sur la requête de Mathieu Molé et motivé par la publication du *Parnasse satyrique*.

(3) Voltaire a mis 1621 au lieu de 1623, son erreur n'a pas d'importance, mais elle donne la mesure de l'exactitude de ses sources.

(4) Théophile dans son *Apologie au Roy, 1625*, ne rapporte aucun incident lors de son incarcération dans les cachots de Saint-Quentin, il dit après que « la presse du peuple lui empêchait l'entrée de la Conciergerie du Palais, à Paris » et c'est tout ; le cri de Le Blanc est une invention de Voltaire. Ce n'est pas d'ailleurs Le Blanc qui a commandé l'escorte de Théophile de Saint-Quentin à Paris.

(5) Exactement 23 mois (au lieu de 12) du 28 septembre 1623 au 1er septembre 1625.

(6) « La *Doctrine curieuse* » a paru vers le 25 août 1623 et Théophile n'a été arrêté que le 17 septembre et écroué le 28 du même mois, le Poète n'était donc pas dans les fers au moment de la publication de cet ouvrage.

rique »[1], recueil d'impudicités dans le goût de Pétrone, de Martial, de Catulle, d'Ausone, de l'archevêque de Bénévent La Casa, de l'évêque d'Angoulême Octavien de Saint-Gelais et de Melin de Saint-Gelais son fils, de l'Arétin, de Chorier, de Marot, de Verville, des épigrammes de Rousseau et cent autres sottises licencieuses[2]. Cet ouvrage n'était pas de Théophile. Le libraire avait rassemblé tout ce qu'il avait pu de Maynard, de Colletet, *de Frenicle, magistrat, et depuis de l'Académie des Sciences, et de quelques seigneurs de la Cour*[3]. Il fut avéré que Théophile n'avait point de part à cette édition, contre laquelle lui-même avait présenté requête. Enfin les Jésuites, quelque puissants qu'ils fussent alors, ne purent avoir la consolation de le faire brûler, et ils eurent même beaucoup de peine à obtenir qu'il fût banni de Paris. Il y revint malgré eux protégé par le duc de Montmorency, qui le logea dans son hôtel, où il mourut, en 1626, *du chagrin auquel une si cruelle persécution le fit enfin succomber*[4] ».

Les quarante éditions des Œuvres de Théophile faites au XVIIe siècle qui renferment son « Apologie au Roy » permettaient à Voltaire d'être exact, il a préféré « cuisiner » cette « Apologie » et laisser libre cours à sa fantaisie. Et il y a des critiques éminents qui considèrent Voltaire comme un oracle lorsqu'il rapporte de menus faits de l'histoire littéraire des XVIIe et XVIIIe siècles!

---

(1) Les questions des commissaires du Parlement ont porté presque exclusivement sur les *Œuvres de Théophile, 1re p. et 2e p.* et à peine sur le *Parnasse satyrique* ; 32 pièces des *Œuvres* sont visées dans le projet d'interrogatoire et 3 seulement du *Parnasse satyrique*.

(2) Parmi les sottises licencieuses, Voltaire comprend certainement son poème de *La Pucelle d'Orléans*.

(3) Voltaire a confondu le géomètre et le conseiller à la Cour des Monnaies, ce dernier, Nicolas Frenicle le poète n'a jamais fait partie de l'Académie des Sciences. L'assertion des pièces de quelques seigneurs de la Cour insérées dans le *Parnasse satyrique* est une fantaisie de Voltaire.

(4) Voltaire cherche à apitoyer le lecteur sur le sort de Théophile. La traduction que nous avons donnée de ses lettres latines écrites après son arrêt de bannissement montre que le Poète consacrait son temps à Bacchus et à l'Amour. Dans son exil passé à Paris d'abord, à Chantilly et au château de Selles en Berry ensuite, nous le voyons choyé des grands seigneurs et en correspondance suivie avec les savants de son temps. Ce n'est guère là le rôle d'une victime.

GÉNÉALOGIE

DE LA DESCENDANCE DES FRÈRES ET SŒURS DE THÉOPHILE DE VIAU

Acte du 10 mai 1653

16

N. de Viau, membre du Conseil privé de la Reine de Navarre, eut deux fils :

a) Jeanus ou Jacques de Viau, avocat au Parlement de Bordeaux, du culte réformé, mort en juin 1622, testa le 16 septembre 1621.

b) N. de Viau, gouverneur de Tournon.

A) Jeanus ou Jacques de Viau eut quatre enfants :

c) Paul de Viau [1], capitaine dans les troupes des réformés, épousa Marguerite de Basset, se fixa à Castelsagrat et mourut vers 1632.

d) Théophile de Viau, le poète, né en 1590, mort en 1626, se convertit à la religion catholique en août ou septembre 1622, non marié.

---

(1) Paul de Viau fit avec son frère Daniel, le 27 décembre 1626, un partage que mentionne l'inventaire dressé à la mort de ce dernier, le 25 juillet 1651.

e) Daniel, sieur de Bellegarde [1], agriculteur à Boussères de Mazères, mort le 25 juillet 1651.

f) Suzanne, épousa le sieur Duffort et eut une fille.

g) Marie [2], épousa Pierre Bouchet, sieur de Roget ou Rouget, protestant, en 1637.

C) Paul de Viau eut cinq enfants auxquels leur mère survécut :

h) Jean, mort jeune.
i) Paul, d°.
j) Sarah, d°.
k) Suzanne.
l) Marie, elle aurait épousé Robert de Garrisson [3].

E) Daniel n'eut qu'un enfant naturel :

m) Etienne auquel son père légua seulement 1.500 livres, laissant son héritage à ses nièces Suzanne (*F*) et Marie (*G*).

G) Marie de Viau eut de Pierre Bouchet, un enfant :

n) Odet Bouchet, sieur de Roget [4], de Boussères et de Viau [5].

---

(1) Daniel de Viau, sieur de Bellegarde, ou plus simplement Bellegarde, resté célibataire, acheta les droits de son frère Paul de Viau le 21 juin 1630 et soutint un procès contre sa veuve en 1639. D'accord avec sa sœur Marie de Viau, il vendit à Arnaud du Gasquet le 28 mai 1632 la métairie de Viau, située dans la paroisse de Saint-Côme, juridiction d'Aiguillon. Il s'établit à Boussères et testa le 19 novembre 1650 en faveur de ses deux nièces, Suzanne et Marie, filles du capitaine, avec substitution à leur défaut de sa sœur Marie.

(2) Marie de Viau conserva Boussères, elle avait été favorisée par le testament olographe de son père, daté du 16 septembre 1621, lui affectant un legs spécial de 3.300 livres, avec attribution de la totalité des biens, au cas où ses frères mourraient sans postérité. Elle même testa le 18 avril 1666 devant Me Manet, notaire royal à Thouars.

(3) *Théophile et Paul de Viau*, étude historique et littéraire par Ch. Garrisson, 1899, p. 227.

(4) Aujourd'hui encore la maison de Viau à Boussères porte le nom de Roget.

(5) Le fils de Marie de Viau, Odet Bouchot, sieur de Roget, de Boussères et de Viau, qualifié principalement sieur de Viau (preuve que sa mère dut exercer une revendication qui fut admise), Odet Bouchet, dis-je, est indiqué comme

DESCENDANCE DE MARIE DE VIAU

Odet Bouchet épousa Marie Roussannes en 1677, passa en 1699 à Dublin pour cause de religion. Il eut cinq enfants :

1) Pol Roger de Bellegarde de Viau [1], catholique, avocat le 18 mai 1714 au Parlement de Bordeaux, épousa le 18 avril 1717 Jeanne Saubère, également catholique; il mourut en mars 1743.

2) Isabeau.

3) Suzanne.

4) Olympe.

5) Rose.

Ces quatre filles d'Odet Bouchet émigrèrent à Dublin pour rester dans la religion de leur père.

1) Pol Roger de Bellegarde de Viau, catholique, eut cinq enfants :

6) Jacques Arnaud, mort à la citadelle de Lourdes où ses parents l'avaient fait enfermer.

7) Guillaume Gaspard Antoine de Bellegarde épousa Marie Redon de Montplaisir morte en 1793, devint capitoul de Toulouse et mourut en 1791 au Lau.

---

habitant le lieu de Boussères, paroisse de Saint-Pierre de Marcelin, juridiction de Port-Sainte-Marie en son contrat de mariage avec Marie Roussannes, passé le 6 juin 1677 par Me B. Bougt, notaire royal à Laparade. Cet Odet de Viau, qui le 13 décembre 1678 fit dresser un inventaire des biens de son père, s'expatria en 1699 pour cause de religion et passa à Dublin où ses quatre filles le suivirent (Jules Andrieu).

(1) Ce fils d'Odet Bouchet : Pol Roger de Bellegarde de Viau, trop jeune sans doute à l'époque (1699) où son père passa à Dublin, resta en France et fut élevé dans la religion catholique. Il obtint le 24 septembre 1712 une ordonnance de M. de Lamoignon Courson, intendant de Guyenne, levant le sequestre dont son patrimoine avait été frappé par ordonnance de l'intendant La Bourdonnaye du 22 septembre 1704. L'arrêt qui condamnait son père à servir dans les galères du Roi disait que ses sœurs Isabeau, Suzanne, Olympe et Rose seraient recluses dans les manufactures de Bordeaux. Leurs biens avaient été saisis par ordonnance de Mr de Jayan, lieutenant général du Roi, de Cunolio, assesseur, et Reignac, conseiller à Agen.

La veuve de Pol Roger de Bellegarde de Viau fit requête, le 27 juin 1744 au curé de Boussères de Mazères pour le maintien du droit de banc dans l'église paroissiale, requête favorablement accueillie « en considération des bienfaits de son mari pour l'église où il est enterré » (Jules Andrieu).

8) Suzanne, dite Rogette.

9) Olympe épousa de Merle Saint-Agnan ; elle en eut une fille, Jeanne Marie de Merle.

10) Marianne épousa M. de Combret, eut un fils, Viau de Combret.

7) Guillaume Gaspard Antoine de Bellegarde eut deux enfants :

11) Jean Joseph de Viau, né en 1778, mort en 1825, il épousa Léontine de Jarnac, habita Boussères, sans postérité.

12) Antoine Roger de Bellegarde épousa Marie Germaine Desclaux morte en 1870 ; habita le Lau et mourut en 1853.

12) Antoine Roger de Bellegarde eut trois enfants :

13) Nicolas Roger de Bellegarde, avocat, né en 1800, mort en 1856 ; il épousa Hortense de Laguehay en 1825.

14) Alexandre de Bellegarde, né à Boussères en 1804, épousa Françoise de Bourrousse de Laffore en 1834, morte en 1864 ; il mourut le 25 décembre 1878.

15) Louis Léo de Bellegarde, né en 1811, ingénieur en chef des Ponts et Chaussées, mort en 1878 au Lau.

13) Nicolas Roger de Bellegarde eut deux enfants :

16) Théophile de Bellegarde, né en 1826, non marié.

17) Jules de Bellegarde, qui habitait en 1833 Castelnaudary.

14) Alexandre de Bellegarde eut quatre enfants :

18) Paul de Bellegarde, avocat, procureur de la République à Nérac, né à Boussères en 1844, épousa en 1870 F. Le Faucheux.

19) Amédée de Bellegarde, colonel, né en 1847.

20) Amélie, née en 1855, épouse M. Cassuis.

21) Berthe, née en 1840, épouse M. Bouic.

18) Paul de Bellegarde a eu deux enfants :

22) Maurice.

23) André.

19) Amédée de Bellegarde a eu trois enfants :

24) Paul.
25) Berthe.
26) Roger.

Acte du 10 mai 1653 [1]

Louis par la grace de dieu roy de france et de navarre a nos amez et feaux conseillers en nostre cour de parlement de bourdeaux et chambre de ledict de guienne transférее dans nostre ville d'agen salut. receu avons l'humble suplication de nostre chere et amee marie de Viau damoiselle femme de pierre bouche sieur de rougét contenant que feu m^e^ *Jacques de Viau* ad^t^ en nostre dite cour son pere par son testament du setziesme septembre mil six cens vingt un auroit legué a la suppliante la somme de trois mil trois cens livres y comprins les droicts maternelz a institué ses heritiers generaux et universels pol, théophille et daniel de Viau ses fils avec substitution reciproque entreux a leurs enfans, et en cas ou eux et leurs enfans viendroient tous a décéder sans enfans il leur auroit substitué la suppliante sa fille et ses enfans, en laquelle volonté estant le dit feu Me Jacques Viau pere decedé sondict testament qui n'estoit que holographe auroit esté remis par lesdits pol theophille et daniel Viau ses heritiers pardevant nostre juge du port Saincte marie leur juge naturel et apres latestation et averation des seins dudict deffunt appozés audict testament il auroit esté authorizé et osmologué par ledict juge a la requisition desdicts héritiers en presence et du consentement du substitut de nostre procureur general audict ordinaire et enregistré au greffe dicellui par acte du *huictiesme juillet* mil six cens vingt deux en vertu duquel testament lesdicts pol theophille et daniel de viau sestantz saisis des biens et heredité dudict defunt leur pere et ledict theophille estant depuis venu a deceder sans enfans lesdicts

---

(1) Nous devons la communication de cet acte, des renseignements complémentaires sur la généalogie de la famille de Viau, de la lettre de M. de Fenis, des fac-simile de la lettre de Théophile à sa sœur, des stances inédites à M. de Liancourt, etc., à l'inépuisable obligeance de M. Paul de Bellegarde, à qui nous exprimons ici notre vive reconnaissance.

pol et *daniel* comme ayant recuilli ladicte substitution seroient venus a partage des biens et heredité de leurdict pere et passé contrat dudict partage lé vingt septiesme decembre mil six cens vingt six sans faire nulle raison a la suppliante de la part et portion qui lui estoit escheue par droit successif tant de la *legitime* dont ledict Theophille pouvoit dispozer nonobstant la substitution que du *droit maternel* d'icelluy non suiet a ladicte substitution et depuis ledict pol de Viau sieur de bousseres sestant jetté dans nostre ville de montauban pendant quelle estoit dans la rebellion les biens a lui escheus en partage auroient este decrettés pendant son absence par sentence de nostre seneschal dagesnois et adjugés audict daniel de viau sieur de bellegarde son frere pour la somme de trois mil cinq cens livres, lequel voulant jouir d'iceux en vertu dudict pretendu décret auroit esté troublé par le sieur de Belmon gouverneur de nostre ville de Clerac qui pretendoit avoir eu don du deffunt Roy nostre tres honnoré seigneur et pere de tres heureuse memoire de la confiscation des biens dudict feu paul viau ce qui auroit obligé ledict daniel viau de faire de grands fraix et advances pour la concervation des d'biens et pour empecher les ruines et deteriorations d'iceux. jusques a ce q(ue) nostre dict seigneur et pere ayant par ses edicts de paix levé lesdictes confiscations a remis ses subjets dans leurs biens, ledict feu paul de Viau se seroit vouleu remettre dans la possession et jouissance d'iceux qui lui estoient escheux en partage, a quoi ledict *daniel* de Viau luy aiant oppoze ladicte sentence de decret et adjudication icelui feu *pol* en auroit relepvé appel en nostre cour et chambre de guïenne et donné requeste en icelle aux fins destre remis en ses biens et droictz et de jouir du benefice desdicts edictz et declarations et l'instance estant surce pendante en nostre dite chambre les dicts *pol* et *daniel* de viau freres auroient passé contrat de transaction le *vingtiesme juing* mil six cens trente par lequel la dicte sentence de decret demeurant pour non advenue ledict pol de Viau auroit faict vente audict daniel son frere de tous et chascuns les biens a lui escheus par leur partage en la qualité qu'ils estoient limités et confrontés dans le contract d'icelluy, pour le prix de douze mil livres que ledict daniel se seroit chargé de paier a laquit et descharge dudict pol aux creanciers colloqués par ladicte sentence de decret et denommés en ladicte transaction, et quand a la somme de sept cens livres deue a damoiselle marie de Loches vesve de feu monsieur de Salomon advocat en la cour ledict Pol de Viau se seroit chargé et obligé par le mesme contract de transaction, d'en faire lé paiement, et pour ce faict ledict *daniel* luy auroit faict cession des sommes a lui *adjugées par l'arrest* de decret des biens de hugues broc la charge que ou lesdictes sommes et celles qui estoient adjugees audict pol par lé mesme arrest ne seroient pas suffisantes pour le paiement de ladicte Loches que ledict daniel seroit tenu de paier le surplus, or a faute dexecuter par ledict pol viau ledict contract et satisfaire au payement de ladicte Loches, elle auroit *le quinze febvrier* suivant mil six cens trente un faict saizir et mettre en criees les biens desditz de Viau et poursuivi le decret d'iceux en nostre dicte cour et chambre de guienne et auquel decret plusieurs creanciers tant dudict *pol* que *daniel* ayant formé opposition mesme margueritte basset damoiselle vesve audict feu pol de Viau, tant en son nom qué comme mere et legitime administreresse de ses enfans a Jeanne de . . . . . . damoiselle vefve a feu noble pierre Saxiste sieur de corbon laquelle auroit obtenu *subrogation a la poursuite du decret il auroit esté* tant . . . . . procédé *qu'arrest s'en seroit ensuivi le vingt deuxiesme may mil six cens trente huict* par lequel nostre dicte cour et chambre auroit decreté et adjugé tous lesdits biens saizis a *ladicte de basset* damoiselle vesve audict feu pol de Viau pour la somme de quatorze mil livres de son enchere. et ordonné qu'elle consigneroit icelle dans deux mois a quoy pourtant elle n'a pas satisfaict au contraire recognoissant la nullité dudict pretendu decret elle ne l'auroit jamais jamais faict ramenér a execution ni prins pocession desdits biens pendant la vie dudict feu daniel viau sieur de bellegarde quoy qu'il ayt survescu quinze ans apres ledict decret, ains l'auroit laissé jouir d'iceux comme il faisoit auparavant ledict decret, et sé voiant pressé par les creanciers colloqués par ledict arrest de decret auroit convenu avec ledict sieur de bellegarde, et par contrat du *dixneufiesme may* mil six cens trente neuf faict en sa presence et du consantement d'icelluy auroit subrogé audict pretendu decret pour partie des biens comprins en icelluy m^{e} jean blamgnac ad^{t} en nostre cour de parlement de bourdeaux lequel nomplus que ladicte bassét n'auroit pas faict executér ledict pretendu arrest de decret, ni prins possession des biens decretés jusques aprés le decés dudict daniel viau de Bellegarde que tant luy qué ladicte basset audict nom se voulant mettre en possession la suppliante sy seroit oppozée pour son droit de substitution et fideicommis le cas d'icellui escheant, et dautant qu'il est arrivé du depuis que tant ledict fils dudict feu pol sieur de Bousseres que autre *pol, sarra et marie de Viau* frere et sœurs dudict sont tous decedes sans enfans, et quoique suzanne de Viau leur sœur eust laissé une fille, elle est neantmoins aussi decedée sans enfans, et consequement ladicte suppliante aiant survescu a tous les enfans dudict pol, et lesdits daniel et Theophille estants morts sans enfans, Il est certain et incontestable que la substitution contenue au testament dudict feu janus son père demeure ouverte en faveur de la suppliante, elle desire actionnér tant ladicte bassét vesve au dict feu pol que lés autres detempteurs et aquereurs pretendus des biens sujetz à la dicte substitution aux fins de veoir declairer icelle ouverte a son proffit et de lui faire delaissement desdictz biens substitues, mais doubtant qu'ilz lui voudroient oppozer ledict pretendu arrest de decrét soubz pretexte que dans icelluy elle n'a pas formé opposition pour ledict droict de substitution elle a esté conseillée pour l'honneur dudict arrést d'avoir recours au benefice de Restitution et se pourvoir par nos lettres en forme de requeste civile, quoyque ledict *decret* soubz vostre respect soit de soi nul, invalide et sans effect pour plusieurs raisons, l'*une* qué *tous* les biens dudict feu Janus Viau pere ayant esté saizis a par vertu d'une obligation par lui contractée en faveur de ladicte Loches et consequement la part a portion escheue audict feu Theophille estant comprinse audict decrét aussi bien que celle desditz pol et Daniel ses freres et coheritiers il estoit absoluement necessaire pour faire une procedure valable et legitime d'appeler tous les heritiers dudict feu Theophille or *La supp*[ante] *ny Suzanne de Viau* damoizelle sa sœur quy auroit succedé audict Theophille comme sœurs germaines conjointement avec lesditz pol et daniel n'ont pas esté appelées audict decrét et ne leur a esté faict aucun exploit de commandement, et ladicte suzanne ne se trouve pas seulement instantiée dans ledict arrest ny la suppliante en cette qualité dheritiere dudict Theophille son frere qui est une nullité essentielle et radicalle laquelle ne pourroit pas estre esludée soubz pretexte que ledict daniel tant de son chef qué comme acquéreur de la portion heréditaire dudict pol son frere est instantié audict decret comme executté et que tant luy que ledict pol auroit recuilly la portion dudict Theophille par droit de substitution, car la legitime dudict Theophille n'avoit pas peu estre grevée de la substitution, et ne peut estre révoqué en doubte que la suppliante et ladicte Suzanne sa sœur neussent succédé en icelle également avec leurs freres et partant le decret seroit tousjours nul a leur esgard pour n'avoir pas esté appellés ny sommés de paiement, outre qué ledict decrét né pouvoit pas estre porté en nostre dite cour et chambre en premier Instance, joint quil se trouve donné en faveur de la vesve et des enfans dudict feu pol Viau l'un des coheritiers dudict feu janus et chargé de ladicte substitution et encore pour des pretendus hipotegues d'icellui contre ledict daniel son frere, qui pis est lesdictz pol et daniel ayant contracté entre eux et l'un d'iceux ayant faict vente de sa portion a son coheritier il l'a chargé par clause expresse du contract de vente de paier tant ladicte de Loches qui a despuis faict faire ladicte saizie sur laquelle lé decret est intervenu que le legataire faict a la suppliante par le testament dudict Janus son pere duquel il est faict expresse mention dans ledict contrat de vente et transaction passée entre lesdictz freres dou suit qué la vesve de l'un d'iceux se trouvant administreresse de tous les biens saisis, elle ne peut non plus que son mari s'il estoit vivant contester ni contredire ladicte substitution, et d'ailleurs que cé pretendu contract de vente et tout ce qui s'en est ensuivi n'a esté qu'un pur complot et intelligence d'entre lesdicts heritiers pour frauder les substituées ayant traitté et dispozé entr'eux des biens sujectz a la dicte substitution comme silz leur eussent esté plainement et yrrevocablement acquis, or il y auroit de l'injustice soubz nostre respect que la vesve dudict feu pol qui se dict aujourd'hui heritiere des enfans d'icelluy se prevalust de cette fraude au prejudice de la suppliante et contre l'intention et disposition testamentaire dudict feu Janus son pere de qui tous les biens sont descendans, et apres tout quand ce pretendu décret eust esté bien et legitimement intervenu il auroit demeuré imparfaict et sans effect par lé moien dù desfaut d'exécution, et la suppliante a eu droit dé soppozer comme elle a faict pour sondict droict de substitution et autre avant lexecution et prinse de possession en vertu d'icellui et ladicte opposition et protestation seroit tousjours suffizante pour conserver son droict le cas de ladicte substitution escheant comme il est arrivé despuis joint qu'audit temps lad' supp^{le} estoit soubz la charge maritalle, A ces Cauzes Nous vous mandons et parcé que ledict arrest de decret a este par nous donné Commettons par ces presentes que si parties comparent pardevant nous et lesquelles voulons y estre assignées par le premier de noz huissiers *ou sergens sur ce requis il vous appert de ce que dict et nous audict cas sans avoir esgard audict arrest de decret* remettant les parties en l'estat quelles estoient avant icellui comme nous les avons remis et remettons par ces presentes et declairons la substitution contenue au testament dudict feu janus ouverte au proffit de ladicte suppliante et condamnõns tant ladicte bassét que les autres detempteurs des biens sujetz à ladicte substitution lui en faire lé delaissement avec despans et restitution des fruicts comme aussi de sa part et portion de la succession dudict feu theophille son frere, et parties ouïes faisons droit et justice car tel est nostre plaisir nonobstant le laps du temps et autres fins de non recevoir qui pourroient estre oppozees dont du tout nous avons relepvé et relepvons lad^t suppliante de grace specialle plaine puissance et Authorite Royalle, Donné a Agen le dixziesme du mois de May l'an de grace mil six cens cinq^t trois et de nostre regne le dizième.

Requeste civile accordée

Sig. : A. Delbès.

BIBLIOGRAPHIE

A) Œuvres de Théophile.

B) Recueils de pièces de Théophile et de ses amis.

C) Pièces de Théophile imprimées séparément.

D) Théâtre de Théophile.

E) Pièces judiciaires relatives à Théophile.

F) Pièces pour ou contre Théophile.

G) Ouvrages dans lesquels figurent des pièces de Théophile et publiés de son vivant.

H) Recueils collectifs de poésies contenant des pièces de Théophile : 1° Publiés de son vivant; 2° Publiés après sa mort et contenant des pièces nouvelles.

J) Ouvrages de Garassus contre Théophile et pour ou contre la *Doctrine curieuse* publiés de 1623 à 1626.

K) Autographes relatifs à Théophile et lettres de ce Poète insérées dans les manuscrits, etc.

L) Portraits de Théophile.

Bibliographie des œuvres de Paul de Viau, son frère.

A) Œuvres de Théophile [1]

Ire Partie. — 1) *Les* || *Œuvres* || *du sieur* || *Theophile.* || *(Marque du libraire) A Paris,* || *Chez Pierre Billaine, ruë* || *S. Jacques à la Bonne Foy.* || *M.DC.XXI (1621).* || *Avec privilege du Roy.* || In-8. (ex meis)

12 ff. n. chiff. pour le titre, l'« Epistre au lecteur », sur le Traicté de l'immortalité de l'ame de Monsieur Theophile : *Esprits qui cherchez curieux* (ode n. s., de Boisrobert) ; (ode) *Esprits de feu, sçavants génies* (n. s., de Saint-Amant) ; A Monsieur Theophile (Sonnet) : *Toy qui te sens loüer, qui reçois de la vie* (n. s., de Des Barreaux) ; A Theophile, sur sa Paraphrase de la mort de Socrate, ou de l'Immortalité de l'ame, ode : *Toy qui levant le cœur aux Cieux* (n. s., de Des Barreaux) ; Extraict du privilège du Roy, daté du 6 Mars 1621 et donné pour six ans à Pierre Billaine, qui le partage avec Jacques Quesnel ; un « Advis au Lecteur » (n. s., de Des Barreaux), et 1 ff. blanc. — P. 1 à 180 chiff. P. 1 à 203 chiff., verso 204 n. chiff.

Il manque dans cette éditions deux sonnets, le premier : Sur la mort de Durant et des deux Sity ; *C'est un supplice doux et que le ciel avouë ;* le second très libertin : *Je songeois que Philis des Enfers revenuë*, etc., etc. (Voir t. I, p. 76 et 77).

Cette édition se rencontre aussi avec le nom de Jacques Quesnel et sa marque de libraire :

A Paris, || *Chez Jacques Quesnel, ruë S.* || *Jacques, à l'Enseigne des* || *deux Colombes, près* || *S. Benoist.* || *M.DC.XXI (1621).* || *Avec privilege du Roy.* || (Bibl. nat., Ye 7612)

2, *A)* Les* || *Œuvres* || *du sieur* || *Theophile* || *Reveuës, corrigées, et augmentées.* || *Seconde edition.* || *Marque du libraire.* || *A Paris,* || *Chez Pierre Dilaine (sic), ruë* || *S. Jacques, à la Bonne Foy.* || *M.DC.XXII (1622).* || *Avec privilege du roy.* || In-8. (ex meis)

10 ff. n. chiff. pour le titre et les mêmes pièces prél. de l'éd. précédente, sauf « L'advis au lecteur », qui a été supprimé ; la première pièce est signée Bois-Robert Metel ; la seconde a pour titre : A luy-mesme, et est sig. S. A. (Saint-Amant), les deux autres restent n. sig. — P. 1 à 356 chiff.

Cette édition, où les pièces sont simplement rangées dans un autre ordre que celui de la première, a servi de modèle constant aux éditions suivantes.

---

(1) Les éditions marquées d'un astérisque ne sont pas citées dans la Bibliographie des Œuvres de Théophile de Mademoiselle Käthe Schirmacher.

Mais Jacques Quesnel a publié aussi, et en même temps, sa *seconde édition* qui est différente de celle-ci par la pagination ; elle suit plus fidèlement le texte de l'édition originale de 1621 quoique les pièces soient classées dans le même ordre que dans la *seconde édition* de *Billaine* ci-dessus :

B) * *Les* || *Œuvres* || *du sieur* || *Theophile.* || *Reveuës, corrigées et augmentées.* || *Seconde edition.* || (*Marque du libraire*). || *A Paris,* || *Chez Jacques Quesnel, ruë S. Jacques,* || *à l'Enseigne des deux Colombes,* || *près sainct-Benoist.* || *M.DC.XXII* (*1622*) || *Avec privilege du Roy.* || In-8. (Cab[ts] de M. Magne et de M. Pierre Louÿs)

10 ff. n. chiff. pour les pièces de l'éd. préc. de Billaine, sauf le privilège reporté p. 180. — P. 1 à 180 chiff. ; p. 1 à 214 chiff. La pagination du *Traité de l'immortalité de l'âme*, reproduit à peu de chose près celle de l'édition originale de 1621.

M. Alleaume n'a pas rencontré ces deux tirages de la seconde édition et il a fait à tort de l'édition suivante, la *troisième* sur le titre, la véritable édition originale :

3) *Les* || *Œuvres* || *du sieur* || *Theophile.* || *Reveuës, corrigées et augmentées.* || *Troisiesme edition.* || (*La place réservée à la marque du libraire est restée en blanc*). || *A Paris.* || *Chez Pierre Billaine, ruë sainct* || *Jacques à la Bonne Foy.* || *M.DC.XXIII* (*1623*). || *Avec privilege du roy* ||. In-8. (Bibl. de Lyon, 317575)

10 ff. prél. pour le titre et les pièces prél. de l'éd. Billaine, *seconde édition.* P. 1 à 356 chiff.

Il manque à l'exemplaire de la Bibl. de Lyon l'ode non signée qui est bien de Des Barreaux. Cet expl. est aux armes de Camille de Neufville, archevêque de Lyon, et il porte un ex-libris constatant que ce prélat a légué sa bibliothèque en 1693 au Collège des Jésuites de cette ville.

La Bibliothèque nationale possède un exemplaire de cette troisième édition, mais le bandeau en tête de la pièce Larissa, p. 349 et la composition de la p. 355 sont différents de la seconde édition Billaine [Ye, 7613].

Cet exemplaire est également incomplet mais seulement des 2 ff. qui terminent l'ode n. s. de Des Barreaux. Il est cependant dans sa reliure du temps.

Cette troisième édition de la Ire partie a été faite pour accompagner la *Seconde partie* qui allait paraître :

IIe Partie. — 4, *A*) * *Œuvres* || *du sieur* || *Theophile.* || *Seconde partie.* || (*La place réservée à la marque du libraire est restée en blanc.*) || *A Paris,* || *Chez Pierre Billaine, ruë* || *S. Jacques à la Bonne-Foy.* || *M.DC.XXIII* (*1623*). || *Avec privilege du roy.* || In-8. (Bibl. de Lyon, 317575)

Titre, p. 1 à 13 chiff. pour l'avis « Au Lecteur », p. 17 à 244 chiff., le ff. 15/16 ne semble pas avoir été imprimé, il n'est pas compris dans les réclames.

B) * Cette *Seconde partie* avec le même titre (la place de la marque du libraire restée également en blanc) paraissait en même temps : || *A Paris,* || *Chez Jacques Quesnel, ruë* || *S. Jacques, aux Colombes,* || *près S. Benoist.* || *M.DC.XXIII (1623).* || *Avec privilege du roy.* || In-8 (ex meis).

Ce tirage se distingue du précédent par les bandeaux et les lettres capitales qui sont, en grande partie, différents ; la dernière page porte par erreur 224 au lieu de 244.

Ces deux éditions originales de la *Seconde partie* sont très rares. Nous n'en connaissons que trois exemplaires : les deux ci-dessus et l'expl. Giraud (1855) passé dans le cabinet du baron de Ruble, et vendu en 1899. Dans l'expl. Giraud, la *Seconde partie* est accompagnée de la première partie, *seconde édition Billaine, 1622* et du *Recueil de toutes les pièces faites par Théophile depuis sa prise jusques à présent, 1626* (voir N° 5, c). La reliure en maroquin est aux armes d'Anne d'Autriche avec son chiffre répété à l'infini.

IIIe Partie. — 5, *A) Recueil* || *de* || *toutes les* || *pièces faites par* || *Theophile, depuis* || *sa prise jusques à présent.* || *Mises par ordre, comme vous voyez* || *à la Table suivante.* || *A Paris (S. nom de lib.),* || *M.DC.XXV (1625).* || In-8. (Bibl. de Lyon, 317575) (Bibl. nat., Ye 7634)

Edition originale de la IIIe partie des Œuvres de Théophile.

2 ff. n. chiff. pour le titre, la « Table des pièces contenuës en ce Recueil » et un avis « Au lecteur » : « Amy lecteur, on vous a cy-devant communiqué un Recueil des pièces faites par Théophile, depuis sa prise (voir N°s 19 et 20) : mais ils ne vous ont fait offre, que d'un amas de discours mal adjancez, supposez et empruntez de plusieurs autres.

« Parquoy ayant tout seul eu communication des vrayes pièces que le dit Théophile a faites, depuis sa prise jusques aujourd'huy, je vous les présente avec asseurance que vous ny trouverez rien qui ne soit sorty de sa plume. Adieu. » — P. 1 à 124 (numérotée par erreur 122, la p. 111/112 étant répétée 2 fois).

B) * Autre éd^{on} sous la même date (P. 1 à 124 numérotée par erreur 122, la page 119-120 répétée 2 fois). (Bibl. nat., Ln ^{27}20349).

C) * Autre édition. Même titre que la précédente (B), (fleuron différent). || A Paris, || M.DC.XXVI (1626) || même nombre de pages. (Bibl. nat., Ye 7635).

« *La Plainte de Théophile à un sien amy pendant son absence* » porte dans ces trois éditions au vers incriminé par Garassus « punit » et non plus « permet » comme dans l'édition originale et dans les éditions de 1624 (n°s 19 et 20).

M. Jules Andrieu (*Bibliographie générale de l'Agenais*, t. II, p. 337) parle d'une *Troisième partie des Œuvres de Théophile* publiée en 1624, in-8, *J. Quesnel et P. Billaine.* Nous inclinons à penser — et nous avons de bonnes raisons pour cela — que M. Andrieu s'est trompé : il n'a jamais vu ni rencontré l'édition ou les deux éditions qu'il cite et qui sont ici les n°s 19 et 20 qui ne portent pas de noms de libraires.

6, *A)* * Nous n'avons pas rencontré l'édition originale des trois parties réunies : *Paris*, *Billaine, 1626*, in-8, mais seulement une copie de cette édition :

B) Les || *Œuvres* || *du sieur* || *Theophile,* || *Reveuës, corrigées, et augmentées.* || *(Fleuron)* || *Jouxte la coppie imprimée,* || *A Paris.* || *Par Pierre Bilaine (sic), et* || *Jacques Quesnel.* || *M.DC.XXVI (1626).* || In-8. (Bibl. nat., Ye 7614)

Titre. P. 1 à 364 chiff., 2 ff. bl., p. 369 à 376 chiff. *Œuvres* || *du sieur* || *Théophile.* || *Seconde partie* || *(fleuron)* || *Jouxte* etc. (comme ci-dessus) 1626, || 6 ff. n. chiff. pour le titre et l'épître « Au Lecteur », p. 1 à 120 chiff. *Les* || *amours* || *tragiques de* || *Pyrame et Thisbé.* || *Tragédie.* || *M.DC.XXVI (1626)* || , titre, au verso : Les acteurs, p. 3 à 72 chiff. *Recueil* || *de* || *toutes les* || *pièces faites par* || *Théophile, depuis sa prise jusques à sa mort.* || *Mises par ordre, comme vous voyez* || *à la Table suivante.* || (Fleuron). || *A Paris,* || *M.DC.XXVI (1626)* || . 2 ff. n. chiff. pour le titre, la « Table des pièces... » et l'avis « Au lecteur », p. 1 à 124 chiff. *Apologie* || *au Roy.* || Fleuron. || *A Paris.* || *M.DC.XXVI (1626)* || . titre, p. 3 à 29 chiff.

La IIIe p. est de l'édition de 1626 (n° 5, c), seul le titre a été modifié et porte « jusques à sa mort ».

On remarquera que cette édition ou plutôt que l'exemplaire décrit ne contient pas les pièces des feuillets prél. des éditions de la I^e p^{ie} de 1621, 1622 et 1623. L'*Apologie au Roy* est ici en deuxième édition.

C) * Une troisième édition sous la date de 1626 a paru à *Rouen : Jean de La Mare*, in-8. (Arch. du Bibliophile, n° 19-4585)

7, *A)* * *Les Œuvres de Théophile divisées en trois parties. La première contenant l'immortalité de l'âme, avec plusieurs autres pièces. La seconde, les Tragédies. Et la troisième, les Pièces qu'il a faites pendant sa prison jusqu'à présent. Œuvre d'excellente invention. Dédiées aux beaux esprits de ce temps. A Rouen, chez Jean de la Mare, aux degrez du Palais, 1627.* In-8.

Nous n'avons pas rencontré cette édition citée par Goujet, t. XIV, p. 496 ; d'après Barbier, elle serait due à Boisrobert. La suivante en est peut-être une copie :

B) * Autre éd^{on} : *Paris et Lyon, 1627, in-12.* (Archives du Bibliophile)

8) * *Les* || *Œuvres* || *du sieur* || *Theophile.* || *Edition dernière, corrigée*

et augmentée || *de pièces de l'Autheur qui n'ont* || *encores estées imprimées.* || *A Grenoble,* || *par Pierre Marniolles Imprimeur* || *du Roy et de la Cour de Parlement près* || *le grand Puits à la Victoire.* || *M.DC.XXVIII (1628).* || In-12. (Bibl. de Toulouse)

Pièces liminaires de l'édition originale de 1621 (l'ode de Des Barreaux a ses 20 strophes). P. 1 à 280 chiff. — *Œuvres du sieur Theophile. Seconde partie...* L'avis au Lecteur. P. 1 à 148 chiff. — *Recueil de toutes les pièces faites par Theophile depuis sa prise jusques à sa mort...* 160 p. chiff.

Cette édition paraît avoir servi de premier type aux éditions de Lyon.

La troisième partie ne contient que les pièces de Théophile, mais elle renferme en plus que les précédentes :

Dernière requeste de Théophile au Roy : *Contre ma mauvaise fortune* [1] (cette pièce est certainement apocryphe) ; Combat naval devant La Rochelle et desroute de l'armée de Soubise par M. de Montmorency. Ode : *Belle nymphe des fleurs de lys* (cette ode non signée est de Mairet) [2] ; — Philandre sur la maladie de Thyrcis (ode) : *Les Dieux qui frappent aujourd'huy.*

Ces trois pièces n'ont été admises, avec raison, ni dans les éditions suivantes de Rouen ni dans l'édition de 1632 donnée par Scudéry.

9) * *Les* || *Œuvres* || *de* || *Théophile,* || *Divisées en trois parties.* || *La première,* || *contenant l'immortalité* || *de l'Ame, avec plusieurs autres pièces.* || *La seconde les Tragédies.* || *Et la troisième, les pièces qu'il a faites pendant* || *sa prison, jusques à présent.* || *Œuvres d'Excellente Invention.* || *Dédiées aux beaux Esprits de ce temps.* || *A Rouen,* || *Chez Jean de la Mare, aux* || *degrez du Palais.* || *M.DC.XXVIII (1628).* || In-8 (ex meis).

8 ff. n. chiff. y compris le titre pour les pièces liminaires de la seconde édition, 1622. P. 1 à 318 chiff. — *Œuvres* || *du sieur* || *Theophile.* || *Seconde partie.* || *A Rouen* || *Chez Jean de la Mare, aux* || *degrez du Palais.* || *M.DC.XXVIII* (1628), || titre, p. 3 à 160 chiff. — *Recueil* || *de* || *toutes les* || *pièces que le* || *sieur Theophile a* || *mis en lumière* || *pendant sa prison jusques* || *à present.* || *Avec quelques autres* || *Œuvres à luy envoyées par ses Amis.* || *Troisiesme partie.* || *A Rouen,* || *Chez Jean de la Mare, aux degrez* || *du Palais. M.DC.XXVIII* (1628), || titre, p. 3 à 196. chiff.

Particularité curieuse, l'ode « A Théophile sur sa Paraphrase de la mort de Socrate ou de l'Immortalité de l'Ame » (par Des Barreaux) est mutilée, elle n'a que dix strophes au lieu de vingt, toute la partie qui a trait au séjour de Des Barreaux près de Théophile à Boussères a été supprimée. Il manque également dans la 1re partie, les deux sonnets libertins : *L'autre jour inspiré d'une divine flame; Si quelquesfois Amour permet que je respire*, par contre, l'épigr. (attribuée à M. de Maillet) : *Si Jaques, le Roy du sçavoir* a été ajoutée.

---

(1) Cette pièce avait été publiée séparément en 1625, sous le titre : Requeste de Théophile, au Roy. Sur l'eslargissement des Prisonniers. M.DC.XXV. Voir n° 44.

(2) M. Gaston Bizos (Etude sur la vie et les œuvres de Jean de Mairet, Paris, 1877), n'a pas connu cette particularité. Cette ode a été insérée dans les *Autres œuvres poétiques* à la suite de *La Sylvie*, Paris, Targa, 1628, in-4.

La troisième partie renferme les pièces suivantes des amis de Théophile, en dehors de celles du Poète déjà publiées :

Consolation à Théophile en son adversité : *J'ay veu crier dans le Palais*

Les souspirs d'Alexis : *Maintenant que je voy ton nom mis au pillage*

Ode de Monsieur d'Escudery en faveur de Théophile : *Parmy la morne solitude*

Dernière lettre du sieur Théophile à son amy Damon... : *Mon cher amy, je ne vis plus*

Et un sonnet (de Théophile ?) : *Triste et plein de douleur j'errois dans un bois sombre*

L'ode de Saint-Amant est insérée page 134 sous le titre de « Sollitude[1] », *O que j'ayme la solitude*, sans nom d'auteur, de telle sorte qu'elle appartient ici à Théophile !

La « Lettre de Théophile à son frère » ne contient pas la strophe contre les Jésuites.

Voir également pour la deuxième partie et la troisième partie des *Œuvres de Théophile* datée de 1628, le n° 12.

10, A)* *Les || Œuvres || de ||Theophile, || Divisées en trois parties. || La première, || contenant l'immortalité || de l'Ame, avec plusieurs autres pièces. || La seconde les Tragédies. || Et la troisième, les pièces qu'il a faites pendant || sa prison, jusques à présent. || De plus est augmenté la lettre contre Balzac, || avec la Sollitude du Sieur S. Amand. || Œuvre d'Excellente Invention. || Dédiées aux beaux Esprits de ce temps. || A Rouen, || Chez Jean de la Mare, aux || degrez du Palais. || M.DC.XXIX (1629).* || In-8. (ex meis)

Les 8 ff. prél. n. chiff. comprennent le titre et les pièces de l'édition précédente. P. 1 à 319 chiff. — *Œuvres || du sieur || Theophile. || Seconde partie. || A Rouen, || Chez Jean de la Mare, aux || degrez du Palais. || M.DC.XXIX* (1629) || . Titre. P. 3 à 160 chiff. — *Recueil || de || toutes les || pièces que le sieur || Theophile a mis en || lumiere pendant sa prison || jusques à présent. || Avec quelques autres || Œuvres à luy envoyées par ses Amis. || Troisiesme partie. || A Rouen, || Chez Jean de la Mare, aux || degrez du Palais. || M.DC.XXIX* (1629). || Titre. P. 3 à 196 chiff. ; P. 197/198 n. chiff. : Advertissement au Lecteur. Touchant la lettre du sieur Theophile, contre le sieur Balsac, 1 ff. n. chiff., p. 199 à 203 chiff.

Cette fois, la p. 134 porte : Solitude du sieur Sainct-Amant.

Il manque à cette édition quatre sonnets : *L'autre jour inspiré d'une divine flame ; Si quelquesfois Amour permet que je respire ; Depuis qu'on m'a donné licence d'espérer ; Courtisans qui passez vos jours dans les délices ;* une épigr. : *Cette femme a faict comme Troye*, et des stances : *Quand j'auray ce contentement*, mais elle renferme de plus un cahier supplémentaire : *La lettre de Théophile contre Balsac à Eudoxe* indiquée au titre, et cette lettre contient la phrase supprimée dans l'édition Scudéry, 1632. Cette lettre à Balzac est précédée de l'avis suivant :

---

(1) Cette ode a été imprimée séparément plusieurs fois avant 1628, et elle est en tête de la première édition des Œuvres du sieur de Saint-Amant. Paris, de l'imprimerie de Robert Estienne, 1629.

« Amy Lecteur, je te donne aujourd'huy une lettre de Theophile contre Balsac, elle avoit esté mise dans l'oubly de ses ennemis, tu la jugeras digne d'estre r'imprimée dans ses œuvres pour le contentement des curieux, qui font profession de l'éloquence Françoise.

« Le Paladin Javersac en a bien fait son profit contre Narcisse et Philarque, dont il en a receu une honneste récompense de son travail, il est comme les laquais derrière leur Maistre, son livre n'a point esté imprimé à Roüen, comme il le met au frontispice, ç'a esté à ses despens qu'il a esté imprimé ; lis et juge ceste lettre.

Ton serviteur Théophile, de l'autre monde ».

Le deuxième alinéa de cet avis n'a pas été reproduit dans l'édition de Lyon, 1630. Comme les pièces de Javersac auxquelles il est fait allusion avaient paru en 1628, c'est ici la première édition de la lettre à Balzac dans les « Œuvres ».

B) * Autre édition : *Paris, Jouxte la copie imprimée à Rouen*, 1629. In-8.

C) * Autre édition : *Rouen, Guillaume de la Haye, dans l'Estre Notre Dame. M.DC.XXX (1630)*. In-8.

Cette dernière est semblable à celle de Rouen, 1629.

11) *Les || Œuvres || du sieur || Theophile, || Divisées en trois Parties. || La Premiere || Contenant l'Immortalité de l'Ame, avec plu- || sieurs autres pièces. || La Seconde, les Tragédies. || La Troisieme est, le Recueil de toutes les pieces || qu'il a faictes pendant sa prison jusques || à sa mort. || Mises par ordre, comme vous verrez à la || Table suivante. || De plus est augmenté la Lettre contre Balsac, avec la || Solitude du sieur S. Amant. || Dédiées aux beaux Esprits de ce temps || A Lyon, || par Jean Michon. || M.DC.XXX (1630).* || In-8. (Bibl. nat., Ye 7619)

12 ff. prél. n. chiff. pour le titre, l'avis « Au Lecteur » et les pièces prél. de l'édition originale de 1621 (c'est-à-dire sans la signature de Bois-Robert et les initiales S. A.) et le portrait de Théophile par Paillot. — P. 1 à 280 chiff. ; 6 ff. n. chiff. pour le titre et l' « Avis au Lecteur » de la Seconde partie, P. 1 à 148 chiff. ; titre, p. 3 à 174 chiff., la dernière porte par erreur 137 pour la Troisiesme partie.

Cette édition est tout à fait différente des éditions précédentes de Rouen, elle copie l'édition de Grenoble de 1628 (voir n° 8), mais reproduit en plus la « Lettre contre Balzac « et « La Solitude » de Saint-Amant annoncées au titre qui avaient déjà paru dans les éditions de Rouen.

12) *Les || Œuvres || de || Theophile, || divisées en trois || parties. || La premiere, || contenant l'Immortalité de l'ame, avec plusieurs || autres pièces. || La seconde, les Tragédies. || Et la troisiesme, les pièces qu'il*

a faites pendant sa || *prison, jusques à present,* || *Ensemble plusieurs pièces nouvelles ; qui* || *n'ont esté mises ès precedentes* || *impressions.* || *A Paris,* || *jouxte la Copie imprimée à Rouën, chez* || *Jean de la Mare, aux* || *degrez du Palais.* || *M.DC.XXXI (1631).* || In-8. (Bibl. nat., Ye 7615)

336 p. chiff. pour la première partie y compris les pièces liminaires de la seconde édition de 1622, l'ode (de Des Barreaux) est mutilée (10 st. au lieu de 20). — *Œuvres* || *du sieur* || *Theophile.* || *Seconde partie.* || *M.DC.XXVIII* (1628), || 160 p. chiff. — *Recueil* || *de toutes les pièces que* || *le sieur Theophile a* || *mises en lumière pendant* || *sa prison jusques* || *à présent.* || *Avec quelques autres* || *Œuvres à lui envoyées par* || *ses Amis.* || *Troisiesme livre.* || *M.DC.XXVIII* (1628). || Titre, p. 163 à 285 (par erreur 245). A la suite : P. 1 à 69. *Apologie de Theophile au Roy* (titre de départ) ; *Theophilus in carcere, Apologie de Theophile.* — P. 1 à 7, *Lettre de Theophile à Balsac.* Cette lettre contient toujours la phrase supprimée dans l'édition Scudéry.

La *Seconde* et la *Troisième partie* laissent supposer une édition différente de celle de 1628 décrite au n° 9. La lettre à Balzac a été ajoutée ici.

13) *Les* || *Œuvres* || *de* || *Theophile,* || *Divisées en trois parties.* || *Premiere partie,* || *contenant l'Immortalite* || *de l'Ame, avec plusieurs autres pièces.* || *La seconde les Tragédies.* || *Et la troisieme, les pièces qu'il a faites* || *pendant sa prison.* || *Dediées aux beaux esprits de ce temps.* || *Derniere edition.* || *A Rouen,* || *Chez Jean de La Mare, aux* || *degrez du Palais* || *M.DC.XXXII (1632).* || In-12. (ex meis) (Bibl. nat., Ye, 7616)

6 ff. lim. n. chiff. pour le titre, la Préface sig. Descudery, l'Epistre au lecteur sig. Theophile, le Tombeau de Theophile par Monsieur Descudery : *Malgré l'avarice et l'orgueil.* P. 1 à 139 chiff. pour le « Traité de l'Immortalité de l'âme ». P. 140 à 321 chiff. pour les poésies et Larissa. — *Les* || *Œuvres* || *de* || *Theophile.* || *Seconde partie.* || *A Rouen,* || *Chez Jean de La Mare, aux* || *degrez du Palais.* || *M.DC.XXXII* (1632), || p. 3 à 8 pour l'avis « Au Lecteur », p. 9 à 164 chiff. — *Les* || *Œuvres* || *de* || *Theophile.* || *Troisiesme partie.* || *A Rouen,* || *Chez Jean de La Mare, aux* || *degrez du Palais.* || *M.DC.XXXII* (1632), || p. 3 à 169 chiff.

Cette édition contient dans la IIIe partie la « Lettre à Balsac » (p. 165 à 169) des éditions antérieures de Rouen et de Lyon et l'ode à M. de L, sur la mort de son père : *Oste-toy, laisse-moy resver* qui paraît ici pour la première fois et qui n'a pas été reproduite dans les éditions postérieures de Lyon dont le type est l'édition de Grenoble, voir n° 8.

On remarquera que Scudéry a supprimé toutes les pièces liminaires de l'édition originale de 1621, les odes de Boisrobert, Saint-Amant et Des Barreaux, le sonnet de Des Barreaux et, de plus :

Epigramme : *Cette femme a fait comme Troye*
Sonnet : *Courtisans qui passez vos jours dans les délices*
Id. : *Depuis qu'on m'a donné licence d'espérer*
Stances : *J'ay trop d'honneur d'estre amoureux*

Sonnet : *L'autre jour inspiré d'une divine flamme*
Stances : *Quand j'auray ce contentement.*
Sonnet : *Si quelques fois Amour permet que je respire*
de la dite éd^{on} originale de 1621. Enfin il a également retranché la strophe contre les Jésuites de la Lettre à son frère de la IIIe partie : *Parjures infracteurs des loix*

Mais, par contre, il a ajouté (en dehors de l'ode à M. de L.) :

L'ode au sieur Hardy : *Coustumier de courre une plaine* du *Nouveau recueil de diverses poésies du sieur Theophile*, 1622 (voir n° 18) et une épigramme attribuée à Maillet : *Si Jacques le Roy du sçavoir.* (Cette dernière était déjà dans les éditions de Rouen, 1628 et 1629).

La « Lettre de Théophile à Balzac » a été amputée de la phrase suivante : « Vous estes nay plus proche de Paris que moy. Je suis Gascon et vous d'Angouleme. Je n'ay eu pour regents que des escolliers escossois, et vous des Docteurs Jésuistes ».

14) Editions publiées de 1633 à 1696.

Les éditions de 1633 à 1696 (date de la dernière au XVIIe siècle) sont très nombreuses, voici celles que nous avons relevées dans les catalogues :

1632* *Lyon, Bailly*, in-8 (Bibl. de Lyon).
Id. * *id. Gay*, in-8 (Bibl de Lyon).
1633* *Paris*, in-8 (Cat. Soubise).
1636* *Rouen, J. de Manneville*, petit in-8 (Arch. du Bibliophile).
Id, * *id. Chez Louys et Daniel Loudet* (éd. Scudéry) (Bibl. nat., Ye 7621).
Id. * *id. Jacques Hollant* (éd. Scudéry) (Bibl. nat., Ye 33824).
Id. * *id. Jean Berthelin* (éd. Scudéry).
1641* *Lyon, Rigaud*, in-8 (Arch. du Bibliophile).
* *id. Nicolas Gay*, in-12 (Cat. Belin, 314).
1642* *id. Huguetan*, in-8 (Bibl. de Lyon).
Id. * *Rouen*, in-12 de 730 p.
1643* *id. Thomas Daré* [1] (type Scudéry) In-8 (Bibl. nat., Ye 7620).
1645* *Lyon, J. Huguetan* (type Grenoble-Lyon), in-12.
Id. * *id. G. Valfrey*, in-8 (Arch. du Bibliophile).
1648 *Rouen, A. Ferrand* (cité par Nicéron), petit in-8 (Bibl. Arsenal).
1650* *id. J. Berthelin*, in-8 (type Scudéry) (Cat. Renard).
1651* *id. Cailloué*, in-8 (type Scudéry) (Arch. du Bibliophile).
Id. * *Lyon, Claude La Rivière*, in-8.
1656* *Paris, J.-B. Loyson* [1], petit in-12 (type Scudéry), 303 p. (Bibl. nat., Ye 7625).
Id. *Paris, Vve Edme Pepingué.*
Id. * *id. Anthoine de Sommaville* [1], petit in-12 (type Scudéry) (Bibl. nat., Ye 7624).
1658* *Lyon, Ph. Borde*, in-8.
1660* *Paris, Ant. de Sommaville*, petit in-12 (Bibl. de Lyon).
1661* *Rouen, Vve Daniel Loudet*, in-8 (Cat. Privat, n° 33).
Id. * *id. Jean Berthelin*, in-8 (type Scudéry) (Bibl. nat., Ye 7630).

(1) Cette édition renferme La Solitude de Saint-Amant, mais rien n'indique qu'elle n'est pas de Théophile.

1661 * *Rouen Louys Behourt,* in-12 (type Scudéry) (Cat. Dorbon aîné, n° 72).
Id. *Paris, Ant. de Sommaville,* petit in-12 (type Scudéry). 282 p. (Bibl. nat., Ye 7626).
Id. * *Paris, Nic. Pepingué,* petit in-12 (type Scudéry).
1664 * *Rouen,* petit in-8 (Arch. du Bibliophile, 1905).
1668 *Lyon, Ant. Cellier,* in-12 (type Scudéry) (Bibl. Arsenal).
Id. * *id. Beaujollin,* in-12 (type Scudéry) (Bibl. de Lyon).
1676 * *id. Ant. Cellier,* in-12 (Bibl. de Lyon). Epître dédic. à Mr Le Pays.
1677 * *id. id.* in-12 (avec portrait) (type Scudéry) (Bibl. de Toulouse) (id.)

15) Enfin voici la dernière édition du XVIIe siècle, la suivante ne paraîtra qu'en 1855, un siècle et demi après.

* *Les* || *Œuvres* || *de* || *Theophile* || *divisées en trois parties.* || *Contenant* || *l'Immortalité de l'Ame* || *avec plusieurs pièces.* || *Les Tragédies et les pièces qu'il a faites,* || *pendant sa Prison.* || *Derniere édition.* || *Tome premier (et second).* || *A Lyon,* || *chez Jean Viret ruë Mercière au coin* || *de ruë Ferrandière.* || *M.DC.XCVI (1696).* || *Avec approbation et permission.* || In-12. (Bibl. de Toulouse)

Ces 2 volumes comprennent 5 ff. prél. pour le titre, l'épître dédic. à M. Le Pays, la préface de Scudéry et l'épître au Lecteur, le portrait de Théophile. P. 1 à 238 pour la première partie ; 4 ff. pour le titre de la seconde partie et l'épître au Lecteur, p. 1 à 114 ; p. 115 à 251 pour le titre de la troisiesme partie, les pièces de cette IIIe p., la lettre à Balzac, la Solitude de Saint-Amant et le privilège daté de Lyon du 30 avril 1674.

16, *A) Nouvelles* || *Œuvres* || *de feu Mr* || *Theophile,* || *Composées d'excellentes Lettres* || *Françoises et Latines.* || *Soigneusement recueillies, mises en* || *ordre et corrigées par* || *Mr Mayret.* || *A Paris,* || *Chez Antoine de Sommaville, au* || *Palais, dans la Salle des Merciers à* || *l'E'cu de France.* || *M.DC.XLI (1641).* || *Avec privilege du Roy.* || In-8.

13 ff. liminaires pour le titre, le portrait gravé de Théophile par Daret, l'épître dédicatoire « A Monseigneur l'eminentissime cardinal duc de Richelieu » sig. Mayret, l' « Advis au Lecteur et la « Table des lettres contenues en ce recueil ». P. 1 à 428, et 1 ff. pour l'Extraict du Privilège du Roy daté du 20 juillet 1640, accordé à Mayret, le transport de ce privilège à Antoine de Sommaville le 26 février 1641 et l'achevé d'imprimer le vingt-cinquiesme d'avril 1641.

Il y a des exemplaires avec la date de 1642.

B) * Autre édition, même titre et même nombre de pages, sauf le portrait de Théophile et le feuillet de l'Extraict du Privilège du Roy qui manquent. *Paris. Antoine de Sommaville. M.DC.XLVIII (1648) Avec privilege du Roy.* In-8.

C) * *Nouvelles* || *œuvres* || *de feu Mr.* || *Theophile,* || *Composées d'excellentes* || *Lettres Françoises et* || *Latines.* || *Soigneusement recueillies, mises* || *en ordre et corrigées, par* || *Mr. Mayret.* || *Jouxte la Copie,* || *A Paris,* || *Chez Antoine Sommaville, au Palais,* || *dans la Salle des Merciers, à l'Escu de France.* || *M.DC.LVI (1656).* || In-12. (Bibl. nat., Ye 7623)

8 ff. n. chiff. pour le titre, l'épître dédicatoire signée Mayret à Mgr l'eminentissime cardinal duc de Richelieu et l' « Advis au Lecteur ». P. 1 à 210 chiff. (la dernière numérotée par erreur 201) et 3 ff. n. chiff. pour la table.

17) *Œuvres complètes* || *de* || *Théophile* || *nouvelle édition* || *Revue, annotée et précédée* || *d'une notice biographique* || *par M. Alleaume* || *archiviste paléographe* || *T. I (et II)* || *A Paris* || *Chez P. Jannet, Libraire* || *M.DCCCLV (1855)* ||. In-12.

Cette édition est la plus complète des œuvres de Théophile et la meilleure. Il y manque d'assez nombreuses pièces que nous jugeons inutile d'indiquer ici. M. Alleaume n'a pas connu les recueils collectifs de poésies qui ont recueilli les premières pièces de Théophile.

17 *bis*) Enfin le fin lettré qu'est M. Remy de Gourmont a publié en 1908 dans la *Collection des plus belles pages de la littérature française*, un choix des poésies de Théophile (Paris, Société du Mercure de France).

B) Recueils de pièces de Théophile et de ses amis

18, *A)* * *Nouveau recueil de diverses poesies du sieur Theophile. La plus part, faites durant son Exil. Bordeaux, Gilbert Vernoy, 1622.* In-12.

Nous n'avons pas rencontré cette édition originale dont la suivante n'est qu'une copie :

B) * *Nouveau* || *recueil* || *de diverses* || *poesies du sieur Theophile* || *La plus part faites durant* || *son Exil.* || *A Lyon,* || *par Antoine Soubron,* || *M.DC.XXII (1622).* || In-12 de 108 p. (Bibl. de l'Université, R. ra 825).

Ce recueil dont l'épître dédicatoire sig. Gilbert Vernoy est adressée à M. Serrant de Lalane...., président au Parlement de Bordeaux, contient des pièces qui n'ont pas été reproduites dans les éditions des Œuvres de Théophile, pas même dans celle de M. Alleaume.

En voici la liste :

Epitaphe : *A tort l'âme nous est ravie*
Elégie : *Bien que jamais Amour ne m'ayt monstré sa flame*
Stances : *De moy, si les rigueurs d'un accident semblable*
Epigramme : *Enfans, beuvons à qui mieux mieux*
A de bons musiciens. Epig. : *Orphée avoit ainsi la voix*
A M. de Ligondie : *Pense à l'honneur de ta maison*
Ode : *Plein d'ardeur et d'obeyssance*

L'ode au Roy : *Cher object des yeux et des cœurs* est divisée ici en deux odes : Au Roy, sur la reddition de Caen : *Cher object des yeux et des cœurs ;* et sur la révolte de La Flèche : *Amy, destourne icy les yeux.* Cette seconde ode a six strophes contre seulement deux dans l'édition originale des Œuvres, 1621. De plus, on trouve dans ce recueil l'ode au sieur Hardy : *Coustumier de courre une plaine* recueillie dans l'édition de Scudéry de 1632 et rejetée, à tort, par M. Alleaume.

C) Autre éd[on] : *Nouveau* || *recueil* || *de diverses* || *poesies* || *du sieur Theophile,* || *la plus part faictes durant son exil* || *Avec sa Plainte à un sien Amy* || *pendant son absence.* || *A Rouen,* || *chez Claude le Vilain, demeurant à* || *la ruë du Bec,* || *à la bonne Renommée.* || *M.DC.XIIII (1624).* || In-12 (Bibl. nat., Ye 33820). Titre. P. 3 à 117.

Ce recueil est une réimpression du précédent, seule la *Plainte de Théophile* est ajoutée.

*D)** Autre éd[on] : *Lyon, par Jean Michel, jouxte la copie imprimée à Bourdeaux, par Gilbert Vernoy, 1625.* Petit in-12. (Archives du Bibliophile)

Cette édition doit reproduire le texte de 1622 et 1624.

19) *Recueil* || *de toutes les* || *pieces de* || *Theophile,* || *commençans à l'arrest de la Cour, et* || *généralement tout ce qui s'est fait* || *pour et contre luy depuis sa prison* || *jusques à présent.* || *Ainsi qu'il peut se veoir à la Table* || *suivante.* || *M.DC.XXIIII (1624)* || In 12 de 112 p. (Bibl. Arsenal, BL. 6737[A])

Ce recueil intéressant contient, en dehors d'une Epistre au Lecteur, les pièces suivantes, elles sont réunies pour la première fois :

1° *Pièces judiciaires :*

L'arrest du Parlement contre Théophile du 19 août 1623 avec une curieuse note qui le termine.

La prise de Théophile retenu en la ville de Saint-Quentin...

2° *Vers ou pièces en prose de Théophile :*

Remonstrance de Theophile à M. de Vertamont... : *Désormais que le renouveau* (n'est pas à la table et a été ajoutée au dernier moment).

La Plainte à un sien Amy : *Tircis, tu cognois bien dans le mal qui me presse*

La Pénitence de Théophile : *Aujourd'huy que les Courtisans*

La Requeste de Théophile au Roy : *Au milieu de mes libertez*

Requeste de Théophile à Nosseigneurs du Parlement : *Celuy qui briseroit les portes*

Très humble requeste de Théophile à M. le Premier Président : *Privé de la clarté des Cieux*

Prière de Théophile aux poètes de ce temps : *Vous à qui de fraisches vallées*

Theophilus in carcere

Apologie de Théophile.

3° *Pièces au sujet de Théophile :*

Réponse (en prose et vers de Des Barreaux) à la plainte de Théophile prisonnier.

Les Souspirs d'Alexis... *Maintenant que je vois ton nom mis au pillage*

A Théophile... : *Il semble que la honte*

Consolation à Théophile sur son adversité : *J'ay veu crier dans le Palais*

Les larmes de Théophile prisonnier (vers et prose) : *Moy, pauvre Théophile infortuné au monde*

Compassion de Philothée, aux misères de Théophile : *J'ay veu dans le crystal des Cieux*

Le volume se termine par la note suivante : « Voilà tout ce qui s'est passé sur le subject du sieur Théophile depuis qu'il est à la Conciergerie. Les Juges qui travaillent à son procès, exempts de toute passion et après avoir examiné les accusations qui sont faites contre luy, ne lui desnieront pas les moyens de se justifier. Ils tiennent la place de Dieu, voir ce sont icy des Dieux, desquels il ne peut attendre autre chose que la punition des crimes dont il est accusé s'il en est convaincu. Ou l'absolution de ses accusations, si elles ne sont pas véritables. Ils l'ont mandé devant leur sacré Tribunal, à fin d'apprendre par sa bouche la défence qu'il veut proposer aux crimes dont il est accusé. Je ne manquerai pas de te faire part de ce qui se passera sur son subject si je voy que tu aggrées la peine que j'ay prise ».

20) *Recueil || de || toutes les || pièces faites par || Theophile, depuis || sa prise jusques à présent. || Ensemble plusieurs autres pieces faictes || par ses amis à sa faveur, et non || encores veuës. || Avec une Table où sont mises les || pieces toutes par ordre ; comme || il se peut voir en la page || suivante. || M.DC.XXIV (1624).* || In-8. (Bibl. Nat., Ye 7633)

4 ff. lim. n. chiff. comprenant le titre ci-dessus, la Table des pièces contenuës en ce recueil. Pièces de Théophile ; au verso : Pièces des Amis de Théophile, l'Imprimeur au Lecteur et A Theophile (16 vers) : *Il semble que la honte.* — P. 1 à 290.

Voici le texte de l'avis :

« L'imprimeur au Lecteur. Amy lecteur, quelques-uns vous ont desjà voulu faire monstre d'un Recueil des pièces faites par Theophile depuis son emprisonnement : Mais voyant qu'ils ne vous ont présenté qu'un ramas et une rapsodie d'un tas de discours mal digerez. J'ay voulu suppléer à leur deffaut, comme estant seul auquel les vrayes pièces dudit Théophile ont esté communiquées.

« J'eusse encore creu vous faire tort, si je ne vous eusse fait part d'autres excellentes pièces, parties de la plume d'autres beaux esprits, qui symbolisans avec luy en mérite, ont aussi une mesme sympathie d'humeurs et ressentiment de sa calamité, laquelle ils deplorent.

« C'est pourquoy je vous prie de jetter les yeux dessus, sur l'asseurance que je vous donne, qu'il n'y a rien en tout ce Recueil de falsifié ; vous y verrez toutes les pièces qu'il a faites depuis sa prise jusques à présent ».

Ce Recueil comprend toutes les pièces du précédent, de Théophile et des amis de Théophile, plus :

De Théophile :

Remerciement de Théophile à Coridon : *Filles du Souverain des Dieux*
Théophile à son amy Chiron : *Toy qui fais un breuvage d'eau*
La Maison de Sylvie (10 odes).
Lettre de Théophile à son frère : *Mon frère, mon dernier appuy*

Des amis de Théophile :

Rép. à la Pénitence de Théophile : *Après avoir leu tes souspirs*
Rép. à la Prière de Théophile aux poètes : *Toy à qui j'adresse l'honneur*
Thyrsis à l'affligé Alexis ou Théophile pénitent : *Alexis je voy bien que la triste fortune*

Cette édition peut être considérée comme l'édition préoriginale de la troisième partie des Œuvres de Théophile (voir n° 5).

Particularité à noter : *La Plainte de Theophile à un sien amy*... porte bien « permet » quoique l'*Apologie* de Théophile (1624) accuse Garassus de cette substitution de « punit » en « permet ».

21) Voir le N° 5 (IIIe p. des Œuvres de Théophile, 1625).

22) *Théophile* || *au Roy,* || *sur son Exil.* || *Avec la Prière du dit Théophile aux* || *Poètes de ce temps, et la Maison* || *de Silvie, et plusieurs* || *autres Pièces.* || *A Rouen,* || *chez Claude le Vilain, Libraire et* || *Relieur du Roy, ruë du Bec,* || *à la bonne Renommée.* || *M.DC.XXVI (1626).* || In-12 de 166 p. chiff. (Cat. Sainte-Beuve, I^e p., N° 391)

La Bibliothèque nationale n'a que le titre et les derniers feuillets de cette édition (Ye 7644).

23) * *Nouveau* || *recueil* || *de diverses* || *poésies.* || *du sieur Théophile.* || *La plus part, faites durant* || *son Exil.* || *Et aussi toutes les pièces faictes despuis sa prise jusques à présent.* || *A Paris, Par Michel de La Mare.* || *M.DC.XXVII (1627).* || In-12 de 232 p. (ex meis)

Cette édition possède la dédicace de Gilbert Vernoy à Sarrant de Lalane, elle reproduit le texte des éditions précédentes nos 5 et 18 C, complété par une Requeste de Théophile au Roy (en vers) : *Contre ma mauvaise fortune*, considérée comme apocryphe. (Voir n° 44. *Requeste de Theophile au Roy sur l'eslargissement des Prisonniers, 1625*).

24)* *Nouveau || recueil || de diverses || poésies. || du sieur Theophile. || La plus- part, faictes durant || son Exil. || A Lyon, || Jouxte la copie imprimée à Bourdeaux, || Par Gilbert Vernoy. || M.DC.XXVII (1627).* || In-12 de 259 p. et 3 p. n. chiff. pour la table. (ex meis)

Cette édition, beaucoup plus complète que son titre ne l'indique, est divisée comme la précédente en deux parties, elle donne en plus de cette dernière (fin de la seconde partie) Anagramme de Louys de Bourbon : Sonnet : *L'Ange qui veille au bien de vostre nation;* Response (en prose et vers de Des Barreaux) à la plainte de Theophile prisonnier ; Les souspirs d'Alexis : *Maintenant que je vois ton nom mis au pillage ;* A Theophile (stances) : *Il semble que la honte.*

C) Pièces de Théophile imprimées séparément

25) *Eloges || du duc de || Luynes. || Avec l'advis au Roy || par Theophile. || Ensemble les Répliques. || N.DC.XX (1620).*

Petit in 8 de 23 pages chiff. (Bibl. nat., Ye 7636)
Cette plaquette comprend :
Eloges du Duc de Luynes. Par Théophile : *Escrivains tousjours empeschez ;* Response à Théophile : *Théophile, mal empesché ;* Le Conseil de Théophile. Au Roy (5 strophes seulement sur 11) : *Cher object des yeux et des cœurs ;* Réplique : *Cher object des yeux et des cœurs*

26)* *Theophile au Roy sur ses victoires. A Bourdeaux, par Gilbert Vernoy. 1620.*

In-12 de 13 p. chiff. (Bibl. de Bordeaux)
Cette plaquette renferme trois odes :
Au Roy sur la reddition de Caen
Sur la révolte de la Flèche
Pour Mgr le Duc de Luynes
du Nouv. rec. de diverses poésies du sieur Théophile... (voir N° 18).

27) *Le || bannissement || de || Théofille (sic), présenté au Roy. || M.DC.XX (1620).*

Petit in-8 de 8 p. (Bibl. nat., Ye 14722)
Cette plaquette donne l'ode de Théophile au Roy sur son exil : *Celuy qui lance le tonnerre*

28, *A) Vers* || *présentés* || *au Roy.* || *Sur l'exil de* || *Theophile.* || *M.DC.XX* (*1620*).

Petit in-8 de 8 p. chiff. (Bibl. nat., Ye 7639) (Bibl. Mazarine, 35265).
Cette plaquette renferme la même pièce que la précédente : *Celuy qui lance le tonnerre*

B) Autre édition : Même titre, même date, 8 p. chiff. (Bibl. nat., Ye 7638)

29) *Plainte* || *de* || *Theophille* (*sic*) || *à un sien* || *amy.* || *Pendant son absence.* || *M.DC.XXIII* (*1623*).

Petit in-8 de 13 p. chiff. et 1 ff. bl. (Bibl. nat., Ye 7641)
Cette plainte est adressée à Des Barreaux : *Tircis tu cognois bien dans le mal qui me presse*, elle se termine par la note suivante : « Le sieur Théophile sur son adversité avoit mis la main à la plume, et fait les vers cy dessus de son infortune, désirant treuver asseurance pour venir faire cognoistre son innocence, et estoit retiré dans le Chasteau du Castellet en Picardie, où il continuoit les susdicts vers et fut interrompu, sur ce qu'il fut pris Prisonnier, n'ayant encores fait que ce qui est ci dessus, en sorte que ceux esquels il l'asseuroit le livrèrent es mains d'un Prevost, qui l'a amené en la Conciergerie du Palais à Paris, le vingthuictiesme de Septembre mil six cens vingt-trois ». Nous l'avons publiée dans notre ouvrage : « Le Prince des Libertins du XVIIe siècle. Jacques Vallée Des Barreaux. Sa vie et ses poésies (1599-1673). Paris, 1907 », p. 20.

30) *Les* || *advantures de* || *Theophile* || *au Roy.* || *Par luy faites pendant son Exil, en* || *un vieux désert où estoit sa* || *retraicte.* || *Sur le suject de sa fuitte, de ses passages,* || *de sa prise, et le désespoir de* || *sa Prison.* || *M.DC.XXIIII* (*1624*).

Petit in-8 de 16 p. chiff. (Bibl. nat., Rés. Ye 4907)
Cette plaquette contient les pièces suivantes : Théophile au Roy sur son absence de la Cour : *Celuy qui lance le tonnerre* ; Théophile passa de Calais à Douvres attendant de s'embarquer : *Parmy ce promenoir sauvage ;* Théophile, parlant à soy mesme (sonnet) : *Je passe mon exil parmy les tristes lieux ;* Théophile aux Courtisans (sonnet) : *Courtisans qui passez vos jours dans les delices* ; Théophile à son Ange (ou Esprit) (sonnet) : *Anges qui cognoissez le cours de la nature ;* Théophile consulte à sa Prison : *Je ne repose nuict ny jour*

31, *A) La* || *Penitence* || *de Theophile* || *M.DC.XXIV* (*1624*).

Petit in-8 de VIII p. chiff. (Bibl. Mazarine, 35265)
En vers : *Aujourd'huy que les courtisans*

B) Même titre. 12 p. chiff. (car. arabes) (Bibl. nat., Ye 7646).

32, *A) Requeste* || *de* || *Theophile,* || *au Roy.* || *M.DC.XXIV* (*1624*).

Petit in-8 de XV p. chiff. (Bibl. Mazarine, 35265)
En vers : *Au milieu de mes libertez*

B) Même titre. 16 p. chiff. (car. arabes) (Bibl. nat., Rés. Ye 4905).

33) *Theophilus* || *in carcere* || *M.DC.XXIV (1624).*

Petit in-8 de 29 p. chiff. (Bibl. nat., Rés. Ye 4904 et Ln[27] 20346) (Bibl. Mazarine, 35265)
En prose latine.

34, *A) Apologie* || *de* || *Theophile.* || *M.DC.XXIIII (1624).*

Petit in-8 de 43 p. chiff. (Bibl. nat., Rés. Ye 4909; Bibl. Mazarine, 35265)
En prose.

B) Autre édition avec la date ainsi : M.DCXXIV.

Même nombre de pages. Même composition sauf pour le dernier mot de la p. 13 *et con...* au lieu de *et co-* (ex meis).

35, *A)* Requeste* || *de Theophile,* || *A Nosseigneurs de* || *Parlement* || *M.DC.XXIV (1624).*

Petit in-8 de 13 p. chiff. (Bibl. nat., Rés. Ye 4910)
En vers : *Celuy qui briseroit les portes*

*B) * Lettre ou complaincte de Theophile à MM. du Parlement de Paris (1624).*

S. l., in-8 de 8 p. (cité par M. Andrieu)

36, *A) Très humble* || *requeste* || *de Theophile,* || *A* || *Monseigneur le* || *Premier Président.* || *M.DC.XXIIII (1624).*

Petit in-8 de 15 p. chiff. (Bibl. nat., Rés. Ye 4914)
En vers : *Privé de la clarté des Cieux*

*B) * Lettre* || *de* || *Theophile,* || *A Monsieur de Verdun, premier* || *Président, Et au Parlement* || *de Paris.* || *M.DC.XXIV (1624).*

Petit in-8 de VIII p. chiff. (Bibl. Mazarine, 35265)

37) *Remerciment* || *de Theophile* || *à Coridon* || *M.DC.XXIIII (1624).*

Petit in-8 de 13 p. chiff. (Bibl. nat., Ye 31942)
En vers : *Filles du souverain des Dieux.* A la suite : Théophile à son amy Chiron : *Toy qui fais un breuvage d'eau*

38) *Prière* || *de* || *Theophile,* || *aux Poetes de* || *ce temps.* || *Ensemble,* || *La Compassion de Philothée,* || *aux misères de Theophile.* || *M.DC.XXIV (1624).*

Petit in-8 de 15 p. chiff. (Bib. nat., Rés. Ye 4913)

La Prière de Théophile... : *Vous à qui de fraisches vallées ;* Compassion de Philothée... : *J'ay veu dans le chrystal des Cieux.* Cette seconde pièce, comme son titre l'indique, n'est pas de Théophile.

39) *Lettre || de || Theophile || à son frère || M.DC.XXIIII (1624).*

Petit in-8 de 19 p. chiff. (Bibl. nat., Ye 35818)

En vers : *Mon Frère, mon dernier appuy.* Cette édition renferme la strophe contre les Jésuites qui a été supprimée dans les éditions de Rouen antérieures à 1632 et par Scudéry dans son édition des *Œuvres de Théophile, Rouen, Jean de la Mare, 1632* et dans toutes celles qui l'ont copiée. M. Alleaume lui-même l'a omise. La voici :

Parjures infracteurs des lois,
Corrupteurs des plus belles âmes,
Effroyabes meurtriers des Roys,
Ouvriers de cousteaux et de flames,
Pasles prophètes de tombeaux,
Fantosmes, Loups-garoux, Corbeaux,
Horrible et venimeuse engeance,
Malgré vous race des Enfers,
A la fin j'auray la vengeance,
De l'injuste affront de mes fers.

40) * *Epistre de Théophile, à son bon amy. 1624.*

In-8 de 9 ff. (Cat. Lignerolles, IVe p., n° 374)

Nous n'avons pas rencontré cette pièce : Est-ce la *Plainte de Théophile à un sien amy pendant son absence?* Nous n'osons l'affirmer. Voir n° 29.

41) *La || Maison || de || Silvie. || par Theophile. || M.DC.XXIIII (1624).*

Petit in-8 de 55 p. chiff. (Bibl. nat., Ye 7645). (Bibl. Mazarine, 35265)

Ces dix odes ont été commencées par Théophile chez le duc de Montmorency à Chantilly et achevées en 1624 dans la tour de Montgommery. Elles font partie de la *IIIe p. des Œuvres de Théophile.* Cette édition prouve l'inexactitude de la note de M. Alleaume (Œuvres de Théophile, t. II, p. 304, note 1) : « Théophile avait commencé les vers intitulés : la *Maison de Silvie* à Chantilly où il s'était réfugié après l'arrêt de contumace du 29 août 1623, ou même dans la crainte de cet arrêt ; et cette lettre (une lettre à M. Boyer qui doit être de sept. 1625) prouve que ces odes ne furent achevées qu'en 1625, après sa sortie de prison... ». M. Alleaume a mal interprété une phrase de cette lettre à M. Boyer, la voici : « Aussitost que je pourray m'assurer un peu de repos, en France ou ailleurs, je commencerai ce travail en suitte de la *Maison de Sylvie...* ». Théophile a simplement voulu dire qu'il fera une ode sur la bataille navale gagnée par le duc de Montmorency sur le duc de Soubise qui commandait les Rochellois comme suite à la *Maison de Sylvie.* Si Théophile a composé cette ode, elle a été perdue, celle qui est dans les éditions de Grenoble 1628, de Lyon 1630, etc., étant de Mairet.

42) *Factum* || *de Theophile.* || *Ensemble sa requeste* || *présentée à Nosseigneurs du Parlement.* || *M.DC.XXV (1625).*

Petit in-8 de 13 p. chiff. (Bibl. nat., Ln[27] 20351)

Cette plaquette comprend deux pièces très intéressantes en prose : 1° Le Factum de Theophile ; 2° A Nosseigneurs du Parlement.

43) *Vers de* || *Theophile,* || *presentez au Roy* || *M.DC.XXV (1625).*

Petit in-8 de 14 p. chiff. (Bibl. nat.) (ex meis).

Cette plaquette renferme quatre pièces en vers qui n'ont aucun rapport avec le procès de Théophile, elles ne figurent dans aucune édition de ses Œuvres : 1° Vers presentez au Roy : *Seigneur qui d'un seul mot de ta bouche divine* ; 2° Offrande à S. Louys, pour le tres chrestien Roy de France et de Navarre Louis XIII... : *Esprit Royal et Saint, qui as d'un grand courage ;* Sonnet aux rebelles : *Qu'espérez-vous Rebelles, alors que ce grand Juge ;* A la Royne mère du Roy (sonnet) : *Beautez qui conservez vos amours tant prisées*

44) * *Requeste* || *de* || *Theophile,* || *au Roy.* || *Sur l'eslargissement* || *des Prisonniers* || *M.DC.XXV (1625)*

Petit in-8 de 12 p. et 1 ff. blanc. (Bibl. nat., Ye 7642) (Bibl. Mazarine, 35265)

Cette pièce passe pour apocryphe parce qu'elle n'a pas été insérée dans l'édition de Scudéry, 1632. Elle se trouve dans le *Nouv. recueil, 1627. A Lyon. Jouxte la copie imprimée à Bordeaux par Gilbert Vernoy* (n° 23 et 24) ; dans l'édition de Grenoble 1628 (n° 8), dans l'édition de Lyon 1630 (n° 11) et dans toutes celles du XVIIe siècle qui reproduisent cette dernière.

Elle est curieuse parce qu'elle donne une explication nouvelle et fantaisiste des persécutions dont Théophile a été l'objet :

Tout mon mal est qu'en la rencontre
D'un mien amy qu'on outrageoit ;
De quatre je défis un monstre
Qui sans mon secours l'esgorgeoit :
Et que depuis cette journée
Sa race à me perdre obstinée,
(Bien qu'elle desirast sa mort
Pour la peur de quelque infamie)
M'est une cruelle ennemie
Qui rend déplorable mon sort.

A la suite se lit un sonnet acrostiche sur l'anagramme de Louis de Bourbon (le Roy doux et bon) : *L'Ange qui veille au bien de vostre nation* (voir N° 24).

45, *A) Apologie,* || *Au Roy,* || *A Paris,* || *M.DC.XXV (1625).*

Petit in-8 de 55 p. chiff. (Bibl. nat., Ln[27] 20350 A) (Bibl. Mazarine, 35265)

B) * Autre édition : Même titre (fleuron différent). A Paris || M.DC.XXVI (1626).

Petit in-8 de 29 p. chiff. (Bibl. nat., Ye 7614 et Ln[27] 20350 B)

C) * Autre éd[on] : M.DC.XXVII (1627). Même titre et même nombre de pages chiff. que la précédente de 1626.

Petit in-8. (Bibl. nat., Ye 7635 et Ln[27] 20350 C)

46) * *Les dernières œuvres de Théophile, à son amy Alcidon sur le sujet de sa Solitude. Paris. C. Morlot, 1627.* In-8. (Cat. La Vallière, 3239[5])

Nous n'avons pas rencontré cette plaquette qui paraît perdue. Elle laisserait supposer que Théophile avait composé quelques pièces se rapportant au sujet de l'ode *La Solitude* de Saint-Amant.

D) Théatre de Théophile

47, *A)* * La seconde édition des *Amours tragiques de Pyrame et Thisbé* (la première ayant paru dans la « Seconde partie des Œuvres de Théophile », voir n° 4) a été imprimée à Rouen, 1626, nous ne l'avons pas rencontrée.

B) Les Amours tragiques de Pyrame et Thisbé mis en vers françois par le sieur Théophile. A Paris, chez Jean Martin, ruë de la Vieille Bouclerie à l'Escu de Bretagne, jouxte la coppie imprimée à Rouen par Jacques Cailloué. M.DC.XXVI (1626).

In-8 de 48 p. chiff. (Bibl. Arsenal, BL 10728)

Cette tragédie a été remise en circulation avec le titre suivant :

C) * *La tragédie de Monsieur de Vendosme et de Monsieur le Grand Prieur son frère, dans le bois de Vincennes à leur grand regret. Faict par Theophile devant que de mourir. 1626.*

In-8 de 48 p., portrait. (Cat. Soleinne)

D) * *Les || Amours || tragiques || de Pyrame || et Thisbé || mis en vers franc- || çois par le Sieur Theophile. || A Paris || Chez Jean Martin, au bout du || Pont Sainct Michel, près le || Chasteau S. Ange || M.DC.XXVII (1627).*

In-8 de 48 p. chiff. (Bibl. Mazarine, 37262)

E) * *Les Amours tragiques de Pyrame et Thisbé, tragédie, par le Sr Theophile. Nyort, par la vefve de J. Moussat, 1628.* In-8. (Cat. Techener, n° 1494)

48, *A) La || tragédie || de || Pasiphaé || par le Sr Theophile. || qui est nouvelle, et || n'a jamais esté représentée. || A Paris, || chez Claude et Charles Hulpeau, || sur le Pont S. Michel. à l'Encre Double || et || Jean Martin, sur le Pont Sainct-Michel, || près le Chasteau Sainct-Ange. || M.DC.XXVII (1627)* ||. In-8. (Bibl. Arsenal, B.L., 10728)

3 ff. pour le titre, Au Lecteur, salut..., Argument, les acteurs... P. 1 à 56 chiff.

Cette pièce ne doit pas être de Théophile.

*B) * La || tragédie || de || Pasiphaé || Par le Sr Theophile. || Reveuë, corrigée et embellie, outre les précédentes || Impressions, par un sien Amy. || Dernière édition. || A Paris, || chez Charles Hulpeau, sur le Pont || Sainct-Michel, à l'Ancre double || M.DC.XXVIII (1628).* || In-8.

Même collation que la précédente et même texte malgré le titre qui annonce des corrections.

C) La || Tragédie || de || Pasiphaé || par le Sr Theophile || qui est nouvelle, et || n'a jamais esté représentée. || A Troyes, chez Nicolas Oudot, demeurant en la || ruë nostre Dame au Chappon d'Or || Couronné. 1631. || In-8. (Bibl. nat., Yf 6617)

3 ff. en chiff. y compris le titre. P. 1 à 58 chiff.

D) La Tragédie de Pasiphaé, précédée d'une notice sur le sujet de la pièce et suivie d'un appendice contenant plusieurs poésies du même auteur. Paris. Gay. 1862. Petit in-12.

F) Pièces judiciaires relatives a Théophile

*49 * Arrest de || la Cour de Parlement, || par lequel le sieur Theophile, Ber- || thelot, et autres, || sont declarez cri- || minels de leze Majesté divine, pour || avoir composé et fait imprimer || des Vers impies contre l'honneur || de Dieu, son Eglise, et honnesteté publique. || Avec deffenses à toutes personnes d'avoir || ny tenir aucuns exemplaires du livre in- || titulé* Le Parnasse satyrique, *n'autres* || Œuvres du dit Theophile, *sur peine || d'estre declarez fauteurs et adhérans || du dit crime, et punis comme les accu- || sez. || A Paris, || Chez*

Antoine Vitray, au Collège || *sainct Michel, 1623.* || In-12 de 8 p. (ex meis)

50) *La Prise* || *de Theophile* || *par un Prevost des Ma-* || *reschaux dans la Citadel-* || *le du Castellet en Picar-* || *die.* || *Amené prisonnier en la Conciergerie* || *du Palais le Jeudy 28. de ce mois* || *A Paris,* || *Chez Antoine Vitray au College* || *sainct Michel. 1623.*

In-12 de 14 p. chiff. et 1 ff. blanc. (Bibl. nat., Rés. Ye 4903 et Ln[27] 20339)

51) * *Procès verbal de l'emprisonnement de Theophile, présenté à la cour par le prevost des mareschaux. A Paris, chez Pierre Bamier, rue des Carmes, à l'Image S.-Martin M.DC.XXIII, avec permission.*

In-12 de 13 p. chiff. (Bibl. nat., Ln[27] 20340)

F) Pièces pour ou contre Théophile

52) *La* || *remonstrance* || *a* || *Theophile.* || *M.DC.XX (1620).* || Petit in-8 de 8 p. chiff. (Bibl. nat., Ye 7640) (Bibl. Mazarine, 35265)

Cette plaquette composée par un ennemi du connétable de Luynes est une réponse à l'ode de Théophile : *Escrivains tousjours empeschez.* Elle comprend : 1° La remonstrance à Théophile (stances) : *Théophile à quoy pense-tu ;* Tombeau (huitain) : *Cy gist l'autheur de nos malheurs ;* Stances : *Je captive dessoubs moy*

53) *Response* || *de Tircis* || *A la plainte de* || *Théophile* || *prisonnier* || *A Paris,* || *M.DC.XXIII (1623).* || Petit in-8 de 1 ff. pour le titre, 14 p. et 1 ff. bl. (Bibl. nat., Ln[27] 20342)

Cette réponse en prose et en vers est de Des Barreaux.

54) *Lettre* || *consolatoire* || *à Theophile.* || *M.DC.XXIII (1623).* || Petit in-8 de 14 p. (Bibl. nat., Ln[27] 20341)

Pièce en faveur de Théophile.

P. 3. Lettre consolatoire à Théophile (en prose). P. 11 Songe (en vers) : *Quels cris, quels hurlemens esclattent dans ces bois*

55) *Lettre* || *de Damon* || *envoyée à Tircis et à Théophile* || *sur le sujet de son interrogatoire* || *du 18 novembre 1623.* || *M.DC.XXIII (1623).* || Petit in-8 de 13 p. chiff. (Bibl. nat., Ln[27] 20343)

Nous ignorons qui est ce Damon. Cette lettre est une vigoureuse réponse à la Rep. de Des Barreaux (n° 53).

Il n'y a pas eu d'interrogatoire de Théophile le 18 novembre, le premier est du 22 mars 1624, quatre mois après.

56) *Le* || *Theophile* || *reformé* || *M.DC.XXIII (1623)* || Petit in-8 de 16 p. dont 1 blanche. (Bibl. nat., Ln[27] 20338)

Curieuse pièce en prose contre Théophile et les athées. L'exempl. de la Bibl. nat. est incomplet, il s'arrête à la p. 8.

57) *Les* || *souspirs* || *d'Alexis,* || *sur la retenue si* || *longue de son Amy* || *Theophile.* || *M.DC.XXIIII (1624).* || Petit in-8 de 13 p. chiff. (Bibl. Mazarine, 35265)

Nous ignorons qui est cet Alexis. En vers : *Maintenant que je vois ton nom mis au pillage.* A la p. 13, une courte pièce : *Il semble que la honte*

58) *Les* || *larmes* || *de* || *Theophile* || *prisonnier* || *Sur l'espérance de sa liberté.* || *A Paris,* || *M.DC.XXIV (1624).* || Petit in-8 de 14 p. chiff. (Bibl. nat., Rés. Ye 4908 et Ln[27] 20348).

Pièce en prose en faveur du poète précédée de 4 vers. P. 3 : *Les larmes souspirantes de Théophile, prisonnier en la Conciergerie du Palais.*

59) * *Consolation* || *a* || *Theophile,* || *en son adversité.* || *A Paris* || *M.DC.XXIIII (1624).* || Petit in-8 de 15 p. chiff. (Bibl. nat., Rés. Ye 4906)

Pièce en vers en rép. à la Pénitence de Théophile (voir n° 31) : *J'ay veu crier dans le Palais.* Il est fait allusion dans ces strophes à la *Plainte de Théophile à un sien Amy...* (voir n° 29) et aux *Souspirs d'Alexis...* (voir n° 57).

60) *L'Apparition* || *d'un* || *Phantosme* || *à Theophile,* || *Dans les sombres ténèbres de* || *sa Prison.* || *Ensemble les propos tenus entr'eux.* || *M.DC.XXIV (1624).* || Petit in-8 de 14 p. chiff. et 1 ff. blanc. (Bibl. nat., Ln[27] 20347) (Bibl. Mazarine, 35265)

En prose.

61) *Ateinte* || *contre les* || *impertinences* || *de Theophile,* || *Ennemy des bons Esprits.* || *M.DC.XIIII (1624).* || Petit in-8 de 11 p. et 1 p. bl. (Bibl. nat., Ln[27] 20344)

Cette réplique de Claude Garnier, le dernier disciple de Ronsard au XVIIe siècle, a été motivée par le premier chapitre des « Fragments d'une histoire comique » (Seconde partie des Œuvres de Théophile) qui contenait une violente attaque contre Ronsard et les anciens.

62) * *Dialogue* || *de* || *Theophile à une* || *sienne maistresse,* || *l'allant visiter en prison.* || *M.DC.XXIV* (*1624*). || Petit in-8 de 8 p. (Bibl. nat., Rés. Ye 4911)

En vers : *Dois-je perdre tout mon àge*

Ce dialogue insinue que Théophile aurait été arrêté parce qu'il avait été infidèle à sa maîtresse. C'est un peu l'hypothèse de M. Garrisson s'appuyant sur l'*épître d'Actéon à Diane*. Théophile aurait été amoureux et peut-être aimé d'Anne d'Autriche!! Nous avouons ne pas croire un mot de cette passion insensée, l'épître d'Actéon à Diane ayant été composée par Théophile pour M. de Montmorency qui était épris de la Reine.

63) * *Le poetique* || *Anti-Theophile,* || *composé avec quel* || *ques autres pièces* || *conformes à ceste première.* || *Par le sieur Pyrristhée, Gentilhomme* || *Soissonnois.* || *Pour ouvrage avant-coureur d'un ample livre de* || *Poësies qui est sur le poinct d'estre achevé, pour* || *estre mis au jour par le mesme autheur.* || *M.DC.XXV* (*1625*). || In-8 de 55 p. chiff. (Bibl. Mazarine, 33265)

Nous ignorons qui est le sieur Pyrristhée, mais tout en se défendant d'attaquer Théophile, il est aussi débauché que lui.

64) *Consolation* || *sur la résolution* || *de la mort.* || *Ensemble l'adieu du* || *Monde addressée (sic) aux beaux Esprits* || *de ce temps.* || *Par Theophile,* || *M.DC.XXV* (*1625*). || Petit in-8 de 12 p. [1]. (Bibl. nat., Ln^{27} 20352) (ex meis)

Pièce apocryphe en prose et en vers peu sympathique à Théophile, adressée à ses amis : *Cependant qu'eslongné de vos yeux je souspire*

65) *Miroir* || *de* || *la Cour,* || *Sur lequel les Revers, et l'inconstance* || *de la Fortune se voyent.* || *Adressé au sieur Theophile, pour s'en servir* || *au temps present.* || *M.DC.XXV* (*1625*). || Petit in-8 de 15 p. chiff. (Bibl. nat., Ln^{27} 20353) (Bibl. Mazarine, 35265)

Le *Miroir...* et l'*Inconstance...* sont en prose. A la suite deux pièces en vers : La Résolution et solitude du sieur Theophile, pour n'encourir l'inconstance de la Fortune. Adressée aux amateurs de la Cour : *Je veux seul escarté ores dans un bocage ;* Complainte sur la retraitte de la Cour : *Dans quel antre escarté m'iray-je retirer*

66) *Le* || *Theatre* || *de la fortune* || *Des beaux esprits* || *de ce temps.* || *Ensemble l'action de grace, sur la* || *liberté du sieur Theophile.* || *For-*

(1) L'exemplaire de la Bibl. Nat. est incomplet des p. 9 à 12.

tuna et luna. || *M.DC.XXV (1625).* || Petit in-8 de 15 p. chiff. (Bibl. nat., Ln[27] 20354)

Pièce mélangée de prose et de vers, c'est la même que le n° 64, complétée par les vers suivants ; *Je chanterai, Seigneur, tes grandeurs et ta gloire*

67) *Le* || *Triomphe* || *de Minerve, par* || *les Muses d'Hipocrene* || *sur l'heureuse liberté,* || *du sieur Theophile l'un des beaux* || *Esprits de ce temps.* || *M.DC.XXV (1625).* || Petit in-8 de 15 p. chiff. et 1 p. bl. (Bibl. nat., Ln[27] 20355)

Le Triomphe de Minerve est en prose. A la suite : Les Muses de Minerve à Theophile, l'un des beaux esprits de ce temps : *Nous ne sommes point de ceux qui d'une âme légère*

68, *A) La* || *honteuse* || *fuite des* || *ennemis de Theophile* || *après sa delivrance.* || *Impavidum virtutis honos* || *caputenserit astris.* || *M.DC.XXV (1625).* || Petit in-8 de 14 p. chiff. et 1 ff. blanc. (Bibl. nat., Ln[27] 20356)

Pièce en prose intéressante qui attaque Garassus et le Père Voisin.

B) * Autre édit[on] : le texte latin du titre sur une seule ligne. (Bibl. Mazarine, 35265)

69) *Elegie* || *sur l'arrest de Theophile,* || *M.DC.XXV (1625).* || Petit in-8 de 15 p. (Bibl. nat., Ye 21072)

Pièce excellente en l'honneur de Théophile qui doit être de Georges de Scudéry. Elle est suivie d'un sonnet : *Adieu donc pour jamais, adieu mon Theophile ;* et d'une Plainte d'amour : *Si je suis cet enfant volage*

70) *La* || *derniere* || *lettre* || *du sieur* || *Theophile à son* || *amy Damon,* || *Qu'il a faite en sa maladie.* || *A Paris, chez Jean Martin.* || *M.DC.XXVI (1626).* || Petit in-8 de 12 p. chiff. (Bibl. nat., Ye 33810)

Pièce apocryphe en stances de dix vers : *Mon cher amy, je ne vis plus*

71) *Recit de la* || *mort, et pompe* || *funèbre observée aux ob-* || *sèques du Sr Theophile.* || *A Paris. M.DC.XXVI (1626).* || Petit in-8 de 14 p. chiff. (Bibl. nat., Ln[27] 20358)

Pièce en prose en l'honneur de Théophile.

72) * *Lettre de* || *consolation* || *sur la mort de* || *Theophile, à ses bons amis* || *de par deça,* || *Trouvé (sic) au Cabinet de Theophile.* ||

M.DC.XXVI (*1626*). || Petit in-8 de 7 p. chiff. et 1 p. bl. (Cat. Sainte-Beuve, Ire p., 388)

Pièce en prose sig. E. D. H.

73) * *Apologie* || *pour* || *Theophile*, || *avec son* || *Epitaphe.* || *Ensemble les regrets de Philis* || *sur son Tombeau.* ||*M.DC.XXVI* (*1626*). || Petit in-8 de 13 p. chiff. et 1 ff. bl. (Cat. Sainte-Beuve, Ire p., 388)

Cette plaquette renferme : Apologie pour Théophile : *Sorty des prisons et des fers* (10 str. de dix v.) ; Epitaphe : *Si le poinct duquel on le blame* (2 str. de 6 v.); Elégie de Philis sur le tombeau de Théophile : *Tombeau qui me retiens la moitié de ma vie ;* Epitaphe de Théophile : *L'honneur des poëtes de ce temps* sig. P. L. S. G. ; A l'autheur : *Ce Théophile que les Dieux*

74) * *Poësie* || *sur la* || *mort de* || *Theophile.* || *M.DC.XXVI* (*1626*). || Petit in-8 de 12 p. chiff. (Cat. Bibl. de Troyes, 3189)

Cette pièce anonyme comprend 186 vers dont voici le premier : *Esprits qui honorez les vers.* Elle a pour auteur le dijonnais Pichou qui l'a insérée en 1630, après l'avoir remaniée profondément, dans la partie *Autres Œuvres* qui suit *Les folies de Cardenio* tragi-comédie.

75) * *Plaintes* || *de Thircis,* || *sur la mort de son amy* || *Theophile.* || *Avec son tombeau,* || *enrichy d'épitaphes.* || *M.DC.XXVI* (*1626*). || Petit in-8 de 16 p. chiff. (Cat. Sainte-Beuve, Ire p., 388)

Pièce insipide en 42 strophes de 4 vers : *Ou es-tu, cher Amy.* A la fin : Le tombeau de Théophile : *Cy gist dans ce tombeau*

76) *Le* || *Testament* || *de* || *Theophile.* || *M.DC.XXVI* (*1626*). || Petit in-8 de 15 p. et 1 p. bl. (Bibl. nat., Ln27 20357)

Pièce en prose.

77) *La* || *Descente* || *de Theophile aux* || *Enfers* || *Par Polidor.* || *M.DC.XXVI* (*1626*). || Petit in-8 de 12 p. (Bibl. Mazarine, 35265) (Bibl. nat., Ye 30476)

Pièce en vers en l'honneur de Théophile et contre le Père Coton publiée après la mort de ce dernier. En voici le premier vers : Caron : *Que cherche cet esprit errant le long des bords ;* elle est suivie de deux épitaphes en vers.

78) *La* || *Rencontre* || *de Theophile,* || *et du Père Coton,* || *en l'autre monde.* || *M.DC.XXVI* (*1626*). || Petit in-8 de 14 p. chiff. et 1 ff. bl. (Bibl. nat., Ln27 20362) (Bibl. Mazarine, 35265)

Pièce en prose.

79) * *L'examen* || *de* || *Theophile* || *par Rhadamante, Juge des Enfers* || *sur le Parnasse satyrique.* || *M.DC.XXVI (1626)*, || Petit in-8 de 16 p. (Cat. Bibl. de Troyes, 3189)

Pièce en prose.

80) * *Recueil des épitaphes faictes sur Theophile. M.DC.XXVI (1626)*. Petit in-8. (Cat. La Vallière, 3239 [5])

Nous n'avons pas rencontré cette pièce.

81) *L'Ombre* || *de* || *Theophile* || *Apparuë au Père* || *Garasse.* || *M.DC.XXVI (1626)*. || Petit in-8 de 16 p. (Bibl. nat., Ln[27] 20363)

Pièce en prose.

82) *Discours* || *remarquable* || *de la vie et mort de Theophile.* || *A Paris,* || *Chez Jean Martin, ruë de la* || *vieille Bouclerie à l'Escu de* || *Bretagne.* || *M.DC.XXVI (1626)*. || Petit in-8 de 15 p. chiff. et 1 p. bl. (Bibl. nat., Ln[27] 20360) (Bibl. Mazarine, 35265)

Pièce en prose.

83) *La* || *Metemphycose (sic)* || *de Theophile,* || *ou le transport de* || *son ombre en divers corps.* || *M.DC.XXVI (1626)*. || Petit in-8 de 14 p. chiff. et 1 ff. bl. (Bibl. nat., Ln[27] 20361)

Pièce en prose.

84) *L'oraison* || *funebre* || *de Theophile* || *Avec la deffense des Jésuites.* || *M.DC.XXVI (1626)*. || Petit in-8 de 16 p. (Bibl. nat., Ln[27] 20359)

Pièce en prose. Le second titre porte : *L'oraison funèbre de Théophile ou jugement sur tout ce qui s'est imprimé depuis sa mort, avec la deffense des Jésuites.*

85) *La* || *premiere* || *lettre que Theo-* || *phile a envoyé (sic) de* || *l'autre monde à son amy.* || *M.DC.XXVI (1626)*. || Petit in-8 de 12 p. chiff. et 2 ff. bl. (Bibl. nat., Ye 33839)

Pièce apocryphe en vers : *Mon amy, je ne suis pas mort*

86) * *Le Theophile ressuscité. M.DC.XXVI (1626)*. Petit in-8 de 15 p. chiff. (Cat. Sainte-Beuve, Ire p., 389)

Nous n'avons pas rencontré cette pièce.

G) Ouvrages dans lesquels figurent des pièces de Théophile et publiés de son vivant

87) * Frontispice gravé, au milieu un cartouche : *Le* || *Violier des Muses* || *par* || *Gabriel Robert* || *Sieur du Colombier* || *Angoumoisin.* || Au bas, dans un autre cartouche : *A* || *Poictiers* || *Par Claude Pignon* || *Et* || *Catherin Courtoys* || *1614* ||. (Bibl. de l'Arsenal, BL 6718) In-12 de 7 ff. prél. n. chiff. et 83 ff. chiff.

Nous avons donné le contenu des ff. prél. de ce volume, T. I, p. 9. Ils contiennent une épigramme latine de Théophile sur les œuvres de Gabriel Robert (reproduite T. I, p. 9).

88, *A) Vers* || *pour le ballet* || *des Bacchanalles* || *De L'Imprimerie du Roy.* || *M.DC.XXIII.* || In-4 de 28 p. chiff. (Bibl. nat., Yf 1205 rés.)

Ce ballet renferme des vers de Théophile, de Saint-Amant, de Du Vivier, de Boisrobert, de Sorel et sig. M. (prob[t] Malleville).

B) Autre édition : *Ballet* || *du Roy,* || *sur le sujet des Bacchanalles.* || *Dansé au Louvre le 26 de* || *février 1623.* || *A Paris,* || *Par René Giffart, ruë des Carmes.* || *M.DC.XXIII* (*1623*). || Avec privilege du Roy. || In-8 de 21 p. chiff. (Bibl. nat., Yf 4242 rés.)

Cette édition renferme le *Sujet des Bacchanalles* en prose qui n'est pas dans l'édition in-4.

Il manque dans les deux éditions ci-dessus les vers de Bordier pour ce ballet, l'auteur les a fait imprimer à part sous le titre : *Vers pour le ballet du Roy représentant les Bacchanales dansé par sa Majesté au mois de Février 1623. Par le sieur Bordier, ayant charge de la Poësie près Sa Majesté. A Paris, chez Jean Sara, ruë Sainct Jean de Beauvais, devant les Echolles du Décret M.DC.XXIII.* In-4 de 14 ff. chiff. (Bibl. nat., Yf 1009). — Autre édition : même titre, même librairie, in-4 de 12 p. chiff. (Bibl. nat., Yf 1008).

H) Recueils collectifs de poésies [1] contenant des pièces de Théophile

1° *Publiés de son vivant*

89) * *Le* || *Cabinet* || *des Muses* || *ou nouveau recueil des plus beaux* || *vers de ce temps.* || *A Rouen,* || *De l'Imprimerie* || *de David du Petit-Val,* ||

(1) Pour le nombre de pièces de chacun des recueils cités et leur collation, nous renvoyons à notre Bibliographie des recueils collectifs de poésies publiés de 1597 à 1700. 4 vol. in-4.

Imprimeur et libraire ordi- || *naire du Roy* || *1619.* || In-12. (Bibl. nat., Ye 11439-11440)

Ce recueil contient 7 pièces de Théophile publiées pour la première fois ; quatre sont signées par le sieur de Viau :

Epig. : *Grâce à ce comte liberal* (sig. par erreur Le Metel (Boisrobert)
Description d'une matinée : *L'Aurore sur le front du jour*
Sonnet : *L'autre jour inspiré d'une divine flame* (n. s.)
Pour Monsieur de Montmorency : *Lors qu'on veut que les muses flatent*
Sonnet : *Me dois-je taire encor Amour, quelle apparence* (n. s.)
Contre l'hyver. Ode : *Plein de colère et de raison*
Au très puissant et toujours victorieux Prince Maurice de Nassau. Ode : *Un esprit lasche et mercenaire*

90) * *Le* || *second livre* || *des* || *Délices* || *de la Poesie* || *françoise* || *Ou nouveau recueil des* || *plus beaux Vers de ce temps.* || *Par J. Baudoin.* || *A Paris,* || *chez Toussainct du Bray, ruë S. Jacques,* || *aux Espics meurs, et en sa bouticque au* || *Palais, en la gallerie des Prisonniers.* || *M.DC.XX.* || *Avec privilège du Roy.* || In-8. (ex meis) (Bibl. nat., Ye 11445)

Ce *Second livre* renferme 12 pièces du « sieur Théophile[1] » dont sept nouvelles (sur lesquelles trois sont également dans les *Délices satyriques*)

Sur la mort de Durand, et des deux Sity frères. Sonnet : *C'est un supplice doux et que le Ciel avouë*
Satyre seconde : *Cognois-tu ce fascheux qui contre la fortune*
Ode : *Dans ce val solitaire et sombre*
Sonnet : *Je songeois que Philis des Enfers revenuë*
Elégie : *Mon âme est triste, et ma face abatuë*
Satyre première : *Qui que tu sois, de grâce, escoute ma satyre*
Id. troisième : *Si vostre doux accueil n'eust consolé ma peine*[2]

Est-ce à cause de la présence des pièces libertines de Théophile que Toussainct du Bray a fondu immédiatement les deux « livres » des *Délices* en un seul volume de 1180 p. chiff. sous le titre : *Les Délices de la poësie françoise ou dernier recueil des plus beaux vers de ce temps... Paris, Toussainct du Bray, M.DC.XX.* (Bibl. nat., Ye 11444) en ayant soin d'en exclure les poésies de Théophile et de quelques autres, mais en y ajoutant de nouvelles pièces ? Pour masquer cette exclusion, certains exemplaires possèdent entre les pages 634 et 635 un second titre destiné à faire illusion : « Le Second livre des Délices de la poësie francoise ou dernier recueil des plus beaux vers de ce temps...... Paris, Toussainct du Bray, M.DC.XX (1620) ». On remarquera que le nom de Jean Baudoin ne figure plus sur le titre.

91) * *Les* || *Delices* || *satyrique (sic)* || *ou suitte du Cabinet* || *des vers*

(1) Treize pièces si on y ajoute l'épigramme des *Délices satyriques* : Je perds mon temps et mes discours, qui est placée ici dans les poésies de Le Roy (de Gomberville).

(2) Dans l'édition des *Œuvres de Théophile, 1621,* cette pièce a pour titre : Elégie à une Dame.

satyriques de ce temps || *recherchez dans les secrets* || *Cabinets des sieurs de Sigognes, Regnier, Motin, Berthelot, Maynard, et autres des plus signa-* || *lez poëtes de ce siecle.* || *A Paris,* || *chez Anthoine de Sommaville, en la* || *Gallerie des Prisonniers, prez la Chancellerie.* || *M.DC.XX (1620).* || *Avec privilege du Roy*[1]. || (Cabinet de M. Pierre Louÿs)

In-12 de 6 ff. prél. n. chiff. pour le titre, l'avertissement au Lecteur, l'épigramme de Colletet : *Vous autres que la Muse picque*, la table et l'extrait du Privilége du Roy donné à Anthoine Estoc pour le *Cabinet des vers satyriques de ce temps, première et seconde partie* accordé le 8 juin 1618, sig. Bergeron. Un avis indique qu'Estoc a partagé son privilège avec Sommaville. P. 1 à 472. Le titre courant porte : « Délices de la médisance [2] ».

Ce recueil contient 11 pièces de Théophile, une seule est signée et est nouvelle : *Je perds mon temps et mes discours* [3], les dix autres anonymes sur lesquelles trois sont dans le Second livre des Délices et six nouvelles :

Chère Philis, j'ay bien peur que tu mesures
Enfin sauvé d'une passion funeste
L'infidélité me deplaist
Marquis, comment te portes-tu
Philis, quand le Ciel m'a fait mauvais visage
Si j'estois dans un bois poursuivy d'un lion
La dernière : *Grâce à ce comte libéral* du Cabinet des Muses, 1619.

92) * *Recueil mémorable de tout ce qui c'est faict et passé depuis la reception des Chevaliers de l'Ordre du S. Sprit* (*sic*) *en l'année 1620 jusques à present... A Paris M.DC.XX (1620).* || In-8. (Bibl. nat., Lb36 1430)

Ce recueil qui est la première édition du « Recueil des pièces les plus curieuses qui ont esté faites pendant le règne du Connestable de Luynes », contient 2 pièces de Théophile :

Conseil au Roy ; *Cher objet des yeux et des cœurs*
Eloges du Duc de Luynes : *Escrivains toujours empeschez* (n. s.).

93) * *La Cresme* || *des bons vers,* || *Triez du mes-* || *lange et cabi-* || *net des Sieurs* || *de Ronsard.* || *Du Perron.* || *de Malerbe.* || *de Sigongnes.* || *de Lingendes.* || *Motin.* || *Maynard.* || *de Bellan.* || *D'Urfé.* || *Théophile et autres.* || *A Lyon,* || *Pour Martin Courant* || *M.DC.XXII (1622)* || Petit in-8. (ex meis)[4]

---

(1) Le Cat. Méon (1803) mentionne un exemplaire au nom d'Estoc.

(2) Ce recueil contient 300 pièces dont 176 seront reproduites dans le *Parnasse satyrique* (50 sig. et 126 anonymes) ; 124 sont restées inédites (28 sig. et 96 anonymes).

(3) Cette épigramme est placée dans le *Second livre des Délices*... voir n° 90, aux poésies de Le Roy (de Gomberville).

(4) Nous ne connaissons de ce recueil que notre exemplaire.

Ce recueil contient 20 pièces de Théophile qui avaient paru dans les recueils collectifs antérieurs ou dans la première édition des Œuvres du poète, 1621.

Cette édition a été remise en circulation l'année suivante avec un nouveau titre et une table des matières : *Le Séjour || des Muses, || ou || la Cresme || des bons vers. || Triez du mes- || lange et cabi- || net des sieurs || de Ronsard. || Du Perron. || Aubigny père (Agrippa d'Aubigné) || Aubigny fils. || De Malerbe. || De Lingardes. || Motin. || Maynard. || Théophile. || De Bellan. || Et autres bons Autheurs. || Avec la table des Matières. || A Lyon. || Pour Martin Courant, || Imprimeur, et Libraire. || CIↃ.IↃC.XXIII (1623).*

94, *A)* * *Le Parnasse || des Poëtes || Satyriques ||. M.DC.XXII (1622).* In-8 de 6 ff. n. chiff. et 208 p. chiff. — *La || Quint-essence || satyrique, || ou || Seconde partie || du Parnasse des Poëtes || Satyriques de nostre temps. || Recherchez dans les Œuvres secrettes des auteurs les || plus signalez de nostre siècle. || A Paris, || chez Anthoine de Sommaville, au || Palais, en la Gallerie des Libraires || près la Chancellerie. || M.DC,XXII (1622)* ||. In-8. Titre. P. 1 à 208, 207 à 222, 233 à 280 (pag. par erreur 270). (Cabinets de MM. Pierre Louÿs et Henri Monod)

Ce recueil en deux parties contient 24 pièces de ou attribuées à Théophile[1], une seule est signée.

Ces 24 pièces se décomposent ainsi :

2 nouvelles qui sont bien de Théophile ;

14 douteuses ;

1 des Œuvres 1621 ;

6 des *Délices satyriques* dont deux avaient paru en même temps dans le *Second livre des Délices de la poésie françoise, 1620* ;

1 du Cabinet des Muses, 1619.

B) * *Le Parnasse des Poètes satyriques ou dernier recueil des vers picquans et gaillards de nostre temps. M,DC.XXIII (1623).* In-8, semblable au précédent. (Cat. G. B., 30 avril 1849)

C) * *Le || Parnasse || satyrique || du sieur Théophile. || M.DC.XXV (1625)* || In-8 de 380 p. chiff. (les dernières mal paginées et finissant à 370). (Cabinet de M. Pierre Louÿs)

Cette édition comme la suivante n'a pas les feuillets liminaires des deux éditions précédentes et le titre de « Quintessence satyrique » a été supprimé, la pagination est suivie au lieu de comporter deux parties, et les signatures des pièces ont disparu sauf pour le sonnet de Théophile et une pièce de Colletet.

---

(1) Nous ne comptons pas ici les deux pièces du Ms de l'Arsenal qui ont été attribuées à Maynard et à Motin dans les *Délices satyriques*.

D) Le || *Parnasse* || *des poetes* || *satyriques* || *ou* || *dernier Recueil des Vers picquans* || *et gaillards de nostre temps.* || *Par le sieur Théophile.* || *M.DC.XXV* (*1625*) || In-8 de 380 p. chiff. (Bibl. nat., Ye 2766)

Nous ne mentionnerons pas ici toutes les éditions du Parnasse Satyrique parues après la mort de Théophile jusqu'aux deux réimpressions du XIXe siècle : Claudin et Poulet-Malassis. On en trouvera la liste dans le tableau du t. I : p. XXV à XXVIII.

2° *Publiés après la mort de Théophile et contenant des pièces nouvelles*

95) * *Jardin* || *des* || *Muses.* || *Ou se voyent* || *les Fleurs de plusieurs* || *aggréables poësies,* || *Recueillies de divers Autheurs,* || *tant anciens que modernes.* || *A Paris,* || *Chez Antoine de Sommaville,* || *au Palais, en la Salle des Merciers,* || *à l'Escu de France ;* || *et* || *Augustin Courbé, dans* || *la mesme Salle, à la Palme.* || *M.DC.XXXXIII* (*1643*). || In-12. (Bibl. de l'Arsenal, 7267 Rés.)

Ce recueil contient quatre petites pièces nouvelles de Théophile.

96) * *Hortus epitaphiorum selectorum ou Jardin d'épitaphes choisis. Où se voyent les Fleurs de plusieurs Vers funèbres, tant anciens que nouveaux, tirez des plus fleurissantes villes de l'Europe. Le tout divisé en deux Parties. A Paris, chez Gaspar Meturas, ruë S. Jacques, à la Trinité, pres les Maturins. M.DC.XLVIII* (*1648*). *Avec privilege du Roy.* In-12. (Bibl. nat., Ye 8824-8825)

Ce recueil ne contient qu'une pièce nouvelle de Théophile.

97) * *Les Muses* || *illustres.* || *de Messieurs.* || *Malherbe* || *Theophile..... Et plusieurs autres Autheurs de ce temps.* || *A Paris,* || *Chez Louis Champoudry, au Pa-* || *lais devant la Sainte Chapelle, à* || *l'Image S. Louys.* || *M.DC.LVIII* (*1658*) || *Avec privilege du Roy.* || In-12. (Bibl. nat., Ye 7784)

Ce recueil ne contient qu'une petite pièce nouvelle de Théophile.

98) * *Poesies* || *choisies* || *de Messieurs* || *Corneille. Boisrobert. de Marigny.....* || *et plusieurs autres.* || *Cinquiesme partie.* || *A Paris,* || *chez Charles de Sercy, au Palais, dans* || *la salle Dauphine, à la*

Bonne foy couronnée || *M.DC.LX (1660)* || *Avec privilège du Roy.* || In-12. (Bibl. nat., Ye 11509)

C'est la cinquième partie du Recueil dit de Sercy, elle contient un sonnet : *A quoy bon me presser tant d'aller à confesse* (p. 109) ou *Vous me pressez à tort...* attribué à Théophile par le Ms. de la Bibl. Ste-Geneviève, 2459.

99) * *Recueil* || *des plus belles pièces* || *des Poètes* || *françois,* || *tant anciens que modernes,* || *depuis Villon jusqu'à M. de Benserade.* || *Tome troisième* || *A Paris,* || *Chez Claude Barbin, au Palais, sur le* || *second perron de la Sainte Chapelle.* || *M.DC.XCII (1692).* || *Avec privilege du Roy.* || In-12.

Ce recueil ne contient qu'une épigr. nouvelle : *J'avoueray avec vous*

J) OUVRAGES DE GARASSUS CONTRE THÉOPHILE ET POUR OU CONTRE LA DOCTRINE CURIEUSE [1]

publiés de 1623 à 1626

100, *A)* * *Jugement* || *et* || *censure* || *du livre de la* || *Doctrine curieuse* || *de François Garasse.* || *Quid detur tibi, aut quid apponatur tibi, ad linguam dolosam? Psal. 119.* || *A Paris.* || *M.DC.XXIII (1623)* ||. In-8. (Bibl. nat., D 21569)

16 ff. prél. n. chiff. pour : le titre, Aux Reverends Pères de la Compagnie de Jésus, n. s., Advertissement au lecteur, In Librum de doctrina curiosa F. Garassi (17 vers latins), Jugement du livre de la Doctrine curieuse de François Garasse, Extraict de la lettre de L. R. L. et Table des chapitres. P. 1 à 216.

B) * Même titre, 12 ff. prél. et 84 ff. n. chiff. en 21 cahiers D-Z et A-A, caractères plus petits et nombreuses omissions de texte et fautes d'impression. (Bibl. nat., D 46413)

Cette édition publiée sous le manteau est celle dont Fr. Ogier avait fait saisir 250 feuilles (29 novembre 1623).

101, *A)* * *Apologie du Père François Garassus, de la Compagnie de Jésus pour son Livre contre les Athéistes et Libertins de nostre siècle et response aux censures et insolentes calomnies de l'Autheur*

---

(1) Pour le titre de la *Doctrine curieuse*, voir t. I, p. 147.

anonyme. Septimum in Augiæ stabulis impendā laborem. A Paris, chez Sebastien Chapellet. M.DC.XXIIII (1624). In-12.

18 ff. prél. n. chiff. pour le titre, l'épître dédicatoire à Mgr Nicolas de Verdun, premier président, six pièces de vers latins et français, Copie de l'extraict de la Chambre civile du Chastellet de Paris du mercredi 29 novembre 1623 qui a esté publié et signifié à tous les libraires de Paris, observations du R. I., sur quelques points notables du dit extraict, et la table des chapitres. P. 1 à 332.

Cette édition doit être l'édition de Poictiers avec un titre rafraîchi. L'édition de Poictiers est introuvable, on en connaît l'existence par l'Anti-Garasse d'Antoine Remy qui dit que Garasse a escrit deux Apologies l'une à Poictiers, l'autre à Paris (p. 42), et à la p. 490, il cite un passage tiré de la p. 159 de l'Apologie de Poictiers, lequel ne se trouve pas dans l'Apologie de Paris.

Voici maintenant la description de l'édition dite de Paris :

*B) *Apologie || du Pere || François Garassus, || de la Compagnie de || Jésus, pour son Livre con- || tre les Athéistes et Liber- || tins de nostre siècle. || et responce || aux censures et || calomnies de l'Autheur Anonyme. || Roman XV. || Improperia improperantium tibi || cecide-runt super me. || A Paris, || chez Sebastien Chappelet, ruë || S. Jacques au Chapelet. || M.DC.XXIV (1624). || Avec Privilege, et Approbation ||.* In-12. (Bibl. nat., D 21570)

22 ff. prél. non chiff. pour le titre, l'Adresse au Lecteur (n. s.), le Jugement et descouverte généralle du Libelle intitulé la Censure et Jugement de la Doctrine Curieuse, etc., la Copie de l'extraict des Registres de la Chambre civile..., le Privilège du Roy accordé à Sebastien Chappelet pour 9 ans daté du 10 janvier 1624 sig. Le Grand, l'approbation des docteurs du 5 janvier 1624 et la Table des chapitres. P. 1 à 360.

102) * *Correction || fraternelle, || sur le jugement et || censure du livre de la || Doctrine curieuse, du R. P. || F. Garasse, à un certain Anonyme, qui || faict courir un livret portant au front || une seule vérité, qui se vérifie luy seul || et toute seule vérité en un livret || de fausseté et mesdisance ||* Quid detur tibi aut quid apponatur tibi, ad || linguam dolosam ? Psal. 119. || *Par le bon amy de l'Anonyme ||* J H S (with + above H). *A Cologne Agripine, || Par Denis Frainays, || Imprimeur et Libraire || M.DC.XXIV (1624) Avec la licence de l'Empereur. ||* In-12 de 168 p. (Bibl. Mazarine, 25388)

103) * *Responce || de || Garasse, || aux mesdisans. || M.DC.XXIV (1624). ||* Petit in-8 de 16 p. chiff. (Cat. Sainte-Beuve) (Cabinet de M. Pierre Louÿs).

Cette pièce ne serait pas de Garassus, mais elle porte bien sa marque de fabrique, le style est celui du bon Père, quoiqu'elle n'attaque pas Théophile.

104) * *Lettre* || *du Pere* || *François* || *Garassus* || *de la Compa-* || *gnie de Jesus* || *A Monsieur Ogier,* || *touchant leur reconciliation,* || *et* || *Response du* || *sieur Ogier sur* || *le mesme sujet.* || *A Paris,* || *Chez Sebastien Chappelet, ruë S.* || *Jacques, au Chapelet* ||. *M.DC.XXIV* (*1624*) || *Avec privilège du Roy* ||. In-12 de 77 p., 1 ff. pour le privilège et l'approbation des Docteurs. (Bibl. nat., Ld[39] 112) (Bibl. Mazarine, 25389)

La lettre du Père Garassus est du 4 février 1624, celle d'Ogier du 7 février. A la fin l'approbation des docteurs datée du 18 février 1624.

105. *Response* || *du sieur* || *Hydaspe* || *au sieur* || *de Balzac,* || *sous le nom* || *de Sacrator.* || *Touchant l'Anti-Theophile et* || *ses escrits.* || *Æneid. X* || *Cœdicus Alcathoum obtruncat* || *Sacrator, Hydaspem.* || *M.DC.XXIV* (*1624*). || Petit in-8 de 31 p. chiff. (Bibl. nat., Ln[27] 20345)

Cette réponse cinglante à Balzac est de François Garassus. Alleaume l'a publiée (T. I des Œuvres de Théophile).

106) * *Nouveau* || *jugement* || *de ce qui a* || *esté dict et es-* || *crit pour et contre le* || *livre de la Doctrine* || *Curieuse des beaux* || *esprits de ce temps, etc.* || *Dialogue.* || *A Paris,* || *Chez Jacques Quesnel ruë* || *S. Jacques, aux Colombes.* || *M.DC.XXV* (*1625*). || Petit in-12 de 6 ff. prél. et 143 p. (Bibl. nat., D 21571)

Cet ouvrage serait de Garassus. L'épître dédicatoire est adressée à M. d'Oignon, conseiller du Roy en sa Court de Parlement de Paris sig. Guay. A la suite *Avertissement* et *Quelques matières de ce traité.*

K) AUTOGRAPHES RELATIFS A THÉOPHILE ET LETTRES DE CE POÈTE INSÉRÉES DANS LES MANUSCRITS

Bibliothèque nationale. Dép. des Manuscrits.

Les 500 de Colbert :

T. II, ff. 90. Lettre de Théophile à Mathieu Molé.
Id. 92. id. de Théophile au Roy.
Id. 93. id. de Montmorency à Mathieu Molé.
Id. 94. Projet d'interrogatoire de Mathieu Molé (partie non autographe ff. 102).
T. IV, ff. 15. Lettre du chancelier Brulart à Mathieu Molé.

Collection Dupuy :

T. 93, ff. 62. L'arrest du 1er septembre 1625, l'arrest du 10 septembre 1625.
T. 685, ff. 29. Lettre de Mathieu Molé à J. Dupuy.

Ms. fr. 19574 :

Lettre de Théophile à M. Des Barreaux sur la mort de son père.
Lettre sur son livre (Avis au lecteur de la *Seconde partie*, 1623).

Le Mémoire Mahelot, fonds fr. 24330 :

Décors de la trag. de *Pyrame et Thisbé*.

Chez Mr de Bellegarde, à Boussères :

Lettre de Théophile à sa sœur Marie.
Ode à M. de Liancourt : *Entretiens la mélancholie*
Acte du 10 mai 1653.

L) Portraits de Théophile

En dehors des deux portraits de Théophile : de Paillot (en tête du T. II) et de Daret (en tête du T. I), il en existait un troisième peint par Ferdinand mais qui ne paraît pas avoir été gravé. Il est mentionné dans le *Cabinet de M. de Scudéry, gouverneur de Nostre Dame de la Garde. Première partie* (seule publiée). *A Paris, chez Augustin Courbé, libraire et imprimeur de Monseigneur le duc d'Orléans, dans la Petite salle du Palais, à la Palme. M.DC XXXXVI (1646) avec privilège du Roy*. In-4.

Le Portrait de Théophile de la main de Ferdinand

Le sort, l'injustice et l'envie,
Ont assez traversé sa vie ;
Mais il surmonte après sa mort.
Et l'aveugle injustice, et l'envie et le sort.

PAUL DE VIAU

BIBLIOGRAPHIE

Les premieres || *œuvres* || *du frère du S*[r] || *Theophile,* || *par luy presenté* || *à Monsieur* || *le Prince,* || *et à Madame* || *la Princesse* || *de Condé.* || *A Paris,* || *chez J. Guillemot près les Mathurins,* || *devant le Cloistre S*[t] *Benoist* || *M.DC.XXVII* (*1627*) || *Avec permission.* || Petit in-8 de 15 p. chiff. et 1 p. bl. (Cat. Sainte-Beuve, Ire p., 388) (Cabinet de M. Pierre Louÿs).

Cette plaquette a été remise en circulation sous un autre titre :

Le || *Sacrifice* || *des Muses* || *à Monsieur* || *le Prince* || *et à Madame* || *la Princesse de Condé* || *par le sieur H. Theophile,* || *Frère du deffunct S. Theophile.* || *A Paris, chez J. Guillemot, près les Mathurins,* || *devant le Cloistre S*[t] *Benoist.* || *M.DC.XXVII* (*1627*) || *Avec permission.* || (Bibl. nat., Ye 33845).

Elle renferme les pièces suivantes : Le Sacrifice des Muses. Ode : *Prince, dont les perfections ;* Au mesme. Sonnet : *Prince dont la valeur fait trembler l'Univers*; A Madame la Princesse. Sonnet : *Princesse de la Terre, et Déesse des Cieux* ; Aux Dames. Sonnet : *Anges humains pour qui tout le monde souspire*

Paul de Viau avait fait aussi des vers gascons (voir la lettre de M. De Fenis, p. 76).

LARISSE

HISTOIRE GRECQUE, TRADUITE DU LATIN DE THÉOPHILE DE VIAU

Cette traduction du conte *Larissa* écrit en latin par Théophile (*Œuvres*, 1621) a paru dans un recueil de pièces érotiques : *Le Portefeuille nouveau ou mélange choisi en vers et en prose. A Londres, M.DC.XXXIX (1739)*, in-8 de 48 p.

Je servois dans la Maison d'un Citoyen Romain, avec un jeune Esclave Grec, à qui la passion de voyager et de tenter les hasards de la Mer, avoit coûté la liberté dont il joüissoit dans sa Patrie, et fait trouver des fers sous un Ciel étranger. Tous les caractères et les signes naturels qui sur le front des gens bien-nés marquent la naissance ou l'éducation, on les démêloit sur son visage : l'air distingué de sa personne annonçoit la noblesse de son origine, et l'on voyoit par toutes ses manières qu'il avoit employé ses premières années à des exercices bien différens de ceux où le sort le condamnoit; car il étoit si peu fait pour servir, qu'à le voir manier le plus vil instrument on eût dit qu'il tenoit une lance. S'il falloit porter quelque fardeau, il plioit sous le plus léger, et il ne pouvoit porter un poids de vingt livres au-delà d'un mille : cependant malgré sa foiblesse il montroit beaucoup de courage ; tout ce que sa condition exigeoit de lui quelque pénible qu'il fût, il le faisoit de bonne grâce, et oubliant ce qu'il étoit né, il avoit sçû plier son esprit et l'accommoder à sa situation, toute affreuse qu'elle dût lui paroître ; mais sa délicatesse avoit beaucoup à souffrir sous le joug pesant de la servitude, auquel il n'étoit point accoûtumé. En effet, peu de tems après qu'il eût tâté de l'Esclavage, ses forces épuisées par une vie dure, par le travail et par les veilles, l'abandonnèrent tout à coup, et il tomba dans une langueur mortelle. Ses beaux cheveux blonds, autrefois l'objet de sa complaisance et de ses soins, étoient négligez et tout en désordre ; son front uni et blanc comme la neige avoit perdu tout son éclat, et presque contracté des rides ; il avoit les yeux mourans, les joües creuses et décharnées, les mains rudes et durcies par le travail : enfin une maigreur affreuse répanduë par tout son corps le défiguroit horriblement, et l'avoit presque réduit à la dernière extrémité : ainsi dépérissant de jour en jour, s'il donnoit encore quelque signe de vie, ce n'étoit que par des sanglots et par des soupirs. Touchée de l'état où je le voyois, je partageois en secret ses peines, et compatissant à ses malheurs, je me plaignois de l'injustice du sort. Lorsque j'en trouvois l'occasion je l'exhortois à prendre courage, je mêlois souvent mes larmes aux siennes, et j'essayois de le consoler ou du moins d'adoucir ses maux. De plus, pour ménager sa foiblesse, je le prévenois sur tout ; je ne souffrois plus qu'il se donnât la moindre peine, je faisois moi-même son ouvrage et presque toute la besogne du logis : mais je ne me contentois pas de prendre sur moi toute sa tâche et de lui procurer par mes fatigues le repos dont il avoit besoin ; j'étois devenue volontairement son esclave, et quoiqu'il fut mon compagnon, je le servois comme mon Maître, je m'efforçois de lui marquer mon zèle et mon attachement. Au reste tout abattu qu'il étoit par sa nouvelle condition, il y avoit dans sa physionomie quelque chose de grand et d'élevé : ses yeux à demi éteints laissoient échaper un certain éclat qui sembloit exercer ses droits et dominer souverainement sur l'obscurité de mon étoile. On voyoit briller sur son visage une dignité naturelle et je ne sçais quelle autorité qui me soûmettoit d'abord à lui, et je suivois avec plaisir les impressions de cet ascendant. Ce jeune homme bien né sentit bientôt toutes les obligations qu'il m'avoit, et ce que la pitié m'inspiroit pour lui. Toutes les fois que je lui rendois quelque service, je remarquois la peine qu'il avoit de ne pouvoir me rendre la pareille, et tout confus de mes bontés, il me remercioit avec ces grâces et ce tour heureux d'expression que donne la politesse des Cours. Comme il avoit beaucoup de douceur dans l'esprit et dans le caractère, qu'il avoit l'entretien fort aimable, la figure charmante, et toute la beauté qui peut rendre un mortel adorable, je ne fus pas long-tems sans passer de la compassion à l'amour. Il est vrai que, quoique mon cœur n'eut jusqu'alors reçû aucune atteinte, la blessure d'abord ne fut pas profonde, l'amour n'en avoit point encore forcé les derniers retranchemens ; il essayoit ses cruelles armes sur mon imagination où sa flâme avoit pris naissance : ma raison sentit les progrès de cette flâme, et, d'intelligence avec son ennemi, lui livra mon cœur sans rendre de combat.

Le début de cette agréable Histoire avoit rendu toute la Compagnie attentive au récit de Larisse, et principalement deux jeunes Filles ; mais elles feignoient d'être distraites, pour ne point paroître écouter un récit trop libre où la pudeur ne leur permettoit point de prendre part, et elles affectoient de détourner la tête ; ensuite s'efforçant de bâiller, puis fermant peu à peu les yeux et laissant tomber doucement leur tête, on eût dit, à voir toute leur attitude, que le sommeil les gagnoit réellement. Elles feignoient cette envie de dormir pour être seulement plus recüeillies et se livrer avec plus d'attention au récit voluptueux de la Vieille, car leurs oreilles étoient en effet tout aussi alertes et aussi éveillées que leur imagination, et elles saisissoient avidement les agréables circonstances d'une peinture lubrique qui les chatoüilloit. Cependant une de ces dormeuses ne pût résister à un mouvement de curiosité qui lui fit jetter à l'échapée quelques regards sur la conteuse : mais comme si ses yeux, éblouïs par les images confuses d'un songe qui fait errer la vuë au hazard, se fussent ouverts machinalement, elle les referma bien vite. L'autre fille, pour renchérir sur sa compagne s'étant laissé tomber de dessus son siège, comme si elle fut tombée de son lit en se réveillant le matin en sursaut : Quoi donc ! dit-elle, est-ce qu'il fait jour ? Mais s'étant bien-tôt déconcertée, une rougeur subite, dont elle ne fut point maîtresse, trahit par une véritable confusion le stratagème de sa fausse pudeur, et découvrit toute la feinte : on se mit à rire, et toute l'assemblée fixant ses regards sur les deux filles, qui rougissoient à qui mieux mieux, on leur fit connoître qu'on n'étoit point la dupe de leur sommeil, et qu'elles s'étoient decelées elles-mêmes.

Cependant Larisse avoit cessé de parler ; elle ne vouloit point, disoit-elle, achever un récit qui fût capable d'offenser qui que ce fut des assistans, et elle menaça la compagnie de quelque vieux Conte des plus usez, lorsque Philese, impatient d'entendre la suite de son Histoire : Ne voyez-vous pas, lui dit-il, que ces jeunes filles tâchent en effet de s'endormir pour pouvoir embrasser en songe l'image voluptueuse de votre jeune Grec. Alors sautant au col de la Vieille par une vivacité de jeune homme : Ma bonne Mère, continua-t-il, je vous en conjure par vos amours, ne nous faites pas payer si cher l'interruption qu'on vous a faite. Enfin à force de caresser et d'embrasser la vieille Esclave, ce beau Garçon la fit consentir à continuer son Histoire. Elle promit de ménager le plus qu'il lui seroit possible, dans la suite de ses Amours, la pudeur des deux jeunes filles, et voulant qu'elles vinssent s'asseoir plus près d'elle : On permet, dit-elle, une fois le jour un peu de folie à la jeunesse. Ces paroles prononcées d'un ton de législateur furent comme une espèce de dispense pour les oreilles scrupuleuses, et comme un passeport pour les Histoires du jour. Les deux jeunes filles ne se firent point prier pour se mettre auprès de Larisse, et la Vieille reprit ainsi la suite de ses avantures.

L'Amour gagnant peu-à-peu le terrain et d'un foible commencement s'étant sensiblement accru, comme quand le feu trouve une matière combustible, fut bien-tôt maître absolu chez moi. Ce n'étoit déjà plus cet Amour séducteur dont les jeux m'avoient paru si doux dans la naissance de ma passion, mais un Dieu cruel, et qui devenu plus fier encore après avoir triomphé de ma foiblesse, exerçoit sur moi son pouvoir tyrannique : enfin au lieu de cet Amour paisible [1] qui s'estoit d'abord logé dans mes yeux et que j'hébergeois innocemment, je sentis un feu violent qui m'enflâmoit le sang dans les veines et qui dévoroit jusqu'à mes os. Toutes les armes que ma vertu opposoit à son ennemi étoient des soupirs et des larmes, et comme d'intelligence avec l'Amour, ma volonté étoit trop foible pour tenter même de résister à ce qu'il plairoit à mon Tiran d'ordonner de la malheureuse Larisse. Au reste je ne puis bien exprimer quelle étoit ma situation, et je ne sçais quel nom lui donner : Eh ! comment puis-je décider si c'est volontairement ou malgré soi qu'on subit le joug de l'Amour, puisque dans mon égarement, en me plaignant de sa cruauté, je lui adressois en même tems mes vœux ! fatal Amour (disois-je, dans ces momens où ma raison sembloit vouloir reprendre le dessus), funeste fléau des mortels, pourquoi viens-tu troubler mon repos ? Puis à l'instant même changeant de langage : Doux Vainqueur (disois-je tout de suite), Amour, le plus puissant des Dieux, pardonne-moi mon emportement, mon cœur désavoüe les plaintes injustes que ma bouche insensée profère, et si le trouble de mes sens permet quelque retour à ma raison, Dieu de Paphos et d'Idalie, j'adore ton pouvoir suprême ; fais que mon cher Glison réponde à mes feux, et toutes les offenses que j'ai pû commettre contre toi, je vais les expier, en faisant couler

(1) Allusion au Conte de l'Amour mouillé d'Anacréon.

parmi les roses sur tes Autels le sang des Moineaux et des Colombes. Cependant ma blessure mortelle avoit abbatu mes esprits et je dépérissois à vûë d'œil : il n'y avoit de soulagement pour moi ni dans la nourriture ni dans le sommeil et nulle considération ne pouvoit affranchir mon âme maîtrisée par une passion furieuse, et asservie à un chétif Esclave. Glison (c'est le nom de cet aimable enfant) me paroissoit plus beau de jour en jour ; je trouvois son entretien plus agréable, et je découvrois à chaque instant de nouveaux charmes dans ses yeux qui reprenoient leur vivacité : en effet, aussi-tôt que le tems qui guérit tous les maux à la longue, eut adouci l'amertume de son chagrin, et que par l'habitude de souffrir il fût endurci contre la douleur, son visage ayant repris son ancien éclat fit bien-tôt briller tant d'agrémens et de beauté qu'en le regardant on se rapelloit l'idée de cette admirable Vénus, le chef-d'œuvre du pinceau d'Apellès. Hélas ! tandis qu'il se faisoit un changemement si heureux chez Glison, j'en éprouvois un bien triste en moi : le feu secret qui me minoit, consumoit de plus en plus mes forces, et autant ce Garçon si charmant s'embellissoit encore chaque jour, autant je voyois s'altérer ma figure, qui sans vanité dans ce tems-là n'étoit point tout-à-fait à rejetter, Mais ce qu'il y a de plus cruel dans les maux que souffrent les Amans, à mesure que le feu qui me dévoroit se fortifioit dans mon sein, une timidité malheureuse me contraignoit de l'étouffer, et quoique les transports d'une passion qui étoit à son dernier degré fussent devenus trop violens pour pouvoir être retenus davantage, comme j'étois fort jeune et fort novice, je n'avois point assez de hardiesse pour exposer ma chère pudeur, par une déclaration téméraire, au danger d'essuyer un refus. Je n'avois donc plus de salut à espérer, puisque séchant de jour en jour, il sembloit que mon âme mourante se creusoit son tombeau dans mon corps, lorsque mon Amant, par un coup du destin, m'ouvrit lui-même sur le bord de ma fosse l'unique voye qu'il y avoit pour me sauver ; car aussi-tôt qu'il vit succomber à son tour cette infortunée à laquelle il prétendoit avoir de si grandes obligations, son bon cœur ne pût s'empêcher de faire éclater sa tristesse, il ne pouvoit retenir ses larmes, et se souvenant de l'état affreux dans lequel il s'étoit trouvé, il s'empressoit de me rendre les soins dont ma tendresse l'avoit prévenu.

Un jour (c'étoit justement un vendredy, jour qui est consacré à Vénus) : ce jour donc, environ sur le soir, nous nous mîmes à table à notre ordinaire, pour souper ensemble de la desserte de notre Maître. Glison, parfaitement guéri du dégoût que lui causoit son chagrin, mangeoit beaucoup et de bon appétit : comme j'avois les yeux attachés sur lui et que j'étois fort affoiblie, pour avoir été trois jours entiers sans prendre aucune nourriture, il m'excitoit de tems en tems à manger. Toutes les attentions qu'il avoit pour moi, et tout ce qu'il me disoit d'obligeant sembloit justifier mon amour et nourissoit ma folle passion, en me remplissant d'espérance : ses yeux d'ailleurs paroissoient m'être garands de tout ce que j'augurois de sa sensibilité. Ainsi ma fureur amoureuse fut bien-tôt allumée à ce point qu'il falloit, ou périr sans oser parler, ou surmonter, au hazard d'un refus, ma témérité naturelle, et risquer une déclaration : c'est pourquoi dès le lendemain je commençai à lui faire des avances ; et ayant heureusement trouvé l'occasion d'un tête à tête, je pris mon tems une après dînée qu'il s'étoit jetté sur mon lit : là débutant par un torrent de larmes, mon cher Glison, lui dis-je, ou permettez que je vous baise mille fois, ou laissez-moi expirer à vos pieds : je vous en conjure par vos beaux yeux et par vos genoux que j'embrasse, ayez pitié d'une infortunée, qui brûle et qui meurt d'amour pour vous. Je vis aussi-tôt sur le visage de mon Amant briller une joye et une vivacité qui fut le gage de mon bonheur, et il se rendit à mes premières instances : que vous dirai-je de plus ? il m'entraîna sans effort sur le lit, encore toute troublée de la démarche que je venois de faire ; et me tenant étroitement embrassée, après m'avoir fait entre ses bras expirer plus d'une fois de plaisir, il me ranima par de longs baisers. O jour délicieux que je regrette encore ! Nous goutâmes librement dans la suite les douceurs secrettes d'une tendre union. Tandis que l'âge vous le permet, jeunes gens, jouissez comme moi de la vie, et que tous les jours de votre printems, filés par les mains des Amours, vous préparent un agréable automne, afin qu'un délicieux souvenir vous retraçant les plaisirs passez, vous aide à supporter le poids de l'ennuyeuse et triste vieillesse.

PIÈCES INCRIMINÉES AU PROCÈS DE THÉOPHILE

Les passages incriminés sont en italique.

Les passages incriminés dans les questions qui n'ont pas été posées du projet d'interrogatoire sont entre crochets.

Nous avons indiqué dans la note particulière du titre de chaque pièce les pages du T. I qui reproduisent les questions des commissaires du Parlement et les réponses de Théophile se rapportant aux passages incriminés des dites pièces.

I. Pièces de Théophile

A) De la première partie des Œuvres (1621) : 1) avouées ; 2) niées, *a*) admises dans toutes les éditions, *b*) rejetées de l'édition Scudéry (1632) ; 3) des questions non posées du projet d'interrogatoire.

B) De la seconde partie des Œuvres (1623) : 1) avouées ; 2) niées ; 3) des questions non posées du projet d'interrogatoire.

C) Vers pour le Ballet des Bacchanales, 1623 ; Plainte de Théophile à son ami Tircis (Des Barreaux), 1623.

D) Du Parnasse des Poètes satyriques, 1622.

E) Saisies dans sa malle au Catelet : 1) avouées; 2) niées.

II. Attribuées a Théophile par les témoins

A) D'autres auteurs : I, Malherbe ; II, Fr. Maynard ; III, Saint-Amant.

B) Anonymes.

I. PIÈCES DE THÉOPHILE

A) ŒUVRES DE THÉOPHILE

(Première partie)

Les Œuvres du sieur Theophile reveuës, corrigées et augmentées. Seconde édition. A Paris, chez Pierre Billaine, ruë sainct Jacques, à la Bonne Foy. M.DC.XXII. Avec privilege du Roy [1].

1° Pièces avouées par Théophile

Nous ne reproduisons pas l'*Epistre au lecteur* [2], on la trouvera au T. I, p. 81, la phrase incriminée est imprimée en italique.

Traicté de l'immortalité de l'âme ou la mort de Socrate par Théophile

P. 48. ... *Après tout, dit* Socrate, *si ce que nous appellons beau, iuste, et toute autre essence est quelque chose en nostre entendement :*

---

(1) Le tirage de Quesnel : *seconde édition, A Paris, chez Jacques Quesnel, ruë S. Jacques, à l'Enseigne des deux Colombes, près sainct-Benoist. M.DC.XXII. Avec privilège du Roy*, a une pagination différente de celle de l'édition Billaine (voir Bibliographie). La partie autographe de Mathieu Molé du projet d'interrogatoire indique les pages de la seconde ou troisième édition Billaine, la partie de ce projet que M. Alleaume attribue aux Jésuites vise la seconde édition Quesnel. La première édition des Œuvres de Théophile est de 1621 (voir Bibliographie). Nous donnons ici le texte de la seconde édition, Billaine, 1622.

(2) Interrogatoire — le premier — du 22 mars 1624, voir T. I, pp. 371, 372 et 378.

(3) Interrogatoire — le premier — du 22 mars 1624, voir T. I, pp. 372, 373, 374 et 375 ; interrogatoire - devant le Parlement — du 27 août 1625, voir *id.*, p. 500.

et que cela ait esté autresfois en nous, et que revenant à le rechercher nous l'apprenions, et le fassions revenir en l'esprit, il est aussi vray que nostre âme a esté autresfois, mesme auparavant nostre naissance ; si bien que comme il est certain que ces choses là, beau, juste, bon, et autre essence sont quelque chose, c'est aussi une nécessité que nos âmes ayent esté avant que nous vinssions sur la terre. Il est assez clair, dit Simias, *personne n'en peut guère douter après ton discours ; là dessus ma curiosité*

Laisse mon esprit en repos,
Et tire de tes vrays propos,
Des conséquences nécessaires.
Mesme Cebes, de qui la foy
Chancelle ès choses les plus claires,
Prend tes raisons pour une loy.
Chacun de nous qui les escoute,
Y trouve ce qu'il a voulu,
Et demeure tout résolu,
Sans aucun ombrage de doute[1].

P. 49. *Sçache donc que nous tenons infailliblement que nos âmes ont esté avant nos corps, mais pour ce qui est de l'advenir, sçavoir si elles sont après la ruyne des membres, où elles vivent aujourd'huy :*

Quand nos corps trespassez d'une pierre couvers
Changent les os en poudre, et la charongne en vers.

c'est de quoy personne de nous à mon advis, ne se trouve encore persuadé. Car il n'est point incompatible qu'elles ayent esté auparavant la vie corporelle, et pendant la vie ; et que nonobstant elles cessent en la mort, puis que nous demeurons d'accord que les âmes ont esté avant que d'entrer dans le corps[2]. *Nous avons à demy monstré qu'elles sont aussi après qu'elles en sont sorties : car si du vivant s'est faict le mort, du mort aussi se doit faire le vivant, et si l'esprit est venu pour animer le corps, et qu'il soit venu du pays des morts ; il faut aussi que*

(1) P. 48 de la seconde et troisième édition Billaine des *Œuvres de Théophile* ; pp. 49 et 50 de la seconde édition Quesnel et de la 1re édition (1621).

(2) Après ce mot, on lit : Socrate, dans l'édition Scudéry (1632).

sortant de ceste vie, il s'en aille vers les morts, et qu'il soit là en quelque lieu, d'où il puisse encores revenir, et quand il faudra [1]...

. . . .

P. 59. *L'Ame à qui les vertus ont esté des supplices,*
Que le soing du sçavoir n'esmeut que par horreur,
Qui s'est avec le corps estroictement liée,
Et qui de lascheté suivant le vain erreur,
Faict gloire de se voir à la chair alliée :
Dans les plaisirs trompeurs dont nos sens abrutis,
Ne peuvent sans effort estre icy divertis,
Elle est comme assoupie, et languit dans des charmes,
Sa volupté se rend insensible au remors
Et tout ce qui l'oblige à recourir aux larmes,
Ce n'est que le soucy d'abandonner le corps.
Ainsi dans les desirs de la chair enyvrée,
Elle n'en est jamais que fort peu délivrée,
Et laissans un séjour qui luy fut si plaisant,
Elle ne void plus rien quittant ceste lumière,
Et traine en l'autre monde un fardeau si pesant,
Que son vol ne vient point au bout de la carrière.
Dans le chemin du Ciel où l'esprit veut aller
Des grossières humeurs l'arrestent parmi l'air,
Qui souffre à contrecœur ces impures matières,
Si bien que ces esprits à la mercy des vents,
Vagabons sans retraicte autour des cimetières,
Sont le rebut des morts et l'effroy des vivans [2].

P. 60. *Ce ne sont que les âmes des meschans qui sont tousjours tourmentées, et avec des playes visibles, et des gémissemens qui semblent partir de quelque chose de corporel, aussi ont-elles retenu beaucoup de la chair qu'elles ont habitée avec tant d'affection et de familiarité.*

---

(1) P. 49 de la seconde ou troisième édition Billaine ; p. 50 de la seconde édition Quesnel et de la première édition (1621).

(2) P. 59 de la seconde ou troisième édition Billaine ; pp. 60 et 61 de la seconde édition Quesnel et de la première édition (1621).

Leur essence au trespas de ceste chair sortie,
De ses lourdes vapeurs emporte une partie
Qui l'empesche d'aller où les bons ont leurs rangs,
Ainsi son vol rebrousse en la basse contrée,
Et parmy les tombeaux ces fantosmes errans
Recherchent dans le corps une seconde entrée.
Que si le cours du temps ramenant les saisons,
Redonne à ces esprits encore des maisons,
Selon leurs sentimens ils trouvent des organes,
Ils habitent les corps de divers animaux,
Alors les ignorans ont la forme des asnes,
Et reviennent au jour pour souffrir mille maux.
L'un qui de son vivant avoit l'humeur encline
Au dol, à l'injustice, au sang, à la rapine,
Il revient dans le monde en forme d'esprevier,
Il guette dans les airs où fondra sa furie,
Il siffle à la vapeur d'un charongneux gravier.
Et de ces corps puants qu'on jette à la voyrie[1]...

P. 40... Socrate. *Pour se ressouvenir de quelque chose, il faut l'avoir sceu auparavant, quand la science de quelque chose nous vient de ceste façon, il faut advouër que c'est une réminiscence, et voicy comment je le prends : si quelqu'un après avoir veu quelque chose, ou entendu, vient à se ressouvenir, non seulement de cela, mais encore de quelque autre chose en suitte dont la cognoissance est différente, le ressouvenir de ceste chose plus esloignée s'appelle réminiscence, comme par exemple la cognoissance d'un homme et d'un luth sont de choses différentes, et lors qu'un amoureux vient à voir le luth, dont il a veu jouër sa maistresse, il se souvient aussi tost de sa maistresse.*

Si je passe en un jardinage
Semé de roses et de lys,
Il me ressouvient de Philis
Qui les a dessus son visage[2]...

---

(1) P. 60 de la seconde ou troisième édition Billaine; pp. 61 et 62 de la seconde édition Quesnel et de la première édition (1621).

(2) Pp. 40 et 41 de la seconde et troisième édition Billaine ; p. 41 de la seconde édition Quesnel et de la première édition (1621).

P. 36. ... *Ainsi comme le veiller et dormir sont deux contraires, mourir et vivre le sont aussi, comme du sommeil se fait la veille, et de la veille le sommeil, ainsi de la vie se faict la mort, et de la mort aussi la vie. (Et puis qu'il est ainsi, et que si nécessairement il se fait quelque chose du mort, il faut que ce soit un vivant, nos âmes sont sans doute aux Enfers) comme la génération et progrez du veiller au dormir s'appelle sans dormir (sic), et comme le progrez et génération du dormir au veiller s'appelle s'esveiller, ainsi le progrez de la vie à la mort s'appelle trespasser ; et le progrez et la génération de la mort à la vie, ne se trouvera-t-il point ? La Nature seroit-elle manque et défectueuse en ce seul point ? Il ne le faut pas croire. Nous trouverons donc la génération de la mort à la vie, et ce progrez s'appellera ressusciter ; si bien que des morts viennent les vivans aussi bien que des vivans se font les morts*[1]...

. . . .

P. 149. *Là toute sorte d'animaux,*
Franche de la rigueur des maux
Où nostre terre est asservie,
Vivent avecques liberté,
Et dans des lieux pleins de santé,
Jouissent d'une longue vie[2]...

P. 32[3]. *Que l'âme dans un corps vivant*
Qu'un peu de feu tient allumée,
P. 33. *En la mort n'est qu'un peu de vent,*
Qui se perd comme une fumée,
Que si tout l'homme ne meurt pas
Du coup de ce commun trespas,
Je crois qu'après ceste lumière
L'âme est en sa perfection,
Et trouve une condition
Plus heureuse que la première[4].

---

(1) P. 36 de la seconde et troisième édition Billaine; pp. 36 et 37 de la seconde édition Quesnel et de l'édition originale (1621).

(2) P. 149 de la seconde et troisième édition Billaine ; p. 157 de la seconde édition Quesnel et de l'édition originale (1621).

(3) Interrogatoire — le deuxième — du 26 mars 1624, voir T. I, pp. 390 et 391.

(4) Pp. 32 et 33 de la seconde et troisième édition Billaine ; p. 33 de la seconde édition Quesnel et de l'édition originale (1621).

ODE [1]

Heureux tandis qu'il est vivant,
Celuy qui va tousjours suivant
Le grand maistre de la nature [2],
Dont il se croit la créature,
Il n'envia jamais autruy,
Quand tous les plus heureux que luy
Se mocqueroient de sa misère ;
Le rire est toute sa colère.
Celuy là ne s'esveille point
Aussitost que l'Aurore point
Pour venir des soucys du monde
Importuner la terre et l'onde ;
Il est tousjours plein de loisir ;
La justice est tout son plaisir,
Et permettant en son envie
Les douceurs d'une saincte vie ;
Il borne son contentement
Par la raison tant seulement ;
L'espoir du gain ne l'importune,
En son esprit est sa fortune ;
L'esclat des cabinets dorez,
Où les Princes sont adorez,
Luy plaist moins que la face nuë
De la campagne ou de la nüe ;
La sottise d'un courtisan,
La fatigue d'un artisan,
La peine qu'un amant souspire,
Luy donne esgallement à rire ;
Il n'a jamais trop affecté
Ny les biens, ny la pauvreté ;

---

(1) Interrogatoire — le premier — du 22 mars 1624, voir T. I, pp. 375 et 376. Interrogatoire — le troisième — du 27 mars 1624, voir *id.*, p. 398.

(2) P. 236 de la seconde et troisième édition Billaine ; p. 78 (de la partie des Poésies) de la seconde édition Quesnel ; p. 182 (partie Poésies) de l'édition originale (1621).

Il n'est ny serviteur, ny maistre ;
Il n'est rien que ce qu'il veut estre ;
Jésus-Christ est sa seule Foy [1] :
Tels seront mes amis et moy.

CONSOLATION A M. D. L.

STANCES [2]

Donne un peu de relasche au dueil qui t'a surpris ;
Ne t'oppose jamais aux droits de la nature [3],
Et pour l'amour d'un corps ne mets point tes esprits
Dedans la sépulture.

La mort dans tes regrets à toy se présentant,
Te faict voir qu'elle n'est qu'horreur et que misère ;
Pourquoy donc tasches-tu qu'elle t'en fasse autant
Qu'elle a fait à ton Père ?

Quoy que l'affection [4] te fasse discourir,
Tes beaux jours ne sont point en estat de le suivre ;
Comme c'estoit à luy la saison de mourir,
C'est la tienne de vivre.

Il estoit las d'honneur, et de fortune, de jours ;
Tes jeunes ans ne font que commencer la vie,
Et si tu vas si tost en achever le cours,
Que deviendra Livie ?

Remets pour l'amour d'elle encore ces appas
Qui s'en vont effacez dans ton visage sombre ;

---

(1) P. 237, de la seconde et troisième édition Billaine ; p. 79 (partie Poésies), de la seconde édition Quesnel ; p. 183 (partie Poésies) de l'édition originale (1621).

(2) Interrogatoire — le premier — du 22 mars 1624, voir T. I, pp. 376 et 377. Les initiales M. D. L. désignent Roger du Plessis Liancourt. Cette pièce n'a pas de titre dans l'édition originale de 1621.

(3) P. 262 de la seconde et troisième édition Billaine ; p. 108 (partie Poésies) de la seconde édition Quesnel ; p. 154 (partie Poésies) de l'édition originale (1621).

(4) Quoique l'affliction..., seconde édition Quesnel (1622), et édition originale (1621).

Et qu'un si long chagrin ne te maltraicte pas
Pour contenter un ombre [1].

Il est vray qu'un tel mal est fascheux à guérir,
Et de quelque vigueur que ton esprit puisse estre,
Il te faut souspirer, lors que tu vois périr
Celuy qui t'a faict naistre.

Encore ses vertus touchoient ton amitié,
Au delà du devoir où la nature oblige,
Si bien que la raison approuve la pitié
Pour l'ennuy qui t'afflige.

Ses conseils sçavoient rendre un Roy victorieux ;
Son renom honoroit et la paix et la guerre ;
Et je croy que l'envie est cause que les Cieux
L'ont osté de la terre.

Mais aussi quel climat n'en a du desplaisir ?
L'Europe à son subject se plaint contre les Parques,
Autant que si leurs lacs estoient venus saisir
Quelqu'un de ses Monarques.

Je voy comme le Ciel pour soulager ton dueil
Veut que tout l'univers à tes souspirs responde,
Et pour t'en exempter, ordonne à son cercueil
Les pleurs de tout le monde.

[Toutesfois tous ces cris sont des soings superflus ;
Nos plaintes dans les airs sont vainement poussées :
Un homme ensevely ne considère plus
Nos yeux ny nos pensées [2].]

Sçachant qu'il a rendu ce qu'on doit aux Autels,
Tu dois estre asseuré de sa béatitude,

---

(1) ... une ombre (seconde édition Quesnel (1622) et édition originale (1621).

(2) L'interrogatoire de Mathieu Molé (partie non autographe) incrimine ces vers, mais la question : *Qu'un homme ensevely ne conserve plus nos yeux ni nos pensées* n'a pas été posée par les commissaires du Parlement, Pinon et Verthamont.

Pp. 263 et 264 de la seconde et troisième édition Billaine; p. 110 (partie Poésies) de la seconde édition Quesnel ; p. 156 de l'édition originale (1621).

Ou ton Esprit troublé croit que les Immortels
Sont pleins d'ingratitude.

Tes importuns regrets se rendront criminels ;
Ton Père en son repos ne trouvera que peine,
Puisqu'il semble estre admis aux plaisirs éternels
Pour te mestre à la geine.

Le mal devient plus grand lors que nous l'irritons.
Reviens dans les plaisirs que la jeunesse apporte :
C'est un grand bien de voir fleurir les rejettons
Lors que la souche est morte.

Un homme de bon sens se mocque des malheurs ;
Il plaint esgallement sa servante et sa fille [1] ;
Job ne versa jamais une goutte de pleurs
Pour toute sa famille.

Après t'estre affligé, pense à te resjouyr :
Qui t'a faict la douleur t'a laissé les remèdes.
Il ne te reste plus que de sçavoir jouyr
Des biens que tu possèdes.

Arreste donc ces pleurs vainement respandus ;
Laisse en paix ce destin que tes douleurs détestent,
Il faut après ces biens que nous avons perdus,
Sauver [2] ceux qui nous restent.

ÉLÉGIE [3]

Chère Phillis, j'ay bien peur que tu meures
Dans ce désert si triste où tu demeures.
Hélas ! quel sort te peut là retenir ?
A quoy se peut ton âme entretenir ?

---

(1) P. 264 de la seconde et troisième édition Billaine ; p. 111 (parties Poésies) de la seconde édition Quesnel ; p. 157 (partie Poésies) de l'édition originale (1621).

(2) Sçavoir... (seconde édition Quesnel (1622) et édition originale (1621).

(3) Interrogatoire — le premier — du 22 mars 1624, voir T. I, pp. 384 et 385.

Ta fantaisie est-elle point passée ?
L'aurois-tu bien encor en la pensée ?
Te souvient-il de la Cour ny de moy,
Et de m'avoir jadis donné ta foy ?
S'il t'en souvient, Phillis, je te conjure
Par tous les droicts d'amour et de nature,
Fais-moy l'honneur de t'asseurer aussi
Que je languis de mon premier soucy.
Si tu sçavois à quel point de folie
M'a faict venir ceste mélancholie ;
Si tu sçavois à quoy je suis réduict,
En quel travail mon âme est jour et nuict,
Quoy que t'ait dit de moy ta deffiance,
Ta jalousie ou ton impatience,
Tu m'aymerois, et sçachant mes ennuys,
Tu me plaindrois en l'estat où je suis ;
Pasle, deffait, et sec comme une idole,
Changé d'humeur, de face, de parolle,
Tousjours je resve en mon affliction,
Sans nul desir de consolation.
Je ne veux point que personne s'employe
A r'animer mon esprit ny ma joye,
Car sans te faire un peu de trahison
Je ne sçaurois chercher ma guarison.
Puis qu'il est vray que j'ay cet advantage
Que mon service a gaigné ton courage,
Et que parmy tant d'aymables amans
Mon seul object touche tes sentimens,
Je serois bien d'un naturel barbare,
Bien moins civil qu'un Scythe, qu'un Tartare,
Si je n'aymois le bien de ton amour
Plus chèrement que la clarté du jour.
Le Ciel m'envoye un traict de son tonnerre,
Et soubs mes pieds fasse crever la terre,
Dès le moment qu'un sort injurieux
De ma mémoire effacera tes yeux.
Hélas ! comment trouveray-je en ma vie
Quelque subject qui m'en donnast envie ?

Quelle beauté me sçauroit obliger
A divertir ma flame ou la changer ?
Dedans la tienne [1] où loge ma fortune
Vénus a mis ses trois Grâces en une ;
Amour luy-mesme avec tous ses attraits,
Comme il est peint dans les plus beaux pourtraits,
Rapporte à peine une petite trace
Du vif esclat qui reluit dans ta face ;
Et tes beaux yeux, où s'est lié mon sort,
Touchent les cœurs d'un mouvement si fort,
Que si le Ciel d'une pareille flamme
Nous inspiroit sa volonté dans l'âme,
Tous les mortels d'une invincible foy
Obéyroient à la divine loy.
Ton front paroist, comme auprès de la nuë
Paroist au ciel Diane toute nuë,
Plus uny qu'elle, et qu'on ne voit gasté
D'aucune tache empreinte en sa beauté :
Un teint vermeil, et frais comme l'Aurore
Lors qu'elle vient des rivages du More,
Sur ton visage a semé tant d'appas,
Qu'il faut t'aymer, ou bien ne te voir pas.
Amour sçachant de quels traicts est pourveuë
Ceste beauté, s'est faict oster la veuë ;
Il n'oze point hazarder ses esprits
A la mercy du charme qui m'a pris.
Et tel qu'il est, impérieux et brave,
Il meurt de peur de devenir esclave.
O cher tyran des hommes et des Dieux,
Aveugle-toy, de grâce, encore mieux ;
Demeure ainsi dans ta première crainte,
Et ne la vois jamais vive ny peinte :
Tu ne sçaurois regarder un moment
De ses beautez l'ombre tant seulement,
Sans t'embraser, sans trouver la ruyne
De ton Empire en leur flame divine.

---

(1) Edition Scudéry, 1632 : Dedans les yeux...

Que si l'effort de ton cœur indompté
De ses appas sauvoit ta liberté,
Tu te plaindrois d'avoir l'âme trop dure,
Et maudirois ta force et ta nature,
Car le bon-heur d'aymer en si bon lieu
Passe la gloire et le repos d'un Dieu [1].
Que penses-tu que le Soleil est ayse
Lors qu'un rayon de sa clarté la baise ?
Lors que Phillis regarde son flambeau
D'un air joyeux, le jour en est plus beau :
Et quand Phillis luy faict mauvais visage
Le jour est triste et chargé de nuage.
L'air glorieux de former ses souspirs,
Entre en sa bouche, avecques des zéphirs
Tous embausmez des roses de l'Aurore,
Et tous couverts des richesses de Flore.
Zéphyr, doux vent, doux créateur des lys,
S'il te souvient encores de Phillis [2],
Ranime-la, fais tant qu'elle revienne
Pour te baiser, et me laisse la mienne.
Mais les discours qu'on nous a faict de toy
En mon esprit n'ont jamais eu de foy.
Ton feint amour, tes fausses advantures,
Ne sont que vent, et que vaines figures.
Mais il est vray que je suis bien atteinct,
Et que mon mal ne sçauroit estre feinct.
Que pleust aux Dieux que le discours des fables
Trouvast en moy ses effects véritables,
Et que le sort me voulust transformer
En quelque object qui ne sceust rien aymer ;
Que je mourusse, ou qu'il me fust possible
De devenir une chose insensible,

---

(1) P. 305 de la seconde et troisième édition Billaine ; p. 154 (partie Poésies) de la seconde édition Quesnel ; p. 97 (partie Poésies) de l'édition originale (1621).

(2) S'il te souvient encor de ta Philis (seconde édition Quesnel, 1622 et édition originale (1621).

Un vent, une ombre, une fleur, un rocher,
Qu'aucun desir ne peust jamais toucher!
O vous amans qui n'estes plus en vie,
Esprits heureux qui n'avez plus d'envie[1],
Là-bas noyant vos maux en vos erreurs,
Vous trouvez bien plus douces vos fureurs.
Tristes forçats qui remplissez ce gouffre,
Souffrez-vous bien les peines que je souffre ?
Pasles subjects des éternelles nuicts,
Estes-vous bien aussi morts que je suis ?
O mon fidelle et mon triste Génie,
Quand tu verras ma trame désunie,
Et que mon âme ira toucher les bords
De la rivière où passent tous les morts,
Volle au désert où ma Phillis demeure,
Dy luy qu'enfin le Ciel veut que je meure,
Que la rigueur de mon injuste sort
Consent enfin de me donner la mort.
Tu la verras peut-estre un peu touchée
Et de ma mort aucunement faschée.
Va donc, Génie, il est temps de partir;
Vois que mon âme est preste de sortir.
Mais, mon Génie, arreste-toy, je resve,
Ceste douleur me donne un peu de trefve :
J'entends Phillis, son visage me rit,
Le souvenir de ses yeux me guérit.
Comment, mourir ! non, reprenons courage.
Un teinct plus vif remonte en mon visage ;
Ma force esteincte est preste à s'animer,
Et tout mon sang vient à se r'allumer.
Amour m'esmeut, je ne suis plus si blesme :
Phillis m'ayma que j'estois tout de mesme;
Car je sçay bien qu'encor elle verroit
En mes regards des traits qu'elle aymeroit.

---

(1) Le texte de ce vers est celui des éditions postérieures à 1623 ; dans l'édition originale, dans les deux de 1622 et dans la troisième de 1623, il répète la fin du vers précédent : Esprits heureux qui n'estes plus en vie

Que si l'excez de ma douleur fatale [1]
Rend quelquefois ce corps hydeux et pasle,
Cela, Phillis, devroit plus animer
Ce beau desir qui te pousse à m'aymer.
Mon mal me rend ainsi désagréable ;
Pour trop aymer, je deviens moins aymable.
Ton œil me rend ou plus laid, ou plus beau,
Comme il m'approche, ou tire du tombeau.

2° Pièces niées par Théophile

a) *Admises dans toutes les éditions de ses Œuvres*

SATYRE PREMIÈRE [2]

Qui que tu sois, de grâce, escoute ma satyre,
Si quelque humeur joyeuse autre part ne t'attire ;
Ayme ma hardiesse, et ne t'offence point
De mes vers, dont l'aigreur utilement te point.
Toy que les Elémens ont faict d'air et de boue,
Ordinaire subject où le mal-heur se joue,
Sçache que ton filet, que le destin ourdit,
Est de moindre importance encor qu'on ne te dit.
Pour ne le point flatter d'une divine essence,
Voy la condition de ta sale naissance,
Que tiré tout sanglant de ton premier séjour,
Tu vois en gémissant la lumière du jour;

---

(1) Dans la troisième édition 1623, dans les deux seconde édition 1622, et l'édition originale 1621 : ... douceur fatale. La correction : douleur n'a été faite que dans les éditions postérieures à 1623.

(2) Interrogatoire — le premier — du 22 mars 1624, voir T. I, pp. 375 et 376.

Cette satire avait paru dans les *Délices satyriques* (1620) n. s. et dans le *Second livre des Délices de la poésie françoise* (1620) sig. *par le sieur Théophile*, avant d'être insérée dans les *Œuvres* du poète (1621).

Ta bouche n'est qu'aux cris et à la faim ouverte,
Ta pauvre chair naissante est toute descouverte,
Ton esprit ignorant encor ne forme rien,
Et moins qu'un sens brutal sçait le mal et le bien.
A grand peine deux ans t'enseignent un langage,
Et des pieds et des mains te font trouver usage.
Heureux au prix de toy les animaux des champs,
Ils sont les moins haÿs, comme les moins meschans.
L'oyselet de son nid à peu de temps s'eschappe,
Et ne craint point les airs que de son aisle il frappe ;
Les poissons en naissant commencent à nager,
Et le poulet esclos chante, et cherche à manger.
Nature, douce mère à ces brutales races,
Plus largement qu'à toy leur a donné des grâces ;
Leur vie est moins subjecte aux fascheux accidens
Qui travaillent la tienne au dehors et dedans [1].
La beste ne sent point peste, guerre, ou famine,
Le remors d'un forfaict en son corps ne la mine [2] ;
Elle ignore le mal pour en avoir la peur,
Ne cognoist point l'effroy de l'Achéron trompeur,
Elle a la teste basse, et les yeux contre terre,
Plus près de son repos, et plus loing du tonnerre :
L'ombre des trespassez n'aigrit son souvenir [3]
On ne voit à sa mort le désespoir venir ;
Elle compte sans bruit et loing de toute envie
Le terme dont Nature a limité sa vie,
Donne la nuict paisible aux charmes du sommeil,
Et tous les jours s'esgaye aux clartez du Soleil,
Franche de passions, et de tant de traverses,
Qu'on voit au changement de nos humeurs diverses.
Ce que veut mon caprice à ta raison desplaist,
Ce que tu trouves beau, mon œil le trouve laid :

---

(1) Var. de l'éd. Scudéry, 1632 : Qui travaillent la tienne et dehors et dedans

(2) *id.* *id.* Le remors d'un forfaict en son cœur ne la mine

(3) Var. du *Second livre des Délices*, 1620 : L'ombre des biens passez n'aigrist son souvenir

Un mesme train de vie au plus constant n'agrée :
La prophane nous fasche autant que la sacrée.
Ceux qui dans les bourbiers des vices empeschez
Ne suivent que le mal, n'ayment que les péchez,
Sont tristes bien souvent, et ne leur est possible,
De consommer une heure en volupté paisible.
Le plus libre du monde est esclave à son tour,
Souvent le plus barbare est subject à l'amour,
Et le plus patient que le Soleil esclaire
Se trouve quelquefois emporté de cholère.
Comme Saturne laisse et prend une saison,
Nostre esprit abandonne et reçoit la raison ;
Je ne sçay quelle humeur nos volontez maistrise,
Et de nos passions est la certaine crise ;
Ce qui sert aujourd'huy nous doit nuire demain,
On ne tient le bon-heur jamais que d'une main.
Le destin inconstant sans y penser oblige,
Et nous faisant du bruit souvent il nous afflige [1].
Les riches plus contans ne se sçauroient guarir
De la crainte de perdre et du soin d'acquérir.
Nostre desir changeant suit la course de l'aage :
Tel est grave et pesant qui fut jadis volage,
Et sa masse caduque, esclave du repos,
N'ayme plus qu'à resver, hayt le joyeux propos.
Une salle vieillesse, en desplaisir confite,
Qui tousjours se chagrigne, et tousjours se despite,
Voit tout à contre cœur, et ses membres cassez
Se rongent de regret de ses plaisirs passez,
Veut traîner nostre enfance à la fin de la vie,
De mesme sang boüillant veut estouffer l'envie [2].
Un vieil Père resveur, aux nerfs tous refroidis,
Sans plus se souvenir quel il estoit jadis,

(1) Var. des éd. postérieures à 1623 : Et nous faisant du bien souvent il nous afflige

(2) Var. des éditions postérieures à 1623 : De nostre sang bouillant veut estouffer l'envie

Alors que l'impuissance esteint sa convoitise [1],
Veut que notre bon sens révère sa sottise,
Que le sang généreux estouffe sa vigueur.
Et qu'un esprit bien né se plaise à la rigueur.
Il nous veut attacher nos passions humaines [2],
Que son malade esprit ne juge pas bien saines ;
Soit par rébellion, ou bien par un erreur,
Ces repreneurs fascheux me sont tous en horreur ;
J'approuve qu'un chacun suive en tout la nature :
Son Empire est plaisant, et sa loy n'est pas dure ;
Ne suivant que son train jusqu'au dernier moment,
Mesmes dans les malheurs on passe heureusement.
Jamais mon jugement ne trouvera blasmable
Celuy-là qui s'attache à ce qu'il trouve aymable,
Qui dans l'estat mortel tient tout indifférent ;
Aussi bien mesme fin à l'Achéron nous rend [3] ;
La barque de Charon, à tous inévitable,
Non plus que le meschant n'espargne l'équitable.
Injuste Nautonnier, hélas ! pourquoy sers-tu
Avec mesme aviron le vice et la vertu ?
Celuy qui dans les biens a mis toute sa joye,
Et dont l'esprit avare après l'argent aboye,
Où qu'il tourne la terre en refendant la mer,
Ses navires jamais ne puissent abysmer !
L'autre qui rien du tout que les grandeurs ne prise,
Et qu'un vif aiguillon de vanité maistrise,
Soit tousjours bien paré, mesure tous ses pas,
S'imagine en soy-mesme estre ce qu'il n'est pas !

---

(1) Dans le *Second livre des Délices,* 1620, il y a interversion de ces quatre vers :

> Sans plus se souvenir quel il estoit jadis
> Veut que nostre bon sens révère sa sottise,
> Alors que l'impuissance esteint sa convoitise :
> Et qu'un esprit bien nay se plaise à la rigueur,
> Que le rang (sang) généreux estouffe sa vigueur

(2) Var. de l'éd. de 1629 (Rouen) : Il nous veut arracher nos passions humaines

(3) Pp. 295 et 296 de la seconde et troisième édition Billaine ; p. 144 (partie Poésies) de la seconde édition Quesnel ; p. 78 (partie Poésies) de l'édition originale (1621).

Qu'il fasse veoir un sceptre à son âme aveuglée,
Et son ambition ne soit jamais reiglée !
Cestuy-cy veut poursuivre un vain tiltre de vent,
Qui pour nous maintenir nous perd le plus souvent ;
Il s'attache à l'honneur, suit ce destin sévère
Qu'une sotte coustume ignoramment révère.
De sa condition je prise le bon-heur,
Et trouve qu'il fait bien de mourir pour l'honneur.
Un esprit enragé qui voudroit voir en guerre,
Pour son contentement et le Ciel et la Terre,
Ne respire brutal que la flame et le fer,
Et qui croit que son ombre estonnera l'Enfer,
Qu'il employe au carnage, et la force, et les charmes,
Et son corps nuict et jour ne soit vestu que d'armes !
Une sauvage humeur, qui dans l'horreur des bois
Des chiens avec le cor anime les abois,
Son dessein innocent heureusement poursuive,
En la tranquillité de ceste peine oysive :
Qu'il travaille sans cesse à brosser les forests,
Et jamais le butin n'eschappe de ses rets.
Celuy qu'une beauté d'inévitable amorce
Retient dans ses liens plus de gré que de force,
Qu'il se flatte en sa peine, et tasche à prolonger
Les soucis qui le vont si doucement ronger !
Qu'il perde rarement l'object de ce visage,
Ne destourne jamais son cœur de ceste image,
Ne se souvienne plus du jeu, ny de la Cour,
N'adore aucun des Dieux qu'après celuy d'amour,
N'ayme rien que ce joug, et tousjours s'estudie
A tenir en humeur sa chère maladie,
Ne se trouble jamais d'aucun soupçon jaloux,
Se mocque des acquets d'un impuissant espoux [1] ;
Qu'il se trouve allégé par la moindre caresse
Des fers les plus pesans dont sa rigueur le presse [2],

(1) Var. de l'édition donnée par Scudéry, 1632 : Se mocque des aguets d'un impuissant espoux

(2) Var. du *Second livre des Délices, 1620 :* Les fers les plus pesans que sa rigueur le presse

Sauve les mouvemens de ses affections[1],
Ne tasche de brider jamais ses passions.
Si tu veux résister, l'amour te sera pire,
Et ta rébellion estendra son empire ;
Amour a quelque but, quelque temps de durer,
Que nostre entendement ne peut pas mesurer.
C'est un fiévreux tourment, qui, travaillant nostre âme,
Luy donne des accez et de glace et de flame,
S'attache à nos esprits comme la fièvre au corps,
Jusqu'à ce que l'humeur en soit toute dehors.
Contre ses longs efforts la résistance est vaine :
Qui ne peut l'éviter, il doit aymer sa peine.
L'esclave patient n'est qu'à demi dompté
Il veut à sa contraincte unir sa volonté.
Le sanglier enragé, qui d'une dent poinctuë
Dans son gosier sanglant mort l'espieu qui le tuë,
Se nuit pour se deffendre, et d'un aveugle effort
Se travaille luy-mesme, et se donne la mort.
Ainsi l'homme souvent s'obstine à se détruire,
Et de sa propre main il prend peine à se nuire.
Celuy qui de nature, et de l'amour des Cieux,
Entrant en la lumière est nay moins vicieux,
Lors que plus son Génie aux vertus le convie,
Il force sa nature, et fait toute autre vie ;
Imitateur d'autruy ne suit plus ses humeurs,
S'esgare pour plaisir du train des bonnes mœurs ;
S'il est nay libéral, au discours d'un avare
Il taschera d'esteindre une vertu si rare ;
Si son esprit est haut, il le veut faire bas ;
S'il est propre à l'étude, il parle des combats.
Je croy que les destins ne font venir personne
En l'estre des mortels qui n'ayt l'âme assez bonne ;
Mais on la vient corrompre, et le céleste feu
Qui luit à la raison ne nous dure que peu :
Car l'imitation rompt nostre bonne trame,
Et tousjours chez autruy fait demeurer nostre âme.

---

(1) Var. de l'éd. de 1629 (Rouen): Suive les mouvemens de ces affections

Je pense que chacun auroit assez d'esprit,
Suyvant le libre train que Nature prescrit.
A qui ne sçait farder, ny le cœur, ny la face,
L'impertinence mesme a souvent bonne grâce.
Qui suyvra son Génie, et gardera sa foy,
Pour vivre bien-heureux, il vivra comme moy[1].

ÉLÉGIE

A UNE DAME [2]

Si vostre doux accueil n'eust consolé ma peine
Mon âme languissoit, je n'avois plus de veine,
Ma fureur estoit morte, et mes esprits couverts
D'une tristesse sombre, avoient quitté les vers.
Ce mestier est pénible, et nostre saincte estude
Ne cognoist que mespris, ne sent qu'ingratitude[3],
Qui de nostre exercice ayme le doux soucy,
Il hayt sa renommée et sa fortune aussi.
Le sçavoir est honteux, depuis que l'ignorance
A versé son venin dans le sein de la France.
Aujourd'huy l'injustice a vaincu la raison,
Les bonnes qualitez ne sont plus de saison,
La vertu n'eust jamais un siècle plus barbare[4],
Et jamais le bon sens ne se trouva si rare[5].

---

(1) P. 299 de la seconde et troisième édition Billaine ; p. 148 (partie Poésies) de la seconde édition Quesnel ; p. 82 (partie Poésies) de l'édition originale (1621).

(2) Interrogatoire — le premier — du 22 mars 1624, voir T. I, pp. 377 et 378. Dans le *Second livre des Délices de la poésie françoise*, 1620, cette pièce a pour titre : *Satyre troisiesme*.

(3) Var. du *Second livre des Délices :* Ne trouve que mespris, ne sent qu'ingratitude

(4) Var. du *Second livre des Délices :* La Vertu n'eut jamais un siècle plus avare

(5) A la suite de ce vers le passage suivant manuscrit a été intercalé sur un exemplaire du *Second livre des Délices* ayant appartenu au peintre Daniel Du Moustier :

Si Platon revenoit au siècle d'aujourd'huy
Le moindre maquereau se moquerait de luy,

Celuy qui dans les cœurs met le mal ou le bien
Laisse faire au destin sans se mesler de rien [1] :
Non pas que ce grand Dieu qui donne l'âme au monde
Ne trouve à son plaisir la nature féconde,
Et que son influence encor à pleines mains
Ne verse ses faveurs dans les esprits humains :
Parmy tant de fuseaux la Parque en sçait retordre
Où la contagion du vice n'a sceu mordre,
Et le Ciel en faict naistre encore infinité
Qui retiennent beaucoup de la divinité,
Des bons entendemens qui sans cesse travaillent
Contre l'erreur du peuple, et jamais ne défaillent,
Et qui d'un sentiment hardy, grave et profond,
Vivent tout autrement que les autres ne font.
Mais leur divin génie est forcé de se feindre,
Et les rend malheureux s'il ne se peut contraindre ;
La coustume et le nombre authorise les sots :
Il faut aymer la Cour, rire des mauvais mots ;
Acoster un brutal, luy plaire, en faire estime,
Lors que cela m'advient, je pense faire un crime,
J'en suis tout transporté, le cœur me bat au sein ;
Je ne croy plus avoir l'entendement bien sain,
Et pour m'estre soüillé de cest abord funeste,
Je croy longtemps après que mon âme a la peste.
Cependant il faut vivre en ce commun malheur,
Laisser à part esprit, et franchise et valeur,

Fortune est seulement aux vertueux sévère.
La bonne conscience est sœur de la misère.
Si le Ciel m'avoit fait un de ces gros prélats
De tous les fils du Ciel, on me croiroit l'Atlas,
Si j'estois Cardinal et fusse une beste
Mon chapeau couvriroit les défauts de ma teste ;
Le moyen plus aisé de bien fort profiter
Et d'acquérir beaucoup, c'est à rien mériter ;
Plus ils nous firent de bien, plus le destin est chiche
Et se montre prodigue alors que l'on est riche.

(1) P. 268 de la seconde et troisième édition Billaine ; p. 115 (partie Poésies) de la seconde édition Quesnel ; p. 1 (partie Poésies) de l'édition originale (1621).

Rompre son naturel, emprisonner son âme
Et perdre tout plaisir pour acquérir du blasme.
L'ignorant qui me juge un fantasque resveur,
Me demandant des vers, croit me faire faveur ;
Blasme ce qu'il n'entend, et son âme estourdie
Pense que mon sçavoir me vient de maladie.
Mais vous à qui le Ciel de son plus doux flambeau
Inspira dans le sein tout ce qu'il a de beau,
Vous n'avés point l'erreur qui trouble ces infâmes,
Ny l'obscure fureur de ces brutalles âmes :
Car l'esprit plus subtil en ses plus rares vers,
N'a point de mouvemens qui ne vous soient ouvers ;
Vous avez un génie à voir dans les courages,
Et qui cognoist assez mon âme et mes ouvrages.
Or bien que la façon de mes nouveaux escrits
Diffère du travail des plus fameux esprits,
Et qu'ils ne suivent point la trace accoustumée
Par où nos escrivains cherchent la renommée [1],
J'ose pourtant prétendre à quelque peu de bruit,
Et croy que mon espoir ne sera point sans fruict.
Vous me l'avez promis, et sur ceste promesse
Je fausse ma promesse aux vierges de Permesse [2] ;
Je ne veux réclamer ny Muse, ny Phébus ;
Grâce à Dieu, bien guary de ce grossier abus [3],
Pour façonner un vers que tout le monde estime,
Vostre contentement est ma dernière lime ;
Vous entendez le poids, le sens, la liaison,
Et n'avez en jugeant pour but que la raison ;
Aussi mon sentiment à vostre adveu se range,
Et ne reçoit d'autruy ny blasme ny loüange.
Imite qui voudra les merveilles d'autruy,
Malherbe a très bien fait, mais il a fait pour luy ;

---

(1) Var. du *Second livre des Délices :* Par où nos escrivains cherchent leur renommée

(2) Var. du *Second livre des Délices :* Je fausse ma parolle aux Vierges de Permesse

(3) Var. du *Second livre des Délices :* Grâce à Dieu guary de plus mauvais abus

Mille petits voleurs l'escorchent tout en vie.
Quand à moy ces larcins ne me font point d'envie ;
J'approuve que chascun escrive à sa façon :
J'ayme sa renommée, et non pas sa leçon.
Ces esprits mendians, d'une vaine infertile,
Prennent à tous propos ou sa rime ou son style,
Et de tant d'ornemens qu'on trouve en luy si beaux
Joignent l'or et la soye à de vilains lambeaux,
Pour paroistre aujourd'huy d'aussi mauvaise grâce
Que parut autresfois la corneille d'Horace.
Ils travaillent un mois à chercher comme à fils
Pourra s'apparier la rime de Memphis ;
Ce Liban, ce turban et ces rivières mornes
Ont souvent de la peine à retrouver leurs bornes ;
Cest effort tient leurs sens dans la confusion[1],
Et n'ont jamais un rais de bonne vision.
J'en cognois qui ne font des vers qu'à la moderne,
Qui cherchent à midy Phébus à la lanterne,
Grattent tant le François qu'ils le deschirent tout,
Blasmant tout ce qui n'est facile qu'à leur goust ;
Sont un mois à cognoistre, en tastant la parole,
Lors que l'accent est rude, ou que la rime est mole,
Veulent persuader que ce qu'ils font est beau
Et que leur renommée est franche du tombeau,
Sans autre fondement sinon que tout leur aage
S'est laissé consommer en un petit ouvrage,
Que leurs vers dureront au monde précieux,
Pource qu'en les faisant ils sont devenus vieux.
De mesme l'Areignée, en filant son ordure,
Use toute sa vie et ne faict rien qui dure.
Mais cet autre Poëte est bien plein de ferveur[2] :
Il est blesme, transi, solitaire, resveur,
La barbe mal peignée, un œil branslant et cave,
Un front tout renfrongné, tout le visage have,

(1) Var. du *Second livre des Délices :* Cet effort tient leur sang dans la confusion

(2) Var. du *Second livre des Délices :* Mais cet autre est Poète, et bien plain de ferveur

Ahane dans son lict et marmotte tout seul,
Comme un esprit qu'on oit parler dans un linceul ;
Grimasse par la ruë, et stupide retarde
Ses yeux sur un object sans voir ce qu'il regarde.
Mais desjà ce discours m'a porté trop avant :
Je suis bien près du port, ma voile a trop de vent ;
D'une insensible ardeur peu à peu je m'eslève,
Commençant un discours que jamais je n'achève.
Je ne veux point unir le fil de mon subject:
Diversement je laisse et reprens mon object.
Mon âme imaginant n'a point la patience,
De bien polir les vers et ranger la science.
La reigle me desplaist, j'escris confusément [1] :
Jamais un bon esprit ne faict rien qu'aisément.
Autresfois quant mes vers ont animé la scène,
L'ordre où j'estois contrainct m'a bien faict de la peine.
Ce travail importun m'a longtemps martyré,
Mais en fin, grâce aux Dieux, je m'en suis retiré.
Peu sans faire naufrage et sans perdre leur ourse
Se sont advanturez à ceste longue course :
Il y faut par miracle estre fol sagement,
Confondre la mémoire avec le jugement,
Imaginer beaucoup, et d'une source pleine
Puiser tousjours des vers dans une mesme veine.
Le dessein se dissipe, on change de propos
Quand le stile a gousté tant soit peu le repos.
Donnant à tels efforts ma première furie,
Jamais ma veine encor ne s'y trouva tarie.
Mais il me faut résoudre à ne la plus presser ;
Elle m'a bien servy : je la veux caresser,
Luy donner du relasche, entretenir la flame
Qui de sa jeune ardeur m'eschauffe encore l'âme.
Je veux faire des vers qui ne soient pas contraints,
Promener mon esprit par de petits desseins,
Chercher des lieux secrets où rien ne me desplaise,
Méditer à loisir, resver tout à mon aise,

(1) Var. du *Second livre des Délices, 1620:* La règle m'en déplaist, j'écris confusément

Employer toute une heure à me mirer dans l'eau,
Ouyr, comme en songeant, la course d'un ruisseau,
Escrire dans les bois, m'interrompre, me taire,
Composer un quatrain sans songer à le faire.
Après m'estre esgayé par ceste douce erreur,
Je veux qu'un grand dessein reschauffe ma fureur [1] ;
Qu'un œuvre de dix ans me tienne à la contraincte [2]
De quelque beau Poëme où vous serez dépainte.
Là, si mes volontez ne manquent de pouvoir,
J'auray bien de la peine en ce plaisant devoir.
En si haute entreprise où mon esprit s'engage,
Il faudroit inventer quelque nouveau langage,
Prendre un esprit nouveau, penser et dire mieux
Que n'ont jamais pensé les hommes et les Dieux.
Si je parviens au but où mon dessein m'appelle,
Mes vers se moqueront des ouvrages d'Apelle.
Qu'Héleine resuscite : elle aussi rougira,
Par tout où vostre nom dans mon ouvrage ira.
Tandis que je remets mon esprit à l'eschole,
Obligé dès long-temps à vous tenir parole,
Voicy de mes escrits ce que mon souvenir,
Désireux de vous plaire en a peu retenir.

SECONDE SATYRE [3]

Cognois-tu ce fascheux, qui contre la fortune
Aboye impudemment comme un chien à la lune ?
Et qui voudroit, ce semble, en destourner le cours
Par l'importunité d'un outrageux discours :

---

(1) Var. du *Second livre des Délices, 1620:* Je veux qu'un grand dessein eschauffe ma fureur

(2) Var. du *Second livre des Délices, 1620:* Qu'une œuvre de dix ans me tienne en la contrainte

(3) Interrogatoire — le premier — du 22 mars 1624, voir T. I, pp. 377 et 378. Cette seconde satyre avait paru dans le *Second livre des Délices de la poésie françoise, 1620, par le sieur Théophile,* avant d'être insérée dans les *Œuvres* du poète, 1621.

D'une sotte malice en son âme il s'afflige
Quand la faveur du Roy ses favoris oblige.
Un homme, dont le nom est à peine cogneu,
D'un pays estranger nouvellement venu,
Que la fortune aveugle, en promenant sa rouë,
Tira sans y penser d'une ornière de bouë [1],
Malgré toute l'envie au dessus du malheur,
D'un crédit insolent gourmande la valeur.
Et nous le permettons ! Et le François endure
Qu'à ses propres despens ceste grandeur luy dure !
Nos Princes autresfois estoient bien plus hardis :
Où se cache aujourd'huy la vertu de jadis ?
Apprends, malicieux, comme tu sçais mal vivre,
Qu'une fortune est d'or et que l'autre est de cuivre ;
Que le sort a des loix qu'on ne sçauroit forcer ;
Que son compas est droict, qa'on ne le peut fausser.
Nous venons tous du Ciel pour posséder la terre ;
La faveur s'ouvre aux uns, aux autres se reserre :
Une nécessité que le Ciel establit
Deshonore les uns, les autres establit [2] ;
Un ignoble souvent de riches biens hérite,
L'autre dans l'hospital est tout plein de mérite.
Pour trouver le meilleur, il faudroit bien choisir [3] ;
Ne crois point que les Dieux soient si pleins de loisir [4].
Encor si chaque infâme estoit marqué d'un signe
Qui de toutes vertus le fist trouver indigne,
Les Roys qui soubs les Dieux disposent du bonheur,
Enrichiroient tousjours le mérite et l'honneur.

---

(1) Concini.

(2) Cette erreur d'impression *establit* pour *anoblit* a persisté jusqu'en 1626. — P. 300 de la deuxième et troisième édition Billaine ; p. 149 (partie Poésies) de la seconde édition Quesnel ; p. 83 (partie Poésies) de l'édition originale (1621).

(3) Var. du *Second livre des Délices, 1620 :* Pour trouver les meilleurs il faudroit bien choisir

(4) P. 300 de la deuxième et troisième édition Billaine ; p. 149 (partie Poésies) de la seconde édition Quesnel ; p. 83 (partie Poésies) de l'édition originale (1621).

Que si l'âme des Dieux est la mesme justice,
Si ce qui leur desplaist porte le nom de vice [1],
Les Roys, qui sont leurs fils et Lieutenans icy,
Peuvent juger des bons, et des mauvais aussi ;
Et, sans flatter mon Roy, je trouve bien estrange
Qu'un vulgaire ignorant et tiré de la fange
Contre sa majesté se monstre injurieux,
Dessous ses actions portant l'œil curieux [2].
Quant à moy, je répute une faveur bien mise
Envers le plus chétif que le Roy favorise ;
Quoy que tousjours bien pauvre, et tousjours dédaigné,
Sur mon esprit l'envie encore n'ait rien gaigné [3].
Qu'un homme de trois jours, de soye, et d'or se couvre,
Du bruit de sa carrosse importune le Louvre ;
Qu'un estranger heureux se mocque des François,
Qu'il ait mille suivans, pourveu que je n'en sois [4],

(1) Var. de l'édition des *Œuvres de 1632* (Scudéry) : Qu'elle ayme la vertu, qu'elle abhorre le vice

(2) Var. des éditions postérieures à 1623 : Dessus ses actions.

(3) *id.* : Sur mon esprit l'envie encor n'a rien gagné

(4) Après ce vers le *Second livre des Délices, 1620*, les *Délices satyriques, 1620*, la *Quintessence satyrique, 1622*, donnent 36 vers qui ont été supprimés dans les éditions des *Œuvres*.

Voici le texte du *Second livre des Délices, 1620* (les *Délices satyriques* et la *Quintessence* offrent quelques variantes) :

Et qu'on ne marche point pour un honteux salaire.
D'un maistre avec lequel je ne me puis desplaire,
Où je ne suis tenu de rien juger à faux,
Qui ne m'oblige point à flatter ses deffaux ;
Chez qui ma liberté toute entière demeure :
Là ma condition attendra que je meure.
Il a l'esprit fort bon, il ayme les bons mots,
Et ne sçauroit souffrir la hantise des sots.
Il hayt la gentillesse à la Cour familière,
N'ayme point les balets, ny l'humeur cavalière,
Se mocque avecques moy du mal-fait et du beau,
Sçait que tous sont de mesme à l'ombre du tombeau,
Coule avecques douceur les plaisirs de la vie,
Rit de l'ambition, et ne sent point l'envie ;
Ne tourmente son âme à penser seulement
A la nécessité du pasle monument.
Il craint Dieu, comme il doibt, et jamais ne s'obstine
A sonder vainement ce que le Ciel destine.

Je leur fais ce souhait en mon humeur hardie ;
Je ne crains point faillir, quoy que ma Muse die ;
Ma liberté dit tout, sans toutesfois nommer,
Par une vaine aigreur, ceux que je veux blasmer.
Aussi n'attends jamais que je te face rire
D'un vers, que sans danger je ne sçaurois escrire.
Ceux-là sont fols vrayment qui vendent un bon mot
De cent coups de baston que fait donner un sot ;
Esclaves imprudens de leur humeur mauvaise,
Ne sçavent méditer un vers qu'il ne desplaise.
Des pasquins contre aucuns je ne compose icy,
Et ne sçaurois souffrir des injures aussi.
Le Dieu des vers m'inspire une modeste flame,
Qui n'est propre à donner ny recevoir du blasme ;
Je hay la mesdisance, et ne puis consentir
De gaigner avec peine un triste repentir.
Chacun qui voit mes vers, s'il a les yeux d'un homme,
Cognoistra son portraict, combien qu'on ne le nomme.
Qui ne lict ma Satyre, il n'en est pas tancé :
Plusieurs s'en fâcheront, à qui je n'ay pensé.
Qui hait trop la laideur de son vilain visage,
Il ne devroit jamais en regarder l'image ;

Quelque nouveau salut qu'on presche en l'univers,
Qu'on ne craigne jamais ny son bras ny mes vers.
Qui voudra pénitence aux déserts se consomme,
Et vive tout ainsi que s'il n'estoit plus homme,
Ne mange que du foin, ne boive que de l'eau,
Au plus fort de l'hyver n'ait robe ny manteau,
Se foüette tous les jours, et d'une vie austère
Accomplisse de Christ le glorieux mystère.
Moy qui suis d'un humeur trop enclin à pécher,
D'un fardeau si pesant je ne puis m'empescher.
Suy ta dévotion, et ne croy point, ermite,
Que mon âme te blasme, et moins qu'elle t'imite,
Puissent les envieux de la faveur du Roy,
(Bien que leur rage encor ne se soit prise à moy,)
De tels désespérez croistre le triste nombre,
Reclus dans un rocher plein de silence et d'ombre ;
Qu'ils ne puissent trouver le doux air de la Cour,
Et ne voyent jamais un agréable jour !
Je leur fais ce souhait, etc.

Qui craint d'estre respris, il n'a qu'à se cacher,
Et de là mon dessein n'est plus de le fascher[1].

ÉPIGRAMME[2]

Mon frère, je me porte bien,
La Muse n'a soucy de rien ;
J'ay perdu cest humeur prophane ;
On me souffre au coucher du Roy,
Et Phœbus tous les jours chez moy
A des manteaux doublez de pane.
Mon âme incague les destins[3] !
Je fay tous les jours des festins ;
On me va tapisser ma chambre ;
Tous mes jours sont des Mardy-gras,
Et je ne bois point d'hypocras
S'il n'est faict avecques de l'ambre.

(ÉLÉGIE[4])

Aussi souvent qu'amour faict penser à mon âme
Combien il mit d'attraits dans les yeux de ma Dame,

---

(1) La pièce se termine ainsi dans le *Second livre des Délices* :

La satyre au front noir, et à la voix farouche,
Est pour la conscience une pierre de touche,
C'est un parfaict miroir : elle ne voit que ceux
Qui dans leur propre objet veulent estre apperçeus.
Encor cest advantage est joinct à ma censure,
Que tes yeux seulement regardent ta figure,
Que toy mesme, entendant reprendre ces deffaux,
Jugeras si je suis ou véritable ou faux ;
Bien que ta seule voix de ton vice ne crie,
Ton seul ressentiment de bien faire te prie ;
Tu te reprens toy mesme, et de ta propre main,
Tu te donnes à ton aise un chastiment humain.

(2) Interrogatoire — le premier — du 22 mars 1624, voir t. I, p. 378.

(3) P. 348 de la seconde et troisième édition Billaine ; p. 205 (partie Poésies) seconde édition Quesnel ; p. 182 (partie Poésies) de l'édition originale (1621).

(4) Interrogatoire — le premier — du 22 mars 1624, voir T. I, pp. 378, 379, 380 et 385. Cette pièce n'a pas de titre dans les trois premières éditions des *Œuvres*.

Combien c'est de l'honneur d'aymer en si bon lieu,
Je m'estime aussi grand et plus heureux qu'un Dieu.
Amaranthe, Phillis, Caliste, Pasithée,
Je hay ceste mollesse à vos noms affectée ;
Ces titres qu'on vous fait avecques tant d'appas
Tesmoignent qu'en effect vos yeux n'en avoient pas.
Au sentiment divin de ma douce furie,
Le plus beau nom du monde est le nom de Marie,
Quelque soucy qui m'ayt enveloppé l'esprit,
En l'oyant proférer, ce beau nom me guérit ;
Mon sang en est esmeu, mon âme en est touchée
Par des charmes secrets d'une vertu cachée.
Je la nomme tousjours, je ne m'en puis tenir ;
Je n'ay dedans le cœur autre ressouvenir,
Et ne cognois plus rien, je ne voy plus personne :
Pleust à Dieu qu'elle sceust le mal qu'elle me donne !
Qu'un bon Ange voulust examiner mes sens,
Et qu'il luy rapportast au vray ce que je sens ;
Qu'Amour eust prins le soing de dire à ceste belle,
Si je suis un moment sans souspirer pour elle,
Si mes desirs luy font aucune trahison,
Si je pensay jamais à rompre ma prison !
Je jure par l'esclat de ce divin visage,
Que je serois marry de devenir si sage.
En l'estat où je suis, aveugle et furieux,
Tout bon advis me chocque et m'est injurieux [1].
Quand le meilleur amy que je pourrois avoir,
Touché du sentiment de ce commun devoir,
A m'oster cet amour employeroit sa peine,
Il n'auroit travaillé que pour gaigner ma hayne ;
En telle bien-veillance un Dieu m'offenceroit,
Et je me vengerois du bien qu'il me feroit [2].

---

(1) Dans les éditions suivantes et dans celle de Scudéry, 1632, ce vers est suivi de :

Je hay la liberté, j'ayme la servitude
Et à la conserver gist toute mon estude.

(2) P. 312 de la seconde et troisième édition Billaine ; p. 162 (partie Poésies) de la seconde édition Quesnel ; p. 105 (partie Poésies) de l'édition originale (1621).

Qui me veut obliger, il faut qu'il me trahisse,
Qu'il prenne son plaisir à voir que je périsse.
Honorez mes fureurs, vantez ma lascheté,
Mesprisez devant moy l'honneur, la liberté,
Consentez que je pleure, aymez que je souspire,
Et vous m'obligerez de plus que d'un Empire.
Mais non, reprochez-moy ma honteuse douleur ;
Dictes combien l'Amour m'apporte de mal-heur ;
Que pour un faux plaisir je perds ma renommée,
Que mes esprits n'ont plus leur force accoustumée,
Que je deviens fascheux, sans courage, et brutal ;
Bref que pour cet amour tout m'est rendu fatal.
Faictes-le pour tuer l'ardeur qui me consume,
Car je cognois qu'ainsi ma flame se r'alume :
Plus on presse mon mal, plus il fuit au dedans,
Et mes desirs en sont mille fois plus ardans.
A l'abord d'un censeur je sens que mon martyre
De dépit et d'horreur dans mes os se retire ;
Amour ne faict alors que renforcer ses traicts,
Et donne à ma maistresse encores plus d'attraits.
Ainsi je trouve bon que chacun me censure,
Affin que mon tourment d'avantage me dure.
Pour conserver mon mal je fais ce que je puis,
Et me croyant heureux sans doute je le suis,
Je ne recherche point de Dieux, ny de fortune;
Ce qu'ils font au dessous ou par dessus la Lune,
Pour le bien des mortels, tout m'est indifférent,
Excepté le plaisir que ma peine me rend [1].
Je croy que mon servage est digne de loüange,
Je croy que ma maistresse est belle comme un Ange,
Qu'elle mérite bien d'avoir lié ma foy,
S'il est vray que son âme ayt de l'amour pour moy ;
Elle me l'a juré : la promesse est un gage
Où la foy tient le cœur avecque le langage.

---

(1) P. 313 (au lieu de 314 indiquée dans le projet d'interrogatoire de Mathieu Molé) de la seconde et troisième édition Billaine ; p. 163 (partie Poésies) de la seconde édition Quesnel ; p. 106 (partie Poésies) de l'édition originale (1621).

Je suis bien peu dévot d'avoir quitté ses yeux ;
Je suis trop nonchalant d'un bien si précieux.
Je ne devrois jamais esloigner ce visage
Qu'après que de mes sens j'auray perdu l'usage.
Aussi bien mes esprits, loin de ses doux regards,
N'ont que mélancholie, et mal de toutes parts.
Le seul ressouvenir des beautez de ma Dame
Est l'unique entretien qui resjouyt mon âme ;
Mais si les immortels me font jamais avoir,
Au moins avant mourir, l'honneur de la revoir,
Quelque nécessité que le Ciel me prescrive,
Quelque si grand matheur qui jamais m'en arrive,
Je me suis résolu d'attendre que le sort
Auprès de ses beautez fasse venir ma mort.
Si tandis je souffrois le coup des destinées,
J'aurois bien du regret à mes jeunes années ;
Mon ombre ne feroit qu'injurier les Dieux
Et plaindre incessamment l'absence de vos yeux,

ÉLÉGIE [1]

Mon âme est triste, et ma face abbatuë ;
Je n'en puis plus, ta disgrâce me tuë.
Croy que je t'ayme, et que pour te fascher,
J'ay ton plaisir et mon repos trop cher.
Que si je viens jamais à te desplaire
Je ne veux point que le Soleil m'esclaire ;
Et si les Dieux ont si peu de pitié
Que de m'oster un jour ton amitié,
Il ne faut point d'autre coup de tonnerre
Pour me bannir du Ciel et de la terre.
Hier pressé bien fort de ma douleur,
En souspirant mon innocent malheur,

---

(1) Interrogatoire — le premier — du 22 mars 1624, voir T. I, p. 379 et 380. Cette élégie avait paru pour la première fois dans le *Second livre des Délices de la poésie françoise, 1620* sous la rubrique *: par le sieur Théophile.*

Je suppliois Lisandre de te dire
Que ton courroux au désespoir me tire,
Et si bien tost il ne s'en va cesser,
Tu n'auras plus à qui te courroucer :
Car mon esprit consommé de ta hayne,
Ne peut souffrir davantage de peine.
Sans plus de mal, je cognois bien pourquoy
Ton doux regard s'est destourné de moy,
Et que ma faute est assez pardonnable,
Ou tu rendras ton amitié coulpable.
Voy donc, de grâce, avant que te venger,
Que ton amour, ou mon crime est léger ;
Que j'ay du droict assez pour me deffendre,
Si tu ne prens plaisir de me reprendre :
Car en tel cas je me veux accuser
Et mon pardon moy-mesme refuser ;
Je diray tout pour flatter ta colère :
J'ay, si tu veux, assassiné mon père,
Mesdit des Dieux, empoisonné l'Autel ;
J'ay plus failly que ne peut un mortel[1].
Mais si jamais tu me donnois licence
De te presser à bien voir mon offence,
Je jugerois que je suis trop puny [2]
Pour un moment de ta grâce banny.
Lors que le Ciel de tes faveurs me prive,
Comment crois-tu, mon Ange, que je vive?
Ce qui me plaist de tous costez me fuit,
En toutes parts tout me chocque et me nuict ;
Je ne voy rien que des objects funèbres ;
Comme mes yeux, mon âme est en ténèbres ;
Mon âme porte un vestement de dueil ;
Tous mes esprits sont comme en un cercueil.
Lors ma mémoire est toute ensevelie,
Mon jugement suit ma mélancholie :

---

(1) P. 315 de la seconde et troisième édition Billaine ; p. 165 (partie Poésies) de la seconde édition Quesnel ; p. 108 (partie Poésies) de l'édition originale (1621).

(2) Dans les éditions postérieures à 1623 : Tu jugerois....

Tantost je prends le soir pour le matin,
Tantost je prends le Grec pour le Latin ;
Soyt vers ou prose, à quoy que je travaille,
Je ne puis rien imaginer qui vaille.
Prends en pitié, redonne la clarté
A mon esprit, rends-luy la liberté.
Que me veux-tu ? je confesse mon crime ;
J'ay mérité que le foudre m'abysme.
Puis qu'il te plaist, je t'ay manqué de foy,
Je me repens, et je ne sçay pourquoy.
Il est bien vray qu'aux yeux du populaire
Ce que j'ay faict paroistra téméraire,
Et me traictant comme un esprit abject,
Ce long courroux semble avoir du subject.
Mais si tu veux considérer encore
Ce que je suis, à quel point je t'honore,
A quel degré mon amitié s'estent,
Ce souvenir ne t'ennuira pas tant.
Je ne veux point m'ayder de mon mérite
Pour excuser ma faute qui t'irrite,
Ny mandiant un estranger appuy,
Devoir ma paix à la fureur d'autruy.
Il ne faut point qu'autre que moy te trace [1]
Honteusement un retour à ta grâce.
Si c'est Lisandre à qui je dois ce bien,
Mon repentir ne m'a servy de rien ;
Si c'est luy seul pour qui tu me pardonnes,
C'est désormais à luy que tu me donnes,
Et que tu veux laisser à sa mercy
De me sauver et de me perdre aussi.
Mais s'il te reste encores quelque flame
Des beaux desirs que je t'ay veu dans l'âme,
Si tu n'as point perdu ceste bonté,
Si tu n'as point changé de volonté,

(1) Dans les éditions postérieures à 1623 :

Devoir ma paix à la faveur d'autruy
Il ne faut pas qu'autre que moy me trace

Je suis certain que tu seras bien aise
Qu'autre que toy ton cœur ne me rapaise :
Et je serois marry qu'autre que nous
Eust jamais sceu ma faute, et ton courroux.
Tu me diras que ta haine estoit feinte,
Qu'en ce despit ton âme estoit contraincte,
Que tu voulois esprouver seulement
Si ton courroux me pressoit mollement,
Si le refus de ta douce caresse
M'obligeroit à changer de maistresse.
Lors, par le Ciel, par l'honneur de ton nom,
Par tes beaux yeux, je jureray que non ;
Que l'amitié de tous les Roys du monde,
Tous les présens de la terre et de l'onde,
L'amour du Ciel, la crainte des enfers,
Ne me sçauroient faire quitter mes fers [1],
Ne me sçauroient arracher le courage [2],
Ce bel esprit et ce divin visage.
Comme les cœurs se plaisent à l'amour,
Comme les yeux sont aises d'un beau jour,
Comme un printemps tout l'Univers récrée ;
Ainsi l'esclat de ta beauté m'agrée.
L'eau de la Seine arrestera son flux,
Le temps mourra, le Ciel ne sera plus,
Et l'Univers aura changé de face,
Auparavant que cett' humeur me passe.

STANCES [3]

Maintenant que Philis est morte,
Et que l'amitié la plus forte

---

(1) P. 317 de la seconde et troisième édition Billaine ; pp. 167 et 168 (partie Poésies) de la seconde édition Quesnel ; p. 110 (partie Poésies) de l'édition originale (1621).

(2) Dans les éditions postérieures à 1623 : Ne me sçauroient arracher du courage.

(3) Interrogatoire — le premier — du 22 mars 1624, voir T. I, p. 379 et 380. Cette pièce n'a pas de titre dans l'édition originale des *Œuvres*, *1621*.

Dont un cœur fut jamais atteint,
Est dans le sépulchre avec elle,
Je croy que l'Amour le plus saint
N'a plus pour moy rien de fidèle.

Cloris, c'est mentir trop souvent ;
Tes propos ne sont que du vent,
Tes regars sont tous pleins de ruzes,
Tu n'as point pour tout d'amitié ;
Je me mocque de tes excuses,
Et t'ayme moins de la moitié.

Je te voy tousjours en contrainte :
Il te vient tousjours quelque crainte ;
Tu ne trouve jamais loisir ;
Dy plustost que je t'importune,
Et que je te ferois plaisir
De chercher ailleurs la fortune,

Ne fais plus semblant de m'aymer,
Et quoy qu'il me soit bien amer
De perdre une si douce flame,
Si tu n'as point d'amour pour moy
Je jure tes yeux et mon âme
De ne songer jamais à toy.

Je t'allois consacrer ma plume,
Et te peindre dans un volume
Sur qui les ans ne peuvent rien,
Sçache un peu de la Renommée
Comme j'ay sçeu dire du bien
D'une autre que j'avois aymée.

Mais cela ne te touche pas :
Les vers sont de mauvais appas ;
Un roc n'en devient point passible ;
Ce sont de foibles hameçons
Pour ton naturel insensible
Que luy promettre des chançons.

Que veux-tu plus que je te donne,
Aujourd'huy que Dieu m'abandonne [1],
Que le Roy ne me veut pas veoir,
Que le jour me luit en cholère,
Que tout mon bien est mon sçavoir?
Dequoy plus te pourrois-je plaire?

Si mon mauvais sort peut changer,
Je jure de te partager
Les prospéritez où j'aspire,
Et quand le Ciel me feroit Roy,
Un présent de tout mon Empire
Te feroit preuve de ma foy.

Mais tu n'as point l'esprit avare,
Et quelque dignité si rare
Qu'un Dieu mesme te vint offrir,
Quelque tourment qu'il eust dans l'âme,
Tu le laisserois bien souffrir
Avant que soulager sa flame.

Quant à moy, las de tant brusler,
Et si pressé de reculer,
J'ay désespéré de la place.
La nature icy vaut bien peu,
Qu'un front de neige, un cœur de glace,
Puissent tenir contre le feu.

ODE [1]

Enfin mon amitié se lasse :
Je suis forcé de me guérir,
L'amour qui me faisoit périr
Tous les jours peu à peu se passe.

---

(1) P. 250 de la seconde et troisième édition Billaine ; p. 94 (partie Poésies) de la seconde édition Quesnel ; p. 125 (partie Poésies) de l'édition originale (1621).

(2) Interrogatoire — le premier — du 22 mars 1624, voir T. I, p. 379 et 380. Cette pièce n'a pas de titre dans l'édition originale de 1621.

J'ay r'appellé mon jugement,
J'ay fait vœu d'aymer sagement,
Je rougis de ma servitude,
Et proteste devant les Dieux
Que je hay ton ingratitude
Plus que je n'ay chéry tes yeux.

Je n'ay plus le soing de te plaire :
Mes charmes sont esvanouis;
Désormais je me resjouis
De ta haine et de ta cholère.
Ceste laschété d'endurer
Ne me sçauroit guère durer ;
Je veux estre exempt de souffrance
Aussi bien que toy de pitié,
Et vivre avec l'indifférence
Dont tu traictes mon amitié.

Jamais douleur insupportable
Jusques à mon mal n'empira ;
Jamais esprit ne souspira
D'un travail si peu profitable.
Je vis trop amoureusement,
Je sers trop malheureusement,
Ma belle ne veut point entendre
Le mal qu'elle me faict sentir,
Et me deffend de rien prétendre
Que la honte et le repentir.

O mes Dieux ! ô mon influence !
Regardez la peine où je suis !
Sans faire un crime je ne puis
Espérer une récompense.
O Dieux qui gouvernez nos cœurs,
Si vous n'estes des Dieux moqueurs :
Ou des Dieux sans miséricorde ;
Remettez-moy dans ma maison [1],

(1) P. 320 de la seconde et troisième édition Billaine ; p. 170 (partie Poésies), de la seconde édition Quesnel ; p. 23 (partie Poésies) de l'édition originale (1621),

Ou faites enfin qu'on m'accorde
Ou la mort, ou la guérison !

SONNET [1]

Si j'estois dans un bois poursuivy d'un lion,
Si j'estois à la mer au fort de la tempeste,
Si les Dieux irritez vouloient presser ma teste
Du faix du mont Olympe et du mont Pélion.

Si je voyois le jour que veit Deucalion,
Où la mort ne cuida laisser homme ny beste,
Si pour me dévorer je voyois toute preste,
La rage des flambeaux qui brusloient Ilion.

Je verrois ces dangers avecques moins d'ennuy
Que les maux violents que je souffre aujourd'huy,
Pour un mauvais regard que m'a donné mon Ange,

Je voy desjà sur moy mille foudres pleuvoir,
De la mort de son fils Dieu contre moy se venge
Depuis que ma Philis se fasche de me voir[2].

SONNET [3]

Les Parques ont le teint plus gay que mon visage.
Je croy que les damnez sont plus heureux que moy :
Aussi le vieux tyran qui leur donne la loy,
Des peines que je sens n'a jamais eu l'usage[4].

---

(1) Interrogatoire — le premier — du 22 mars 1624, voir T. I, p. 380. Ce sonnet a paru pour la première fois dans les *Délices satyriques, 1620*, n. s., avant d'être imprimé dans les *Œuvres, 1621*.

(2) P. 324 de la seconde et troisième édition Billaine ; p. 176 (partie Poésies) de la seconde édition Quesnel ; pp. 25 et 26 (partie Poésies) de l'édition originale (1621). Voir T. I, p. 366, la dissertation de Théophile dans son *Apologie (1624)* sur le vers ; De la mort de son fils Dieu contre moy se venge

(3) Interrogatoire — le premier — du 22 mars 1624, voir T. I, p. 381 et 382.

(4) P. 325 de la seconde et troisième édition Billaine ; p. 177 (partie Poésies) de la seconde édition Quesnel ; p. 26 (partie Poésies) de l'édition originale (1621).

Les jours les plus serains pour moy sont pleins d'orage,
Les objects les plus beaux pour moy sont pleins d'effroy,
Et du plus doux accueil que me fasse le Roy,
Mon esprit insensé croit souffrir un outrage.

Ton injuste mespris m'a faict ceste douleur,
Depuis incessamment je resve à mon malheur,
Et rien plus que la mort ne me peut faire envie.

Voyez si mon malheur s'obstine à me punir,
Je pense que la mort refuse de venir,
Pource qu'elle n'est point si triste que ma vie.

A Cloris [1]

STANCES

S'il est vray, Cloris, que tu m'aymes,
Mais j'entens que tu m'aymes bien,
Je ne croy point que les Roys mesmes
Ayent un heur comme le mien.
[Que la mort seroit importune
De venir changer ma fortune
A la félicité des Dieux !
Tout ce qu'on dit de l'ambrosie
Ne touche point ma fantasie [2],]
Aux prix des grâces de tes yeux.

Sur mon âme, il m'est impossible
De passer un jour sans te voir,
Qu'avec un tourment plus sensible
Qu'un damné n'en sçauroit avoir [3].

---

(1) Interrogatoire — le premier — du 22 mars 1624, voir T. I, pp. 381 et 382.

(2) Questions non posées du projet d'interrogatoire, voir T. I, p. 404.

(3) P. 252 de la seconde et troisième édition Billaine ; p. 96 (partie Poésies) de la seconde édition Quesnel ; p. 139 (partie Poésies) de l'édition originale (1621).

Le sort, qui menaça ma vie
Quand les cruautez de l'envie
Me firent esloigner du Roy,
M'exposant à tes yeux en proye,
Me donna beaucoup plus de joye
Qu'il ne m'avoit donné d'effroy.

Que je me pleus dans ma misère !
Que j'aymay mon bannissement !
Mes ennemys ne valent guère
De me traicter si doucement.
Cloris, prions que leur malice
Fasse bien durer mon supplice ;
Je ne veux point partir d'icy ;
Quoy que mon innocence endure,
Pourveu que ton amour me dure,
Que mon exil me dure aussi.

Je jure l'Amour et sa flame,
Que les doux regards de Cloris
Me font desjà trembler dans l'âme
Quand on me parle de Paris.
Insensé ! je commence à craindre
Que mon Prince me va contraindre
A souffrir que je sois remis.
Vous qui le mistes en cholère,
Si vous l'empeschez de le faire
Vous n'estes plus mes ennemis.

Toy qui si vivement pourchasses
Les remèdes de mon retour,
Prens bien garde, quoy que tu fasses,
De ne point fascher mon amour.
Arreste un peu ; rien ne me presse.
Ton soin vaut moins que ta paresse ;
Me bien servir, c'est m'affliger :
Je ne crains que ta diligence,
Et prépare de la vengeance
A qui tasche de m'obliger.

Il te semble que c'est un songe
D'entendre que je m'ayme icy,
Et que le chagrin qui me ronge
Vienne d'un amoureux soucy ;
Tu penses que je ne respire,
Que de sçavoir où va l'Empire,
Que devient ce peuple mutin,
Et quand Rome se doit résoudre
A faire partir une foudre
Qui consomme le Palatin.

Toutes ces guerres insensées,
Je les trouve fort à propos :
Ce ne sont point là les pensées
Qui s'opposent à mon repos.
Quelques maux qu'apportent les armes.
Un amant verse peu de larmes
Pour fléchir le courroux divin ;
Pourveu que Cloris m'accompagne,
Il me chaut peu que l'Allemagne
Se noye de sang ou de vin.

Et combien qu'un appas funeste
Me traîne aux pompes de la Cour,
Et que tu sçais bien qu'il me reste
Un soin d'y retourner un jour ;
Quoy que la fortune appaisée
Se rendist à mes vœux aisée,
Aujourd'huy je ne pense pas,
Soit-il le Roy qui me r'appelle,
Que je puisse m'esloigner d'elle
Sans trouver la mort sur mes pas.

Mon esprit est forcé de suivre
L'aymant de son divin pouvoir,
Et tout ce que j'appelle vivre,
C'est de luy parler et la voir.
Quand Cloris me faict bon visage,
Les tempestes sont sans nuage,

L'air le plus orageux est beau ;
Je ris quand le tonnerre gronde,
Et ne croy point que tout le monde
Soit capable de mon tombeau.

La félicité la plus rare
Qui flatte mon affection,
C'est que Cloris n'est point avare
De caresse et de passion.
Le bonheur nous tourne en coustume ;
Nos plaisirs sont sans amertume,
Nous n'avons ny courroux ny fard ;
Nos trames sont toutes de soye,
Et la Parque, après tant de joye,
Ne les peut achever que tard.

ODE

A Cloris [1]

Aussi franc d'amour que d'envie,
Je vivois loing de vos beautez,
Dans les plus douces libertez
Que la raison donne à la vie.
Mais les regards impérieux
Qu'Amour tire de vos beaux yeux
M'ont bien faict changer de nature,
Ha ! que les violents desirs,
Que me donna ceste advanture
Furent traistres à mes plaisirs !

Le doux esclat de ce visage,
Qui paroissoit sans cruauté,
Et des ruses d'une beauté,
Me sembloit ignorer l'usage,

---

(1) Interrogatoire — le premier — du 22 mars 1624, voir T. I, pp. 382, 383 et 384. Cette pièce forme deux odes dans les éditions postérieures à 1623, la seconde commence au vers : Cloris, ma franchise est perduë. Elle n'a pas de titre dans l'édition originale, 1621.

Me surprit d'un si doux malheur
Et m'affligea d'une douleur
Si plaisante à ma frénaisie,
Que dès lors j'aymay ma prison,
Et délivray ma fantasie
De l'empire de ma raison.

Contre ce coup inévitable,
Qui me mit l'amour dans le sein,
Je ne sçay prendre aucun dessein,
Ny facile, ny profitable.
Embrasé d'un feu qui me suit
Par tout où le Soleil me luit,
Je passe les monts Pyrénées,
Où les Neiges que l'œil du jour
Et les foudres ont espargnées,
Fondent au feu de mon amour.

Sur ces rivages où Neptune
Fait tant d'escume et tant de bruit,
Et souvent d'un vaisseau destruit
Faict sacrifice à la fortune,
J'invoque les ondes et l'air ;
Mais au lieu de me consoler,
Les flots grondent à mon martyre,
Mes souspirs vont avec le vent,
Et mon pauvre esprit se retire
Aussi triste qu'auparavant.

Mes langueurs, mes douces furies,
Quel sort, quel Dieu, quel élément,
Nous ostera l'aveuglement
De vos charmantes resveries ?
La froide horreur de ces forests,
L'humidité de ces marests,
Ceste effroyable solitude,
Dont le Soleil avec des pleurs
Provoque en vain l'ingratitude,
Que font-elles à mes douleurs ?

Grands déserts, sablons infertiles,
Où rien que moy n'ose venir,
Combien me devez-vous tenir,
Dans ces campagnes inutiles ?
Chauds regards, amoureux baisers,
Que vous estes dans ces désers,
Bien sensibles à ma mémoire !
Philis que ce bonheur m'est doux,
Et que je trouve de la gloire
A me ressouvenir de vous !

Enfin je croy que la tempeste
Me permettra d'ouvrir les yeux,
Et que l'inimitié des Cieux
Me laissera lever la teste ;
Après tous ces maux achevez,
Les faveurs que vous réservez
A ma longue persévérance,
Reprocheront à mon ennuy
D'avoir creu que mon espérance
Me quitteroit plustot que luy.

Au retour de ce long voyage,
La terre en faveur de Philis,
D'œillets, de roses et de lys,
Sèmera par tout mon passage,
Ces grands pins devenus plus beaux,
Joignans du faiste les flambeaux
Dont la voûte du Ciel se pare,
Iront aux astres s'enquérir
Si quelque autre bien s'accompare
A celuy que je vay quérir.

Ce jour sera filé de soye ;
Le Soleil par tout où j'iray,
Laissera quand je passeray,
Des ombrages dessus ma voye ;
Les Dieux à mon sort complaisans,
Me combleront de leurs présens ;

J'auray tout mon soul d'ambroisie,
Les Déesses me viendront voir,
Au moins si vostre courtoisie
Leur veut permettre ce devoir.

Ceste triste nuict achevée,
Mon âme quittera le dueil,
Si les ténèbres du cercueil
Ne préviennent mon arrivée.
A l'aise du premier abord,
Lors que tous nos destins d'accord
Permettront que je vous revoye,
Si je n'ay pour me secourir
Des remèdes contre ma joye,
Je dois bien craindre de mourir.

Je sçay qu'à la faveur première
Que vos regards me jetteront,
Mes esprits ravis quitteront
Le doux object de la lumière ;
C'est tout un, j'ayme bien mon sort,
Car les cruautez de la mort
N'ont point de si cruelle geine,
Que des Roys ne voulussent bien
Se trouver en la mesme peine
Pour un mesme honneur que le mien.

Cloris, ma franchise est perduë ;
Mais quand pour guérir mon ennuy,
Quelque Dieu me l'auroit renduë,
Mon âme se plaindroit de luy.
Toute la force et l'industrie
Que j'opposois à la furie,
De mes travaux trop rigoureux,
A fait des efforts inutiles,
Car mes sentimens indociles
En deviennent plus amoureux.

Ce qui peut finir ma souffrance,
Et recommencer mon plaisir,

S'esloigne de mon espérance
Aussi bien que de mon desir ;
Les destins, et le Ciel luy-mesme,
Qui recognoissent comme j'ayme,
Au seul object de mes douleurs
Ne me présentent point leur ayde,
Car ils sçavent que tout remède
Est plus foible que mes langueurs.

Je cognois bien que l'œil d'un Ange
Que le Ciel ne gouverne pas,
Et qui tient à peu de loüange
Qu'Amour brusle de ses appas,
S'il veut un jour à ma prière,
Jetter l'esclat de sa lumière
A l'advantage de mes vœux,
Faire naistre au sort qui m'irrite
Plus de bien que je ne mérite,
Et plus d'honneur que je ne veux.

Tandis que ma flame ou ma rage,
Attendoit après sa beauté,
Un faux et criminel ombrage,
Embarrasse sa volonté ;
Ce feint honneur, ceste fumée,
Vient estonner sa renommée
De l'impudence des mortels.
Cloris perdez ceste foiblesse,
Si vous ne vivez en Déesse,
Dequoy vous servent mes Autels ?

Le plus audacieux courage
Devant vous ne fait que trembler ;
Qui voit vostre divin visage
N'est plus capable de parler ;
Vos yeux gouvernent les pensées,
Des âmes les plus insensées,
Et les bornent de toutes parts ;
Et la plus aigre mesdisance

N'est qu'honneur et que complaisance
Aux attraits de vos doux regards.

Moy qui suis devenu perfide
Contre les Dieux que j'adorois,
Et dont l'âme n'a plus de guide,
Si non l'empire de vos loix,
Je vous croy parfaicte et divine,
Et mon jugement s'imagine
Que les faits des plus odieux,
Lors que vous leur donnez licence,
Sont plus justes que l'innocence
Et que la saincteté des Dieux[1].

Mais quand des âmes indiscrettes
S'amuseroient à discourir
De nos flammes les plus secrettes,
Elles ne doivent pas mourir.
O Dieux ! qui fistes les abysmes
Pour la punition des crimes,
Je renonce à vostre pitié,
Et vous appelle à mon supplice,
Si jamais mon âme est complice
De la fin de nostre amitié[2].

Chère Cloris je vous conjure,
Par les nœuds dont vous m'arrestez,
Ne vous troublez point de l'injure,
Des faux bruits que vous redoutez ;
Comme vous j'en ay des atteintes,
Et mille violentes craintes
Me persécutent nuict et jour.
Je croy que les Dieux et les hommes,

---

(1) Pp. 234 et 235 de la seconde et troisième édition Billaine ; p. 76 (partie Poésies) de la seconde édition Quesnel ; p. 135 (partie Poésies) de l'édition originale (1621).

(2) P. 235 de la seconde et troisième édition Billaine ; p. 76 (partie Poésies) de la seconde édition Quesnel ; p. 136 (partie Poésies) de l'édition originale (1621).

Dedans le climat où nous sommes,
Ne parlent que de nostre amour.

Je suis plus craintif que vous n'estes,
Et crains que les destins jaloux
Ne donnent un langage aux bestes
Pour leur faire parler de nous.
Une ombre, un rocher, un zéphire,
Parlent tout haut de mon martyre,
Et quand les foudres murmurans,
Menacent le péché du monde[1],
Je croy que le tonnerre gronde
Du service que je vous rends.

Mais, quoy que le Ciel et la terre,
Troublassent nos contentements,
Et nous fissent souffrir la guerre
Des Astres et des élémens,
Il faut rire de leurs malices,
Et dans un fleuve de délices
Noyer les soins injurieux
Qui privent nos jeunes années
Des douceurs que les destinées
Ne permettent jamais aux vieux.

Désespoirs amoureux [2]

STANCES

Esloigné de vos yeux, où j'ay laissé mon âme,
Je n'ay de sentiment que celui du malheur,
Et sans un peu d'espoir qui luit parmy ma flame,
Mon trespas eust été ma dernière douleur.

---

(1) Var. de l'édition Scudéry, 1632 : Menacent les péchés du monde

(2) Interrogatoire — le premier — du 22 mars 1624, voir T. I, pp. 383 et 384. Cette pièce n'a pas de titre dans l'édition originale, 1621.

Pleust au Ciel qu'aujourd'huy la terre eust quitté l'onde,
Que les raiz du Soleil fussent absens des Cieux,
Que tous les élémens eussent quitté le monde,
Et que je n'eusse pas abandonné vos yeux.

Un arbre que le vent emporte à ses racines,
Une ville qui voit desmolir son rempart,
Le faiste d'une tour qui tombe en ses ruines,
N'ont rien de comparable à ce sanglant despart.

Depuis vostre démon ne sert plus que de nombre[1] ;
Mes sens de ma douleur s'en vont desjà ravis ;
Je ne suis plus vivant, et passerois pour ombre
Sinon que mes souspirs descouvrent que je vis.

Mon âme est dans les fers, mon sang est dans la flame,
Jamais malheur ne fut à mon malheur esgal ;
J'ay des vautours au sein, j'ay des serpens dans l'âme,
Et vos traicts qui me font encore plus de mal.

Errant depuis deux mois de province en province,
Je traine avecques moy la Fortune et l'Amour ;
L'un oblige mes pas à courtiser mon Prince,
L'autre oblige mes sens à vous faire la cour.

Des plus rares beautez en ce fascheux voyage,
Où jadis pour aymer les Dieux fussent allez,
M'ont assez prodigué les traits de leur visage ;
Mais ce n'estoit qu'horreur à mes yeux désolez.

Par tout où loing de toy la Fortune me traine,
Je jure par tes yeux que tout mon entretien
N'est que d'entretenir ma vagabonde peine,
Et qu'il me souvient moins de mon nom que du tien.

En ma condition, d'où mille soins ne partent,
L'entendement me laisse, et tout conseil me fuit ;
Tous autres pensemens de mon âme s'escartent
Au souvenir du tien qui sans cesse me suit.

(1) Var. des éditions postérieures à 1623 : Depuis vostre Damon...

Que ta fidélité se forme à mon exemple ;
Fuy comme moy la presse, hay comme moy la Cour,
Ne fréquente jamais bal, promenoir, ny temple,
Et que nos déitez ne soyent rien que l'Amour.

Tout seul dedans ma chambre où j'ay faict ton Eglise,
Ton image est mon Dieu, mes passions, ma foy[1] ;
Si pour me divertir Amour veut que je lise,
Ce sont vers que luy mesme a composé pour moy.

Dans le trouble importun des soucis de la guerre,
Chacun me voit chagrin, car il semble à me voir,
Que je faicts des projects pour conquérir la terre,
Et mes plus hauts desseins ne sont que de t'avoir.

STANCES [2]

Dans ce temple, où ma passion,
Me mit dedans le cœur les beautez de Madame,
Je bénissois l'Amour, encore que sa flame,
Destournast ma dévotion.

Au lieu de penser à nos Dieux,
J'adorois vous voyant l'image de Diane,
Et m'estimois heureux de devenir profane
En me consacrant à vos yeux[3].

Ce fut avec de mesmes traits
Que la mère d'Amour perça le cœur d'Anchise ;
Suis-je pas glorieux de donner ma franchise,
A la mercy de ses attraits ?

---

(1) P. 257 de la seconde et troisième édition Billaine ; p. 102 (partie Poésies) de la seconde édition Quesnel ; p. 145 (partie Poésies) de l'édition originale (1621).

(2) Interrogatoire — le premier — du 22 mars 1624, voir T. I, pp. 384 et 385. Cette pièce n'a pas de titre dans l'édition originale (1621).

(3) P. 265 de la seconde et troisième édition Billaine ; pp. 111 et 112 (partie Poésies) de la seconde édition Quesnel ; pp. 164 et 165 (partie Poésies) de l'édition originale (1621).

A ce premier ravissement
Mon âme triompha de se sentir blessée,
Et l'Autel m'eust despleu d'oster à ma pensée
L'entretien d'un si doux tourment.

Me deust le Ciel faire périr,
Je mesure ma peine avecques mes années,
Et l'Amour se fait fort d'oster aux destinées
La puissance de me guérir.

Au point que ceste ardeur m'a mis,
Mon superbe bon-heur se mocque de l'envie,
Et quelque mal qui vienne à menacer ma vie,
Je me ris de mes ennemis.

Tout ce monde de poursuivans
Me fait persévérer avecques plus de joye.
Ce renommé Jason n'eust jamais eu sa proye
S'il eust craint la mer ny les vens.

Soubs l'auspice de vostre loy
Il n'est point de grandeur que mon esprit ne brave,
Et le mesme accident qui me faict estre esclave,
Il me semble qu'il m'a faict Roy.

(ÉLÉGIE [1])

Enfin guéry d'une amitié funeste,
A mon esprit désormais il ne reste
Qu'un sentiment de juste desplaisir
D'avoir languy d'un si mauvais desir ;
Bien malheureux d'avoir dans la pensée
Le souvenir de ma fureur passée

---

(1) Interrogatoire — le premier — du 22 mars 1624, voir T. I, p. 385. Cette pièce n'a pas de titre dans les trois éditions publiées de 1621 à 1623, dans les suivantes elle est intitulée *Elégie*. Cette pièce avait été publiée pour la première fois, mais sans signature, dans les *Délices satyriques, 1620 :* Enfin sauvé d'une passion funeste

Qui fut honteuse, et dont je m'en repens.
Doresnavant plus sage à mes despens,
Que si jamais mon jugement s'oublie,
Jusqu'à rentrer en semblable folie,
Dieux qui vengez les crimes des humains,
Punissez-moy si vous avez des mains ;
Si vous avez pouvoir sur la tempeste,
Ne la poussez ailleurs que sur ma teste.
Et vous, beaux yeux, plus aymez que le jour,
Qui remplissez tous mes esprits d'Amour,
Pour pénitence octroyez-moi de grâce,
Mourant pour vous, que mon péché s'efface ;
Que je reprenne en vos divins appas
D'un lasche crime un glorieux trespas ;
Et quand mon âme, en vos liens captive,
Pour mieux souffrir obtiendra que je vive,
Que le regret d'avoir esté si sot,
Et sans le bien de vous servir plus tost,
Chaque moment reproche à mon courage
Le deshonneur de mon premier servage.
Faictes-le donc, beaux yeux, je le consens ;
Mais je demande un mal que je ressens :
Je suis desjà dans ce supplice mesme,
Prest de mourir depuis que je vous ayme.
Le souvenir d'avoir porté des fers
Si malheureux me tient dans les enfers.
A chaque fois que ce bel œil m'envoye
Ses doux regards pleins d'honneur et de joye,
Où Vénus rit, où ses petits Amours
Passent le temps à se baiser tousjours,
Les vains souspirs d'une contraincte flame
Me font ainsi discourir en mon âme :
Pauvre abuzé, que j'eus mauvais conseil !
Que j'ay bien pris la nuict pour le Soleil !
Que mon esprit fut autrefois facile,
Et que l'erreur me trouva bien docile !
Que je feus lourd ! que je feus insensé !
Mon jugement en est tout offensé.

Les faux attraits à qui je fis hommage
Qu'ont-ils d'esgal à ce divin visage ?
Ce n'est qu'horreur au prix de ta beauté,
A qui je viens donner ma liberté.
Dieux ! que l'Amour estoit bien en cholère
De m'obliger au soucy de luy plaire !
Que mes destins sont bien mes ennemys !
Qu'ils m'ont trahi de me l'avoir permis !
Vous qui m'ostez ceste mauvaise envie,
Qui banissez la honte de ma vie,
Chère Amaranthe, à qui je dois le bien
D'avoir rompu cest infâme lien,
Gardez qu'Amour ne me soit plus contraire,
Que mon destin ne soit mon adversaire ;
Dictes aux Dieux, vous qui les gouvernez,
Et leur esprit en vos yeux retenez,
Que si mon âme est encores capable
D'un autre Amour si lasche et si coulpable,
Ils n'auront point de tonnerre si fort,
Qui ne me donne une trop douce mort.
Mais où l'Amour trouveroit-il des armes ?
Quelle beauté luy fournira des charmes
Pour desgager encores mes esprits
Des beaux liens où je demeure pris ?
[Autre que vous, n'a rien que je desire,
Vous estes seule au monde que j'admire [1] :]
Je vous adore, et jure vos beaux yeux,
Qu'un Paradis ne me plairoit pas mieux [2].
Que si mes vœux rendoient jamais possible
Qu'à vos regards mon âme feut visible,
Vous y verriez les plus beaux mouvemens
Qu'Amour jamais feit naistre à des amans ;
Vous y verriez la douce frenaisie
Dont vous avez ma volonté saisie ;

---

(1) Questions non posées du projet d'interrogatoire, voir T. I, p. 404.

(2) P. 310 de la seconde et troisième édition Billaine ; p. 159 (partie Poésies) de la seconde édition Quesnel ; p. 103 (partie Poésies) de l'édition originale (1621).

Mille pensers à vos yeux incognus
D'un grand respect jusqu'icy retenus,
Vous y verriez un cœur sans artifice,
Se présentant luy-mesme en sacrifice,
Et qui se croit mourir assez heureux
Si vous croyez qu'il feist bien l'amoureux.
Il est trop vray, ma peine est assez claire,
Et c'est en vain que je la pense taire.
Qui ne cognoist à mes yeux languissans,
A mes souspirs sans cesse renaissans,
Qu'une fureur secrette me dévore,
Que je n'ay sceu vous descouvrir encore ?
Bien que pressé de ne la plus celer,
Auprès de vous je ne sçaurois parler.
Ce que je voy reluire en ce visage
Me faict faillir la voix et le courage ;
Mais si je puis jamais me r'asseurer,
Ou si je puis en fin moins souspirer,
Je parleray, je vous diray ma peine,
Qu'autre que moy jugeroit inhumaine,
Mais que je sens plus douce mille fois
Que je ne croy la fortune des Roys.

---

b) *Rejetées par Scudéry* (*édition de 1632*)

SONNET [1]

Si quelquesfois Amour permet que je respire,
Et que pour un moment j'escoute ma raison,
Mon esprit aussi tost pense à ma guarison,
Taschant de m'affranchir de ce fascheux Empire [2].

---

(1) Interrogatoire — le premier — du 22 mars 1624, voir T. I, pp. 381 et 382. Ce sonnet a été écarté, sans raisons sérieuses, croyons-nous, par Scudéry, de l'édition de 1632, tout simplement peut-être parce qu'il n'était pas, ainsi que le sonnet suivant : *L'autre jour inspiré d'une divine flamme*, dans les éditions de Rouen, Jean de la Marc, aux degrez du Palais, de 1628 et 1629 qu'il a eues sous la main.

(2) Var. de l'édition originale, 1621 : Et me veut affranchir...

Il est vray que mon mal ne peut devenir pire,
Qu'un esclave seroit honteux de ma prison,
Et que les plus damnez à ma comparaison
Trouveroient justement des matières pour rire [1].

Cloris d'un œil riant, et d'un cœur sans remords,
Me tient dans les tourmens pires que mille morts,
Sans espoir que jamais sa cruauté s'amende.

Hélas ! après avoir à mes douleurs songé,
Je voudrois me résoudre à demander congé :
Mais j'ay peur d'obtenir le don que je demande.

SONNET [2]

L'autre jour inspiré d'une divine flame,
J'entray dedans un temple, où tout religieux [3],
Examinant de près mes actes vitieux,
Un repentir profond faict souspirer mon âme [4].

Tandis qu'à mon secours tous les Dieux je reclame [5],
Je voy venir Phillis : Quand j'apperceus ses yeux [6],
Je m'escriay tout haut : Ce sont icy mes Dieux,
Ce temple et cet autel appartient à ma Dame [7].

---

(1) P. 330 de la seconde et troisième édition Billaine ; p. 183 (partie Poésies) de la seconde édition Quesnel ; p. 138 (partie Poésies) de l'édition originale (1621).

(2) Interrogatoire — le premier — du 22 mars 1624, voir t. I, pp. 384 et 385. Ce sonnet avait paru pour la première fois, dans le *Cabinet des Muses*, 1619, il a été écarté par Scudéry de l'édition des Œuvres, 1632, probablement parce qu'il n'était pas dans les éditions de Rouen de 1628 et 1629.

(3) Var. *Cabinet des Muses*, 1619 : J'entré dedans un temple et tout religieux

(4) *id.* Un repentir profond fit souspirer mon âme

(5) *id.* Tandis qu'à mon pardon tous les Dieux je [réclame

(6) *id.* Voici venir Cloris, lors que je veis ses yeux,

(7) P. 329 de la seconde et troisième édition Billaine ; pp. 181 et 182 (partie Poésies) de la seconde édition Quesnel ; pp. 137 et 138 (partie Poésies) de l'édition originale (1621).

[Les Dieux injuriez de ce crime d'Amour
Conspirent par vengeance à me ravir le jour ;
Mais que sans plus tarder leur flame me confonde [1] !]

O mort ! quand tu voudras, je suis prest à partir ;
Car je suis asseuré que je mourray martir
Pour avoir adoré le plus bel œil du monde.

3° Pièces incriminées dans les questions non posées du projet d'interrogatoire

ODE [2]

Un fier démon qui me menasse,
De son triste et funeste accent,
Contre mon amour innocent
Gronde la hayne et la disgrâce.

On m'a rapporté que tes yeux,
Dans leurs paupières languissantes,
N'avoient plus ces flammes puissantes
Qui blessoient les âmes des Dieux.

Nature est vrayment bien hardie,
Et le sort bien faux et malin,
D'assujectir le sang divin,
A l'effort d'une maladie.

[En détestant ses cruautez,
Quelque peu qui m'en divertisse [3],

---

(1) Ce tercet a fait l'objet d'une question qui n'a pas été posée du projet d'interrogatoire de Mathieu Molé (partie non autographe). voir T. I, p. 382, note 2, B.

(2) Voir T. I, p. 382, note 2, B.

(3) Var. des éditions postérieures à 1623 : Quelque peur qui m'en divertisse.

Je crie contre l'injustice
Que le Ciel fait à tes beautez [1]].

Depuis ce malheureux message,
Qui m'a privé de tout repos,
La tristesse a mis dans mes os
Un tourment d'amour et de rage.

Malade au lict d'où je ne sors,
Je songe que je vois la Parque,
Et que dans une mesme barque
Nous passons le fleuve des morts.

Si tu te deuls de mon absence,
C'est un supplice d'amitié
Qui mérite autant de pitié
Qu'elle a de peine et d'innocence.

Je mourray si tu meurs pour moy :
Autrement je serois bien traistre,
Puis que le tort ne m'a faict naistre,
Que pour mourir avecques toy.

STANCES [2],

[Mon espérance refleurit,
Mon mauvais destin pert courage,
Aujourd'huy le Soleil me rit,
Et le Ciel me fait bon visage.

Mes maux ont achevé leur temps,
Maintenant ma douleur se range,
A la fin mes vœux sont contens,
Amour a ramené mon Ange.

---

(1) P. 225 de la seconde et troisième édition Billaine ; p. 65 (partie Poésies) de la seconde édition Quesnel ; p. 18 (partie Poésies) de l'édition originale (1621).

(2) Voir T. I, pp. 382, 403 et 404.

Dieux que j'ay si souvent priez
Sans me vouloir jamais entendre,
Je vous ay bien injuriez
D'estre si longs à me la rendre [1].

J'excuse votre cruauté;
Je perds le soing de vous desplaire,
Le retour de ceste beauté
A finy toute ma cholère].

POUR MADAMOISELLE D. M... [2].

Je suis bien jeune encor, et la beauté que j'ayme
Est jeune comme moy.
J'ay souvent desiré de luy parler moy-mesme
Pour luy donner ma foy.
J'obéy sans crainte à l'Amour qu'il me donne,
Quelque desir qu'il ayt,
Et sans luy résister mon âme s'abandonne,
A tout ce qui luy plaist.
Si pour luy tesmoigner combien je suis fidelle,
Il me falloit mourir,
Quoy qu'on eust faict la mort mille fois plus cruelle,
L'on m'y verroit courir.
Je jure mon destin, et le jour qui m'esclaire,
Qu'il est tout mon soucy,
Et ce Soleil si beau ne faict que me déplaire,
Quand il n'est pas icy.
Lors que l'Aube, en suivant la nuit qu'elle a chassée
Espart ses tresses d'or,
Le premier mouvement qui vient à ma pensée
C'est l'amour d'Alidor.

---

(1) P. 242 de la seconde et troisième édition Billaine; pp. 84 et 85 (partie Poésies) de la seconde édition Quesnel; pp. 99 et 100 (partie Poésies) de l'édition originale (1621) où cette pièce n'a pas de titre.

(2) Voir T. I, pp. 403 et 406.

Je tasche en m'esveillant à r'appeller les songes
Que j'ay faict en dormant,
Et dans le souvenir de leurs plaisans mensonges
Je revoy mon amant.
Mon esprit amoureux n'est point sans violence
Au milieu du repos,
Je le voy dans la nuict, et parmy le silence
J'entens ses doux propos.
Tous les secrets d'Amour que le sommeil exprime,
Mon âme les ressent,
Et le matin je pense avoir commis un crime
Dans mon lict innocent.
De honte à mon resveil je suis toute confuse,
Et d'un œil tout fasché,
Je voy dans mon miroir la rougeur qui m'accuse
D'avoir faict un péché.
Je me veux repentir de ceste double offense,
Mais je ne sçay comment :
Car mon esprit troublé me fait une deffense
Que luy-mesme desment.
Dans mon lict désolé toute moitte de larmes,
Je prie tous les Dieux
De mal traitter Morphée, à cause que ses charmes
Ont abusé mes yeux.
Hélas ! il est bien vray que je suis amoureuse,
Et qu'en mon sainct Amour,
Je me puis réputer l'Amante plus heureuse,
Qui soit en ceste Cour,
J'adore une beauté si vive, et si modeste,
Qu'elle peut tout ravir,
Et qui ne prend plaisir d'estre toute céleste
Qu'afin de me servir.
Il a dedans ses yeux des pointes et des charmes,
Qu'un tigre gousteroit,
Et si Mars luy voyoit mettre la main aux armes,
Il le redouteroit.
Il va dans les combats plus fier qu'à la rapine,
Ne marche le Lion,

Et plus brave qu'Achille ardant à la ruine
Des pompes d'Illion.
C'est le meilleur esprit, et le plus beau visage,
Qu'on ayt encores veu,
Et les meilleurs esprits n'ont point eu d'advantage [1]
Que mon amant n'ayt eu.
La gloire entre les cœurs qui la font mieux paroistre,
Fait estime du sien,
Et les mieux accomplis ne le sçauroient cognoistre
Sans en dire du bien.
Hors de luy, la vertu dans l'âme la plus belle,
Est comme en un tombeau,
Et ses plus grands esclats sont moins qu'une estincelle,
Au prix de ce flambeau.
[Je pense en l'adorant que mon idôlatrie
A beaucoup mérité,
Et j'aymerois bien mieux mettre à feu ma patrie,
Que l'avoir irrité.
Dieux, que le beau Pâris eut une belle proye !
Que cest amant fit bien,
Alors qu'il alluma l'embrasement de Troye,
Pour amortir le sien [2] !]
[O mon cher Alidor, je suis bien moins qu'Héleine,
Digne de t'esmouvoir ;
Mais tu sçais bien aussi qu'avecques moins de peine
Tu me pourrois avoir.
Il la fallut prier, mais c'est moy qui te prie,
Et la comparaison
De ses affections avecques ma furie,
Est loing de la raison.
L'impression d'honneur, et celle de la honte,
Sont hors de mon esprit ;

---

(1) Var. de l'éd. de Rouen, 1629 : Et les plus généreux n'ont point eu d'advantage

(2) P. 248 de la seconde et troisième édition Billaine ; p. 91 (partie Poésies) de la seconde édition Quesnel ; p. 117 (parties Poésies) de l'édition originale (1621.)

La chasteté m'offence, et paroist un vieux conte
Que ma mère m'apprit [1]].
Jamais fille n'ayma d'une amitié si forte,
Tous mes plus chers parens
Depuis que j'ay conçeu l'Amour que je te porte
Me sont indifférens.
Ils auroient beau se plaindre et m'appeller barbare,
On me doit pardonner :
Car vers eux je ne suis de mon amour avare
Que pour te la donner.
Reçois ma passion, pourveu que ton mérite
N'en soit pas offencé,
Et vois que mon esprit ne te l'auroit escrite
S'il n'estoit insensé.

(ÉPIGRAMME [2])

Qui voudra pense à des Empires,
Et avecques des vœux mutins,
S'obstine contre ses destins,
Qui tousjours luy deviennent pires :
Moy je demande seulement
Du plus sacré vœu de mon âme,
Qu'il plaise aux Dieux et à Madame
Que je brusle éternellement [3].

---

(1) Pp. 248 et 249 de la seconde et troisième édition Billaine ; pp. 91 et 92 (parties Poésies) de la seconde édition Quesnel ; pp 117 et 118 (partie Poésies) de l'édition originale (1621).

(2) Voir T. I, p. 404.

(3) P. 348 de la seconde et troisième édition Billaine ; p. 205 (partie Poésies) de la seconde édition Quesnel ; p. 181 (partie Poésies) de l'édition originale (1621).

B) ŒUVRES DE THÉOPHILE

(Deuxième partie)

Œuvres du sieur Théophile. Seconde partie (la place réservée à la marque du libraire est restée en blanc). A Paris, chez Pierre Billaine, ruë S. Jacques, à la Bonne Foy. M.DC.XXIII, Avec privilège du Roy[1].

1° Pièces avouées par Théophile

(Fragments d'une histoire comique)

Première journée

CHAPITRE II[2]

Ce jour-là, comme le Ciel fut serain, mon esprit se trouva guay, la disposition de l'air se communique à mon humeur, *quelque discours qui s'oppose à ceste nécessité, le tempérament du corps force les mouvemens de l'âme*[3]. *Quand il pleut, je suis assoupy et presque chagrin, lors qu'il fait beau je trouve toute sorte d'objects plus agréables. Les arbres, les bastiments, les rivières, les éléments paroissent plus beaux dans la sérénité que dans l'orage, je cognoy qu'au changement du Climat mes inclinations s'altèrent, si c'est un défaut il est de la nature, et non pas de mon naturel*[4]. Ayant passé l'heure ordinaire de mon sommeil, je me levay, et m'approchant du lict de Sidias, comme je tirois son rideau il s'esveilla en sursaut, Per Deum atque hominum fidem, me dit-il, laissez-moi

(1) Il existe un second tirage au nom de Quesnel avec quelques différences insignifiantes (voir Bibliographie).

Interrogatoire — le premier — du 22 mars 1624, voir T. I, p. 372.

(2) Interrogatoire — le deuxième — du 26 mars 1624, voir T. I, pp. 388, 389, 390 et 391. Interrogatoire — le cinquième — du 7 juin 1624, *id.*, p. 434.

(3) P. 23 de l'éd. originale (1623).

(4) Pp. 23 et 24, *id.*

dormir, j'ay passé la moitié de la nuict après cest intrigo de modalibus, et ce forgeron que vous oyez là bas a continué ceste sonnerie depuis deux heures après minuit. Clitiphon n'a sceu reposer non plus que moy, il ne fait que sortir de vostre chambre, et s'est fort estonné de vous voir dormir si profondément. Aussi-tost que je fus habillé : je passay dans la chambre de Clitiphon, qui d'abord s'escria vers moy : Est-il possible que vous ayez dormy si a repos dans une affliction si récente, vous ne fustes banny que d'hier, et vous voilà desjà guéry de ceste peine, c'est avoir les sentiments bien farouches ou bien hébétez. *Ce qui ne me touche, luy dis-je, ny le corps, ny l'âme, ne me donne point de douleur, je me porte Dieu mercy assez bien de l'un et de l'autre, si les bannissements faisoient effort à quelqu'un des sens tu me verrois atteint de tous les desplaisirs dont la nature, et la raison sont capables*[1] : je ne résiste point par philosophie aux atteintes du malheur, car c'est accroistre son injure, et tout le combat que le discours fait contre la tristesse, la rengrège sans doubte et la prolonge : si je m'apercevois que j'eusse du mal tu me verrois bientost souspirer : mais je ne sçaurois prendre l'apparence pour l'effect ny la menace pour le coup. Ceste disgrâce n'est que paroles qui ne sont que vent. On m'a chassé de la Cour où je n'avois que faire, si on me presse encore à sortir de France, quelque part de l'Europe où je veuille aller, mon nom m'y a fait des cognoissances. Je me sçais facilement accommoder à toute diversité de vivres et d'habillements, les Climats et les hommes me sont indifférents ; j'ay l'esprit et le corps à la fatigue. Mais tousjours serez-vous estranger et receu dans la société des autres avec moins de familiarité et d'honneur : Celuy dis-je qui prise moins la faveur des hommes et l'advantage de la fortune que sa propre vertu, se trouve peu empesché de ces incommoditez ordinaires. Si est-ce, disoit Clitiphon, que ce sera un exil, et un honeste homme ne doit pas estre indifférent à l'infamie : si j'ay mérité la mienne, luy dis-je, je serois injuste de m'en plaindre, et si je n'en suis pas coulpable, je suis assez sage pour la mespriser, ne croy pas que la joye qui me reste en cet accident soit d'aucun estourdissement, je cognois bien que je suis sorty de Paris, que le Roy le veut, que mes

---

(1) P. 25 de l'éd. originale (1623).

ennemis en sont aises, que je pers la présence de mes amis, et qu'en suitte leur affection ne me durera guère, car ils sont hommes et courtisans, à cela voicy mon remède : Je ne tascheray point de revenir à la Cour, mais à m'en passer, et au lieu de rentrer dans la grâce du Roy, je penseray à m'oster de sa mémoire, je m'efforceray d'oublier mes amis, car s'ils sont fidèles ils me le pardonneront, et s'ils ne m'aiment guère j'auray le plaisir d'avoir prévenu leur infidélité, et seray bien-ayse, d'autant que je les ayme de me rendre coulpable pour les sauver de ce blasme. Il me semble que c'est faire des amitiés de bonne sorte, *il faut avoir de la passion non seulement pour les hommes de vertu, pour les belles femmes ; mais aussi pour toute sorte de belles choses. J'ayme un beau jour, des fointaines claires, l'aspect des montaignes, l'estenduë d'une grande plaine, de belles forests, l'Océan, ses vagues, son calme, ses rivages : J'ayme encore tout ce qui touche plus particulièrement les sens, la Musique, les fleurs, les beaux habits, la chasse, les beaux chevaux, les bonnes odeurs, la bonne chère ; mais à tout cela mon desir ne s'attache que pour se plaire, et non point pour se travailler* [1], lors que l'un ou l'autre de ces divertissements occupent entièrement une âme, cela passe d'affection en fureur et brutalité ; la passion la plus forte que je puisse avoir ne m'engage jamais au point de ne la pouvoir quitter dans un jour, si j'ayme c'est autant que je suis aymé, et comme la Nature, ny la Fortune ne m'ont pas donné beaucoup de parties à plaire, ceste passion ne m'a jamais guères continué ny son plaisir ny sa peine. Je me tiens plus aspremeut à l'estude et à la bonne chère qu'à tout le reste. Les Livres m'ont lassé quelquesfois : mais ils ne m'ont jamais estourdi, et le vin m'a souvent resjouy : mais jamais enyvré, la desbauche des femmes et du vin faillit à m'empiéter au sortir des escholes : car mon esprit un peu précipité avoit franchi la subjection des précepteurs, lors que mes mœurs avoient encore besoin de discipline. Mes compagnons avoient plus d'âge que moy : mais non pas tant de liberté. Ce fut un pas bien dangereux à mon âme que ceste première licence qu'elle trouva après les contraintes de l'estude. Là je m'allois plonger dans le vice qui s'ouvroit assez favorablement à mes jeunes fantaisies : mais les empeschements de

(1) Pp. 28 et 29 de l'éd. originale (1623).

ma Fortune destournèrent mon inclination, et les traverses de ma vie ne donnèrent pas le loisir à la volupté de me perdre, depuis insensiblement mes désirs les plus libertins se sont attiédis avec le sang, et leur violence s'esvanouïssant tous les jours avecques l'âge me promet d'oresnavant une tranquilité bien asseurée, je n'ayme plus tant ny les festins ny les balets, et me porte aux voluptés les plus secrettes avec beaucoup de médiocrité. Tout à coup Sydias à qui le moindre bruit interrompoit le sommeil nous chanta tout haut ce vers de Virgile :

Nec Veneris, nec tu vini capiaris amore.

Il croit, dict Clitiphon, avoir très bien rencontré, c'est le plus orgueilleux Pédan qui soit en son mestier, nous allasmes à luy et le trouvasmes encore dans son lict : Nunquid (nous dit-il) excepistis quem in transversum parietem vobis vibravi versum, potuitne opportunius laudari, fort bien, luy dit Clitiphon : mais habillez-vous donc et nous allons un peu promener dans ce jardin attendant à desjeuner. Sydias respondit qu'il s'habilleroit et desjeuneroit quand nous voudrions : mais qu'il ne se promeneroit point, et que non poterat satis laudari Turcarum mos, penes quos ambulationes hujusmodi sine consilio pro ridiculis habebantur, et en suitte de cela il nous eut estourdis de son Latin : mais nous sortismes de là Clitiphon et moy pour aller voir ce jardin que l'hoste entretenoit assez curieusement.

CHAPITRE III

(Histoire de la possédée d'Agen) [1]

On trouvera le texte de ce chapitre T. I, pp. 48, 49 et 50

LES AMOURS TRAGIQUES DE PYRAME ET THIBÉ (sic), TRAGÉDIE [2]

. . . . *Rameaux, prez verdissans,*
Qu'à soulager mon mal vous estes impuissans !

---

(1) Interrogatoire — le troisième — du 27 mars 1624, voir T. I, p. 397.

(2) Interrogatoire — le deuxième — du 26 mars 1624, voir T. I, pp. 391 et 392. Confrontation Bonnet, de Bourges (22 novembre 1624), *id.*, p. 471.

Quand bien vous en mourriez, on voit la Destinée,
R'amener vostre vie en ramenant l'année.
Une fois tous les ans nous vous voyons mourir,
Une fois tous les ans nous vous voyons fleurir.
Mais mon Pyrame est mort sans espoir qu'il retourne
De ces pasles manoirs où son esprit séjourne.
Depuis que le Soleil nous voit naistre et finir,
Le premier des deffuncts est encor à venir ;
Et quand les Dieux demain me le feroient revivre,
Je me suis résoluë aujourd'huy de le suivre[1]*...*

2° Pièces niées par Théophile

SONNET[2]

Chère Isis tes beautez ont troublé la nature,
Tes yeux ont mis l'Amour dans son aveuglement,
Et les Dieux occupez après toy seulement,
Laissent l'estat du monde errer à l'advanture.

Voyans dans le Soleil tes regards en peinture,
Ils en sentent leur cœur touché si vivement,
Que s'ils n'estoient cloüez si fort au firmament,
Ils descendroient bien tost pour veoir leur créature.

Croy moy qu'en cest'humeur ils ont peu de soucy,
Ou du bien ou du mal que nous faisons icy,
Et tandis que le Ciel enduro quo tu m'aimes,

Tu peus bien dans mon lict impunément coucher,
Isis que craindrois-tu, puis que les Dieux eux-mesmes
S'estimeroient heureux de te faire pécher[3].

---

(1) Acte V, scène 2, p. 242 de l'édition originale, 1623.

(2) Interrogatoire — le premier — du 22 mars 1624, voir T. I, pp. 380 et 381.

(3) P. 108 de l'édition originale de la *Seconde partie des Œuvres*, 1623. Le projet d'interrogatoire porte par erreur p. 74.

ÉLÉGIE[1]

Cloris lors que je songe, en te voyant si belle,
Que ta vie est subjette à la loy naturelle,
Et qu'à la fin les traicts d'un visage si beau,
Avec tout leur esclat iront dans le tombeau,
Sans espoir que la mort nous laisse en la pensée
Aucun ressentiment de l'amitié passée,
Je suis tout rebuté de l'aise et du soucy
Que nous fait le destin qui nous gouverne icy,
Et tombant tout à coup dans la mélancholie,
Je commence à blasmer un peu nostre folie,
Et fay vœu de bon cœur de m'arracher un jour
La chère resverie où m'occupe l'amour[2].
Aussi bien faudra-t-il qu'une vieillesse infâme
Nous gêle dans le sang les mouvemens de l'âme,
Et que l'aage, en suivant ses révolutions,
Nous oste la lumière avec les passions.
Ainsi je me résous de songer à ma vie
Tandis que la raison m'en faict venir l'envie ;
Je veux prendre un object où mon libre desir
Discerne la douleur d'avecques le plaisir,
Où mes sens tous entiers sans fraude et sans contrainte,
Ne s'embarrassent plus ny d'espoir ny de crainte,
Et de sa vaine erreur mon cœur désabusant,
Je gousteray le bien que je verray présent[3].
Je prendray les douceurs à quoy je suis sensible,
Le plus abondamment qu'il me sera possible,
Dieu nous a tant donné de divertissemens,
Nos sens trouvent en eux tant de ravissemens,
Que c'est une fureur de chercher qu'en nous mesme
Quelqu'un que nous aimions, et quelqu'un qui nous aime[4].

---

(1) Interrogatoire — le deuxième — du 26 mars 1624, voir T. I, pp. 389, 390, 391, 392, 393, voir également *id.*, pp. 402 et 403.

(2) P. 98 de l'édition originale (1623).

(3) P. 99 (et non 74), *id.*

(4) P. 99 (et non 66), *id.*

Le cœur le mieux donné tient tousjours à demy,
Chacun s'aime un peu mieux tousjours que son amy ;
On les suit rarement dedans la sépulture,
Le droit de l'amitié cède aux Loix de nature :
Pour moy si je voyois en l'humeur où je suis,
Ton âme s'envoler aux éternelles nuicts,
Quoy que puisse envers moy l'usage de tes charmes,
Je m'en consolerois avec un peu de larmes,
N'attends pas que l'Amour aveugle aille suivant,
Dans l'horreur de la nuict, des ombres et du vent[1].
Ceux qui jurent d'avoir l'âme encore assez forte
Pour vivre dans les yeux d'une Maistresse morte,
N'ont pas pris le loisir de voir tous les efforts,
Que fait la mort hydeuse à consumer un corps,
Quand les sens pervertis sortent de leur usage,
Qu'une laideur visible efface le visage,
Que l'esprit deffaillant et les membres perclus,
En se disant adieu ne se cognoissent plus ;
Que dedans un moment après la vie esteinte,
La face sur son cuir n'est pas seulement peinte,
Et que l'infirmité de la puante chair
Nous faict ouvrir la terre afin de la cacher.
Il faut estre animé d'une fureur bien vive,
Ayant considéré comme la mort arrive,
Et comme tout l'object de nostre amour périt,
Si par un tel remède une âme ne guérit.
Cloris tu vois qu'un jour il faudra qu'il advienne,
Que le destin ravisse et ta vie et la mienne,
Mais sans te voir le corps ny l'esprit dépéry,
Le Ciel en soit loüé, Cloris, je suis guéry.
Mon âme en me dictant les vers que je t'envoye,
Me vient de plus en plus ressusciter la joye ;
Je sens que mon esprit reprend la liberté,
Que mes yeux desvoilez cognoissent la clarté,
Que l'objet d'un beau jour, d'un pré, d'une fontaine,
De voir comme Garonne en l'Océan se traine,

(1) P. 100 (et non 66).

De prendre dans mon Isle en ses longs promenoirs,
La paisible fraischeur de ses ombrages noirs :
Me plaist mieux aujourd'huy que le charme inutile,
Des attraicts dont Amour te faict voir si fertile.
Languir incessamment après une beauté,
Et ne se rebuter d'aucune cruauté ;
Gaigner au prix du sang une foible espérance
D'un plaisir passager qui n'est qu'en apparence ;
Se rendre l'esprit mol, le courage abatu ;
Ne mettre en aucun prix l'honneur ny la vertu ;
Pour conserver son mal, mettre tout en usage,
Se peindre incessamment et l'âme et le visage,
Cela tient d'un esprit où le Ciel n'a point mis
Ce que son influence inspire à ses amis.
Pour moy que la raison esclaire en quelque sorte,
Je ne sçaurois porter une fureur si forte,
Et desjà tu peux voir au train de cet escrit,
Comme la guarison avance en mon esprit :
Car insensiblement ma Muse un peu légère
A passé dessus toy sa plume passagère,
Et destournant mon cœur de son premier object,
Dès le commencement j'ay changé de subject,
Emporté du plaisir de veoir ma veine aisée
Seurement aborder ma flamme rapaisée,
Et joüer à son gré sur les propos d'aimer,
Sans avoir aujourd'huy pour but que de rimer,
Et sans te demander que ton bel œil esclaire
Ces vers où je n'ay pris aucun soin de te plaire.

3° Pièces incriminées dans les questions non posées du projet d'interrogatoire

---

ÉLEGIE [1]

Souverain qui régis l'influence des vers,
Aussi bien que tu fais mouvoir tout l'Univers,
Ame de nos esprits qui dans notre naissance
Inspiras un rayon de ta divine essence,
Pourquoy ne m'as-tu fait les sentimens meilleurs ?
Pourquoy tes beaux trésors sont-ilz coulez ailleurs ?
Je voy de toutes parts des escrivains sans nombre,
Dont la grandeur a mis mon petit nom à l'ombre.
Je n'ay qu'un pauvre fonds d'un médiocre esprit,
Où je vay cultiver ce que le Ciel m'apprit ;
Des tristes sons rimeurs, d'un style qui se treine,
Espuisant tous les jours ma languissante veine [2].
Si j'avois la vigueur de ces fameux Latins,
Ou l'esprit de celuy qui força les Destins,
Qui vit à ses chansons les Parques désarmées
Et de tous les damnez les tortures charmées,
Quand pour l'amour de luy le Prince des Enfers
Laissa vivre Euridice, et la tira des fers ;
Ou si c'est trop d'avoir ces merveilleux génies,
Qu'à nostre siècle infâme à bon droit tu dénies,
Je me contenterois d'esgaler en mon art
La douceur de Malherbe ou l'ardeur de Ronsart,
Et mille autres encore, à qui je fais hommage,
Et de qui je ne suis que l'ombre et que l'image.
Je donnerois ma plume à ces soins violans,
A peindre ces sanglots et ces désirs bruslans,

---

(1) Voir T. I, p. 405.

(2) Var. de l'éd. Scudéry, 1632 : Espuisent tous les jours...

Que depuis peu de jours quelque démon allume
Dans mon sang, où l'Amour se plaist et me consume.
Si mes vers retenoient encore la ferveur
Qui les fit autrefois naistre pour la Faveur,
Et tant d'escrits perdus que pour chanter leur flame,
Mille de mes amis m'ont arraché de l'âme,
O Cloris, qui te sçais si bien faire adorer,
Qui l'Ame par les yeux m'as peu si bien tirer,
Beauté que désormais je nommeray mon Ange,
Je les consacrerois sans doubte à ta loüange ;
J'ay si peur que ma Muse ait perdu ses appas
A flater vainement ceux que je n'aime pas,
Que ma plus belle ardeur aujourd'huy se retire,
M'estant si nécessaire à ce nouveau martire,
Et qu'au meilleur besoin mes esprits finissans,
Ne me fournissent plus que des vers languissans.
Mon esprit espuisé dans des travaux funestes
N'aura pour ton subject rien gardé que des restes.
Cloris, je le confesse, et qu'en ce beau dessein
Mon ardeur s'amortit en mon timide sein ;
Mais le feu de l'amour qui s'est rendu le maistre
De tous mes sentimens la peut faire renaistre,
Et sa douce fureur, par un traict de tes yeux,
Peut rendre à mon esprit ce qu'il avoit de mieux.
Ainsi sur cet espoir dont ta beauté me flatte,
Ta beauté dont le feu par tous moyens esclate :
Encore mon esprit oze se faire fort
De sauver ton mérite et mon nom de la mort.
Je conçois un Poëme en l'ardeur qui me pique,
De ce vaste dessein qu'on appelle héroïque :
Je sçay que les François n'ont pas encor appris
De pousser dans ces champs leurs délicats esprits, [1]
Je me veux engager à ce pénible ouvrage,
Car tu m'en fourniras la force et le courage.
Si je suis le premier à ce divin effort,
Ce n'est à mon advis que le plaisir du sort,

(1) Var. de l'éd. Scudéry, 1632 : De pousser dans ce champ...

Qui voulant que premier ceste œuvre j'escrivisse,
Voulut que le premier ceste beauté je visse,
Et que dans tes appas je prinsse une chaleur,
Où les sœurs d'Apollon n'ont rien donné du leur,
Où rien que ton objet ma passion n'allume,
Où je n'ay que ta main pour conduire ma plume.
[O Dieux, pourray-je bien sans vous fascher un peu
Suivre les mouvemens de mon aveugle feu !
Des-jà comme l'amour m'engage à la furie,
Je croy que l'adorer n'est pas idôlatrie ;
Deussé-je despiter vostre divin couroux,
Tout ce que j'en veux dire est au dessous de vous [1] ;]
[S'il vous plaist que le monde uniquement vous ayme,
Si vous voulez purger la terre du blasphème,
Faire que les mortels rendent la liberté
De leurs desirs pervers à vostre volonté,
Sans les espouvanter de l'esclat du tonnerre,
Changez-vous en Cloris, et venez sur la terre [2].]
Alors de vostre Amour ils seront tous ravis,
Alors absolument vous en serez servis.
Il est vray que tout cède à l'amoureuse peine,
Que Pâris et sa ville ont buslé pour Hélène,
Et les antiquitez font voir aux curieux
Que l'Aube mist Titon dans le siège des Dieux ;
Et de tant de beautez qui furent les Maistresses
De l'aisné de Saturne on en fait des Déesses,
Qui n'ont esté pourtant non plus que leur Amant,
Que le triste butin d'un mortel monument.
Mais d'autant que l'Amour est le bien de la vie,
Qui seul ne peut jamais esteindre son envie,
Qui tousjours dans la peine espère le plaisir,
Qui dans la résistance augmente le desir,
Et que les corps humains de ceste douce flame [3]
Suivent jusqu'à la fin les derniers traits de l'Ame,

(1) P. 86 de l'éd. originale (1623).

(2) Pp. 86 et 87, *id.*

(3) Var. de l'éd. Scudéry, 1632 : Et que les sentimens de ceste douce flame

On a creu de l'Amour qu'il estoit immortel,
Et qu'aussi son subject ne peut estre que tel.
Ainsi ces Dieux Païens furent ce que nous sommes,
Ainsi les vrais Amans seront plus que les hommes.
Pour moy qui n'ay souffert que d'un jour seulement
Je n'oze m'asseurer de passer pour Amant ;
Je ne sçay si l'Amour me croit de son Empire,
Depuis si peu de temps qu'il voit que je souspire ;
Il faut bien que ce soit un object violent,
Pour me donner si tost un desir si bruslant,
Ou que mon Ame soit d'une matière aisée
Et d'une humeur bien prompte à se voir embrasée.
Ce feu brusle si viste à force qu'il me plaist,
Qu'à peine ay-je loisir de regarder qu'il est.
Les Dieux qui peuvent tout avec les Destinées,
S'aident de mille maux et de beaucoup d'années,
Et faut que des Soleils l'un l'autre se suivans
A force d'esclairer esteignent les vivans,
Qu'un siècle, ce flambeau, passe sur nostre vie,
Et Cloris d'un trait d'œil me l'a des-jà ravie.
Mes sens enveloppez dans un profond sommeil,
Ne sçavent plus que c'est des clartez du Soleil ;
Mes premiers sentimens sont dans la sépulture ;
Ton Amour, ô Cloris, a changé ma nature ;
L'esclat des Diamans ny du plus beau métal,
Bacchus, tout Dieu qu'il est, riant dans le cristal [1],
Au pris de tes regards n'ont point trouvé la voye,
Qui conduit dans mon âme une parfaite joye.
Si le sort me donnoit la qualité de Roy,
Si les plus chers plaisirs s'adressoient tous à moy,
Si j'estois Empereur de la terre et de l'onde,
Si de ma propre main j'avois basty le monde,
Et comme le Soleil de mes regards produict
Tout ce que l'Univers a de fleur et de fruict,
Si cela m'arrivoit, je n'aurois pas tant d'aise,
Ni tant de vanité que si Cloris me baise,

(1) L'édition originale, 1623, porte par erreur d'impression : Bacchus ton Dieu...

Mais j'entens d'un baiser où le cœur puisse aller,
Avec les mouvemens des yeux et du parler,
Que son âme sans peine avec moy s'entretienne,
Et que sa volonté seconde un peu la mienne.
Amans qui vous piquez vers un object forcé,
Qui ne sçavez que c'est d'un baiser bien pressé,
Qui ne trouvez l'Amour que dans la tyrannie
Et n'aymez les faveurs qu'en tant qu'on vous les nie [1],
Que vous estes heureux en vos lasches desirs,
Puis que mesme vos maux font naistre vos plaisirs.
Pour moy, chère Cloris, je n'en suis pas de mesme ;
Je ne sçaurois aymer si je ne voy qu'on m'ayme,
Et si peu qu'on refuse à ma saincte amitié,
Je sens que mon ardeur décroist de la moitié.
J'entens que le salaire égale mon service ;
Je pense qu'autrement la constance est un vice,
Qu'Amour hait ces esprits qui luy sont trop dévots,
Et que la patience est la vertu des sots ;
Ce que je dis, Cloris, avec plus d'asseurance
D'autant que je te voy flater mon espérance,
Et que pour nous tenir dans cest heureux lien,
Je voy des-jà d'accord ton esprit et le mien.
Aymons-nous je te prie, et lors que mon visage
Te voudra rebuter ou mon poil ou mon âge,
[Regarde en mon esprit où j'ay mis ton tableau ;
Lors tu verras en moy quelque chose de beau :
Tu te verras logée en un petit Empire
Où l'esprit de l'amour avecques moy souspire ;
Il se tient glorieux de recevoir ta loy,
Et semble qu'il poursuit mesme dessein que moy.
Si je vay dans tes yeux, il y va prendre place ;
Je ne voy là dedans que ses traicts et ma face.
Je doubte s'il y fait ou mon bien ou mon mal,
Et ne sçay plus s'il est mon maistre ou mon rival [2].]

(1) L'édition originale, 1623 : Et n'aymez les faveurs qu'en tant qu'on le vous nie

(2) P. 91 de l'éd. originale (1623).

Je cognois bien l'Amour, je sçay qu'il est perfide,
Et si pour le chasser je suis un peu timide,
Je luy feray tousjours un traictement humain,
Puis que je l'ay receu d'une si bonne main,
Puis que c'est toy Cloris, après l'avoir fait naistre,
Qui l'as mis dans mon âme, où ton œil est le maistre,
Où tu vis absolüe en tes commandemens,
Où ton vouloir préside à tous mes sentimens.
C'est par toy que ces vers d'une veine animée,
S'en vont à ma faveur flatter la renommée ;
Mais je diray partout que tes seules beautez
Ont esté le Démon qui me les a dictez,
Et tant que tes regards luyront à ma pensée,
Sans ouvrir une veine aucunement forcée,
Ma Muse se promet de mériter un jour
Que ses vers soient nommez les fruicts de ton Amour.
Autant que ton humeur ayme la Poësie,
Je te prie ô Cloris, aide ma frénésie,
Et puis que je m'engage à ce divin project,
Ne te lasse jamais de me servir d'object.
Aujourd'huy donne-moy tes beaux cheveux à peindre,
Tu verras une plume au Pactole se teindre,
Et d'une lettre d'or graver selon mes vœux,
Mon âme entrelassée avecques tes cheveux.
Je ne veux point laisser ma passion oysive,
Ma veine est pour Cloris et sans fonds et sans rive ;
Demain je descriray ces yeux et ce beau front ;
Pour elle mon génie est abondant et prompt,
Et pour voir que ma veine en ce subject tarisse,
Il faudra veoir plustost que sa beauté périsse,
Que mes yeux dans ses yeux ne trouvent plus d'amour,
C'est-à-dire, il faut voir périr l'Astre du jour :
Car je ne pense point que ses attraicts succombent
Soubs l'injure des ans, tant que les Cieux ne tombent,
Ils se r'enforceront au lieu de défaillir,
Comme l'or s'embellit à force de vieillir,
Et comme le Soleil à qui le vieil usage
N'a point osté l'ardeur, ny changé le visage.

Toutefois il n'importe à mon contentement
Que mon Soleil esclaire ou meure promptement;
Puis que desjà ma vie à demy consommée
Ne se peut asseurer d'estre long-temps aimée,
Que je doibs défaillir à ce divin flambeau,
Et perdre avecque moy sa mémoire au tombeau.
Mais tandis que le Ciel me souffrira de vivre
Et que le traict d'Amour me daignera poursuivre,
Je me veux consommer dans ce plaisir charmant
Et me résouls de vivre et mourir en aymant.
Je sçay bien que Cloris ne me veut pas contraindre
Au soin perpétuel de servir et de craindre ;
Qu'elle a des mouvemens subjets à la pitié,
Et qu'au moins sa raison songe à mon amitié.
Cloris, si je venois aveuglé de tes charmes,
Le cœur tout en souspirs, et les yeux tous en larmes,
Demander instamment un Amoureux plaisir,
Je croy que ton amour m'en laisseroit choisir.
Maintenant que le Ciel despouille les nuages,
Que le front du printemps menasse les orages,
Que les champs comme toy paroissent embellis
De quantité d'œillets, de rozes et de lis :
Que tout est sur la terre, et qu'une humeur féconde
Qu'attire le Soleil, fait rajeunir le monde,
Comme si j'avois part à la faveur des Cieux,
Qui redonne l'enfance à ces bocages vieux,
Et que ce renouveau qui rend tout agréable,
Me rendit à tes yeux plus jeune et plus aimable,
Je te veux conjurer avec des vœux discrets,
De passer avec moy quelques momens secrets.
Nous irons dans des bois sous des feüillages sombres
Où jamais le Soleil n'a sceu forcer les ombres ;
Personne là dedans n'entendra nos Amours :
Car je veux que les vents respectent nos discours
Et que chaque ruisseau plus vistement s'enfuye
De devant tes regards, de peur qu'il ne t'ennuye.
Maintenant que le Roy s'esloigne de Paris,
Suivy de tant de gens au carnage nourris,

Qui dans ces chauds climats vont recueillir[1] les restes
Du danger des combats et de celui des pestes,
Il faut que je le suive, et Dieu sans me punir,
Cloris ne te sçauroit empescher d'y venir.
Si tu fais ce voyage, et mon amour te prie
D'y ramener tes yeux, car c'est là ma patrie :
C'est où les rais du jour daignèrent dévaler
Pour faire vivre un cœur que tu devois brusler,
Là tu verras un fonds où le Paisan moissonne
Mes petits revenus sur les bords de Garonne,
Le fleuve de Garonne où des petits ruisseaux
Au travers de mes prez vont apporter leurs eaux,
Où des saules espais leurs rameaux verds abaissent
Pleins d'ombre et de frescheur sur mes troupeaux qui [paissent,
Cloris si tu venois dans ce petit logis,
Combien qu'à te l'offrir de si loin je rougis,
Si ceste occasion permet que tu l'approches,
Tu le verras assis entre un fleuve et des roches,
Où sans doubte il falloit que l'Amour habitast
Avant que pour le Ciel la terre il ne quitast.
Dans ce petit espace une assez bonne terre,
Si je la puis sauver du butin de la guerre,
Nous fournira des fruicts aussi délicieux
Qui sçauroient contenter ou ton goust ou tes yeux.
Mais afin que mon bien d'aucun fard ne se voile,
Mes plats y sont d'estain et mes rideaux de toile ;
Un petit pavillon dont le vieux bastiment
Fut massonné de brique et de mauvais ciment,
Monstre assez qu'il n'est pas orgueilleux de nos tiltres ;
Ses chambres n'ont plancher, toict, ny portes, ny vitres,
Par où les vents d'Hyver s'introduisans un peu,
Ne puissent venir veoir si nous avons du feu.
Je ne veux point mentir et quand le sort avare,
Qui me traicte si mal m'eust esté plus barbare,
Et qu'il m'eust faict sortir d'un sang moins recogneu,
Je te confesserois d'où je serois venu,

(1) L'édition originale de 1623 porte : requérir.

Que j'ay bien plus de peine à descouvrir ma face
Devant tes yeux si beaux qu'à te monstrer ma race.
Dans l'estat où je suis, j'ay bien plus de raison
De te faire agréer mes yeux que ma maison.
Je jure les rayons dont ta beauté m'esclaire
Que le but de mon âme est le soin de te plaire,
Et que j'ayme si fort ta veuë et tes propos,
Qu'à ton subject la nuict est pour moy sans repos,
Et sans faire l'Amour à la façon commune,
Sans accuser pour toy le Ciel ny la fortune,
Sans me plaindre si fort, j'ay ce coup plus profond
Que les autres mortels, j'aime mieux qu'ils ne font ;
Et si ton cœur n'en tire une preuve assez bonne,
De ces vers insensez que mon amour te donne,
Pour m'en justifier à tes yeux adorez,
Je répandray le sang d'où je les ay tirez,
Si ton humeur estoit de me le voir respandre,
Et qu'autrement ton cœur ne me voulut entendre.

C) 1° VERS POUR LE BALLET DES BACCHANALES [1]

DE L'IMPRIMERIE DU ROY

1623, in-4° [1]

Avant que je parusse au jour,
Encore le petit Amour
N'avoit pas le secret de bien charmer les âmes,
Les hommes ny les Dieux n'aymoient que molement,
Et n'ont jamais appris que par moy seulement
Le vray mystère de ses flames.

Ceux dont j'anime les esprits
Ont moins d'amour que de mespris

---

(1) Cette pièce a été avouée par Théophile, elle avait été saisie dans sa malle au Catelet, pièce n° 5. Interrogatoire — le quatrième — du 3 juin 1624, voir T. I, p. 428, 431 et 432.

Pour toutes les grandeurs dont la fortune esclate.
Rien comme une beauté ne touche leur desir,
Et vos seules faveurs sont l'unique plaisir
Dont leur espérance se flatte [1].

Je suis père de la valeur,
Et pour grand que soit un malheur,
Que le destin propose aux plus cruelles guerres,
Ceux qui m'ont consulté sont exempts de la peur
Et si pour toute force ils n'ont qu'une vapeur
Et ne sont armez que de verres.

Le pauvre le plus abatu,
Avec l'appuy de ma vertu,
Sur le front des ennuis fait esclater la joye.
Pour luy tous les graviers sont pleins de diamans,
Et dans le fil terni de ses vieux vestemens
Il ne trouve qu'or et que soye.

Je suis le seul Dieu sans pareil
Qui fis voir aux yeux du Soleil
La nature impuissante à produire mon estre.
Un si hardy dessein surmonta ses efforts,
Et le maistre des Dieux luy-mesme ouvrit son corps
Pour me faire achever de naistre [2].

Semeele, en cet enfantement
Endura sans estonnement
Que tout le feu du Ciel descendist sur la terre,
Et ses manes contens se vantent aujourd'huy
Qu'au moins de son amour elle brusla celuy
Qui la fit brusler du tonnerre.

---

(1) Cette strophe était la dernière dans la copie de Théophile.
(2) Cette strophe était la première dans la copie de Théophile.

2° PLAINTE DE THÉOPHILE A UN SIEN AMY (Des Barreaux) pendant son absence [1]

(1623)

Tircis, tu cognois bien dans le mal qui me presse,
Qu'un peu d'ingratitude est jointe à ta paresse ;
Tout contre mon brasier je te voy sommeiller,
Et sa flame et son bruit te devroit esveiller.

Tu sçais bien qu'il est vray que mon procez s'achève,
Qu'on va bien tost brusler mon pourtraict à la Grève ;
Que desjà mes amis ont travaillé sans fruict
A prévenir l'horreur de cest infâme bruit ;

Que le Roy me deslaisse, et qu'en ceste advanture
Une juste douleur doit forcer ma nature ;
Que le plus résolu ne peut, sans souspirer,
Entendre les ennuys où tu me vois durer.

Sçache aussi que mon âme est presque toute usée,
Que Cloton tient mes jours au bout de sa fusée !
Qu'il faut que mon esprit se rende à mes malheurs,
Et que mon jugement me conseille les pleurs.

Que si mon mauvais sort a finy la durée [2]
De la saincte amitié que tu m'avois jurée,
Comment suivant le cours du naturel humain [3],
Tu me vois tresbucher sans me donner la main,

Pour le moins fay semblant d'avoir un peu de peine,
Voyant le précipice où le destin me traisne,

(1) Pièce n° 15 saisie dans la malle de Théophile au Catelet et avouée par lui. Interrogatoire — le quatrième — du 3 juin 1624, voir T. I, pp. 430 et 432. Interrogatoire — fin du cinquième — du 14 juin 1624, *id.*, voir pp. 442 et 443. Cette pièce fait partie de la IIIe partie des *Œuvres de Théophile, 1625*, elle a été imprimée séparément en 1623, petit in-8° de 13 p. chiff. et 1 ff. bl. Voir Bibliographie, nos 5, 19, 20 et 29.

(2) Var. des éditions postérieures : Si mon mauvais destin...

(3) Var. de l'éd. Scudéry, 1632 : Comme en suivant le cours...

Afin qu'un bruit fascheux ne vienne à me blasmer
D'avoir si mal cogneu qui je devois aimer.

Damon [1] qui nuict et jour pour esviter ce blasme,
S'obstine à travailler et du corps et de l'âme,
M'asseure pour le moins, en son petit secours,
Que sa fidélité me durera tousjours.

Il ne tient pas à luy que l'injuste licence
De mes persécuteurs, ne cède à l'innocence :
Il faict tout ce qu'il peut pour escarter de moy
Les périls qui me font examiner ta foy.

Sans eux je n'aurois veu jamais ton âme ouverte ;
Tousjours ta lascheté m'avoit esté couverte :
L'excez de mon malheur n'est cruel qu'en ce point.
Qui me dit, mal-gré moy, que tu ne m'aymes point.

Si le moindre rayon de la vertu t'esclaire,
Souviens-toi qu'on t'a veu dans le soin de me plaire,
Et qu'avant la disgrâce où tu me vois soubmis
Tu faisois vanité d'estre de mes amis.

Regarde que ton cœur se lasche et m'abandonne
Dès le premier essay que mon malheur te donne,
Et tu sçais que mon sort n'est aujourd'huy battu
Que par des trahisons qu'on faict à ma vertu.

Toy-mesme qui me vois au fond de ma pensée,
Qui sçais comme ma vie c'est cy-devant passée,
Et que dans le secret d'un véritable amour,
Mon esprit innocent s'est peint cent fois le jour,

Tu sçais que d'aucun tort ton cœur ne me soupçonne,
Que je n'ay ny trompé ny faict tort à personne,
Que depuis m'estre instruit à la Romaine Loy,
Mon âme dignement a senty de la Foy,

---

(3) Nous n'avons pu préciser qui est ce Damon, si dévoué à Théophile, est-ce François Luillier, le père de Chapelle ? est-ce Duret ou Ducée sur lesquels nous ne possédons aucun renseignement ?

Et que l'unique espoir de mon salut se fonde
En la Croix de celuy qui rachepta le monde :
Mon cœur se porte là d'un mouvement tout droict,
Et croit asseurément ce que l'Eglise croit,

Bien que des imposteurs, dont l'aveugle ignorance [1]
S'oppose absolument aux libertez de France,
Fassent courir des bruits que mon sens libertin
Confond l'Auteur du monde avecques le Destin,

Et leur impertinence a faict croire à des femmes
Que j'estois un Prescheur à suborner les âmes.
On dit pis de ma vie ; on parle plus de moy
Que si j'avois traicté d'exterminer la Loy ;

On faict veoir en mon nom des odieuses rithmes
Pour perdre un innocent, et professer des crimes.
Ils ont faict sous mes pas des lacs de toutes parts,
Ont eu des espions à guetter mes regards,

Ont destourné de moy ceux dont les bons génies
Tenoient avecque moy [2] leurs volontez unies ;
Ils ont avec Satan contre moy pactisé ;
A force de mesdire ils m'ont desbaptisé,

Sans autre fondement qu'une envieuse rage
Contre des passe-temps où m'a porté mon aage :
Un plaisir naturel, où mes esprits enclins [3]
Ne laissent point de place à des desirs malins ;

Un divertissement qu'on doit permettre à l'homme
Et que Sa Saincteté ne permet [4] *pas à Rome,*
Car la nécessité que la Police suit,
Permettant ce péché ne faict pas peu de fruict.

---

(1) Var. des éditions postérieures :... dont l'aveugle croyance

(2) *Id.* : Tenoient avec mes vœux...

(3) La copie autographe de Théophile, portait : *Des plaisirs innocents où...*

(4) L'édition originale et quelques recueils de pièces de Théophile portent bien *permet* (voir Bibliographie), dans d'autres et dans les éditions des Œuvres, il y a *punit.*

Ce n'est pas une tache à son divin Empire,
Car tousjours de deux maux faut éviter le pire;
Encor ay-je un deffaut contre qui leur abboy
Esclate hautement : c'est, Tircis, que je boy.

Ils croyent que le vin soit le feu qui m'inspire [1]
Ceste facilité dont tu me vois escrire,
Et qu'on ne me sçauroit ouïr parler Latin,
Si ce n'est que je sois à la Pomme-de-Pin ;

Ils croyent que le vin m'ayant gasté l'haleine,
M'a plus fait de bourgeons qu'on n'en peint à Silène.
Je croy que ma desbauche, en ses plus grands efforts,
Ne m'empescha jamais ny l'esprit ny le corps.

Mes plus sobres repas méritent des censures,
Par tout ma liberté ne sent que des morsures,
Il est vray que mon sort en cecy est mauvais :
C'est que beaucoup de gens sçavent ce que je fais.

Quelques lieux si cachez, où mon péché se niche,
Aussi-tost mon péché au carrefour s'affiche ;
Par tout où l'on me void je suis tousjours à nu :
Tout le crime que j'ay, c'est d'estre trop cognu.

Que, mal-gré ma bonté, ceste gloire légère
D'avoir un peu de bruit m'a causé de misère !
Que mon sort estoit doux s'il eut coulé mes ans
Où les bords de Garonne ont les flots si plaisans !

Tenant mes jours cachez dans ce lieu solitaire,
Nul que moy ne m'eust faict, ny parler ny me taire,
A ma commodité j'aurois eu le sommeil,
A mon gré j'aurois pris et l'ombre et le Soleil.

Dans ces valons obscurs où la mère Nature
A pourveu nos troupeaux d'éternelle pasture,
J'aurois eu le plaisir de boire à petits traicts
D'un vin clair, pétillant, et délicat, et frais,

---

(1) Var. des éd. postérieures : Ils pensent...

Qu'un terroir assez maigre et tout couppé de roches
Produit heureusement sur les montagnes proches.
Là, mes frères et moy, pouvions joyeusement,
Sans seigneur ny vassal, vivre assez doucement ;

Là tous ces médisans à qui je suis en proye
N'eussent point envié ny censuré ma joye ;
J'aurois suivy par tout l'object de mes desirs,
J'aurois peu consacrer ma plume à mes plaisirs ;

Là d'une passion ny ferme ny légère,
J'aurois donné mon feu aux yeux d'une bergère
Dont le cœur innocent eut contenté mes vœux
D'un bracelet de chanvre avecques ses cheveux.

J'aurois dans ce plaisir si bien flatté sa vie
Que l'orgueil de Calliste en eut crevé d'envie ;
J'aurois peint la douceur de nos embrasemens
Par tous les lieux tesmoins de nos embrassemens ;

Et comme ce climat est le plus beau du monde,
Ma veine en eut esté mille fois plus féconde :
L'aisle d'un papillon m'eut plus fourni de vers
Qu'aujourd'huy ne feroit le bruit de l'Univers.

Et s'il faut mal-gré moy que mon esprit se picque
De l'orgueilleux dessein d'un poëme héroïque,
Il faut bien que je cherche un plus libre séjour
Que celuy de Paris ou celuy de la Cour.

Si ma condition peut devenir meilleure,
Que le Roy me permette une retraite seure,
Que je puisse trouver en France un petit coin
Où mes persécuteurs me trouvent assez loin,

Dans le doux souvenir d'estre sorty de peine,
De quelles gayetez je nourriray ma veine !
Lors tu seras honteux qu'en mon adversité
Je t'aye tant de fois en vain sollicité

D'avoir abandonné le train d'une fortune
Qu'il te falloit avoir avecques moy commune.
Recherche en tes desirs, ores si refroidis,
Si tu m'es aujourd'huy ce que tu fus jadis.

Je t'eusse faict jadis passer les Pyrénées,
J'eusse attaché tes jours avecques mes années,
Et conduit tes desseins au cours de mon destin
Des bords de l'Occident jusqu'au flot du matin.

Et je n'ay rien commis, mesme dans mon courage,
Qui te puisse obliger à me tourner visage;
Depuis je n'ay rien faict, et j'en jure les Dieux,
Que t'aymer, ô Tircis ! tous les jours un peu mieux.

Hélas ! si mon malheur avoit un peu de crime,
Ma raison trouveroit ta froideur légitime ;
Je me consolerois de ne trouver dequoy
Je me peusse en mon mal me venger que de moy.

Un reste d'amitié faict qu'aujourd'huy j'enrage
De sentir que celuy que je chéris m'outrage.
Tu voy bien que le sort, sans yeux, ny jugement,
Tourne tes volontez avec son changement.

Depuis mon accident tu m'as trouvé funeste ;
Tu crois que mon abord te doit donner la peste ;
Tu m'accuse par tout où tu me voy blasmer,
Et tu me hays autant que tu me dois aymer.

Au moins asseure-toy, quoy que le temps y fasse,
Qu'un si perfide orgueil n'aura jamais de grâce :
Je voy bien que mes maux achèveront leurs cours,
Qu'un Soleil plus heureux achèvera mes jours,

Que ma bonne fortune escrasera l'envie,
Mal-gré les cruautez qui font gémir ma vie.
Au bout du désespoir paroistra mon bon-heur ;
Toute ceste infamie accroistra mon honneur.

Ce n'est plus aux enfans d'une commune race
Quelque si grand pouvoir dont le corps me menace,
Quelque trespas honteux dont le cruel dessein
S'agite contre moy dans leur perfide sein.

Et comme mal-gré moy tu t'es rendu perfide,
Comme mal-gré l'honneur tu t'es monstré timide
Parmy tous mes travaux, sçache que mal-gré toy
Je garderay tousjours mon courage et ma foy.

Et l'obstination de la malice noire
Avec ma patience augmentera ma gloire [1].

D) Le Parnasse des Poètes satyriques [2], M.DC.XXII

SONNET PAR LE SIEUR THÉOPHILE [3]

Philis, tout est foutu ! Je meurs de la vérole,
Elle exerce sur moy sa dernière rigueur :
Mon vit baisse la teste et n'a point de vigueur,
Un ulcère puant a gasté ma parole.

---

(1) L'édition originale de cette pièce se termine par les lignes suivantes : « Le sieur Théophile sur son adversité avoit mis la main à la plume, et faict les vers cy-dessus de son infortune, désirant trouver assurance pour venir faire cognoistre son innocence, et estoit retiré dans le chasteau du Castellet en Picardie, où il continuoit les susdits vers et fut interrompu, sur ce qu'il fut pris prisonnier, n'ayant encores fait que ce qui est cy dessus, en sorte que ceux esquels il l'asseuroit, le livrèrent ès mains d'un Prévost, qui l'a amené, en la Conciergerie du Palais à Paris, le vingt-huictiesme septembre mil six cent vingt-trois ».

(2) Interrogatoire — le premier — du 22 mars 1624, voir T. I, p. 372 ; *id.* — le deuxième – du 26 mars 1624, *id.* p. 393.

(3) *Id.*, *id.*, p. 373 ; interrogatoire — le deuxième — du 26 mars 1624, *id.*, pp. 393, 394 et 395. — Dépositions : Sageot (23 novembre 1623), *id.*, p. 255 ; Rocolet (24 avril 1624), *id.*, p. 412 ; Pierre Guibert (29 avril 1624), *id.*, p. 414 ; Martin Du Brueil (11 mai 1624), *id.*, p. 422. — Interrogatoire — le sixième — du 15 juin 1624, *id.*, pp. 448 et 450. Confrontation Guibert (18 janvier 1625), *id.*, p. 478. — Déposition et confrontation Sepaus (29 août 1625), *id.*, p. 503 et 504.

J'ay sué trente jours, j'ay vomy de la colle ;
Jamais de si grands maux n'eurent tant de longueur,
L'esprit le plus constant fust mort à ma langueur,
Et mon affliction n'a rien qui la console.

Mes amis plus secrets ne m'osent approcher,
Moy mesme, en cet estat, je ne m'ose toucher ;
Philis, le mal me vient de vous avoir foutuë !

Mon Dieu, je me repens d'avoir si mal vescu,
Et si vostre courroux à ce coup ne me tuë,
Je fais vœu désormais de ne foutre qu'en cul !

SATYRE [1]

Que mes jours ont un mauvais sort,
Que ma planette est mal logée,
Que la fortune est enragée,
De me persécuter si fort !

L'on ne me voit point rire aux farces,
Je n'ayme ni bals ny chansons ;
Foutre des culs et des garçons !
Maugrebieu des cons et des garces [2] *!*

L'un me dit : « Ta femme chevauche ; »
Je viens de perdre mon argent ;

---

(1) Interrogatoire — le deuxième — du 26 mars 1624, voir T. I, p. 394. Interrogatoire — le troisième — du 27 mars 1624, voir T. I, p. 398. Cette pièce est intitulée *Plainte* dans le Ms. Villenave *(Petit Cabinet de Priape)* où elle comprend 11 strophes au lieu de 7. Elle y commence par la troisième strophe du *Parnasse satyrique*. — Déposition Pierre Guibert, boucher (29 avril 1624), voir T. I, p. 414. — Interrogatoire — le sixième — du 15 juin 1624, *id*,. p. 449 et 450. — Interrogatoire — devant le Parlement — du 27 août 1625, *id.*, p. 501.

(2) Cette strophe est la 6e du texte du Ms. Villenave :

Je n'ayme ny luths ny chansons ;
L'on ne me voit point rire aux farces.
Foutre des culs et des garçons !
Maugrebieu des cons et des garces !

Je fay rencontre d'un sergent,
Et j'ay veu le croissant à gauche [1].

Je me fasche et me plains de tout,
Tout ce que je voy m'importune [2];
Ventrebleu ! le destin me fout,
J'enrage contre la fortune [3] !

Je pisse le verre et le feu [4],
Je ne crache que de la colle,
Je n'ay pas presques un cheveu [5],
Ha ! ventrebleu ! j'ay la vérolle [6] !

J'ay la gravelle dans les reins [7],
Je ne trouve plus que je foute,
Et la sainte ampoulle de Reims
Tariroit plustost que ma goutte.

A cinquante ans un homme est mort,
Ce n'est plus rien que pourriture [8];
Morbleu ! les destins nous font tort [9];
Foutre d'eux et de la nature [10] *!*

---

(1) 1re strophe de Ms. Villenave : On m'a dit que ma sœur chevauche
J'ay faict rencontre d'un sergent ;
Je viens de perdre...

(2) Var. du Ms. Villenave : Tout me deplaist, tout m'importune
(3) *id.* J'enrage contre ma fortune
(4) *id.* Je pisse du verre et du feu.
(5) *id.* Je n'ay presque plus un cheveu
(6) *id.* J'ay la peste ! j'ay la vérolle !
(7) *Id.* La gravelle me tient aux reins
(8) *id.* Aucun bien presque ne nous dure
(9) *id.* Par Dieu ! les destins...
(10) Cette strophe est suivie dans le Ms. Villenave de quatre autres strophes :

Je n'attends secours d'aucun lieu ;
Mon malheur est insatiable ;
Les hommes m'envoyent à Dieu,
Qui m'assiste autant que le diable.

Vaines ombres de l'Achéron,
Larves, démons, rivages sombres,
Pétrone, Arétin, Maugiron,
A grand'peine êtes-vous des ombres !

A UN MARQUIS (Satyre) [1]

Marquis, comment te portes-tu?
Comme quoy passes-tu la vie?
Si tu n'as d'aujourd'huy foutu,
Ces vers t'en donneront envie.

Es-tu gaillard, es-tu dispos?
T'aperçois-tu que tu guarisses?
Ce couillon n'est-il plus si gros?
Sens-tu du mal lors que tu pisses?

Je n'ay connu jamais garçon
Si amoureux de la desbauche,
Je t'aime bien de la façon :
L'aze fout qui ne chevauche!

N'estant plus si fort ny si beau
Selon le cours de la nature,
Ton esprit, au lieu du bordeau,
Discourra de la sépulture.

Mais que sert-il tant de resver
En méditation si froide,
Tant que Dieu nous veut conserver
Les nerfs souples et le vit roide.

Dans le commun lict des humains,
Un Dieu veut que toujours on dorme.
Ces beaux vits et ces belles mains
N'ont plus ni mouvement ni forme.

Hélas! pourquoi sommes-nous tels,
Enfans de Dieu, comme nous sommes!
S'il nous eust faicts tous immortels,
Il eust bien obligé les hommes.

(1) Interrogatoire — le deuxième — du 26 mars 1624, voir T. I, p. 394. Cette pièce est la première des *Délices satyriques*, 1620, n. s. Déposition Pierre Rocolet, libraire (24 avril 1624), voir T. I, p. 412. — Interrogatoire — le sixième — du 15 juin 1624, *id.*, p. 448. — Confrontation Guibert (18 janvier 1625), *id.*, p. 478.

E) SAISIES DANS SA MALLE AU CATELET

dont on n'a que le titre, la première ligne et la dernière et que nous n'avons pu retrouver

---

1° Avouées

Parum humaniter mecum agis, frater..... finissant *tybi pubercenty minus esse condonandum* (pièce n° 3, interrogatoire — le quatrième — du 3 juin 1624, voir T. I, pp. 427 et 431).

Dans des humeurs froides et sombres, dernier vers : *A faict évanouyr nos songes* (pièce n° 6, *id.*, pp. 428 et 432).

L'âge auquel nous vivons n'en est pas sy fertile (dixième vers d'une pièce adressée au ministre Du Moulin), dernier vers : *Et Satan confondra le More et le chrestien* (pièce n° 7, *id.*, pp. 428 et 432. Interrogatoire — le cinquième — du 7 juin 1624, *id.*, pp. 434 et 435).

Ne t'afflige poinct de la peine que tu me voys souffrir..... finissant *que le trouble de mes affayres et de ma passion m'ont ostée* (pièce n° 9, interrogatoire — le quatrième — du 3 juin 1624, *id.*, pp. 429 et 432).

Tu prend prétexte des soings que je doibtz à ma fortune..... finissant *ton oncle te bayse les mains et n'avance rien en l'affayre de Sarrus* (pièce n° 13, *id.*, pp. 430 et 432. Interrogatoire — le cinquième — du 7 juin 1624, *id.*, p. 436).

Tu prens prétexte des soings que tu doibz à ma fortune..... finissant *en la faveur du roy pour un sy grand précipisse* (pièce n° 13 *bis*, interrogatoire — le quatrième — du 3 juin 1624, *id.*, pp. 430 et 432).

Quoy qu'on me puisse veoyr accablé de malheurs..... finissant *et d'aymer le prochain et d'obéyr à Dieu* (pièce n° 14, *id.*, pp. 430 et 432. Interrogatoire — le cinquième — du 7 juin 1624, *id.*, pp. 436 et 437. Interrogatoire — fin du cinquième — dn 14 juin 1624, *id.*, pp. 443 et 444).

Lettre au sieur de Boyer [1], gentilhomme ordinaire de Sa Majesté :

Monsieur, il n'y a plus de complimentz à faire..... finissant *vous sçavez combien je vous croy le plus affectionné au salut de vostre très humble serviteur Théophile* (pièce n° 16, interrogatoire — le quatrième — du 3 juin 1624, *id.*, pp. 430 et 432).

Lettre écrite de Saint-Quentin le 22 septembre 1623 (à M. de Montmorency) : *Monseigneur, si vous n'obtenez promptement ma grase.....* finissant *mais sy je vays au Parlement, je suis perdu, vostre très humble et très obéissant serviteur Théophile* (pièce n° 17, *id.*, pp. 430, 431 et 432).

2° Niées [2]

J'ayme bien une fois le moys la liberté du cabaret..... Cette pièce finit : *Dans l'indisposition du corps ou la pheiblesse de l'âme* (pièce n° 1, interrogatoire — le quatrième — du 3 juin 1624, voir t. I, p. 427 ; interrogatoire — le cinquième — du 7 juin 1624, *id.*, p. 433 ; interrogatoire devant le Parlement du 27 août 1625, *id.*, p. 501).

La licance de ces goutteux..... finissant *sans doute que nous n'avons rien voulu* (pièce 1 *bis*, interrogatoire — le quatrième — du 3 juin 1624, voir *id.*, p. 427).

La conjuration que tu me faitz de ne point oublier Caliste..... finissant : *Je crains que les soupirs ne fassent évaporer tout l'esprit de son petit serviteur* (pièce n° 2, *id.*, *id. id.*).

Ad dominum Theophilum, affectuy simul et diligentye tue..... finissant *mihy largire dignat est (sic) Vale* (pièce n° 4, *id.*, *id.*, p. 427 et 428).

Trois couplets finissant *des bras d'une furye* en marge de la pièce n° 6 (avouée) (*id.*, *id.*, p. 428).

J'ay tous les plus fameux exemples, dernier vers : *Que ma vye et ma passion* (pièce n° 8, *id.*, *id.*, pp. 428 et 429. Interrogatoire — le cinquième — du 7 juin 1624, *id.*, *id.*, pp. 435 et 436).

---

(1) Voir T. I, p. 529.

(2) Théophile a nié être l'auteur des pièces suivantes dans sa réponse, T. I, p. 432 (interrogatoire — le quatrième — du 3 juin 1624).

Trois sonnets :

Son orgueil est vaincu, je ne puis plus aymer, dernier vers : *Et tiens indifférant et sa mort et sa vye*

Quelque objet estranger dont tu sois divertye, dernier vers : *Et n'ayme que pour toy la lumyère des cieux*

Combien que sans subject ta dame je punisse, dernier vers : *Garde-toy d'espérer de la revoyr jamais*

(Pièce n° 10, interrogatoire — le quatrième — du 3 juin 1624, voir *id.*, p. 429).

S'il advient quelque foys que ton humeur grossyère (3 couplets), dernier vers : *Font mourir les amantz* (pièce n° 11, *id.*, *id.*, p. 429).

Réveille-Matin : Théophile dict que son placet.... finissant : *fac igitur sicut et nos* (pièce n° 12, *id.*, *id.*, pp. 429 et 430).

II. PIÈCES ATTRIBUÉES A THÉOPHILE

PAR LES TÉMOINS

A) D'AUTRES AUTEURS (MALHERBE, MAYNARD ET SAINT-AMANT)

I. *Malherbe*

SONNET [1]

Multiplier le monde en vostre accouplement,
Dict la voix éternelle à nostre premier père.
Adam tout aussitost, désireux de lui plaire,
Met sa belle Eve à bas et la fout vistement.

Nous qui faisons les fins, disputons sottement,
Interprétant de Dieu la volonté si claire,
Et n'osons le besoin de foutre satisfaire,
Nous-mesme nous privant de ce contentement.

Pauvres, qu'attendons-nous d'une bonté si grande ?
N'est-ce pas assez dict, quand Dieu nous le commande ?
Faut-il qu'il nous assigne et le temps et le lieu ?

Il n'a pas dit : foutez! mais grossiers que nous sommes,
Croistre et multiplier, en langage de Dieu [2],
Qu'est-ce donc, si ce n'est foutre en langage des hommes.

---

(1) Déposition Claude d'Anisy, avocat, voir T. I, p. 409. — Interrogatoire — le sixième — du 15 juin 1624, *id.*, pp. 447 et 448. — Confrontations : d'Anisy (21 octobre 1624), *id.*, p. 462 ; Louis Forest Sageot, *id.*, *id.*, p. 463.

(2) Var. du Recueil Conrart, T. XVIII in-4 (N° 4123, Bibl. Arsenal) :

Multiplier le monde en langage des Dieux,
Qu'est-ce donc, si non foutre en langage des hommes.

II. *François Maynard*

POUR UNE JEUNE DAME (Satyre) [1]

Belle, qui sans plaisir foutez [2],
Prenant plaisir quand vous frottez
Vostre doigt contre vostre motte,
Laissez ce plaisir imparfait [3],
Et d'un vit aussi long qu'un trait,
Permettez-moy que je la frotte [4].

Je suis un fort brave fouteur,
Qui va de courage et de cœur [5],
Ayant quelque belle Angélique ;
Mais si le sujet n'est pas beau [6],
J'aime bien mieux, contre un posteau,
A mon aise, bransler la pique [7]

Le plaisir d'amour est si doux [8] !
Belle, pourquoy ne foutez-vous ?
On a bien foutu pour vous faire.
Pour moy, je veux foutre en tous lieux,
Dussé-je y perdre les deux yeux,
Ayant un vit de quoy le faire.

---

(1) Pour une jeune dame, par le sieur Maynard. Satyre (Quintessence satyrique ou seconde partie du Parnasse des poètes satyriques de nostre temps, Recherchez dans les œuvres secrettes des auteurs les plus signalez de nostre siècle. A Paris, chez Anthoine de Sommaville au Palais, en la gallerie des libraires, près la Chancellerie. M. DC. XXII).

Dépositions Dange (21 novembre 1623 et s. d)., voir T. I, pp. 250 et 252.

Il n'est pas certain que cette pièce soit celle visée par Dange. Elle avait paru d'abord dans les *Délices satyriques* 1620, et ensuite dans la *Quintessence satyrique*, 1622. Elle se lit également, mais avec des variantes, dans le Ms. Villenave, 1611 *(Petit Cabinet de Priape)*.

(2) Var. du Ms. Villenave, 1611 : Belle, qui sans fouteur foutez
(3) *id.* Délaissez ce foutre imparfait.
(4) *id.* Permettez que je vous la frotte
(5) *id.* Qui fout de courage et de cœur
(6) *id.* Mais si le subject n'est bien beau
(7) *id.* A mon aise, branler ma picque
(8) *id.* Le plaisir de foutre est si doux

Mesme je veux, dedans l'Enfer
Foutre en despit de Lucifer
De Pluton et de Proserpine [1],
Des grands diables et des petits [2],
Pour assouvir mes appétits
Qui foutinassent ma poitrine.

FUREUR D'AMOUR [3]

L'autre jour je vis dans un temple
Vos beautez qui n'ont point d'exemple,
Où, malgré le respect du lieu,
Mon vit levant sa rouge creste
Jugea que vous estiez plus preste
A chevaucher qu'à prier Dieu.

Si nous eussions eu la licence,
Ainsi qu'au siècle d'innocence,
D'exécuter tous nos desseins,
Je veux que le diable me tuë
Si je ne vous eusse foutuë
A la barbe de tous les saincts.

Vous eussiez eu de la semence
D'un vit dont la grandeur immense
N'eut jamais de comparaison,
Et qui sçait en quelle posture

---

(1) Var. du Ms Villenave, 1611 : Malgré Pluton et Proserpine

(2) *id.* Et les grands diables et petits

(3) Interrogatoire — le troisième — du 27 mars 1624, voir T. I, p. 399. Cette pièce a été attribuée par Théophile à un président d'Auvergne (Fr. Maynard). Elle est mise en cause dans les dépositions Gabriel Dange (21 novembre 1623 et s. d.), voir T. I, pp. 250 et 252 et dans la confrontation Sepaus, *id.* (29 août 1625), *id.*, p. 504. Nous donnons ici le texte du Ms. Villenave *(Petit Cabinet de Priape)*.

Dans le *Cabinet satyrique*, cette pièce a pour titre : St. satyr. contre une courtisane par le sieur Maynard : *Beauté sans pair et sans seconde.* Les deux premières strophes (celles incriminées) étaient différentes, les commissaires n'ont pu la rendre au Président d'Aurillac.

Il faut chatouiller la nature
Des femmes de bonne maison.

Vous avez beau faire la froide ;
Vous savez qu'il est grand et roide
Et qu'il n'est femme aujourd'huy,
Ni dévote si peu crédule
Que la paillardise n'accule
Quand elle entend parler de lui.

Les plus belliqueuses provinces
Jurent par les glaives des princes
A qui le Ciel les asservit ;
Et dedans les bourdeaux publicques
Les putains les plus impudicques
Ne font serment que par mon vit.

N'estoit que vous estes guettée,
Vous vous seriez déjà jetée
Sur mon vit si bien assorti,
Comme un chat poussé de famine,
Quand personne n'est en cuisine,
Se jette dessus le rosti.

Sans le soupçon et la colère
De ce mari qui vous esclaire
D'un œil deffiant et malin,
Belle à qui mon âme est soumise
Je saurois si vostre chemise
Est faite de chanvre ou de lin.

Fasse le destin que je voye
Cet ennemi de nostre joye
Vivre sans aulcune doulceur.
C'est lui qui nos plaisirs diffère,
M'empeschant de vous pouvoir faire
Ce que Jupin faict à sa sœur.

Mais non ; c'est vostre humeur craintive
Qui vous détient si fort captive

Que vous n'osez pas vous mouvoir.
Vais-je chez vous? le cœur vous tremble,
Et dès aussitost il vous semble
Que tout prend des yeux pour me voir.

Quoiqu'un jaloux vous ait en garde,
Il ne faut pas qu'il vous retarde
De courir après vos plaisirs.
Quand l'Amour dans un cœur habite,
Est-il obstacle qui n'irrite
Le mouvement de ses désirs?

Vous craignez que ce frénétique,
S'il savoit la douce pratique
De nos secrètes privautez,
Laschant à ses fureurs la bride,
Ne fit par un double homicide
Finir ma vie et vos beautez.

Il est de nature si bonne
Qu'il n'a jamais occis personne,
Et crois-je d'avoir entendu
De ceux qui souvent le pratiquent,
Qu'il pardonne aux poux qui le piquent
De crainte d'en estre mordu.

S'il nous trouvoit dans vostre couche
Flanc dessus flanc et bouche à bouche,
Foutant nous deux à qui mieux mieux,
Il est si bénin que j'estime
Qu'il laisseroit de nostre crime
La vengeance au vouloir des Dieux.

Puis du Ciel il fait trop de compte,
Pour desirer qu'une mort prompte,
Sans repentir et sans remords,
De nos beaux jours coupât les trames;
Si bien que pour sauver nos âmes
Il pardonneroit à nos corps.

Tandis que la barbe dorée
De votre con est adorée
Avec beaucoup de passion,
Recevez poulets et messages
Et suivant l'advis des plus sages
Chevauchez sans discrétion.

L'insensible cours des années,
Par qui les choses sont bornées,
Vous ravira tous vos appas ;
Vous ferez horreur à vous-mesme,
Et vostre face seiche et blesme
Sera l'image du trespas.

Partout on vous fera la mouë ;
Vos tétons moins prisez que bouë
Vous tomberont sur les genoux ;
Vous puerez pire que morue,
Et si vous marchez dans la rue,
Les enfans crieront après vous.

Vostre con de jeune pucelle
Qui tient maintenant en cervelle
Tous les fouteurs de l'Univers,
Réduict soubz une sépulture,
N'aura pas meilleure aventure
Que d'estre chevance des vers.

Qui perd le temps faict trop de perte,
Foutons, foutons à porte ouverte ;
Et si vostre espoux se desplaict
De veoir sur son front cornes naistre,
Dites-lui qu'on ne peut pas estre
Aussi sobre à foutre qu'il l'est.

Si vous foutez à tout le monde,
Des malheurs dont le siècle abonde
Léger vous sera le fardeau,
Et quand vous cesserez de vivre,

Vous serez eslevée en cuivre
Au plus digne endroit du bordeau.

Bannissez donc toute vergogne
Et mettez vos reins en besogne,
Sans faire cas des mesdisans.
Heureux qui, malgré toute envie,
Sait cueillir les fruicts de la vie
Selon la saison de ses ans.

III. *Saint-Amant*

LA CHAMBRE DU DÉBAUCHÉ [1]

Plus enfumé qu'un vieux jambon,
Ny que le bœuf salé de Pitre,
Je te trace avec un charbon
Ceste ode habillée en épître.
Marigny, mon parfait amy,
Que mon œil ne voit qu'à demy,
Non plus que ce qu'il veut descrire :
Parbieu ! tu dois bien admirer
Que je tasche à te faire rire
Quand je ne fay rien que pleurer !

Gouspin, après t'avoir quitté,
M'a traisné dans sa belle chambre,
Ou mesme au plus fort de l'esté
On treuve le mois de décembre.
Pour moy, je ne puis concevoir
Par quel moyen, ny quel pouvoir,

(1) Déposition Pierre Guérin, minime (6 mai 1624), voir T. I, p. 418. Dans cette déposition Guérin donne à cette pièce qu'il attribue à Théophile le titre de *Chambre de justice*, et lui prête dix couplets ; il est certain que le texte de Guérin n'est pas tout à fait celui de Saint-Amant, il a dû être modifié dans un sens libertin. — Interrogatoire — le quatrième — du 3 juin 1624, *id.*, pp. 431 et 432. — Interrogatoire — le sixième — du 15 juin 1624, *id.*, pp. 450 et 451.

Mon corps a passé par la porte,
Car je te le jure entre nous
Qu'un rat, ou le diable m'emporte,
N'y sçauroit entrer qu'à genous.

Son petit ladre de valet,
Reste de la guerre civile,
Revient chargé comme un mulet
Des cotrets qu'il excroque en ville.
Mais à grand peine ce magot
A-t-il allumé le fagot
Que nous estranglons de fumée ;
Nous toussons d'un bruit importun,
Ainsi qu'une chatte enrhumée,
Et nos yeux prennent du petun.

Encore, ô mon cœur ! mon roignon !
Faut-il, comme un sçavant notaire,
Des beaux meubles du compagnon
Te faire voir quelque inventaire.
Premièrement, un vieux panier,
Tiré des fatras d'un grenier,
Est son tabouret et sa chaise ;
Que si, soulageant l'escarpin,
L'un y préside en sire Blaise,
L'autre est tout droit comme un sapin.

Un estuy de luth tout cassé,
Qui trainoit au coin d'une salle,
Pour tout loyer du temps passé
Luy sert de chevet et de malle ;
Les flegmes jaunes et séchez
Qu'en sa vérole il a craschez
Luy servent de tapisserie,
Et semble que les limaçons
Y rehaussent en broderie
Des portraits de toutes façons.

Comme on voit au soir les enfans
Se figurer dedans les nues

Hommes, chasteaux, bois, éléfans,
Et mille chimères cornues,
Ainsi nos yeux, dans ces crachats,
Se forgeant à leurs entrechats,
Cent mille sortes de postures,
Pensent voir comme la parroy
Les plus grotesques avantures
De Dom-Quichote en bel arroy.

Là l'on voit en des lieux fumans
Curé, barbier, niepce et nourrice,
Exécuter sur les romans
Les sentences de leur caprice.
Certes, si l'on traittoit ainsi
Les sots livres qu'on fait icy,
Dont à son dam la France abonde,
Je croy qu'en cet embrasement
On verroit sans la fin du monde
Un petit jour du jugement.

Là, ce guidon de carnaval
Choque un moine à bride abattue,
Mais, n'en desplaise à son cheval,
C'est à dire en pas de tortue ;
Icy, tranchant du Fierabras,
Certain moulin avec ses bras
Luy fait faire en l'air une rouë,
Et le laisse en fort piteux train
Dans un grand fossé plein de bouë
Aussi moulu comme le grain.

Là, les innocentes brebis,
Qu'il prend pour gensdarmes superbes,
Font de leur sang voir des rubis
Sur les esmeraudes des herbes ;
Là, les bergers au mesme lieu
Sondent à beaux cailloux de Dieu
Ses costes presque décharnées,
Luy raflant en ces accidents

Ce qu'un catherre et les années
Souffroient qu'il luy restât de dents.

Le bon Sanche y semble accourir
Aux doléances de son maistre,
Et, comme s'il alloit mourir,
Luy faire un office de prestre.
Là-dessus, panché sur le groin
De ce beau chevalier de foin,
Il luy visite la maschoire,
Quand l'autre luy renarde aux yeux
Le baume qu'ils venoient de boire
Pour se le rendre à qui mieux mieux.

Un peu plus loing on l'apperçoit
Sur son rossignol d'Arcadie,
Dont à la mine qui deçoit
On pense ouÿr la mélodie.
Proche de là, le pauvre sot
Est contraint de payer l'escot
En espèces de capriolles [1],
Allant conter au firmament
Qu'on peut bien dancer sans violles
Quand la berne sert d'instrument.

Là, blond et beau comme un Médor,
Le plat à laver de Sainct Cosme [2]
Passe pour demy-casque d'or
Sur le chef de nostre fantosme ;
Là l'escuyer tout transporté
Baigne ses yeux dans la clarté
De cent ducats qu'il accumule,
Et riant comme un farfadet,
Se console auprès d'une mule
De la perte de son baudet.

(1) En espèces, en monnaie de singe.

(2) Saint Cosme, patron des chirurgiens et des barbiers.

Là se fait voir, quenouille en main,
Comme une Parque de village,
Dulcinée, au cœur trop humain
Pour refuser un pucelage ;
Icy mouvant le croupion,
Repaire de maint morpion,
Ses bras font un mestier pénible,
Où, par un juste contrepoids,
Elle s'exerce avec un crible
A passer le temps et des pois...

Là, Rocinante, tout gaillard,
S'émancipe à courre la bague,
Et piqué d'un désir paillard,
Veut desrouiller sa vieille dague.
Quelqu'un parmy cette rumeur
L'accoste en fort mauvaise humeur,
Qui vous luy taille des croupières,
Et qui, pour en faire un jouet,
Croyant qu'il n'ait point d'estrivières,
Vous l'en fournit à coups de fouet.

Mais c'est assez Quichotisé,
Et si quelque bourru critique
Ne dit aussi-tost sottisé
Je n'entens rien à la pratique.
Cependant un tel repreneur
Dans la lice du point d'honneur
Pourroit bien gister sans litière,
Et sentir sur son hocqueton
Que je suis en cette matière
Très asseuré de mon baston.

Laissant donc péter le renard
Au nez de la hargneuse envie,
Fust-elle chez ce vieux penard
Qui blasme nostre douce vie,
Je veux, comme je l'ai pensé,
De l'inventaire commencé

T'envoyer la pièce complette,
Et la jouant sur mon rebec,
Ny laisser rien digne d'emplette
Qui ne reçoive un coup de bec.

Nostre amy propre en escholier,
Quoiqu'il n'entra jamais en classe,
Fait d'un flacon un chandelier,
Et d'un pot de chambre une tasse ;
Sa longue rapière au vieux clou,
Terreur de maint et maint filou,
Luy sert le plus souvent de broche,
Et parfois dessus le tréteau
Elle joue aussi sans reproche
Le personnage du couteau.

Sa cheminée a sur les bords
Quantité d'assez belles nippes
Qui feroient bien toutes en corps
Fagot de bouts de vieilles pippes ;
L'odeur du tabac allumé
Y passe en l'air tout enfumé
Pour cassolette et pour pastille,
Si bien que dans les salles troux,
Des noirs cachots de la Bastille
Le nez ne sent rien de plus doux.

Quant à la vertu, trois beaux dez
Sont ses livres d'arithmétique,
Par lesquels maints points sont vuidez
Touchant le nombre d'or mystique.
Il est plein de dévotion
Dont la bonne application
Se fait voir en cette manière,
C'est qu'il a dans son cabinet
Des Heures de Robert Bernière
A l'usage du lansquenet [1].

(1) C'était alors un jeu de valets, il passa de l'antichambre à la salle.

Quant à du linge, en cet endroit
La toille n'est point espargnée :
Il en a plus qu'il n'en voudroit,
Mais cela s'entend d'araignée.
Et quant à l'attirail de nuit,
Sa nonchalance le réduit
Au vray deshabiller d'un page,
Où le luxe, mis hors d'arçon,
Ne monstre pour tout équipage
Qu'un peigne dedans un chausson.

Encore ce peigne est-il fait
D'un areste de solle fritte
Qu'il trouva dessous un buffet,
Monstrant les dents à la marmite
Contre luy vaut poudre d'iris [1]
Dont, pour ragouster sa Cloris,
Le goinfre s'espice la hure ;
Sa Cloris, s'entend sa Margot,
Où, quand Priape l'en conjure,
Il s'en va dauber du gigot.

Il se sert aussi quelquefois
De décrotoire au lieu de brosse ;
Ses ongles, plus longs que ses doits,
Luy sont des curedents d'Escosse.
Pour chevet il n'a qu'un pavé,
D'une botte il fait un privé,
D'un boussin d'ail une pistache,
D'une seringue un pistolet,
D'un compas un fer à moustache,
Et d'une rotonde un collet.

Puis quand pour prendre son repos,
Las, et non soul de la débauche,
Il donne le bon soir aux pots
En faisant demy-tour à gauche,
De sa nappe il fait son linceul,
Un aix qui se plaint d'estre seul

Luy fournit de couche et de table,
La muraille y sert de rideau,
Bref, cette chambre est une estable
Où la peste a tenu bordeau.

Toutes fois, nous ne laissons pas,
Trinquans et briffans comme drôles,
D'y faire un aussi bon repas
Qu'on puisse faire entre deux pôles ;
Nous y beuvons à ta santé
Du meilleur qu'ait jamais vanté
François Paumier, ce grand yvrongne
Sans nul soucy de l'advenir,
Si ce n'est de revoir ta trongne
Et de vivre en ton souvenir.

LA DÉBAUCHE [1]

Nous perdons le temps à rimer,
Amis, il ne faut plus chommer ;
Voicy Bacchus qui nous convie
A mener bien une autre vie ;
Laissons là ce fat d'Apollon,
Chions dedans son violon ;
Nargue du Parnasse et des Muses,
Elles sont vieilles et camuses ;
Nargue de leur sacré ruisseau,
De leur archet, de leur pinceau,
Et de leur verve poétique,
Qui n'est qu'une ardeur frénétique ;
Pégase enfin n'est qu'un cheval,
Et pour moy, je croy, cher Laval [2]

(1) Déposition Pierre Guérin, minime (6 mai 1624), voir T. I, p. 418. Guérin l'intitule *Yvrognerie* au lieu de *La Débauche* et lui donne 58 vers au lieu de 82. Le texte de Guérin devait être beaucoup plus libertin que celui-ci. Interrogatoire — le quatrième — du 3 juin 1624, *id.*, pp. 431 et 432. — Interrogatoire — le sixième — du 15 juin 1624, *id.*, pp. 450 et 451.

(2) Guy de Laval Bois-Dauphin, dit le marquis de Laval, était le second fils de la marquise de Sablé. Saint-Amant l'avait sans doute connu dans le cours

Que qui le suit et luy fait feste
Ne suit et n'est rien qu'une beste.
Morbieu ! comme il pleut là dehors !
Faisons pleuvoir dans nostre corps
Du vin, tu l'entens sans le dire,
Et c'est là le vray mot pour rire ;
Chantons, rions, menons du bruit,
Beuvons icy toute la nuit,
Tant que demain la belle Aurore
Nous trouve tous à table encore.
Loing de nous sommeil et repos ;
Boissat [1], lors que nos pauvres os
Seront enfermez dans la tombe
Par la mort, sous qui tout succombe,
Et qui nous poursuit au galop,
Las ! nous ne dormirons que trop.
Prenons de ce doux jus de vigne ;
Je voy Faret [1] qui se rend digne
De porter ce Dieu dans son sein,
Et j'approuve fort son dessein.
Bacchus ! qui vois nostre débauche,
Par ton sainct portrait que j'esbauche
En m'enluminant le museau
De ce trait que je bois sans eau ;
Par ta couronne de lierre,
Par la splendeur de ce grand verre,
Par ton thirse tant redouté,
Par ton éternelle santé,
Par l'honneur de tes belles festes,
Par tes innombrables conquestes,
Par les coups, non donnez, mais bus,
Par tes glorieux attribus,

de l'expédition navale où il accompagna le comte d'Harcourt. Le commandement suprême appartenait à l'archevêque de Bordeaux, Escoubleau de Sourdis, et Laval était sous ses ordres, capitaine dans un régiment de marine (Note de M. Alleaume).

(1) Sur Boissat et Faret, voir notre Bibliographie des recueils collectifs de poésies publiés de 1597 à 1700, T. I.

Par les hurlemens des Ménades,
Par le haut goust des carbonnades,
Par tes couleurs blanc et clairet,
Par le plus fameux cabaret,
Par le doux chant de tes orgyes,
Par l'esclat des trognes rougies,
Par table ouverte à tout venant,
Par le bon caresme prenant,
Par les fins mots de ta cabale,
Par le tambour et la cymbale,
Par des cloches qui sont des pots,
Par tes soupirs qui sont des rots,
Par tes hauts et sacrés mystères,
Par tes furieuses panthères,
Par ce lieu si frais et si doux,
Par ton boucq paillard comme nous,
Par ta grosse garce Ariane,
Par le vieillard monté sur l'asne,
Par les Satyres tes cousins,
Par la fleur des beaux raisins,
Par ces bisques si renommées,
Par ces langues de bœuf fumées,
Par ce tabac, ton seul encens,
Par tous les plaisirs innocens,
Par ce jambon couvert d'espice,
Par ce long pendant de saucisse,
Par la majesté de ce broc,
Par masse, toppe, cric et croc,
Par cette olive que je mange,
Par ce gay passeport d'orange,
Par ce vieux fromage pourry,
Bref, par Gillot [1], ton favory,
Recoy-nous dans l'heureuse trouppe,
Des francs chevaliers de la couppe,
Et pour te montrer tout divin,
Ne la laisse jamais sans vin.

---

(1) Voir T. I, p. 541, note 1.

B) ANONYMES

CHANSON [1]

Approche, approche, ma dryade !
Ici murmureront les eaux ;
Ici les amoureux oiseaux
Chanteront une sérénade ;
Les vents nous souffleront au sein,
Et afin qu'un chacun s'applique,
Je te mettrai mon vit en main,
Et tu me branleras la picque.

L'enfant dont avorta Semèle
Nous emplira le gobelet,
Philis nous donnera du laict,
Et la plaintive Philomèle
Entonnera ses doux accords,
A l'air d'une chanson lyrique ;
Je tirerai mon vit dehors,
Et tu me branleras la picque.

Oy le pinçon et la linote
A l'ombrage de ce laurier ;
Voy frémir le petit gozier,
Voy comme ils ont changé la note.
Tandis qu'ils font dormir les dieux
Au son de leur joyeux cantique,
J'eslèverai mon vit aux cieux,
Et tu me branleras la picque.

---

(1) Interrogatoire — le troisième — du 27 mars 1624, voir T. I, pp. 400 et 401. — Dépositions Gabriel Dange (21 novembre 1623 et s. d.) *id.*, pp. 250 et 252 ; Louis Forest Sageot (23 novembre 1623), *id.*, p. 255 ; Pierre Rocolet (24 avril 1624), *id.*, p. 412 ; Pierre Guibert (29 avril 1624), *id.*, p. 414. — Interrogatoire — le sixième — du 15 juin 1624, *id.*, pp. 449 et 450. — Confrontation Sageot (21 octobre 1624), *id.*, p. 466.

Ici, Priape à ta venue,
De ses trésors tous découverts
Te feras voir cent cons ouverts,
Et cent vits à la teste nue,
Les plus beaux qu'homme jamais vit,
Et, pour sa dernière réplique,
Il te présentera mon vit,
Et tu me branleras la picque.

Advance ceste main d'albastre,
Fais semblant de me rebuter ;
Ainsi sçavans à nous esbattre
J'essayerai de te lutter.
Nous ferons envier les dieux,
Mais mon vit leur fera la nicque ;
Je le ferai cracher aux cieux
Et tu me branleras la picque.

Que crains-tu plus, ma toute belle ?
Nous sommes seuls dans ces forests,
Et seule de nos feux secrets
Phœbé sera la macquerelle.
Que si l'horreur d'un tel séjour
Te fait l'esprit mélancolicque,
Mon vit mettra ses yeux au jour,
Et tu me branleras la picque.

Si nous changeons ceste demeure
Aux prisons noires du trespas,
Ma belle, ne t'en fasche pas,
Pourveu que nostre amour ne meure,
Car dans la glace de ces bords,
Aussi chaud que sablons d'Afrique,
J'arresserai devant les morts,
Et tu me branleras la picque.

(EXTRAIT D'UNE ODE [1])

Un jour cette vylaine-là
Dans un bénityer distilla
Les pleurs de son œil hypocritte.
Depuis le diable qui la vit
Craignant de gagner mal au vit
N'ose approcher de l'eau bénite.

(QUATRAIN)

Bougre, tu n'entendras pas la trompette
Au jour du Jugement.
Il faudra qu'un Ange pette
Pour te tirer du monument [2].

Citées par des témoins et dont on a seulement le titre, le premier et le dernier vers :

Sonnet sur l'image d'un crucifix (déposition Vitré, 11 mai 1624, voir T. I, p. 421. — Interrogatoire – le sixième — du 15 juin 1624, *id.* pp. 451 et 452. — Confrontation Vitré, 21 octobre 1624, p. 467.)

Sonnet : *Toy qu'un démon arma d'une furye* [3], dernier vers : *Qui n'appartient qu'à des vitz hérétiques* (déposition Guérin, 6 mai 1624, *id.*, p. 418. — Interrogatoire — le quatrième — du 3 juin 1624, *id.*, p. 431. — Interrogatoire — fin du cinquième — du 14 juin 1624, *id.*, pp. 443 et 444).

---

(1) Cette ode(?) paraît inédite. Déposition P. Guibert, boucher (29 avril 1624), voir T. I, p. 414. — Interrogatoire — le sixième — du 15 juin 1624, *id.*, p. 450.

(2) Dépositions Gabriel Dange (21 nov. 1623 et s. d.,), voir T. I, pp. 250 et 252.

Cette poésie paraît inédite. Elle a été appliquée dans le Recueil Maurepas (Bibl. nat., ms.), à la fin du XVIIe siècle, au musicien Lully.

(3) Ce sonnet inédit doit être de Saint-Amant, car il accompagnait la Débauche (Yvrognerie) et la Chambre du Débauché (la Chambre de justice).

Vers imparfaits finissant : *Du démon qui m'a transporté* [1] (déposition Guérin, 6 mai 1624, *id.*, p. 418. — Interrogatoire — le sixième — du 15 juin 1624, *id.*, p. 451).

Sonnet de la trahison de Judas (déposition et confrontation Sepaus, 29 août 1625, *id.*, p. 504).

---

(1) Cette pièce doit être également de Saint-Amant. Dans l'interrogatoire — le sixième — du 15 juin 1624 : *D'un démon qui me transporte*

TABLE DES PIÈCES INCRIMINÉES

AU PROCÈS DE THÉOPHILE [1]

Œuvres. Ire Partie, 1621

---

(1) Les pièces marquées d'un astérisque contiennent des vers qui figurent dans le texte du projet d'interrogatoire, mais les questions visant ces vers n'ont pas été posées. L'initiale (N) indique que la pièce a été niée par Théophile et (A) avouée.

ŒUVRES. IIe PARTIE, 1623

---

(1) En dehors des stances du Ballet des Bacchanales et de la « Plainte à un sien amy pendant son absence », déjà mentionnées.

Maynard (Fr.)

Saint-Amant

Anonymes

TABLE DES PRINCIPAUX NOMS CITÉS [1]

Les chiffres marqués d'un astérisque indiquent que le nom est répété une ou plusieurs fois dans la même page.

A

---

(1) Nous n'avons ni relevé les noms de la Généalogie de la famille de Viau ni les noms cités dans la Bibliographie de Théophile.

Les noms commençant par Du, L', Le ou La sont classés à ces lettres.

C

D

E

F

G

H

I

J

L

M

Q

S

T

U

V

W

X

Z

TABLE DES MATIÈRES

DU TOME SECOND

HISTOIRE POSTHUME DE THÉOPHILE

APPENDICE

FIN DU TOME SECOND ET DERNIER

ERRATA

T. I

P. 61, lig. 12, au lieu de : Mon âme incagne les destins, lire : Mon âme *incague* les destins; p. 169, note 2, et pp. 280, lig. 7 et 8, et 281, lig. 28, même correction.

P. 116, lig. 20, au lieu de : Sur ces dix-huit poètes : Ronsard, Passerat, Sigognes... lire : Ronsard, Passerat, *Nic. Rapin,* Sigognes.

P. 117, lig. 8, au lieu de : Chère Philis, j'ay bien peur que tu meurs, lire : Chère Philis, j'ay bien peur que tu *meures.*

P. 131, lig. 6 et 7, au lieu de : ... de ne pas s'occuper de l'affaire de Théophile s'en l'en prévenir... lire : de ne pas s'occuper de l'affaire de Théophile *sans* l'en prévenir.

P. 188, lig. 3, au lieu de : La Plainte de Des Barreaux, lire : La Plainte *de Théophile* à Des Barreaux.

P. 204, lig. 3, au lieu de : Ma détention (dans la prison de Saint-Quentin)... lire : Ma détention (dans le *cachot du Catelet)*...

P. 212, lig. 5, au lieu de : samedi 26 septembre, lire : samedi *16* septembre.

P. 362, lig. 9, au lieu de : « En cela, il en a esté toujours très mal obéy..., lire : « En cela il a esté toujours très mal obéy.

P. 379, lig. 3 de la note 2, au lieu de : ... p. 370 des stances : Maintenant que Philis est morte, lire : ... *p. 250* des stances : Maintenant que Philis est morte.

P. 426, lig. 3 et 4 de la note 1, au lieu de : ...la seconde lettre à M. de Boyer de la pièce 12, lire : ...la seconde lettre *numérotée 13 bis.*

T. II

P. 129, lig. 18 de la note 1 : Au lieu de : qu'en a faite le *Ménagiana,* T. III, p. 65, lire : qu'en a faite le *Ménagiana,* T. III, *p. 85.*

TIRÉ A 501 EXEMPLAIRES

NUMÉROTÉS

DONT UN SUR PEAU DE VELIN

ABBEVILLE. — IMPRIMERIE F. PAILLART

Banti (C.). **L'Amyntas du Tasse et l'Astrée d'Honoré d'Urfé** avec les meilleurs portraits du Tasse, les ornements et les trois meilleures gravures de l'édition aldine (1583) de l'Amyntas, les portraits d'Honoré d'Urfé, de la bergère Astrée et un frontispice du roman français (éd. parisienne de 1633). 1895, in-8. 3 fr.

Bedier (J.), *professeur au Collège de France*. **Les Légendes épiques.** Recherches sur la formation des chansons de geste. Tomes I et II, 1908, 2 vol. in 8, chaque 8 fr.

Bijvanck (W.-G.-C.). **Un poète inconnu de la Société de François Villon, Le grant Garde derrière,** suivi d'une ballade inédite de Villon. 1891, in-16. 1 fr. 50

Champion (P.), *archiviste-paléographe*. **Le Manuscrit autographe des poésies de Charles d'Orléans,** 1907, in-8, 18 fac-similés. 10 fr.

Chardon (Henri). **La troupe du roman comique dévoilée** et les comédiens de campagne au XVII° siècle. 1876, in-8. (Epuisé). 15 fr.

— **Scarron inconnu** et les types des personnages du roman comique. 1904, 2 vol. in-8, planches. 20 fr.

— **Nouveaux documents sur les comédiens de campagne et la vie de Molière.** T. I. M. de Modène et ses deux femmes. Madeleine Béjart. — T. II. La vie de Molière et le théâtre de collège dans le Maine. 1886-1905, 2 fort vol. in-8. 12 fr.

Cochin (Henri). **Lettres de Francesco Nelli à Pétrarque,** publiées d'après le manuscrit de la Bibliothèque nationale. 1892, in-8. 5 fr.

— **La chronologie du canzoniere de Pétrarque.** 1898, pet. in-8. 4 fr.

— **Le frère de Pétrarque et le livre du repos des religieux.** 1904, pet. in-8. 6 fr.

— **Vita Nova,** de Dante Alighieri. Traduction française d'après le texte de la « Societa Dantesca ». 1908, in-12. 5 fr.

Desclozeaux. **Gabrielle d'Estrées.** 1889, in-8. 10 fr.

Dufay (Pierre). **Etude iconographique sur Ronsard.** Le portrait, le buste et l'épitaphe de Ronsard au musée de Blois. 1907, in-8, portrait. 1 fr. 50

Gaguini (Robert). **Epistole et orationes,** texte publié sur les éditions originales de 1498 précédé d'une notice biographique et suivi de pièces en partie inédites par Louis Thuasne. 1904, 2 vol. in-8. 25 fr.

La correspondance de Gaguin avec les principaux de la cour, du clergé, du Parlement de Paris, les savants, les diplomates, nous fournit les renseignements les plus divers sur les règnes de Louis XI, de Charles VIII et de Louis XII, en particulier sur la renaissance des lettres à la fin du XV° siècle.

Le Pileur (Dr). **La prostitution du XIII° au XVII° siècle.** Paris, 1908, in-8, et planches. 6 fr.

Documents sur les lupanars, les tripots, les filles, les proxénètes, les « mauvais garçons », etc., tirés des Archives d'Avignon, du comtat Venaissin, de la principauté d'Orange et de la ville libre impériale de Besançon.

Les Essais de Michel de Montaigne publiés par F. Strowski, sous les auspices de la commission de publication des Archives municipales de Bordeaux. 4 vol. in-4, x-668 p. sur papier à bras. Chaque : 25 fr.

Déjà parus : Tomes I-II, couronnés par l'Académie française.

Morel-Fatio (Alf.), *prof. au Collège de France*. **Etudes sur l'Espagne.** 3 séries in-8. 17 fr.

Nouaillac (J.). **Villeroy,** secrétaire d'Etat et ministre de Charles IX, Henri III et Henri IV (1543-1610). In-8, XXIII-595 pages (Prix Gobert). 8 fr.

Paris (Gaston). **Histoire poétique de Charlemagne,** reproduction de l'édition de 1865 augmentée de notes nouvelles par l'auteur et par M. P. Meyer et d'une table alphabétique des matières. 1905, in-8. 20 fr.

Rabelais (François). **Pantagruel** (édition de Lyon, Juste, 1533), réimprimé d'après l'exemplaire unique de la Bibliothèque royale de Dresde, par P. Babeau, Jacques Boulenger et H. Patry. In-8. 5 fr.

— **L'Isle Sonante,** réimprimé pour la première fois par Abel Lefranc, professeur au Collège de France et Jacques Boulenger. 1905, in-8 et fac-simile 3 fr. 50

Thomas (Ant.), *membre de l'Institut*. **Essais et nouveaux essais de philologie française.** 2 vol. in-8. 15 fr.

Thuasne (L.). **Etudes sur Rabelais.** (Sources monastiques du roman de Rabelais. — Rabelais et Erasme. — Rabelais et Folengo. — Rabelais et Colonna. — Mélanges.) 1904, petit in-8. 10 fr.

Villon (François). **Le petit et le grand testament de François Villon.** Les cinq ballades en jargon et des poésies du cercle de Villon, etc. Reproduction fac-similé du manuscrit de Stockholm avec une introduction de Marcel Schwob, 149 pages de fac-similé 14 × 20, sur papier vergé, dans un élégant cartonnage de parchemin étui. Il a été tiré quelques exemplaires seulement en dehors des souscripteurs. 100 fr

www.ingramcontent.com/pod-product-compliance
Lightning Source LLC
LaVergne TN
LVHW010528100826
845148LV00001B/125

9781425573522